权威·前沿·原创

皮书系列为
"十二五""十三五"国家重点图书出版规划项目

四川城镇化发展报告（2018）

ANNUAL REPORT ON URBANIZATION DEVELOPMENT OF SICHUAN (2018)

主　编／侯水平　陈　炜
副主编／郭晓鸣　陈　智　张鸣鸣

社会科学文献出版社
SOCIAL SCIENCES ACADEMIC PRESS (CHINA)

图书在版编目（CIP）数据

四川城镇化发展报告.2018／侯水平，陈炜主编.--北京：社会科学文献出版社，2018.5
（四川蓝皮书）
ISBN 978-7-5201-2499-7

Ⅰ.①四… Ⅱ.①侯… ②陈… Ⅲ.①城市化-研究报告-四川-2018 Ⅳ.①F299.277.1

中国版本图书馆CIP数据核字（2018）第059699号

四川蓝皮书
四川城镇化发展报告（2018）

主　　编／侯水平　陈　炜
副 主 编／郭晓鸣　陈　智　张鸣鸣

出 版 人／谢寿光
项目统筹／郑庆寰
责任编辑／郑庆寰　王　展

出　　版	社会科学文献出版社·皮书出版分社（010）59367127
	地址：北京市北三环中路甲29号院华龙大厦　邮编：100029
	网址：www.ssap.com.cn
发　　行	市场营销中心（010）59367081　59367018
印　　装	三河市龙林印务有限公司
规　　格	开本：787mm×1092mm　1/16
	印张：20　字数：291千字
版　　次	2018年5月第1版　2018年5月第1次印刷
书　　号	ISBN 978-7-5201-2499-7
定　　价	99.00元

皮书序列号／PSN B-2015-456-7/8

本书如有印装质量问题，请与读者服务中心（010-59367028）联系

▲ 版权所有 翻印必究

四川蓝皮书编委会

主　　任　李后强　侯水平

副 主 任　郭晓鸣

编　　委　（按姓氏拼音为序）
　　　　　　陈井安　陈　炜　陈　智　陈　映　柴剑峰
　　　　　　达　捷　黄　进　李明泉　廖冲绪　李晟之
　　　　　　彭　剑　盛　毅　涂建华　向宝云　姚乐野
　　　　　　杨　钢　袁　月　张立伟　张克俊　张鸣鸣

《四川城镇化发展报告（2018）》编委会

主　编　侯水平　陈　炜

副主任　郭晓鸣　陈　智　张鸣鸣

撰稿人（以文序排列）

张　霞　王　芳　冉　敏　曾旭晖　王　倩
张鸣鸣　吴振明　魏　翰　任　强　康　兰
杨　璠　任利华　李一漫　蒋维义　晏　珠
杨理珍　肖华堂　高　洁　伍业春　高　杰
谭明芬

摘　要

本书分为三篇。

第一篇为总报告，包括发展测度和前景展望两个部分。总报告回顾了四川省2016年城镇化发展的总体情况和基本特征，利用四川城镇化发展水平综合评价指标体系对四川省21市（州）2016年城镇化发展水平进行综合评价，并对21市（州）各指标的情况进行分解，理清影响城镇化的重要因素。结果表明：四川城镇化率仍然低于全国城镇化率，城镇化任务艰巨；成都市是21市（州）中城镇化率水平最高的城市，且已达到比较高的水平；从2016年四川21市（州）城镇化综合评价来看，成都、攀枝花和绵阳的城镇化综合水平最高，少数民族自治州的城镇化综合水平最低。近年来，四川新型城镇化建设坚持以新发展理念为指导，取得了一系列新成绩：新型城镇化工作格局总体形成，具有四川特点的城镇体系加快建立，现代城镇综合承载能力明显提升，新型城镇化呈现健康发展态势，城乡生产生活方式同步变革步伐加快。四川新型城镇化建设在国家战略和省级决策部署推动下站上了新台阶，但依然面临诸多挑战，包括棚户区、城中村和农村危旧房改造任务繁重，城镇化就业压力较大，民族地区发展滞后且情况复杂，以及融资困难等。我国发展进入了新时代，四川新型城镇化建设也进入了新时代，新型城镇化的内涵更加深化，更加注重质量提升、更加注重城乡一体、更加注重改革创新、更加注重开放合作。

第二篇为主题报告篇，这是以城市开放合作为主题的系列报告，包括开放合作提升城市经济品质、推动城市社会融合、协同城市生态建设、助力成渝城市发展等4篇报告。第二篇聚焦"一带一路"和长江经济带两大开放合作战略在西部地区的落地和发展，从经济品质、社会融合、环境协调和区域经济等领域描述、分析四川城市可持续发展现状,评价不同城市和城市群所处地位及拥有的竞争能力,重点描述双核城市以及沿长江、成绵乐、成内渝、成南遂渝、渝广达等五大发展带2010年以来的发展状况,在此基础上提出具有针对性和可操作性的对策建议。

第三篇专题调查篇就四川省城镇化发展过程中的政策焦点、社会热点问题进行描述、分析。《四川省城市可持续发展竞争力评价》立足于对城市发展中人与自然、人与社会关系的新认识,设计了基于城市发展特征的可持续发展指标体系,对中国西部地区11个省份,87个地级及以上城市进行测评,评价四川城市的可持续发展水平和城市竞争力水平。《多点多极支撑发展战略下四川省区域协调发展评析》以多点多极支撑发展战略为背景,从基础实力、首位城市、区域均衡、腹地支撑四个维度对四川区域协调发展进行评析,认为在多点多极支撑发展战略推动下,全省区域协调发展水平明显提升。《四川省农民工等人员返乡创业专题调研报告》描述了四川省农民工等人员返乡创业基本情况,归纳总结了四川省支持农民工等人员返乡创业的主要做法和经验,分析了返乡创业过程中存在的主要问题及其原因,提出了相关对策建议。《四川省百万人口大县发展现状分析》归纳了四川百万人口大县发展情况,对新型城镇化的发展具有指导作用。《四川省特色小镇发展现状》归纳了四川省特色小镇的鲜明特征以及面临的问题和困难,并从夯实基础设施、建立健全考核机制、以市场为主导、优化发展环境等四方面提出建议。《四川省城市基础设施建设报告》总结了四川城市在推进基础设施建设过程中的举措、成就以及存在的问题,并提出针对性建议。《人口流动对四川省城镇化的影响》指出省内人口的流动趋势是以成都为中心向周边递减,这与四川经济发展水平和人口密度的分布格局相似。《四川省人口红利变动趋势分析》研究表明,四川传统的数量型人口红利正在消失,到2020年四川人口红利期基本结束,但新的结构型人口红利正在形成,这将使四川人口红利在2020年后一个时期内仍然存在。《人口老龄化背景下四川省养老模式研究》认为,四川省目前养老模式单一、养老机构发展不足等问题突出,亟待健全养老机制、丰富养老模式。《建设国家中心城市背景下成都市"小组微生"新农村综合体研究》以建设全新发展理念的国家中心城市为背景,回顾了成都"小组微生"新农村综合体建设的主要历程,描述了主要做法、成效、经验,分析了问题和潜在风险,并提出对策建议。《成都卫星城经济发展分析》通过对2010年以来成都卫星城经济发展进行深入分析,总结出近五年来卫星城经济发展的巨大成效。

前言　深度开放合作，推动城镇化发展再上新台阶

本书编委会[*]

党的十九大报告深刻指出，"中国特色社会主义进入了新时代，这是我国发展新的历史方位"。发展不平衡不充分，是满足人民日益增长的美好生活需要的主要制约因素。近年来，四川经济规模和社会发展的续航能力得到有力提升，这既是四川推动多点多极支撑、"两化"互动城乡统筹、创新驱动等三大发展战略的实践成果，也是四川主动融入"一带一路"和长江经济带等开放合作发展战略的直接表现。在城镇化加速发展的特殊历史阶段，全面对外开放与深化区域合作正在推动四川加快破解发展不平衡不充分等突出问题，推动治蜀兴川再上新台阶。

全面对外开放，全方位提升城镇化质量

开放是世界经济发展的必然趋势，开放意味着进步，封闭必然导致落后。《中共中央关于制定国民经济和社会发展第十三个五年规划的建议》提出，必须牢固树立并切实贯彻创新、协调、绿色、开放、共享等五大发展理念，强调"坚持开放发展，必须顺应我国经济深度融入世界经济的趋势，推进'一带一路'建设，打造陆海内外联动、东西双向开放的全面开放新格局"。以新型城镇化建设作为载体，推动"一带一路"沿线国家间开放合作，符合世界各国经济社会发展趋势，具有参与主体多、面临阻力小的特

---

[*] 前言由本书编委会共同组稿，执笔人为张鸣鸣、王芳。

征。城镇化合作是扩大双边乃至多边经济、贸易、技术和文化交流合作的重要平台。十九大报告进一步指出："以'一带一路'建设为重点,坚持'引进来'和'走出去'并重,遵循共商共建共享原则,加强创新能力开放合作,形成陆海内外联动、东西双向互济的开放格局"。区域开放发展已成为区域经济发展不可阻挡的趋势,以开放理念引领城镇化发展成为世界各国城市化发展的内在要求和必然趋势。

四川开放发展紧跟国家步伐,"一带一路"建设、四川-东盟合作等正在全面推进。四川作为西部地区对外开放的桥头堡和先行区,开放发展走在西部各省份的前列。一方面,积极融入"一带一路",主动参与"一带一路"建设,加快构建国际交通物流大通道,提升"蓉欧快铁"国际运输能力;加快融入孟中印缅、中巴等国际经济合作走廊;用好中俄"两河流域"地方合作平台,通过"一带一路"建设推动沿线城市加速开放发展。另一方面,主动推进与发达经济体和新兴经济体合作,积极融入欧洲经济圈和亚太经济圈,推进高端合作;全方位开展与北美地区的经贸投资合作;进一步拓展与日韩和澳大利亚在电子信息、农业等领域的合作;加强与东盟、南亚的国际产能合作;全面推动与台湾地区、香港特区、澳门特区产业尤其是现代服务业的合作;拓展与印度、巴西、南非等新兴经济体的合作。作为四川四项重点工程的主体部分,天府新区、天府国际机场和国际空港新城与中国(四川)自由贸易试验区三项重点工程建设均与推动形成全面开放新格局、更加主动融入"一带一路"建设等国家战略密切相关。建设自由贸易试验区是推动全面开发开放的引领性工程,按照"四区一高地"定位,推进各片区整合优势联动发展,探索建设自由贸易港,构建对外开放体制机制新优势。与此同时,四川紧紧抓住国家对外开放机遇,加快推进国家间和区域间合作,取得了丰硕的开放经济发展成果,如中韩创新创业园、中德产业创新合作平台、川法合作园、新川创新科技园、天府新区"一带一路"合作园区、东盟国际产业园、中古生物产业园等。开放发展带动四川区域经济发展实现速度转变、结构转变和动力转变。

在对外开放格局中,四川城镇发展规模和质量实现了全方位提升。在经济领域，四川城市外向型经济格局已经建成，四川18市进出口总额与各主要经济指标之间都具有中度以上关联度[①]，外商投资行业分布在三大产业部门、19个行业大类中，逐渐形成全方位、宽领域、多层次的利用外资发展局面。在社会领域，对外开放创造了更多、更好的就业机会，挖掘了一大批具有潜力的文化产业，保护并丰富了四川城市人文建设，呈现出多元、多彩的城市性格。在生态领域，对外开放提供了全面审视城市的可持续发展视角，使四川在全球化视角下积极提升资源利用效率，努力转化绿色生产力，加大绿色城市、海绵城市等新型城市应用技术的对外交流合作，推动城镇化向更高质量、更深层次、更新理念、更具特色迈进。

深化区域合作，多层次化解主要矛盾

区域发展不平衡既表现为西部地区发展相对滞后，又表现为区域内部不平衡，二者在四川城镇发展方面表现更为突出。

2016年末，四川省城镇人口为4064.9万人，城镇化率为49.2%，虽然比2015年提高了1.5个百分点，但与全国相比仍有超过8个百分点的差距，与东部省份差距更大。值得高度重视的是，四川这一城镇化水平是建立在8000多万常住人口基础上的，这意味着如果要完成70%的加速城镇化水平以及80%的发达国家城镇化水平，四川未来分别需要有1600余万和2500余万农村人口进入城市。超大人口基数使四川要缩小与全国和东部地区城镇化发展水平差距面临更多更为严峻的挑战。四川省内部发展不平衡主要体现在三个层面。一是城镇空间布局上，98%的城镇人口居住在四川东部和南部，西部是三个少数民族自治州，城市数量少、市政基础设施和公共服务严重匮乏、非农就业机会欠缺等问题十分突出，城镇发展水平与其他地区存在显著差距。二是从城镇体系看，四川省18个地级市中常住人口超过100万的城市仅有5个，除成都以外的城市均在较大程度上存在辐射带动能力不足问

---

① 见本书主题报告篇B2《开放合作提升城市经济品质》。

题,中小城市和小城镇的经济集聚和人口集聚能力欠缺。三是从城镇质量看,无论是经济规模、产业结构、公共服务、基础设施,还是资源利用效率以及城市环境,地级市之间存在明显差距,成都"一城独大"现象没有根本改变。即便是在相似的区域内部,发展阶段和格局上的不平衡依然存在,而地级城市和县城以及小城镇之间发展的不平衡性更为显著。

四川在破解区域不平衡问题上投入度很大。一方面,致力于缩小与东部地区的差距。四川主动参与长江经济带建设,加强与沿江省市协同协作,共同促进长江经济带上中下游协同发展、东中西部互动合作,共建生态文明建设的先行示范带、创新驱动带、协同发展带。与此同时,深化国内区域合作,深化成渝城市群联合协作,共建引领西部开发开放国家级城市群;加强与京津冀、长三角地区交流,积极参与泛珠三角区域合作,加大承接东部产业转移力度;拓展与新疆、宁夏、甘肃等新欧亚大陆桥沿线省区合作,共同打造面向中亚、西亚战略通道和商贸物流枢纽;加大与广西、云南合作,打通连接东盟、南亚的战略通道。另一方面,自2013年5月四川省委十届三次全会以来,四川大力推动"多点多极支撑发展战略",按照"提升首位城市、着力次级突破、夯实底部基础"的部署,着力构建"多点多极"发展格局。四川已经形成四大城市群,初步建立城市群内部梯次发展格局,城市之间合作日益增强;小城镇基础作用日渐凸显,已有277个镇入选住房城乡建设部等7个部委共同公布的全国重点镇名单,数量位居全国第一。其中2016年和2017年两批次共有20个特色小镇成功入选中国特色小镇,数量连续两年居西部第一。

"十三五"是四川破解城镇化发展不平衡不充分的关键机遇期。2016年国家发改委和住建部联合印发《成渝城市群发展规划》,明确提出成都要以建设国家中心城市为目标,增强西部地区重要的经济中心、科技中心、文创中心、对外交往中心和综合交通枢纽功能;打造成渝城镇主轴,优化成德绵乐城市带,培育泸州-宜宾沿江城市带,提升成都核心功能,培育川南城镇密集区、南遂广城镇密集区和达万城镇密集区。《四川省人民政府办公厅关于印发五大经济区"十三五"发展规划的通知》指出,要"遵循和实践多点多极支撑发展战略，推动全省形成首位一马当先、梯次竞相跨越的生动局面"，五大经济区"十三五"专项规划关于城镇化发展应各有侧重，形成支撑四川发展的新增长极，促进区域协调发展和一体化发展。2017年中国（四川）自由贸易试验区获国务院批复，要求将四川自贸试验区建设成西部门户城市开发开放引领区、内陆开放战略支撑带先导区、国际开放通道枢纽区、内陆开放型经济新高地、内陆与沿海沿边沿江协同开放示范区。四川省委十一届二次会议《中共四川省委关于全面深入贯彻落实党的十九大精神 推动治蜀兴川再上新台阶 加快建设美丽繁荣和谐四川的决定》再次强调要坚定不移实施"三大发展战略"，进一步拓展战略路径，走崇尚创新、注重协调、倡导绿色、厚植开放、推进共享发展之路；实施多点多极支撑发展战略，加快形成区域协同共兴、整体跨越提升的新格局；构建以城市群为主体形态、大中小城市和小城镇协调发展的城镇格局；加速提升发展天府新区，形成"双核"共兴格局，加快建成宜业宜商宜居的国际化现代化新城等。未来四川要在东西部区域合作以及长江经济带流域合作方面探索深化协同发展的体制机制，把城市作为合作主体，通过城市间合作带动企业间、机构间和民间的合作交流；充分利用各城市的互补性、差异性和共同目标，发挥各自优势，积极谋划和推动合作项目落地；拓展城市合作领域，以城市基础设施建设为手段，不断优化城市的外部条件；以产业合作园区建设为手段夯实城市发展的产业基础；强化在城市公共服务领域的合作，改善城市的公共服务水平。四川还要加速形成以城市群为主体形态和以省域城镇体系规划与四大城市群规划为主导的"一轴三带、四群一区"空间格局。坚持以新发展理念为指导、以四大城市群为主体、以提高承载能力为支撑、以人的城镇化为核心、以城乡统筹发展为重点、以体制机制创新为动力，在城市规划、建设、管理等方面取得新的重大成效，走出一条形态适宜、产城融合、城乡一体、集约高效的开放式新型城镇化道路。

目 录

Ⅰ 总报告

B.1 四川省城镇化发展测度和前景展望
　　……………………"四川省城镇化发展报告2018"课题组 / 001
　　一　四川城镇化发展及测评 ………………………………… / 002
　　二　新时代四川城镇化发展前景展望 ……………………… / 027

Ⅱ 主题报告篇

B.2 开放合作提升城市经济品质 ………………… 冉　敏 / 042
B.3 开放合作推动城市社会融合 ……………… 曾旭晖 / 064
B.4 开放合作协同城市生态建设 ………………… 王　倩 / 082
B.5 开放合作助力成渝城市发展 ……………… 张鸣鸣 / 096

Ⅲ 专题调查篇

B.6 四川省城市可持续发展竞争力评价 ………… 吴振明 / 110

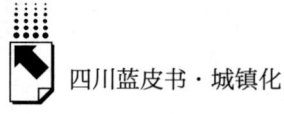

B.7 多点多极支撑发展战略下四川省区域协调发展评析
　　　　　　　　　　　　　　　　　　　　高　洁　伍业春 / 140

B.8 四川省农民工等人员返乡创业专题调研报告
　　　　　　　　　　　四川省人力资源和社会保障厅农民工工作处 / 154

B.9 四川省百万人口大县发展现状分析
　　　　　　　　　　　　　　　　　　四川省统计局人口就业处 / 171

B.10 四川省特色小镇发展现状 ………………………… 杨理珍 / 182

B.11 四川省城市基础设施建设报告 ………………………… 肖华堂 / 199

B.12 人口流动对四川省城镇化的影响 …… 四川省统计局人口就业处 / 212

B.13 四川省人口红利变动趋势分析 …… 四川省统计局人口就业处 / 220

B.14 人口老龄化背景下四川省养老模式研究
　　　　　　　　　　　　　　　　　　四川省统计局人口就业处 / 229

B.15 建设国家中心城市背景下成都市"小组微生"新农村
　　　综合体研究 ………………………………………… 课题组 / 256

B.16 成都卫星城经济发展分析 ………… 四川省统计局核算处 / 276

Abstract ……………………………………………………………… / 284
Contents ……………………………………………………………… / 287

总 报 告

General Report

B.1
四川省城镇化发展测度和前景展望

"四川省城镇化发展报告 2018"课题组*

摘　要： 本报告重点分析 2016 年全国以及四川省城镇化发展水平，利用四川城镇化发展水平综合评价指标体系对四川省 21 市（州）城镇化发展水平进行综合评价，并对市（州）进行分解评价，厘清影响城镇化发展的重要因素。结果表明：四川城镇化率低于全国城镇化率，城镇化任务艰巨；市（州）中，攀枝花和绵阳的城镇化综合水平最高，少数民族自治州的城镇化综合水平较低。国家战略和省级决策部署相继实施推动四川新型城镇化建设站上新起点。四川新型

---

* "四川省城镇化发展测度和前景展望"，报告执笔人为张霞、王芳。张霞，博士，四川省社会科学院区域经济与城市发展研究所助理研究员，主要研究方向为区域经济、公共管理；王芳，博士，四川省社会科学院区域经济与城市发展研究所副研究员，主要研究方向为区域经济、产业经济。

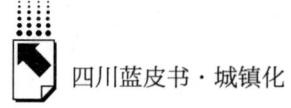

城镇化建设面临诸多挑战,包括棚户区、城中村和农村危旧房改造,就近城镇化就业压力大,民族地区发展滞后,以及融资困难等。四川未来城镇化发展会更加注重质量提升,更加注重城乡一体,更加注重改革创新,更加注重开放合作。

关键词: 新型城镇化　城镇化测评　新发展　新时代　四川

一　四川城镇化发展及测评

2016年是实施《四川省新型城镇化规划(2014－2020年)》的第二年,为加快新型城镇化建设,四川省出台了《关于深入推进新型城镇化建设的实施意见》(川府发〔2016〕59号)。根据《意见》,四川在坚持绿色发展、坚持补齐短板、坚持联动推进的基础上不断推进新型城镇化,各项重点任务扎实有序推进,重点领域和关键环节的改革探索取得实质性突破,城镇化水平持续提升,新型城镇化发展成效显著。

(一)2016年四川城镇化发展总体情况

2016年末四川省城镇人口为4064.90万人(见表1),城镇化率为49.2%,城镇化水平进一步提升。相较于2015年,城镇化率提升了1.52个百分点,城镇人口增加了152.41万人(见图1)。

表1　2016年四川城镇人口与农村人口规模及比重

单位:万人

总人口规模	城镇人口规模	农村人口规模	城乡人口规模比
8262	4064.90	4197.10	0.97:1

资料来源:2017年《四川统计年鉴》。

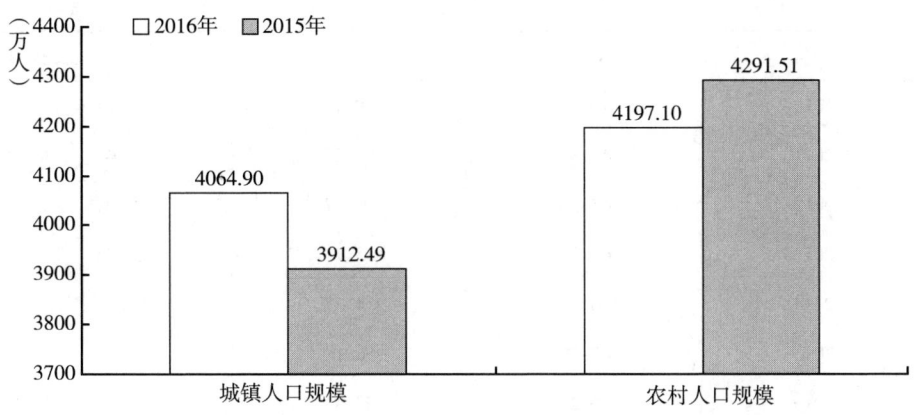

图 1　2015、2016 年四川城镇人口与农村人口规模

2016 年，四川省城镇化率比全国城镇化率低 8.14 个百分点，是 2000 年以来与全国差距最小的一年（见图 2）。相较于之前四川省城镇化率落后全国 10 个以上百分点的状况，有进一步改善（见表 2）。

表 2　2000~2016 年四川与全国城镇化率比较

单位：%，个百分点

年份	四川	全国	四川与全国比较
2000	26.69	36.22	9.53
2001	27.20	37.66	10.46
2002	28.2	39.09	10.89
2003	30.10	40.53	10.43
2004	31.10	41.76	10.66
2005	33.00	42.99	9.99
2006	34.30	44.34	10.04
2007	35.60	45.89	10.29
2008	37.40	46.99	9.59
2009	38.70	48.34	9.64

续表

年份	四川	全国	四川与全国比较
2010	40.18	49.95	9.77
2011	41.83	51.27	9.44
2012	43.53	52.57	9.04
2013	44.90	53.73	8.83
2014	46.30	54.77	8.47
2015	47.69	56.10	8.41
2016	49.21	57.35	8.14

资料来源：2001~2017年《中国统计年鉴》。

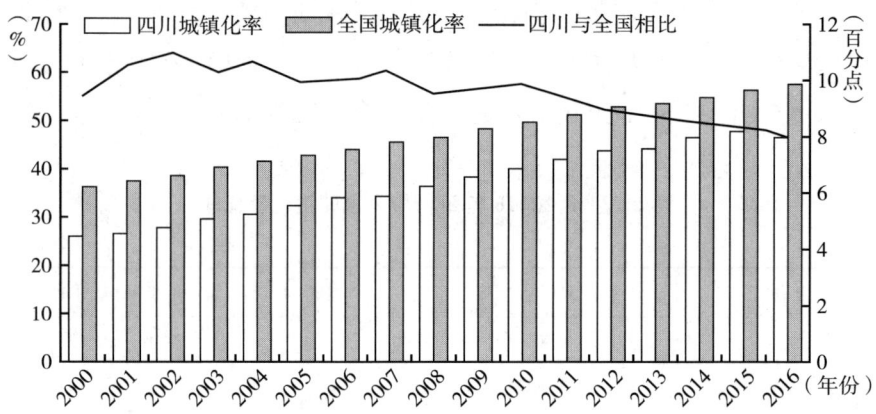

图2 2000~2016年四川与全国城镇化率比较

同全国各省份城镇化率增速相比，2016年四川省城镇化率比2015年高1.52个百分点（见表3），增幅在全国31个省份中排第10位（见图3），体现了四川城镇化仍然有较大潜力。

但是，我们需要清醒地认识到，由于2016年全国城镇化率增速比2015年放缓，四川城镇化率增速在没有明显增加的情况下与全国城镇化率增速的差距进一步拉大（见表4）。

四川省城镇化发展测度和前景展望

表3 2015年、2016年全国31省份城镇化率比较及增速排名

单位：%，个百分点

城镇化率增速排名	省份	2015年城镇化率	2016年城镇化率	2016年增速
1	贵州省	42.01	44.15	2.14
2	山东省	57.01	59.02	2.01
3	河北省	51.33	53.32	1.99
4	湖南省	50.89	52.75	1.86
5	西藏自治区	27.74	29.56	1.82
6	云南省	43.33	45.03	1.70
7	重庆市	60.94	62.60	1.66
8	海南省	55.12	56.78	1.66
9	河南省	46.85	48.50	1.65
10	四川省	47.69	49.21	1.52
11	安徽省	50.50	52.00	1.50
11	甘肃省	43.19	45.04	1.50
13	江西省	51.62	53.10	1.48
14	陕西省	53.92	55.34	1.42
15	青海省	50.30	51.63	1.33
16	湖北省	56.85	58.10	1.25
17	浙江省	65.80	67.00	1.20
18	江苏省	66.52	67.72	1.20
19	山西省	55.03	56.21	1.18
20	新疆维吾尔自治区	47.23	48.35	1.12
21	宁夏回族自治区	55.23	56.29	1.06
22	广西壮族自治区	47.06	48.08	1.02
23	福建省	62.60	63.60	1.00
24	内蒙古自治区	60.30	61.19	0.89
25	吉林省	55.31	55.97	0.66
26	广东省	68.71	69.20	0.49
27	黑龙江省	58.80	59.20	0.40
28	上海市	87.60	87.90	0.30
29	天津市	82.64	82.93	0.29
30	辽宁省	67.35	67.37	0.02
31	北京市	86.50	86.50	0

资料来源：2016~2017年《中国统计年鉴》。

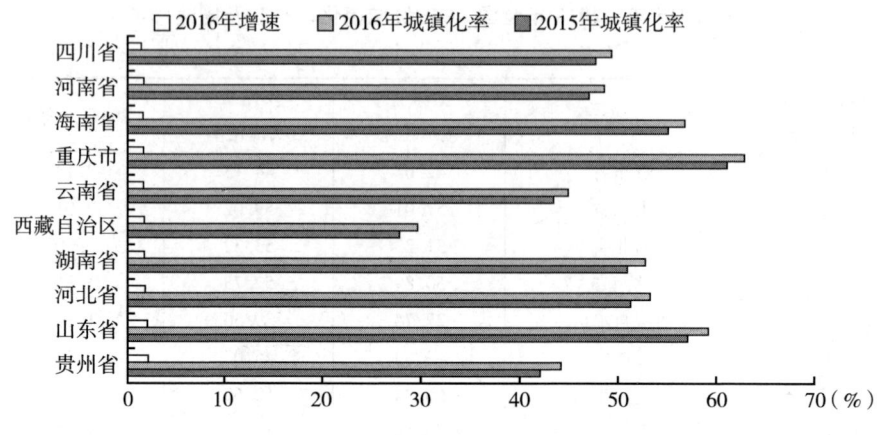

图3 全国城镇化率增速前十位省份

表4 2015年、2016年四川与全国城镇化率增速比较

单位：%，个百分点

年份	四川	全国	四川与全国比较
2015	1.50	1.33	0.17
2016	1.52	1.25	0.27

资料来源：2016~2017年《中国统计年鉴》。

从全国各省份来看，2016年四川省城镇化水平仍较低，城镇化率排第24位（见表5），与2015年排名持平。这说明四川推进新型城镇化仍然任务艰巨。

表5 2016年末全国31省份城镇人口规模、城镇化率及排名

单位：万人，%

排名	省份	地区	常住城镇人口	城镇化率
1	上海市	东部	2127.18	87.90
2	北京市	东部	1879.65	86.50
3	天津市	东部	1295.37	82.93
4	广东省	东部	7611.31	69.20
5	辽宁省	东北	2949.46	67.37
6	江苏省	东部	5416.92	67.72

续表

排名	省份	地区	常住城镇人口	城镇化率
7	浙江省	东部	3745.30	67.00
8	福建省	东部	2463.86	63.60
9	重庆市	西部	1908.05	62.60
10	内蒙古自治区	西部	1541.99	61.19
11	黑龙江省	东北	2249.01	59.20
12	山东省	东部	5870.72	59.02
13	湖北省	中部	3419.19	58.10
14	宁夏回族自治区	西部	379.96	56.29
15	海南省	东部	520.67	56.78
16	山西省	中部	2069.65	56.21
17	吉林省	东北	1529.66	55.97
18	陕西省	西部	2110.11	55.34
19	河北省	东部	3983.00	53.32
20	江西省	中部	2438.35	53.10
21	湖南省	中部	3598.61	52.75
22	安徽省	中部	3221.92	52.00
23	青海省	西部	306.17	51.63
24	**四川省**	**西部**	**4065.73**	**49.21**
25	河南省	中部	4623.02	48.50
26	新疆维吾尔自治区	西部	1159.43	48.35
27	广西壮族自治区	西部	2326.11	48.08
28	甘肃省	西部	1175.54	45.04
29	云南省	西部	2148.38	45.03
30	贵州省	西部	1569.53	44.15
31	西藏自治区	西部	97.84	29.56
	全国	—	79298.42	57.35

资料来源：2017 年《中国统计年鉴》。

进一步分区域来看，四川城镇化水平与东部差距最明显，与东北和中部的差距次之（见图 4）。由表 5 可知，2016 年四川城镇化率比东部最高的上海低 38.69 个百分点，比东部最低的河北低 4.11 个百分点；比东北最高的辽宁低 18.16 个百分点，比东北最低的吉林省低 6.76 个百分点；比中部最高的湖北低 8.89 个百分点，略高于中部最低的河南省 0.71 个百分点。在西部地区内部，四川的城镇化率排名第六，比最高的重庆市低 13.39 个百分点。

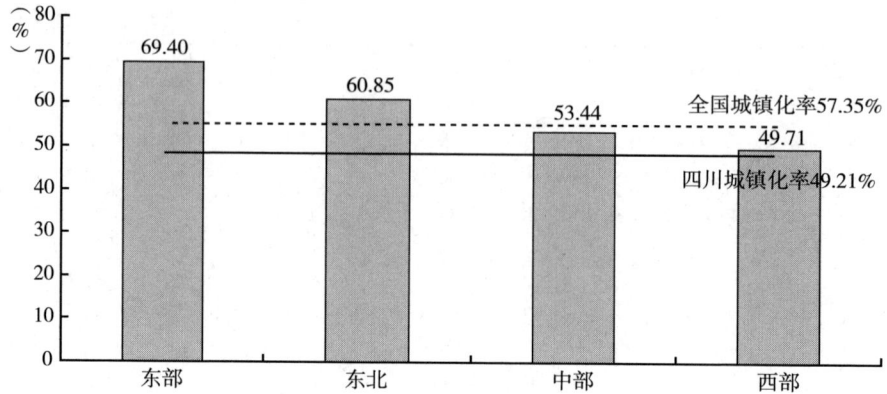

图 4　2016 年四川与全国及东部、中部、西部、东北地区城镇化率比较

2016年四川省内城镇化率排名如表6所示，其中，成都市以70.62%的城镇化率排名第1，高出第2名攀枝花市5.28个百分点，更是高出排名最末的甘孜州41.36个百分点。不难看出四川省内城镇化发展极为不均衡，地区间差异明显。

表6　2016年四川21市（州）城镇化率及排名

单位：%

市（州）	城镇化率	排名	市（州）	城镇化率	排名
成都市	70.62	1	雅安市	43.95	12
攀枝花市	65.34	2	眉山市	43.38	13
德阳市	49.58	3	达州市	42.42	14
绵阳市	49.50	4	广元市	42.40	15
自贡市	49.14	5	资阳市	40.08	16
乐山市	48.73	6	巴中市	39.10	17
泸州市	47.50	7	广安市	38.10	18
遂宁市	47.01	8	阿坝州	37.86	19
内江市	46.70	9	凉山州	33.04	20
宜宾市	46.63	10	甘孜州	29.26	21
南充市	45.07	11			

资料来源：2017年《四川统计年鉴》。

进一步地，以全国城镇化率（57.35%）、四川省城镇化率（49.21%）为划分依据，将21市（州）城镇化率分为三大区间，分析如下：2016年21市（州）中城镇化率高于全国城镇化率的仅有成都和攀枝花，而且这两个城市从2014年起城镇化率已经超过60%，代表了四川城镇化的最高水准；德阳和绵阳城镇化率介于四川省城镇化率和全国城镇化率之间，且更接近四川省城镇化率，说明这两个城市的城镇化水平仍待提高；其余17市（州）的城镇化率均低于四川省城镇化率（见表7）。由此可以进一步看出，四川省城镇化水平大大低于全国平均水平，亟待提高。

表7 2016年四川21市（州）城镇化率分类

城镇化率划分区间	个数	市（州）城镇化率
$\partial > 57.35\%$	2	成都市(70.62%)攀枝花市(65.34%)
$49.21\% \leq \partial \leq 57.35\%$	2	德阳市(49.58%)绵阳市(49.50%)
$\partial < 49.21\%$	17	自贡市(49.14%)乐山市(48.73%)泸州市(47.50%)遂宁市(47.01%)内江市(46.70%)宜宾市(46.63%)南充市(45.07%)雅安市(43.95%)眉山市(43.38%)达州市(42.42%)广元市(42.40%)资阳市(40.08%)巴中市(39.10%)广安市(38.10%)阿坝州(37.86%)凉山州(33.04%)甘孜州(29.26%)

相较于2015年，四川省21市（州）的城镇化率除成都市下降了0.85%外，其他均有不同程度的提升（见表8）。其中巴中市增幅最大，其次为广元市。

结合表6和表8来看，以21市（州）城镇化率是否高于全省城镇化率为依据判断其高低，以城镇化率增幅排名为依据判断其高低（排前10位的为"高"），可以形成如下四种不同的组合（见表9）。通过表9不难发现，"城镇化率高的城市增幅低，城镇化率低的城市增幅高"的规律仍然成立，但是绵阳市是唯一一个城镇化率高于全省城镇化率且增幅又高的城市。同时，也存在遂宁市等8个市（州）城镇化率低，且增幅低的情况。

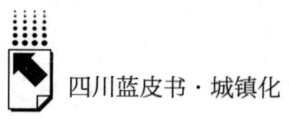

表8　2015年、2016年四川21市（州）城镇化率增幅及排名

单位：%

市（州）	2016年增幅	排名	市（州）	2016年增幅	排名
巴中市	1.58	1	甘孜州	1.20	12
广元市	1.57	2	德阳市	1.11	13
达州市	1.55	3	遂宁市	1.10	14
宜宾市	1.53	4	内江市	1.09	15
眉山市	1.51	5	阿坝州	1.09	16
绵阳市	1.50	6	广安市	0.88	17
泸州市	1.42	7	攀枝花市	0.60	18
乐山市	1.42	8	凉山州	0.60	19
雅安市	1.40	9	资阳市	0.58	20
自贡市	1.26	10	成都市	-0.85	21
南充市	1.25	11			

资料来源：2016~2017年《四川统计年鉴》。

表9　四川21市（州）城镇化率及其增幅分类

分类依据	市(州)
城镇化率高,增幅低	成都市(70.62%,-0.85%)攀枝花市(65.34%,0.60%)德阳市(49.58%,1.11%)
城镇化率高,增幅高	绵阳市(49.50%,1.50%)
城镇化率低,增幅高	自贡市(49.14%,1.26%)乐山市(48.73%,1.42%)泸州市(47.50%,1.42%)宜宾市(46.63%,1.53%)雅安市(43.95%,1.40%)眉山市(43.38%,1.51%)达州市(42.42%,1.55%)广元市(42.40%,1.57%)巴中市(39.10%,1.58%)
城镇化率低,增幅低	遂宁市(47.01%,1.10%)内江市(46.70%,1.05%)南充市(45.07%,1.25%)资阳市(40.08%,0.58%)广安市(38.10%,0.88%)阿坝州(37.86%,1.09%)凉山州(33.04%,0.60%)甘孜州(29.26%,1.20%)

（二）2016年四川21市（州）城镇化水平测评

1. 2016年综合评价

2016年，四川省21市（州）城镇化发展水平有比较明显的提升，综合测评分值见表10。成都综合城镇化水平仍然排名第一，代表了四川省城镇化发展的最高水准；攀枝花紧随成都，排名第二，与成都相差12.80分；其他市（州）的城镇化发展水平各有不同。2016年，四川省21市（州）城镇化前五名的是成都、攀枝花、绵阳、德阳和自贡；后五名是广元、阿坝州、达州、凉山州和甘孜州；泸州、乐山、眉山、资阳、雅安和遂宁处于中间部分的高分段；内江、宜宾、广安、南充和巴中得分处于中间部分的低分段。

表10 2016年四川21市（州）城镇化水平综合测评

单位：分

市（州）	人口规模		产业支撑		基础设施		公共服务		资源环境		协调发展		综合城镇化	
	得分	排名	得分	排名	得分	排名	得分	排名	得分	排名	得分	排名	得分	排名
成都市	17.02	1	18.93	1	14.38	1	14.08	1	11.58	2	11.54	1	87.53	1
自贡市	9.76	7	9.76	6	8.35	7	12.09	17	9.25	10	10.59	8	59.80	5
攀枝花市	11.61	2	15.54	2	13.87	2	13.38	2	9.20	11	11.14	2	74.73	2
泸州市	10.42	4	7.74	11	9.73	4	12.37	9	9.12	12	10.30	12	59.68	6
德阳市	9.28	9	12.24	4	8.25	8	12.36	6	10.05	3	11.08	3	63.27	4
绵阳市	10.43	3	14.27	3	11.02	3	12.85	4	9.70	5	10.73	5	69.00	3
广元市	7.50	17	6.88	16	7.36	13	12.69	6	8.92	16	9.66	18	53.01	17
遂宁市	9.24	10	7.14	14	7.93	10	12.17	15	9.34	7	10.58	9	56.41	11
内江市	10.09	5	7.86	10	7.14	15	11.67	19	9.27	9	10.26	13	56.29	12
乐山市	8.37	12	10.07	5	8.81	5	12.27	11	8.15	19	10.59	7	58.26	7
南充市	8.71	11	6.79	17	7.20	14	12.21	12	9.33	8	10.03	15	54.28	15
眉山市	7.90	13	9.15	7	8.72	6	11.98	18	8.93	15	10.84	4	57.53	8
宜宾市	9.32	8	7.89	9	7.38	12	12.53	8	8.30	18	10.49	10	55.91	13
广安市	7.76	14	7.47	13	7.42	11	12.15	16	9.50	6	10.40	11	54.70	14
达州市	7.73	15	6.14	19	5.58	20	11.53	21	9.92	17	9.98	16	49.88	19
雅安市	7.57	16	9.13	8	8.24	9	12.68	7	8.97	14	10.16	14	56.74	10
巴中市	9.99	6	5.33	20	6.76	18	12.20	13	9.90	4	9.63	19	53.82	16
资阳市	6.87	18	6.91	15	6.92	16	12.74	5	12.71	1	10.65	6	56.80	9
阿坝州	5.68	20	7.66	12	6.85	17	12.94	3	7.79	20	9.80	17	50.73	18
甘孜州	4.65	21	4.56	21	6.19	19	12.19	14	6.74	21	8.79	21	43.62	21
凉山州	6.26	19	6.20	18	5.30	21	11.55	20	9.04	13	9.42	20	47.78	20

资料来源：2016~2017年《四川统计年鉴》，2017年《中国城市统计年鉴》。

◇ 人口规模得分排名：排名前五的是成都、攀枝花、绵阳、泸州、内江；排名后五的是广元、资阳、凉山州、阿坝州、甘孜州。

◇ 产业支撑得分排名：排名前五的是成都、攀枝花、绵阳、德阳、乐山；排名后五的是南充、凉山州、达州、巴中、甘孜州。

◇ 基础设施得分排名：排名前五的是成都、攀枝花、绵阳、泸州、乐山；排名后五的是阿坝州、巴中、甘孜州、达州、凉山州。

◇ 公共服务得分排名：排名前五的是成都、攀枝花、阿坝州、绵阳、资阳；排名后五的是自贡、眉山、内江、凉山州、达州。

◇ 资源环境得分排名：排名前五的是资阳、成都、德阳、巴中、绵阳；排名后五的是达州、宜宾、乐山、阿坝州、甘孜州。

◇ 协调发展得分排名：排名前五的是成都、攀枝花、德阳、眉山、绵阳；排名后五的是阿坝州、广元、巴中、凉山州、甘孜州。

2. 分项指标情况

2016年四川21市（州）在人口规模、产业支撑、基础设施、公共服务、资源环境、协调发展等方面表现各异（见图5）。具体来看，人口规模明显可以区分为成都与其他20个市（州）两大类，说明成都在人口规模方面的优势远远大于其他地区。产业支撑的差异最为明显，成都、攀枝花和绵阳在产业支撑方面表现优异。基础设施中以成都和攀枝花水平最高，其余地区差异不大。公共服务是六个二级指标中整体水平最高且内部差异最小的指标，说明21市（州）公共服务整体水平都得到了较为显著的提升。资源环境是六个二级指标中整体水平低且内部差异小的指标，说明在高效利用资源、保护生态环境等方面四川仍然面临较为艰巨的任务。协调发展的整体稳定性较高，说明21市（州）协调发展水平得到进一步提升，经济社会协调发展程度越来越高。

（1）人口规模指标分析

2016年四川21市（州）人口规模指标得分最高的是成都，最低的是甘孜州。由表11来看人口规模的分项指标，城镇人口比重得分最高的是成都，最低的是甘孜州；建成区人口密度得分最高的是成都，最低的是甘孜州；建成区人口增速/建成区面积增速得分最高的是巴中，最低的是阿坝州。

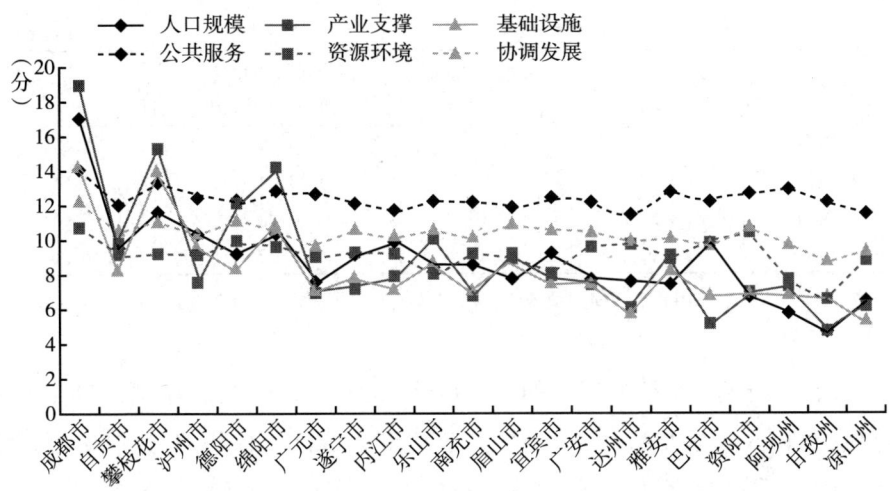

图5 2016年四川21市（州）城镇化子系统对综合城镇化的贡献

表11 2016年四川21市（州）人口规模二级指标统计得分

单位：分

市（州）	城镇人口比重	建成区人口密度	建成区人口增速/建成区面积增速	人口规模
成都市	10.50	3.50	3.02	17.02
自贡市	7.31	1.71	0.74	9.76
攀枝花市	9.71	0.55	1.35	11.61
泸州市	7.06	1.14	2.21	10.42
德阳市	7.37	1.73	0.18	9.28
绵阳市	7.36	1.32	1.74	10.43
广元市	6.30	0.33	0.86	7.50
遂宁市	6.99	1.32	0.93	9.24
内江市	6.94	1.46	1.69	10.09
乐山市	7.25	0.75	0.37	8.37
南充市	6.70	1.25	0.76	8.71
眉山市	6.45	1.07	0.37	7.90
宜宾市	6.93	1.12	1.26	9.32
广安市	5.77	1.35	0.65	7.76
达州市	6.31	0.93	0.49	7.73
雅安市	6.53	0.60	0.43	7.57
巴中市	5.81	0.44	3.74	9.99

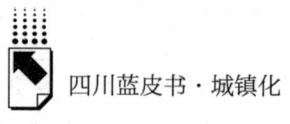

续表

市(州)	城镇人口比重	建成区人口密度	建成区人口增速/建成区面积增速	人口规模
资阳市	5.96	0.72	0.20	6.87
阿坝州	5.63	0.02	0.04	5.68
甘孜州	4.35	0.01	0.28	4.65
凉山州	4.91	0.13	1.22	6.26

资料来源：2016～2017年《四川统计年鉴》，2017年《中国城市统计年鉴》。

从人口规模三个分项指标的变异系数来看（见表12），城镇人口比重的变异系数最小，为0.20；建成区人口密度和建成区人口增速/建成区面积增速两项指标的变异系数分别是0.74和0.88，说明该两项指标在21市（州）内呈极不均衡状态。

表12　2016年人口规模分项指标变异系数

	城镇人口比重	建成区人口密度	建成区人口增速/建成区面积增速
变异系数	0.20	0.74	0.88

值得一提的是，四川城市规模发展迅速，从2016年21市（州）常住人口数量来看，已经形成了1个超大城市、2个特大城市、17个大城市以及1个中等城市（见表13），与2013年1个特大城市、12个大城市、5个中型城市和1个小城市的城镇格局相比，实现了有机更新。区域中心已经初现，对周边区域辐射带动作用开始显现。

表13　2016年四川地级及以上城市规模等级划分

超大城市	特大城市	大城市	中等城市
成都	南充　达州	凉山州　绵阳　宜宾 泸州　内江　德阳 巴中　遂宁　乐山 广安　眉山　自贡 广元　资阳　雅安 攀枝花　甘孜州	阿坝州

(2) 产业支撑指标分析

产业支撑是城镇化发展的基础和主导,也是城镇化综合考察时占比最高的部分,权重占 21.6。从产业支撑指标的测算结果来看,成都位列第一,比得分最低的甘孜州高 14.37 分(见表 14)。2016 年四川省产业结构出现分水岭,服务业增加值占 GDP 的比重由 2012 年的 39.3% 提高到 2016 年的 45.4%,产业结构从"二三一"转为"三二一",这标志着四川产业正向着形态更高级、结构更合理的发展阶段演进。

表 14　2016 年四川省 21 市(州)产业支撑二级指标统计得分

单位:分

市(州)	经济水平	非农产业	科技研发	信息化水平	文化产业	产业支撑
成都市	4.40	5.20	1.53	4.90	2.90	18.93
自贡市	2.54	3.11	0.51	2.57	1.03	9.76
攀枝花市	4.70	4.64	0.70	3.90	1.60	15.54
泸州市	1.97	2.77	0.30	1.99	0.71	7.74
德阳市	2.85	3.36	1.66	3.19	1.18	12.24
绵阳市	2.18	3.14	4.50	3.45	1.00	14.27
广元市	1.43	2.39	0.27	2.12	0.66	6.88
遂宁市	1.75	2.52	0.23	1.94	0.70	7.14
内江市	1.98	3.03	0.26	1.91	0.67	7.86
乐山市	2.46	2.98	0.46	3.09	1.07	10.07
南充市	1.48	2.47	0.21	2.04	0.59	6.79
眉山市	2.13	2.66	0.19	3.31	0.85	9.15
宜宾市	2.10	2.64	0.78	1.56	0.81	7.89
广安市	1.89	2.46	0.10	2.25	0.77	7.47
达州市	1.48	2.15	0.21	1.62	0.68	6.14
雅安市	2.02	2.52	0.73	3.04	0.82	9.13
巴中市	0.94	2.09	0.17	1.70	0.43	5.33
资阳市	2.13	2.18	0.07	1.76	0.77	6.91
阿坝州	1.72	2.12	0.10	2.92	0.79	7.66
甘孜州	1.12	1.28	0.06	1.57	0.53	4.56
凉山	1.69	2.00	0.21	1.65	0.65	6.20

资料来源:2016~2017 年《四川统计年鉴》,2017 年《中国城市统计年鉴》。

从产业支撑五个分项指标的变异系数来看(见表 15),非农产业的变异系数最小,为 0.30,说明四川产业结构升级转型已见成效,且相对均衡;

而科技研发的变异系数最大,且超过1,说明各市(州)对研发投入的力度有所不同,整体创新驱动能力有待进一步提升。

表15 2016年产业支撑分项指标变异系数

	经济水平	非农产业	科技研发	信息化水平	文化产业
变异系数	0.42	0.30	1.51	0.35	0.56

从三级指标来看,人均GDP得分最高的是攀枝花,最低的是巴中;每万人非农产业增加值得分最高的是成都,最低的是巴中;非农产业就业比重得分最高的是成都,最低的是甘孜州;绵阳的研发投入强度仍然位列全省首位,且比成都高出2倍左右,最低的是甘孜州;每百户互联网用户数得分最高的是成都,最低的是宜宾;每十万人文化产业增加值得分最高的是成都,最低的是巴中。

非农产业的相关比重体现了城市聚集非农产业的水平和能力,是城镇化水平的重要体现。正如前文所说,2016年四川省产业结构调整成效显著,

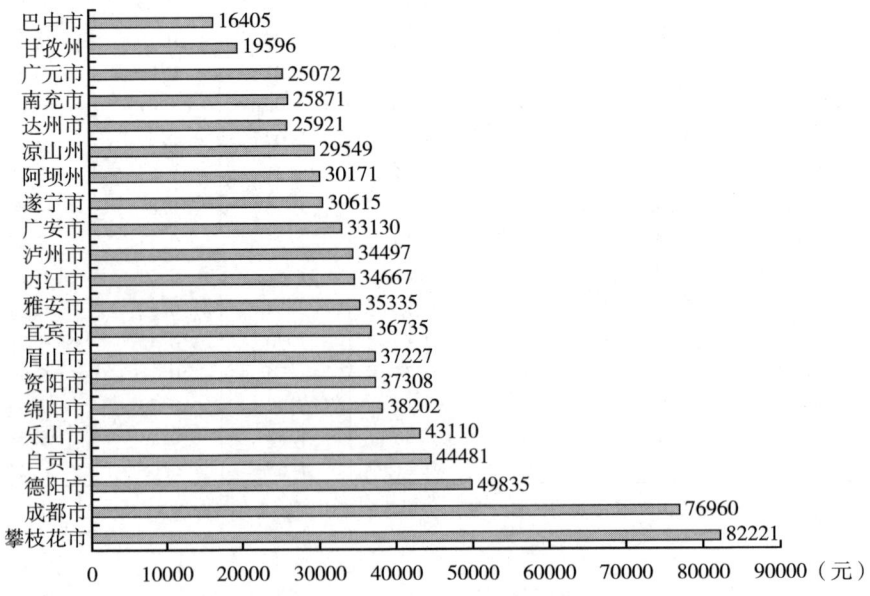

图6 2016年四川部分市(州)人均GDP

产业结构中第三产业比重首次超过第二产业。但是从21市（州）的产业结构来看，只有成都第三产业比重超过第二产业，其余市（州）仍是第二产业占比最高，这说明这些城市还处于工业化的中期、初期阶段（见表16）。

表16 2016年四川21市（州）产业结构

单位：%

市（州）	第一产业比重	第二产业比重	第三产业比重
成都市	3.90	42.74	53.35
自贡市	11.03	56.33	32.65
攀枝花市	3.38	69.26	27.37
泸州市	12.02	59.10	28.80
德阳市	12.53	54.00	33.47
绵阳市	15.31	47.86	36.83
广元市	16.13	46.58	37.30
遂宁市	15.23	52.57	32.19
内江市	15.76	57.15	27.09
乐山市	10.90	54.10	35.00
南充市	21.50	46.06	32.44
眉山市	15.17	52.54	32.30
宜宾市	14.03	54.88	31.09
广安市	15.78	51.64	32.58
达州市	21.42	41.55	37.03
雅安市	14.04	53.41	32.55
巴中市	16.51	46.62	36.87
资阳市	16.47	54.21	29.32
阿坝州	15.66	47.24	37.10
甘孜州	25.79	35.9	38.22
凉山州	19.99	48.73	31.27

资料来源：2017年《四川统计年鉴》。

非农产业就业比重也是反映产业结构演变的重要指标。成都市就业人员中有87.46%从事制造行业、服务业工作；绵阳紧随其后，非农产业就业比重为70.11%；其余市（州）非农产业就业比重均未超过70%；甘孜州的非农产业就业比重最低，仅为27.17%（见图7）。

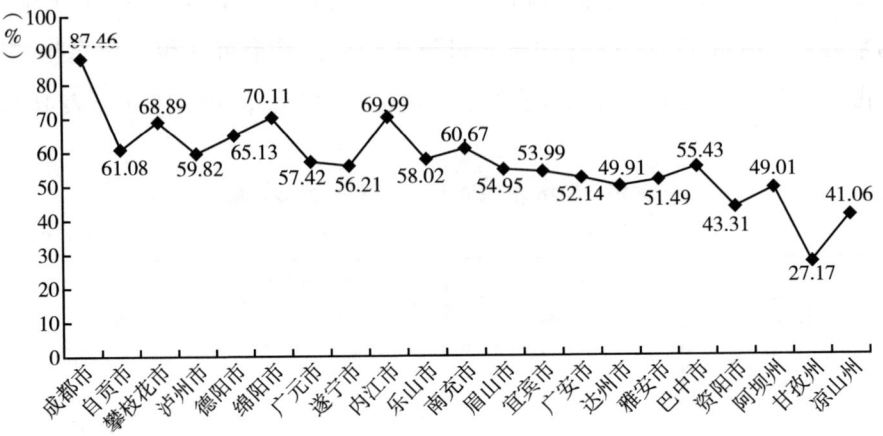

图7 2016年四川21个市（州）非农产业就业比重

R&D支出占GDP的比重即研发投入强度，是反映区域创新能力的重要指标之一。2016年四川各市（州）投入研发强度极不均衡，绵阳研发投入强度高达4.50%，高居全省榜首，也远高于全省1.72%的平均水平（见图8）。

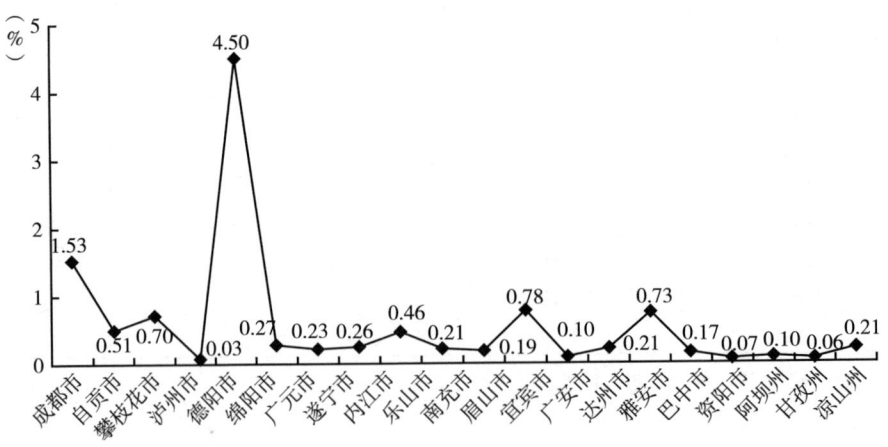

图8 2016年四川21市（州）R&D支出占GDP比重

（3）基础设施指标分析

由表17可知，基础设施指标中得分最高的是成都，分值为14.38分，得分最低的是凉山州，分值为 5.30 分，两者相差 9.08 分。成都在固定资产投资、市政设施、公共交通方面具有绝对领先优势，这也夯实了成都城镇化迅速发展的基础。

表17　2016年四川21市（州）基础设施二级指标统计得分

单位：分

市(州)	固定资产投资	市政设施	公共交通	基础设施
成都市	4.00	6.68	3.70	14.38
自贡市	1.79	5.09	1.47	8.35
攀枝花市	3.96	8.03	1.88	13.87
泸州市	2.83	5.51	1.39	9.73
德阳市	2.24	4.83	1.19	8.25
绵阳市	1.86	6.98	2.17	11.02
广元市	1.65	4.95	0.76	7.36
遂宁市	2.40	5.22	0.31	7.93
内江市	1.70	4.37	1.07	7.14
乐山市	2.38	5.64	0.79	8.81
南充市	1.72	4.79	0.69	7.20
眉山市	2.72	4.92	1.08	8.72
宜宾市	2.28	4.10	0.99	7.38
广安市	2.80	4.33	0.29	7.42
达州市	1.89	3.45	0.25	5.58
雅安市	2.49	5.38	0.36	8.24
巴中市	2.51	3.87	0.38	6.76
资阳市	1.50	5.01	0.41	6.92
阿坝州	2.96	3.78	0.11	6.85
甘孜州	2.64	3.94	0.12	6.69
凉山州	1.66	3.51	0.12	5.30

从基础设施三个分项指标的变异系数来看（见表18），市政设施的变异系数最小，说明21市（州）在供水、供气等市政管网建设方面差异不大。公共交通的变异系数最大，高达0.91，说明各市（州）公共交通体系建设区域差异显著。

表18 2016年基础设施分项指标变异系数

	固定资产投资	市政设施	公共交通
变异系数	0.28	0.23	0.91

固定资产投资是推动经济发展的"三驾马车"之一，是衡量区域经济发展的重要指标之一。人均固定资产投资可以有效反映区域固定资产投资的平均水平。2016年21市（州）人均固定资产投资最高的是成都市，最低的是资阳市（见图9）。

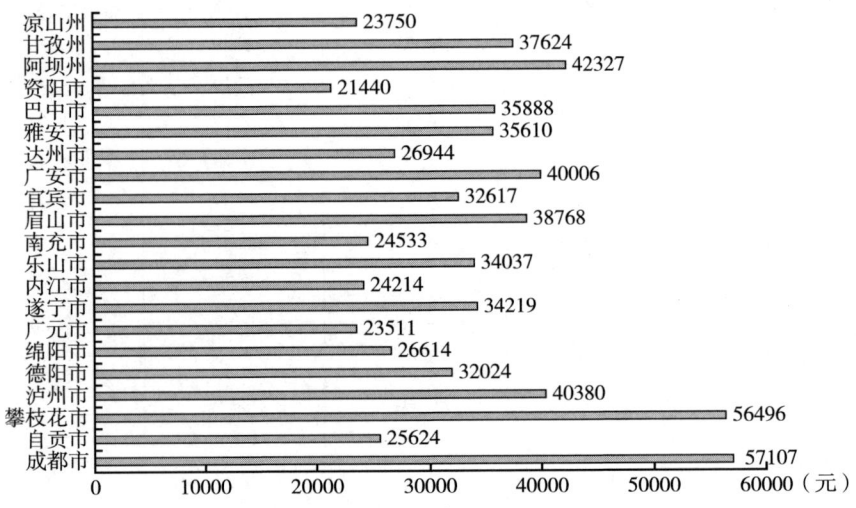

图9 2016年四川21市（州）人均固定资产投资

（4）公共服务指标分析

2016年四川21市（州）基本公共服务均等化水平有显著提高，虽然成都仍以14.08分排名第一，但与排最后的达州仅相差2.55分。公共服务指标是所有二级指标中最高值与最低值差距最小的一项（见表19）。

从公共服务四个分项指标的变异系数来看（见表20），社会保障的变异系数最低，仅为0.02，说明市（州）、城乡社会保障覆盖率都非常高且均衡；医疗卫生的变异系数为0.15，是四个分项指标中最大的，未来投入公共服务资源时要向医疗卫生倾斜。

表 19　2016 年四川 21 市（州）公共服务二级指标统计得分

单位：分

市(州)	文化生活	医疗卫生	教育水平	社会保障	公共服务
成都市	2.00	3.82	4.13	4.12	14.08
自贡市	1.64	2.85	3.59	4.02	12.09
攀枝花市	1.74	3.59	4.11	3.94	13.38
泸州市	1.61	2.72	3.84	4.20	12.37
德阳市	1.79	2.76	3.77	4.04	12.36
绵阳市	1.65	2.96	4.11	4.13	12.85
广元市	1.39	3.14	3.96	4.20	12.69
遂宁市	1.58	2.58	3.81	4.20	12.17
内江市	1.49	2.46	3.61	4.12	11.67
乐山市	1.63	2.80	3.84	4.00	12.27
南充市	1.42	2.77	3.83	4.20	12.21
眉山市	1.69	2.34	3.75	4.20	11.98
宜宾市	1.60	2.74	3.99	4.20	12.53
广安市	1.62	2.26	4.07	4.20	12.15
达州市	1.48	1.99	3.86	4.20	11.53
雅安市	1.44	3.10	3.95	4.19	12.68
巴中市	1.53	2.49	3.98	4.20	12.20
资阳市	1.63	2.53	4.41	4.17	12.74
阿坝州	1.57	3.02	4.34	4.00	12.94
甘孜州	1.48	2.70	4.03	3.98	12.19
凉山州	1.40	2.28	3.71	4.16	11.55

资料来源：2016～2017 年《四川统计年鉴》，2017 年《中国城市统计年鉴》。

表 20　2016 年公共服务分项指标变异系数

	文化生活	医疗卫生	教育水平	社会保障
变异系数	0.09	0.15	0.05	0.02

从具体的分项指标来看，随着消费升级，文化生活支出越来越成为居民支出的主要部分。城乡居民教育文化娱乐支出最高的是成都，最低的是广元（见图 10）。

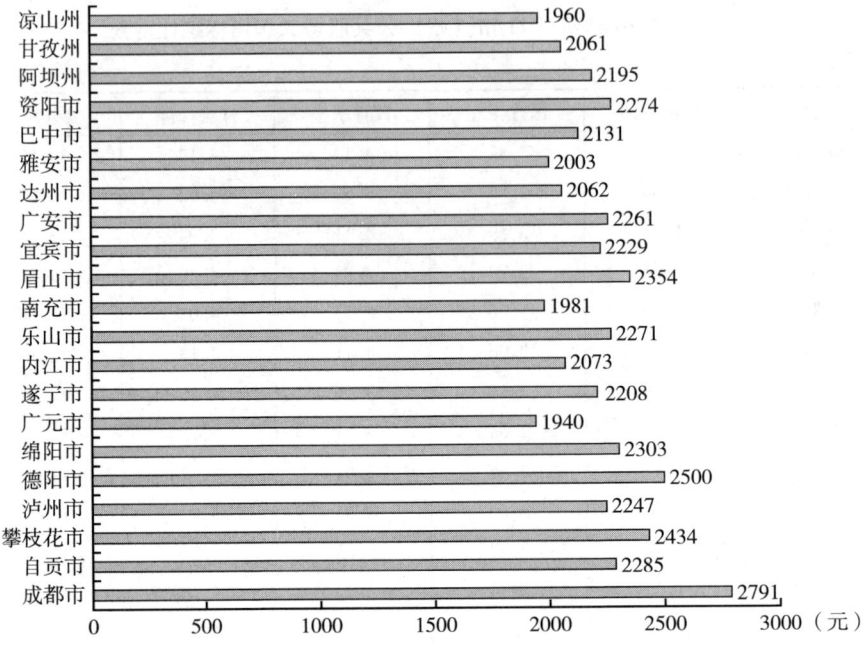

图10 2016年四川21市（州）城乡居民教育文化娱乐支出

医疗卫生指标中得分最高的是成都，最低的是达州；教育水平指标中得分最高的是资阳，最低的是自贡；社会保障水平普遍较高，得分最低的是攀枝花（见图11）。值得一提的是，四川三个少数民族自治州在公共服务方面表现良好，尤其在医疗、教育等方面得分比较高，这表明政府在民族地区公共资源的投入更加关注人的全面发展。

（5）资源环境指标分析

总体来看，21市（州）在资源环境方面的得分偏低，体现了资源环境约束趋紧，这是约束城镇化发展的重要因素。从资源环境指标的测算结果来看，最高的是资阳，得12.73分；最低的是甘孜州，得6.74分（见表21）。成都在资源环境指标中未能排第一，凸显了成都在处理好"人－自然"系统方面的紧迫性，应加强生态环境保护和提高资源使用效率。

从资源环境三个分项指标的变异系数来看（见表22），环境保护的变异系数最低，为0.13，说明尽管面临着较大的生态环境约束，各市（州）都

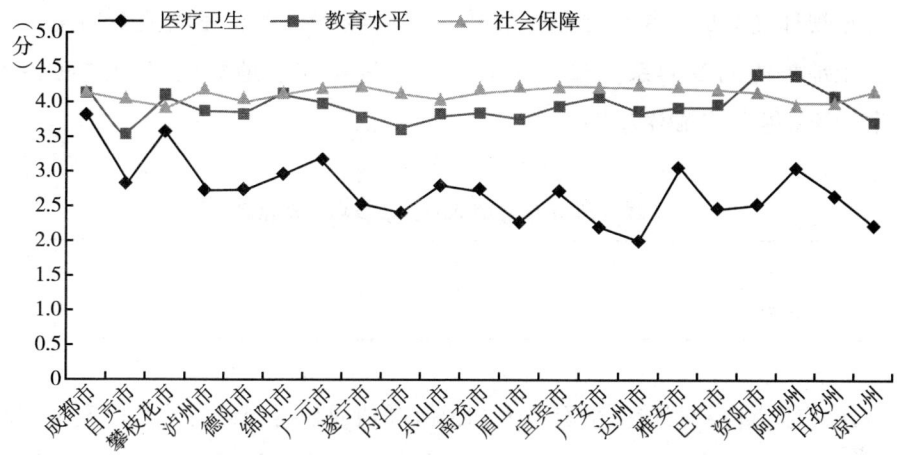

图11 2016年四川21市（州）医疗、教育、社保水平

表21 2016年四川21市（州）资源环境二级指标统计得分

单位：分

市（州）	城市绿化	环境保护	土地集约	资源环境
成都市	3.66	4.61	3.32	11.58
自贡市	3.17	4.08	2.00	9.25
攀枝花市	3.35	3.12	2.73	9.20
泸州市	3.26	3.68	2.17	9.12
德阳市	3.19	4.20	2.66	10.05
绵阳市	3.37	4.15	2.18	9.70
广元市	3.36	4.31	1.25	8.92
遂宁市	3.24	4.04	2.06	9.34
内江市	2.99	4.01	2.27	9.27
乐山市	2.52	3.93	1.70	8.15
南充市	3.55	4.22	1.56	9.33
眉山市	3.12	3.69	2.11	8.93
宜宾市	3.00	3.65	1.66	8.30
广安市	4.17	3.67	1.65	9.50
达州市	4.16	3.34	1.42	8.92
雅安市	3.34	4.10	1.54	8.97
巴中市	3.51	4.59	1.80	9.90
资阳市	3.79	4.12	4.80	12.73
阿坝州	1.36	4.91	1.51	7.79
甘孜州	0.77	5.44	0.52	6.74
凉山州	3.50	5.06	0.48	9.04

资料来源：2016～2017年《四川统计年鉴》，2017年《中国城市统计年鉴》。

十分重视环境保护,并将绿色发展作为协调经济与生态环境关系的主要路径;土地集约的变异系数最大,为0.47,说明在土地集约利用方面各市(州)仍需尽力挖掘潜力。

表22　2016年资源环境分项指标变异系数

	城市绿化	环境保护	土地集约
变异系数	0.25	0.13	0.47

从三级指标分解情况来看,人均公园绿地面积得分最高的是广安,最低的是甘孜州;建成区绿地面积得分最高的是凉山州,最低的是甘孜州。居民生活环境治理方面,各市(州)污水集中处理率普遍达到90%以上,攀枝花得分最低,而生活垃圾处理率得分最低的为乐山。阿坝州、攀枝花和乐山单位GDP能耗较高,未来节能减排任务较重(见图12)。

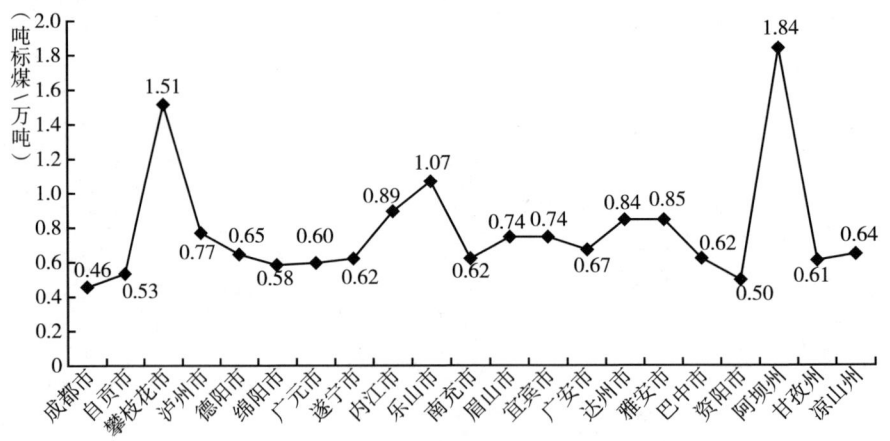

图12　2016年21市(州)单位GDP能耗

(6)协调发展指标分析

协调发展指标中,成都的得分最高,其次是攀枝花,得分最低的为甘孜州(见表23)。分项指标中,居民收入得分最高的是成都,最低的是甘孜州；居民消费得分最高的是成都，得分最低的是甘孜州；社会管理得分最高的是成都、绵阳和广安，最低的是内江和泸州。

表23 2016年四川21市（州）协调发展二级指标统计得分

单位：分

市（州）	居民收入	居民消费	社会管理	协调发展
成都市	1.84	5.50	4.20	11.54
自贡市	1.67	4.74	4.18	10.59
攀枝花市	1.56	5.43	4.15	11.14
泸州市	1.56	4.60	4.14	10.30
德阳市	1.73	5.17	4.18	11.08
绵阳市	1.63	4.90	4.20	10.73
广元市	1.38	4.10	4.18	9.66
遂宁市	1.68	4.74	4.16	10.58
内江市	1.61	4.51	4.14	10.26
乐山市	1.61	4.80	4.19	10.59
南充市	1.57	4.28	4.18	10.03
眉山市	1.75	4.91	4.18	10.84
宜宾市	1.63	4.68	4.18	10.49
广安市	1.59	4.62	4.20	10.40
达州市	1.61	4.19	4.19	9.98
雅安市	1.48	4.51	4.16	10.16
巴中市	1.40	4.07	4.16	9.63
资阳市	1.67	4.78	4.19	10.65
阿坝州	1.36	4.29	4.15	9.80
甘孜州	1.24	3.39	4.15	8.79
凉山州	1.42	3.82	4.17	9.42

资料来源：2016～2017年《四川统计年鉴》，2017年《中国城市统计年鉴》。

从协调发展三个分项指标的变异系数来看（见表24），社会管理的变异系数最低，仅为0.004，说明四川治安稳定，社会发展态势良好；居民消费的变异系数最大，为0.11，体现了各市（州）居民在消费支出方面呈现不同的状态，在城乡居民消费性支出普遍增加的趋势下，城乡居民消费重点出现分化。

表24　2016年协调发展分项指标变异系数

	居民收入	居民消费	社会管理
变异系数	0.09	0.11	0.004

从三级指标来看，攀枝花、泸州、德阳、遂宁和雅安的城镇居民人均可支配收入增速低于其GDP增速；攀枝花、遂宁的农村居民人均纯收入增速低于其GDP增速（见图13）；城乡收入比最高的是甘孜州，最低的是成都（见图14）；

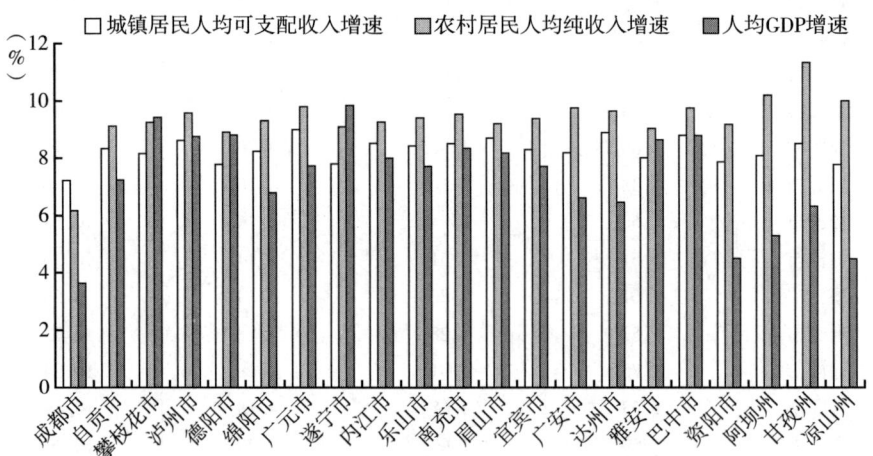

图13　2016年21市（州）城乡居民人均可支配收入、人均纯收入增速和人均GDP增速比较

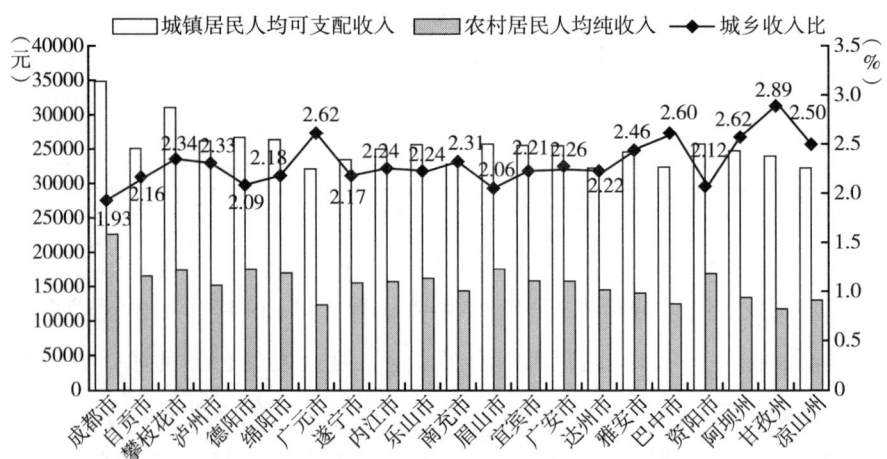

图14　2016年21市（州）城乡居民人均可支配收入、人均纯收入及城乡居民收入比

城乡居民人均消费性支出最高的是成都,最低的是甘孜州;城乡恩格尔系数最高的是甘孜州,最低的是成都(见图15);公众安全感指数最高的是成都。

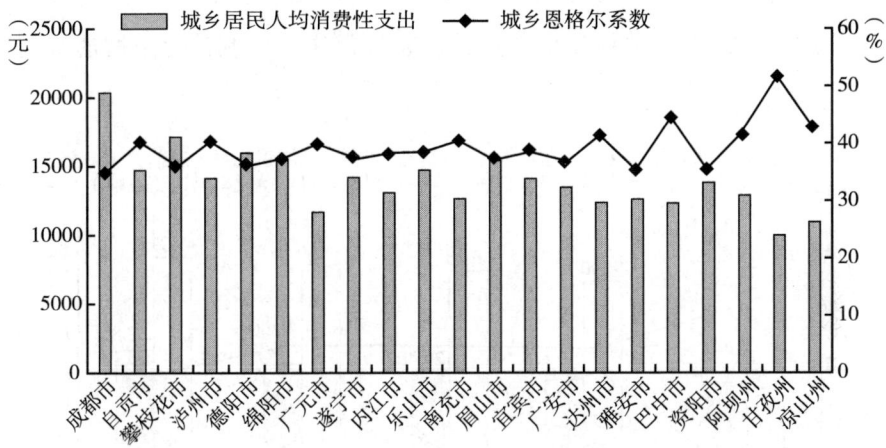

图15 2016年四川21市(州)城乡居民人均消费性支出及城乡恩格尔系数

二 新时代四川城镇化发展前景展望

党的十九大胜利召开标志着中国特色社会主义进入了新时代,这一时期我国社会的主要矛盾已经转化为"人民日益增长的美好生活需要和不平衡不充分的发展之间的矛盾"。这一时期赋予新型城镇化更深刻的含义和更宽泛的内容,"美好生活需要"不仅包括物质文化生活的需要,更包括民主、法治、公平、正义、安全、环境等方面的需要;"不平衡不充分"包括城乡、区域、收入等方面的不平衡不充分。这些将对新时代新型城镇化建设提出更高的要求。

(一)四川新型城镇化建设取得新成绩

城镇化是协调区域发展、推动城乡一体化的重要动力,也是扩大内需、促进经济转型升级的战略重点。近年来,四川城镇化建设坚持"以人为本"的思路,在全国率先以"人的城镇化"代替"土地城镇化",取得了许多可圈可点的成绩。2016年全省户籍人口城镇化率、常住人口城镇化率分别为32.80%和49.21%,分别较上一年增长2.2个百分点和1.52个百分点,户籍人口城镇化率增速首次超过常住人口城镇化率增速(见图16)。

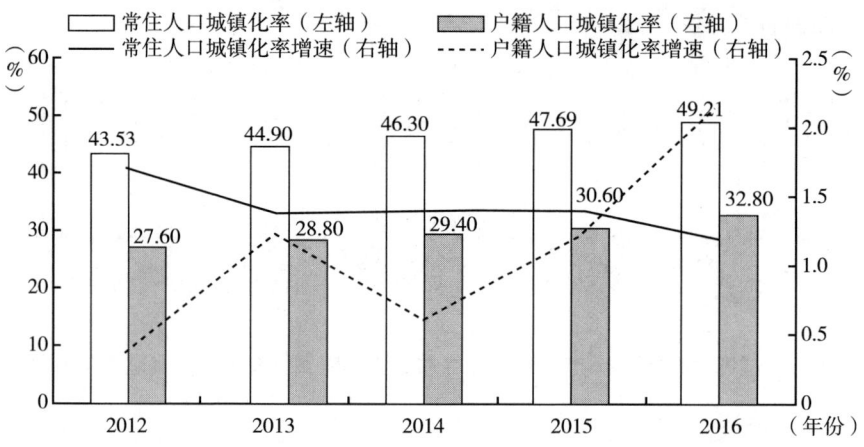

图16 2012~2016年四川常住人口城镇化率和户籍城镇化率及增速

1. 坚持以新发展理念为指导,全省新型城镇化工作格局总体形成

四川坚定实施"两化互动,城乡统筹"发展战略,坚持绿色发展理念,坚持规划引领,编制了《四川省新型城镇化规划(2014—2020年)》,制定了省域城镇体系规划和四大城市群规划,出台了《推进新型城镇化建设、加强城市规划建设管理和推动农业转移人口在城镇落户》等实施意见,通过实施各年度重点工作方案、每年召开全省新型城镇化建设经验交流暨工作推进会等专题会议推动落实以上发展战略。在推进新型城镇化建设方面,四川取得一定成效:响应国家中心城市建设部署,成都市列入国家中心城市建设行列;天府新区获批国家级新区、中国(四川)自贸区设立;组织3批14个县(市)"多规合一"试点,全面落实新的发展理念;扎实推进新型城镇化,全省新型城镇化工作格局总体形成。

2. 坚持以"四大城市群"为主体,加快建立有四川特点的城镇体系

近年来,《四川省新型城镇化规划(2014-2020年)》在四川大力推进实施,初步形成了以"四大城市群"为主体的"一轴三带、四群一区"城镇化发展空间格局。在多点多极发展战略下,成都平原城市群一体化程度日渐提高,四川第二经济增长极川南城市群在成渝经济区的地位更加显著,川东北城市群和攀西城市群发展快速。目前已有绵阳、南充、自贡、泸州和宜宾等五大城市相继迈入百万人口大城市行列,区域性中心城市正加速形成,市政等基础设施建设和经济发展水平日益提高,城市可承载力日益增强,吸纳农村转移人口的能力大大提升。各地以新区、小城镇、特色小镇和新村建设为抓手推动城镇化进程。天府新区"一带两翼、一城六区"的空间城镇形态正在加速形成,全省9个区域中心城市的新区建设以及重点县城的新区建设工作正在有序展开。小城镇、特色小镇和新村建设取得阶段性成效,2014年以来,累计建成了300个特色鲜明的工业小镇、商贸小镇和旅游小镇,累计建成幸福美丽新村9199个。目前,全省初步形成了以城市群为主体形态,由1个超大城市、5个大城市、8个中等城市、138个小城市和1904个小城镇组成的现代城镇体系。

3. 坚持以提高承载能力为支撑,现代城镇综合承载能力明显提升

近年来,四川省持续开展城市基础设施建设行动,提升城镇综合承载能力。

一是全面推进智慧城市和海绵城市建设。中央城市工作会议提出"未来要建设绿色城市、文化城市、紧凑城市、安全城市、海绵城市和智慧城市"。四川省加快推进海绵城市和智慧城市试点建设,并以点带面,在全省范围内全面推进。

二是统筹现代交通运输体系建设,统筹推进公路、铁路、机场、航道和港口等一系列交通基础设施建设项目,共建成27条出川大通道,全面打通城市群之间的交通联系,形成对内对外互联互通的现代交通综合运输体系,为全省"一轴三带、四群一区"的城镇化发展格局提供了有力的支撑。

三是大力推进城市基础设施建设,四川省于2014年开始启动"城市基础设施建设年行动",重点推进城市地下综合管廊、海绵城市、轨道交通等重大项目建设,集中力量抓好道路交通、市政管网、防洪排涝、污水垃圾处理、供水节水、供气供热等市政公用设施建设。用水普及率、燃气普及率、人均城市道路面积和道路长度等城镇基础设施水平明显提高(见表25)。

四是不断完善城镇公共服务设施建设。从城镇教育、医疗、文化、体育、就业和社会保障等方面不断完善城镇公共服务设施。

五是持续优化城镇环境,响应国家环保要求,全面开展城乡环境治理、宜居县城试点工作。截至2016年,共创建了62个山水园林城市;建成了一大批环境优美示范城市、县城和乡(镇)。全省城市建成区绿地面积达11万公顷,公园面积达3.4万公顷,[①] 大大改善了城镇人居环境(见表26)。

表25 四川省2010年、2014年和2016年城镇基础设施情况对比

年份	用水普及率(%)	燃气普及率(%)	人均城市道路面积(平方米)	道路长度(公里)
2010	90.80	84.39	12.14	10192
2014	91.12	90.89	13.32	12488
2016	93.07	91.78	13.73	14835

表26 四川省2010年、2014年和2016年城镇环境质量相关指标

年份	人均公园绿地面积(平方米)	建成区绿化覆盖率(%)	污水处理率(%)	生活垃圾处理率(%)	人均日生活用水量(升)
2010	10.19	37.51	78.32	92.66	216
2014	11.26	38.21	85.36	97.24	192
2016	12.47	39.90	89.66	99.69	215

资料来源:2011年、2015年和2017年《四川统计年鉴》。

---

① 何健:《就地就近城镇化的四川实践与探索》,《四川日报》2016年9月7日。

4. 坚持以"人的城镇化"为核心，新型城镇化呈现健康发展态势

自 2014 年实施"百万安居工程"以来，四年时间四川省改造城镇危旧房棚户区、共建设保障性住房 107 万套，占全国同期改造规模的 7% 左右，累计完成新改扩建农房 120 余万户。大力开展精准扶贫，帮助贫困户进行农房改造，预计将提前两年实现中央关于全省建档立卡贫困户农村危房改造的工作目标。总结历次抗震救灾经验，在全国率先将农房抗震设防建设纳入规范性强制性管理，推行农房一体化管理，将抗震设防贯穿于农房的规划选址、勘察设计、建造施工等各个环节。同时，统筹解决农民工住房问题，开展"农民工住房保障行动"，全省近 20 万农民工享受到城镇住房保障。

通过大力实施"百镇建设行动"，探索总结出"3 + N"特色小镇发展模式①。这一模式在破除"千镇一面"发展困局方面取得阶段性成果。截至 2016 年，全省成功入选中国特色小镇的数量达到 20 个，连续两年居西部第一、全国前五。

积极推进房地产市场供给侧结构性改革，大力实施"三降一去一补"，推动房地产去库存；为新市民提供多元化的住房供应渠道，促进房地产市场平稳健康发展。2016 年，全省房地产去库存取得明显成效，商品住房库存消化周期比 2015 年底缩短 3.7 个月。

5. 坚持以城乡统筹发展为重点，城乡生产生活方式同步变革步伐加快

加强"五个统筹"，全面深化"五项改革"，制定并落实《四川省 2016 年统筹城乡改革发展工作要点》，统筹城乡一体规划建设、一体管理运营。推动基础设施向农村延伸，道路、饮水、电力、通信等重要基础设施实现城乡联网、共建共享；统筹城乡基本公共服务均等化，推动形成政府主导、覆盖城乡、可持续的基本公共服务体系；统筹新村聚居点建设和传统村落保护，突出地域特色和民族风格，大力推进幸福美丽新村建设，持续推进彝家新寨、藏区新居、巴山新居、乌蒙新村建设，坚持新村建设与脱贫攻坚紧密

---

① "3"是特色工业、商贸物流、旅游休闲三种模式，而"N"是衍生出的生态宜居、文化创意、科技教育等各种主题。《2020 年四川将创建 100 个特色小镇幸福美丽新村 3 万个》，http://www.scjst.gov.cn/news/center/show - 1008530.html, 2017 年 11 月 21 日。

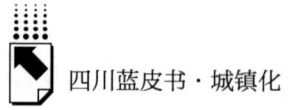

结合，统筹推进易地扶贫搬迁和幸福美丽新村建设①。

6. 坚持以体制机制创新为动力，不断提升城乡建设管理水平

近年来，四川着力在户籍制度、产权制度、社保制度、土地制度和住房制度等方面改革创新，推动农业转移人口市民化。实施户籍制度改革，除成都市以外的大中小城市和小城镇落户条件已全面放开，大力推进农业转移人口享有城镇居民的同等权益。积极开展农村产权制度改革，全面开展农村产权确权登记颁证，鼓励农业用地上市流转，放活农村土地经营权。实施城乡社保制度改革，推动城乡居民基本养老保险制度并轨，实现城乡养老制度一体化。加强土地制度创新改革，开展农村集体经营性建设用地交易、宅基地有偿退出和农村建设用地等改革试点，尊重农民意愿，将户口变动与"三权"脱钩，切实维护进城落户农民在农村的合法权益。编制《四川省危旧房棚户区改造系统性融资规划》，总结开发性金融支持危旧房棚户区改造升级统贷的四川经验，创新形成棚改融资的四川模式——省级平台统贷，市县政府还款，省级财政增信。② 这一系列创新改革措施，有效地推动了四川新型城镇化建设加速发展。

（二）四川城镇化发展站上新起点

1. 国家关于新型城镇化的一系列决策部署

十八大以来，国家层面对深入推进新型城镇化建设做出了一系列重大决策部署，为新型城镇化的发展指明了方向。

第一，习近平总书记和李克强总理的两个批示从思想上统一了对我国新型城镇化发展的认识。在"十三五"开局之年，习近平总书记就对新型城镇化建设提出"一定要站在新起点、取得新进展"的要求③，对深入推进新型城镇化建设做出四个"更加注重"的重要批示——更加注重提高户籍人

---

① 《四川省新型城镇化规划（2014—2020年）》，《四川日报》2015年4月3日。
② 《利用开发性金融支持棚改的创新实践》，《城乡建设》2015年11月5日。
③ 《新型城镇化要坚持五大理念》，http：//news.xinhuanet.com/mrdx/2016 - 02/24/c_135124774.htm，2016年2月24日。

口城镇化率,更加注重城乡基本公共服务均等化,更加注重环境宜居和历史文脉传承,更加注重提升人民群众获得感和幸福感①。李克强总理批示提出"三个着力"的重大任务——着力推动农业转移人口市民化,着力增加适应居民需求的公共产品和公共服务供给,着力构建与农业现代化相辅相成、相互促进的体制机制。

第二,国务院召开深入推进新型城镇化建设电视电话会议,对全国新型城镇化建设进行了统筹决策部署。会议全面部署了"十三五"新型城镇化建设的各项工作,要求各地充分调动各方面积极性,高度重视党中央国务院的决策部署,统一思想和行动,切切实实做好推进新型城镇化建设的各项工作。

第三,正式印发《关于深入推进新型城镇化建设的若干意见》,强化政策对新型城镇化建设方向的指引。要求坚持点面结合、统筹推进,着力解决"三个1亿人"城镇化问题,充分发挥新型城镇化综合试点作用,带动新型城镇化体制机制创新。强调坚持纵横联动、协同推进,推动户籍、土地、财政、住房等政策举措协调配合,形成合力,又强化部门与地方政策联动,确保改革举措和政策落地生根。突出补齐短板、重点突破,瞄准短板、加快突破,集中力量加大投入,促进新型城镇化健康有序发展②。

第四,以特色小镇为载体,创新供给侧结构改革。"十三五"期间,新型城镇化建设紧紧抓住特色小镇这一重要载体,以培育发展特色小镇为重要突破口,深化供给侧结构性改革。习近平总书记和李克强总理对中国特色小镇发展做出重要批示,"十三五"规划纲要提出鼓励各地区培育发展特色小镇;《关于深入推进新型城镇化建设的若干意见》提出要发展具有特色优势的魅力小镇;国务院深入推进新型城镇化建设电视电话会议,对建设特色小镇进行了全面深入的安排部署。2016年7月21日,住房城乡建设部、国家

---

① 《促进中国特色新型城镇化持续健康发展》,http://www.worlduc.c,2018年3月14日。
② 《关于深入推进新型城镇化建设的若干意见》,http://country.cnr.cn/gundong/20160208/t20160208_521358937.shtml,2016年2月8日。

发展改革委、财政部联合发布《关于开展特色小镇培育工作的通知》，进一步强化落实对特色小镇建设的资金、政策支持，先后审批通过了一系列优化城镇空间布局的城市群发展规划。国家有关部门组织编写了一批跨省区城市群的发展规划。《哈长城市群发展规划》《成渝城市群发展规划》《长江三角洲城市群发展规划》《北部湾城市群发展规划》《中原城市群发展规划》等城市群规划已陆续出台或正在编制，有望进一步优化提升东部城市群、加快培育中西部城市群发展。

2. 四川的战略部署

党的十八大以来，四川省认真贯彻落实国家层面一系列决策部署，把推进新型城镇化作为全局性、战略性工作来抓，初步走出了一条形态适宜、产城融合、城乡一体、集约高效的新型城镇化道路。四川新型城镇化建设已经迈上新台阶，站上新起点。① 2016 年，四川省出台了《关于深入推进新型城镇化建设的实施意见》，提出在坚持绿色发展、补齐短板、联动推进的基础上深入推进新型城市化。到 2020 年，城镇化质量和水平明显提升，布局和形态更加优化，可持续发展能力明显增强，城乡统筹发展更加协调，城镇化体制机制更加完善。2017 年，四川省出台《关于深化拓展"百镇建设行动"培育创建特色镇的意见》，提出将 300 个"百镇建设行动"试点镇数量拓展至 600 个，其中培育创建 100 个左右的特色镇，再从中选取 10 个左右经济发达镇进行扩权赋能的新型行政管理体制改革。同时还提出做实配套设施、做深产业发展、创新发展理念和坚持统筹推进等四大主要任务。同年 11 月 29 日，四川省绿化委员会、四川省林业厅正式印发《四川省森林城市群发展规划（2017 - 2020 年）》，提出建设四川森林城市群。四川省新型城镇化建设将绿色发展和生态文明建设真正落实到行动上。

（三）四川城镇化发展面临新挑战

近年来，四川城镇化发展取得了令人瞩目的成就，站在了新的起点上。

---

① 王东明：《推动四川新型城镇化建设迈上新台阶》，《四川日报》2017 年 9 月 5 日。

但同时也要清醒地认识到,当前四川城镇化建设仍面临诸多难题和挑战。

1. 棚户区、城中村和农村危旧房改造任务十分繁重

2013年以来,四川省全面推进城市棚户区和城中村改造,2013~2017年改造约135万套,2018~2020年仍需改造各类危旧棚户住房61万套,才能保证到2020年基本完成现有城镇棚户区、城中村和危旧房的改造。之前,四川省实施的棚户区改造已取得阶段性胜利,这类棚改由于土地具有较高的潜在价值,能够得到社会资本的青睐,改造相对容易。目前,城中村的改造是棚改工作的难点和重点,这类土地产权关系较为复杂,推动起来较为困难。因此,城中村改造已成为全省棚户区改造要面对的"硬骨头",需要付出巨大的努力才能确保完成任务。这意味着四川棚改工作正式趋入"深水区",必须提前谋划,紧抓国家支持棚改工作的政策机遇以及农发行专项贷款支持的机遇,统筹制定多种安置补偿政策方案,鼓励各地因地制宜采取有效措施,分阶段、分步骤、有序推进棚改工作。

2. 就近城镇化面临就业压力

国务院《关于深入推进新型城镇化建设的若干意见》,提出9个方面36条具体措施,其重点是着力解决好"三个1亿人"城镇化问题,而促进和引导农村人口落户城镇和就近城镇化是其中关键。四川作为农村人口流出大省,受沿海经济形势影响,目前农村人口回流明显。吸引外出务工人口回乡就业,是四川省加快城镇化进度的关键。四川省统计局的调查显示,农民工就业主要集中于服务业、批发与零售业、建筑业、制造业、住宿和餐饮业等5个行业,其中与固定资产投资关系密切的建筑业占比超过20%,显示了其在农民工需求岗位中的主导位置。有研究指出,2007~2012年间,固定资产投资额与就业量的产业结构相似系数呈上升趋势,从2007年的0.667上升到2012年的0.812,反映出四川省固定资产投资与就业的关系越来越紧密[①]。2008~2012年,四川省全社会固定资产

---

① 王艳云、熊健益:《固定资产投资的就业效应研究——以四川省为例》,《经济研究导刊》2014年第28期。

投资年均增速达到25.2%，但从2013年开始，固定资产投资增速逐渐下降：2013年全社会固定资产投资增速下调至14%，2015年固定资产投资增速为10.2%，而在2016年进一步下调至10%。这将使得四川省用工需求放缓，随着回流的务工人员逐年增加，四川省内的用工需求很难持续消化就业压力。

从承接产业转移角度来看，当前东部向西部地区的产业转移进程缓慢，尚未发生大规模的产业转移且短期内产业转移加速的可能性也不高。四川工业在去产能的背景下暂时不会新增就业机会，而战略性新兴产业发育期很漫长，所以只能依靠一三产业的衔接来吸纳回流劳动力。四川短期内创造就业岗位的能力有限，难以大量吸引人口回流，新型城镇化进程未来或面临较大的就业压力。

3. 民族地区城镇化面临发展滞后且复杂的局面

民族地区是四川省推进新型城镇化的薄弱环节。从自然要素来看，少数民族地区拥有丰富的自然资源，包括矿产、能源以及独特的旅游资源，但这些地区生物多样性和生态脆弱性并存，城镇化建设必须注重生态保护和绿色低碳。从人口要素来看，甘孜、阿坝、凉山三州辖区面积占全省的6%，人口占全省人口的8.4%，虽然人口分布相对稀疏，但是由于民族地区特殊的地形地貌以及气候特征导致的适宜居住范围有限，在人口相对集中的区域依然存在人口超负荷的现象，居住环境制约着少数民族地区城镇化的发展。从经济要素来看，少数民族地区普遍经济基础薄弱，地理区位和交通环境均不利于产业发展，因此政府缺少财政收入来源，工业化水平较低，与全省平均水平比差距较大。2016年，阿坝州、甘孜州和凉山州的工业化率分别为38.5%、21.9%和33.9%，低于全省平均水平（42.6%），较差的经济基础在一定程度上影响着少数民族地区城镇化的进程。从文化要素来看，民族文化绚烂多彩与区域性整体贫困、思想意识落后并存，少数民族地区平均普通高等学校文化教育水平远远低于其他地区，落后的文化教育水平和较差的环境条件难以吸引强有力的智力支持，导致民族地区城镇化发展缺少相应的文化环境。现实情况也显示，2012~2016年，阿坝州、甘孜州和凉山州的城镇化水平一直低于全省平均水平（见图17），名列全省倒数前三位。这就要求民族地区树立新型城镇化发展理念，强调少数民族地区特色，鼓励创新发展模式和发扬民族特色文化。民族地区的城镇化建设必须走民生优先、在保护中谋求发展的道路，加大基础设施建设的投入，提升教育、医疗等基础公共服务水平，建立相关技术人才引进和培育的长效机制；完善生态补偿制度，加大生态建设投入力度，创新改革民族传统的资源管理利用方式，鼓励市场进入生态建设领域，形成全民共建共享的发展模式；停止掠夺式资源能源开发，促进科技驱动发展，释放创新红利。

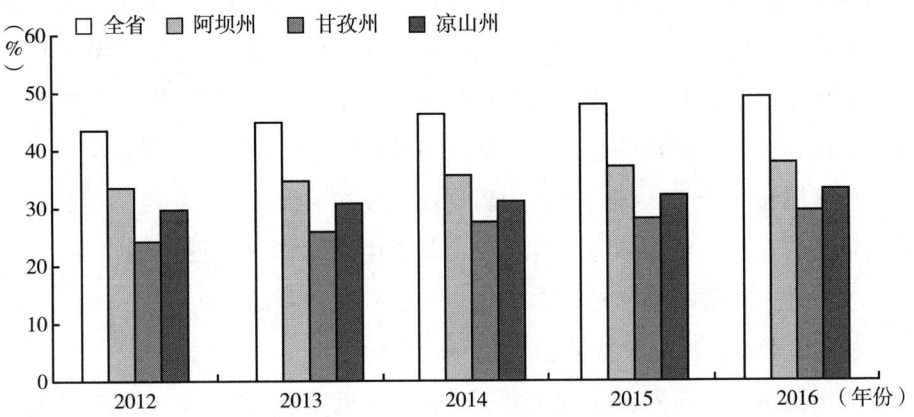

图17　2012~2016年阿坝州、甘孜州、凉山州城镇化率和四川省平均水平

4. 新型城镇化面临融资新挑战

四川新型城镇化仍处于快速推进阶段，预计到2020年，城镇化率将达到54%，比2016年提高4.8个百分点，这必然需要较大的资金支持。新型城镇化建设，对资金的需求是多元的，包括促进进城农民就业、创业、培训再就业等方面的资金需求，进城农民保障性住房、商品房建设的资金需求，增加教育、医疗等公共服务的资金需求，等等。但现有的城镇化建设资金供给模式较为单一，政策制度不具有可持续性，亟待创新采取多元化的城镇化融资模式。

（四）四川城镇化迈入新时代

在习近平新时代中国特色社会主义思想的指导下，四川省新型城镇化建设站上新的起点，迈入新的时代，不忘初心，牢记使命，将在以下方面寻求新的突破。

1. 新型城镇化的内涵更加深化

新型城镇化不仅是拉动经济增长的强大引擎，更是一种社会责任。新时代的城镇化建设，具有更深刻更丰富的内涵：立足于实现"两个一百年目标"和"伟大中国梦"，坚持五大发展理念，以人民为中心，以更高质量、更高效率、更加公平、更可持续为目标，以社会主义核心价值观为导向，全面协调人与自然、人与社会两大关系，更加注重绿色发展，更加注重创新驱动，更加注重共享包容，更加注重协调发展，更加注重城乡均衡，更加注重开放共享。在这一更高的起点上，四川新型城镇化建设更是要把以人为本作为新型城镇化的核心，把创新作为新型城镇化的最大动力，把补短板作为新型城镇化的重点，牢固树立"绿色、低碳、生态"旗帜，促进城镇向"产、城、人、文"四位一体有机结合迈进。

2. 新型城镇化建设更加注重质量提升

四川城镇化建设不仅注重速度提升，还注重质量提升。四川城镇化建设将继续以城市群为主体形态，推动四大城市群城镇化建设，构建多点多极支撑格局，加快农业转移人口市民化，并在住房保障、养老保险、医疗保险以及城市治理等方面提升城镇化的质量。新时代，四川将着重补齐城市基础设施、公共服务、生态环境"三块短板"，进一步加强城镇基础设施建设，构建绿色交通体系；深入推进地下综合管廊建设，加大城镇污水垃圾治理力度，进一步完善城市防洪排涝功能；继续推进智慧城市建设；加强城市依法治理，完善基层党组织领导的群众自治制度，不断提升城市治理能力和治理体系现代化水平；[1] 不仅要做到城市"面子"越来越靓丽，还要做到城市

---

[1] 王东明：《推动四川新型城镇化建设迈上新台阶》，《四川日报》2017年9月5日。

"里子"越来越牢固。

3. 新型城镇化建设更加注重城乡一体

党的十九大报告提出"实施乡村振兴战略",要求"建立健全城乡融合发展体制机制和政策体系,加快推进农业农村现代化"。这一思路为四川城镇化建设提供了新的突破方向。新时代,四川城镇化的推进要更加注重城乡一体化建设,在发展城市、城镇的同时大力提高农村基础设施和公共服务水平,推动道路、饮水、电力、通信等重要基础设施城乡联网、共建共享,进一步优化学校医院、文化设施、体育场所等布局,完善便民服务、农民培训、文化体育、卫生计生、综治调解、农家购物等功能。深化幸福美丽新村建设,坚持小规模、组团式、微田园、生态化,坚持新村建设与脱贫攻坚紧密结合,持续推进彝家新寨、藏区新居、巴山新居、乌蒙新村建设,推进山水田林路综合治理和农村环境综合整治。

4. 新型城镇化建设更加注重改革创新

作为国家全面创新改革试验区,四川将创新改革作为新时代新型城镇化建设的动力,在户籍问题、土地问题、投融资问题、社保问题等方面进一步深化体制机制改革。在户籍方面,将全面解决好转移人口的落户问题,创新进城农民的落户政策措施,积极引导和解决好在城镇稳定就业和生活的农业转移人口及其家庭在城镇落户。在土地方面,坚持守住耕地红线不动摇,严格控制新增城镇建设用地规模,用好用活国土政策。在投融资方面,将进一步探索符合四川省新型城镇化实际的投融资模式,创新财政资金的使用机制,提升使用效率,积极寻求金融资本支持,撬动更多社会资本,全面深化政府和社会资本合作,全面解决好城镇化建设的资金问题。在社保方面,进一步健全完善城镇住房保障体系和社保政策机制,进一步统筹城乡社保,建立完善城乡统筹的基本医疗保险制度,切实解决好保障问题。

5. 新型城镇化建设更加注重开放合作

党的十九大提出以"一带一路"建设为重点,推动形成全面开放格局,"优化区域布局,加大西部开放力度"。四川作为西部开放的桥头堡和排头兵，新型城镇化建设已经站在新的起点，面临新的形势。在全面开放大格局下，将更加主动融入对接"一带一路"。一是坚持以四大城市群为主体，构建具有四川特色的现代城镇体系，打造"一带一路"的重要节点和枢纽。二是以特色小镇为抓手，与"一带一路"沿线国家开展合作共建，主动融入国际元素，建设具有四川特色和国际风貌的特色小镇。在学习东部沿海地区城镇化建设经验的同时，又避免简单复制形成同质同构、千镇一面的局面。在特色小镇的建设中，重点突出当地历史文化底蕴，并积极借鉴国外特色小镇的建设模式，引进先进发展理念和建设资金，共建形态适宜、兼具四川特色和国际色彩的特色小镇。三是以城镇化合作为载体，积极推动与"一带一路"沿线国家的全方位合作。随着我国"一带一路"建设的实施与推进，四川与"一带一路"沿线国家和地区在基础设施建设、产业发展方面已有一定的合作。新时代，四川应进一步创新合作模式，加大国际合作力度，以城市为合作主体，以城市基础设施建设为渠道，优化城市发展外部条件；以境外产业合作园区建设为手段，夯实城市发展产业基础；强化在城市公共服务领域的合作，提升城市居民的公共服务水平；推动各城市建立战略合作关系，充分发挥各自比较优势，实现合作共赢。

附录：四川城镇化水平测度指标体系及权重

一级指标	分值	二级指标	分值	三级指标	分值
人口规模	17.5	城镇人口*	10.5	城镇人口比重(%)	10.5
		建成区人口	7.0	建成区人口密度(人/平方公里)	3.5
				建成区人口增速/建成区面积增速	3.5
产业支撑	21.6	经济水平	4.7	人均GDP(元)	4.7
		非农产业	5.2	每万人非农产业增加值(亿元)	2.6
				非农产业就业比重(%)	2.6
		科技研发	4.5	R&D支出占GDP的比重(%)	4.5
		信息化水平	4.9	每百人互联网用户数(户)	4.9
		文化产业	2.3	每十万人文化产业增加值(万元)	2.3
基础设施	17.1	市政设施	9.4	建成区供(排)水管道长度(公里/平方公里)	3.0
				每十万人日供水综合生产能力(万立方米/日)	3.2
				燃气普及率(%)	3.2
		公共交通	3.7	十万人公交汽车、出租车、地铁拥有量(标台)	3.7
		固定资产投资	4.0	人均固定资产投资(元)	4.0
公共服务	15.4	文化生活	2.0	城乡居民教育文化娱乐支出(元)	2.0
		医疗卫生	4.7	每万人医疗卫生机构数(个)	1.2
				每万人床位数(张)	1.2
				千人口职业(助理)医师数(人)	2.3
		教育水平	4.5	万人拥有专人教师数(人)	2.1
				小学儿童净入学率(%)	1.2
				初中三年巩固率(%)	1.2
		社会保障	4.2	城镇基本医疗保险覆盖率(%)	4.2
资源环境	14.7	城市绿化	4.6	人均公园绿地面积(平方米)	2.3
				建成区绿地率(%)	2.3
		环境保护	5.3	污水处理厂集中处理率(%)	1.0
				生活垃圾处理率(%)	1.0
				空气污染综合指数(%)	1.1
				单位GDP能耗(吨标煤/万元)	2.2
		土地集约	4.8	亿元GDP建设用地规模(公顷/亿元)	4.8
协调发展	13.7	居民收入	4.0	城镇居民可支配收入增速与人均GDP增速之比	1.4
				农村居民人均收入增速与人均GDP增速之比	1.4
				城乡居民收入之比	1.2
		居民消费	5.5	城乡居民人均消费性支出(元)	4.2
				城乡恩格尔系数	1.3
		社会管理	4.2	公众安全感指数	4.2

注：城镇人口是指居住在城镇范围内的全部常住人口，乡村人口是除上述人口以外的全部人口。

主题报告篇
Theme Reports

B.2
开放合作提升城市经济品质

冉 敏*

摘　要： 本报告试图探索分析开放合作对四川城市提升经济品质的作用。本报告概述2010～2016年开放合作助力四川城市经济跨越式发展，并从规模结构、效率和持续发展状况进行分析。报告发现，对外开放对四川城市经济的效率影响最大，对第三产业增长影响相对较小。报告还分析了四川城市之间的开放合作关系，发现四川省内城市集聚和辐射水平呈现明显梯次分布特征，成都对外合作能力最强。报告最后为四川进一步深度开放，提升城市品质提供了建议，即依托四川自贸区建设，探索内陆特色开放道路；分层次有重点，推进跨省区域开放合作；聚焦战略定位，优化四大城市群开放空间布局；

---

* 冉敏，博士，四川省社会科学院区域经济和城市发展研究所助理研究员，主要研究方向为区域经济学、产业经济学。

优化制度设计，促进城市之间的协作交流。

关键词： 开放合作　城市经济　城市流

党的十八大以来，面对国际经济持续走弱，国内产能过剩的复杂形势，四川省委、省政府对四川开放与发展提出了转型发展、科学发展的要求，开展实施开放合作战略，推动四川城市经济跨越式发展。一方面，通过优化顶层设计，投资取得重大突破，开放型经济水平稳步提升；另一方面，通过持续拓展开放合作载体，全省区域经济协作全面深化。开放合作战略为提升四川城市经济品质、汇聚资源要素、开拓发展空间、促进经济增长方式转型，提供了强大动能和坚实支撑。

一　开放合作助力四川城市经济跨越式发展

四川省委、省政府围绕四川建设内陆开放战略高地，积极融入"一带一路"、长江经济带、西部大开发等国家战略，提出要进行全方位对外开放合作工作的体制机制改革，提升全省城市经济发展水平。

（一）城市经济保持快速增长，综合实力显著提升

在"三期叠加"背景下，四川城市经济增速放缓。面对新形势、新情况，四川省委、省政府出台了一系列政策措施，促进四川城市经济继续保持较快增长水平，经济总量迈上新的台阶，综合实力提升明显。

1. 经济总量迈上新台阶。2011年，四川城市经济跻身全国"两万亿俱乐部"，全省地区生产总值（GDP）高达20283.35亿元；2015年全省城市经济总量超过了3万亿元，达到30251.93亿元，用4年时间再上一个万亿台阶。四川城市经济总量增长率，在经历多年下滑之后，2016年开始复苏，从2015年6.90%上升到8.55%（见图1）。

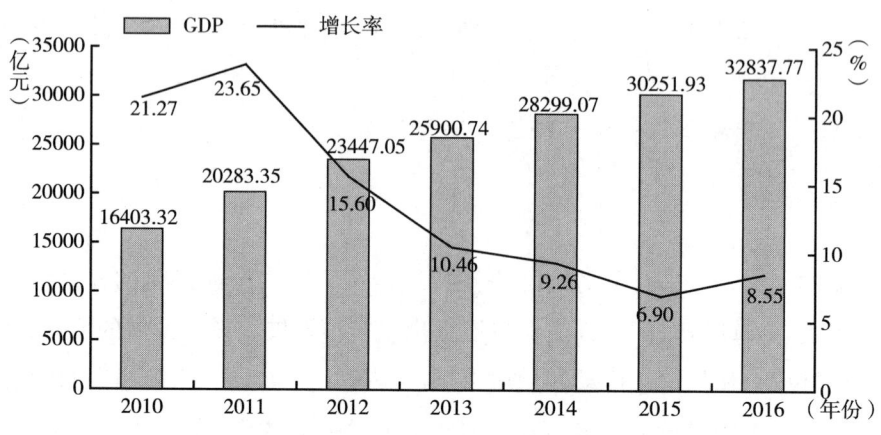

图1 2010~2016年四川18个市经济规模及其增长率

2. 人均水平稳步提高。2010年，四川省18市人均GDP超过2万元，而2013年则超过了3万元，2016年高达39310.67元，是2010年的1.9倍（见图2）。

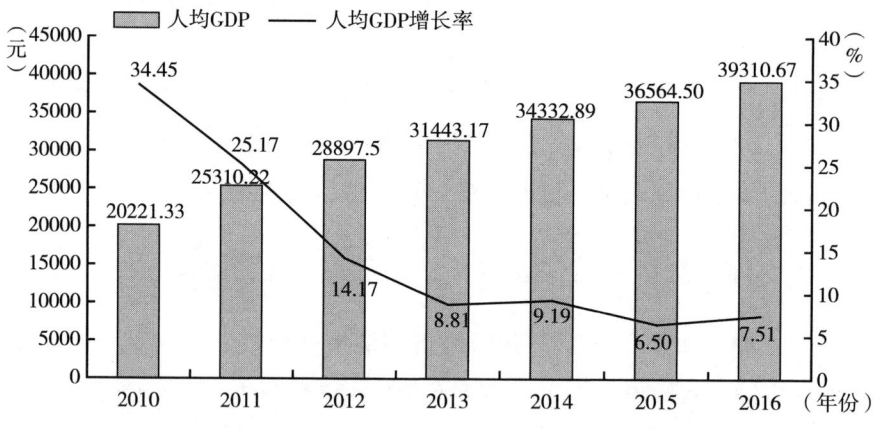

图2 2010~2016年四川18个地级城市人均GDP及其增长率

（二）城市经济结构持续优化，转型升级步伐加快

七年来，四川城市经济产业结构持续优化，新兴产业发展加速，传统产业改造效果显著，转型升级成效显著。

1. **产业结构持续优化。**四川城市产业结构持续优化,第二产业占 GDP 比重从 2010 年的 51.08% 下降到 2016 年的 49.05%;第三产业占 GDP 比重从 2010 年的 35.23% 上升到 2016 年的 40.29%。第二、第三产业占比差距由 2010 年的 15.85 个百分点缩小到 2016 年的 8.76 个百分点,如图 3 所示。

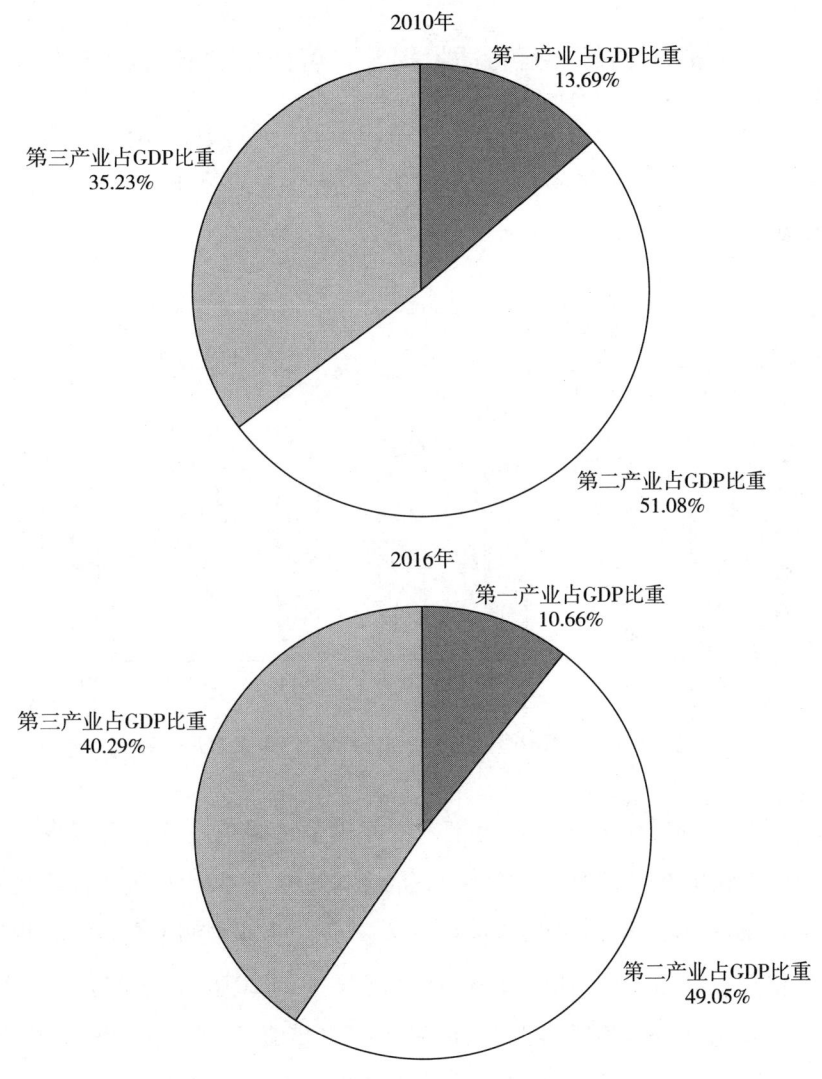

图 3 2010 年与 2016 年四川省 18 市各产业比重

2. 转型升级成效显著。产业发展转型坚持扩增量、调存量，酒饮料和精制茶制造业、非金属矿物制品业等传统产业转型升级成效显著，增加值比重分别达7.9%和7.3%；计算机通信和其他电子设备制造业、汽车制造业、医药制造业等新兴产业加快发育，增加值比重分别达7.8%、6.0%和3.7%；高技术产业比重逐步提高，占比达12.5%。

（三）城市经济结构运行质量提升，可持续发展能力增强

1. 城市经济运行质量提升。18个市的劳动生产率从2010年的38947.49（元/人）提升到了2016年的74689.35（元/人），七年的年均增长率为9.74%（见图4）。

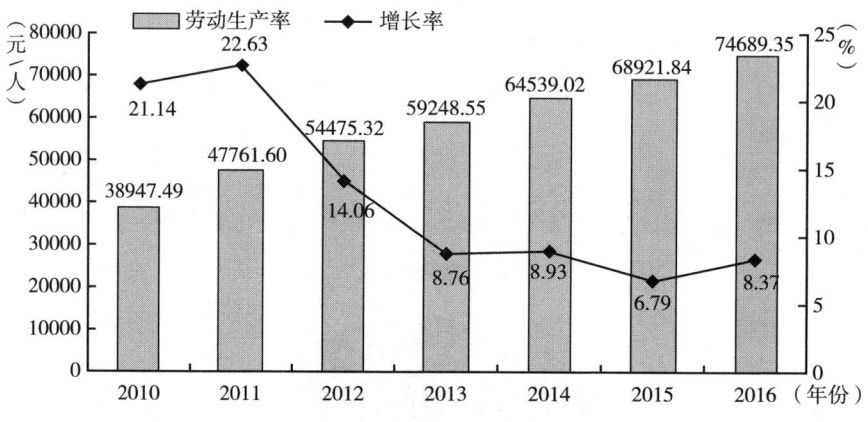

图4　2010～2016年四川18市劳动生产率及其增长率

2. 可持续发展能力增强。七年来，四川坚持绿色、低碳发展理念，经济发展效益和生态保护并举，经济可持续发展能力不但增强。财政收入占GDP的比重从2010年的6.34%提高到7.27%。企业利润不断增加，规模以上工业利润总额由2010年的1661.9亿元增加到2016年的2209.95亿元。节能降耗成就显著，2016年，四川单位GDP能耗下降了4.98%，自2013年以来四川全省单位GDP能耗累计下降了20.1%。与此同时，单位工业增加值能耗下降8.44%，四川单位工业增加值能耗累计下降了30.96%，工业

增加值能耗下降幅度高于 GDP 能耗下降幅度,由此可以看出四川经济可持续发展能力增强。

(四)多点多极支撑发展格局加快形成,区域发展更趋协调

近 5 年来,四川全面启动多点多极支撑发展战略,提升首位城市,着力次级突破,夯实底部基础①,形成了以成都首位城市一马当先,其他各个城市梯次跨越的生动局面。

1. 成都市一马当先,其他城市梯次跨越。2014 年成都市经济总量突破 1 万亿,2016 年达 12170.23 亿元,是 2010 年的 2.19 倍,占四川省经济总量的 36.49%。各城市间追赶发展势头喜人,2011 年 5 个市首次进入四川省"千亿经济俱乐部",改变了多年来成都市一枝独秀的局面,2015 年 13 个城市生产总值超过千亿元,占四川省城市个数的 2/3(见表 1)。

表 1 2010~2016 年四川省 GDP 超亿元的城市

年度	GDP 超千亿元城市
2010	成都
2011	成都、绵阳、德阳、宜宾、达州、南充
2012	成都、绵阳、德阳、宜宾、达州、南充、乐山、泸州
2013	成都、绵阳、德阳、宜宾、达州、南充、乐山、泸州、资阳、内江、自贡
2014	成都、绵阳、德阳、宜宾、达州、南充、乐山、泸州、资阳、内江、自贡
2015	成都、绵阳、德阳、宜宾、达州、南充、乐山、泸州、资阳、内江、自贡、眉山、广安
2016	成都、绵阳、德阳、宜宾、达州、南充、乐山、泸州、资阳、内江、自贡、眉山、广安、攀枝花、遂宁

2. 区域合作推动四大城市群协同发展。成都平原城市群一马当先,2016 年经济总量达到 20774.13 亿元,超过"十一五"末四川省经济总量,是 2010 年的 2 倍,年均增长 10.74%;2010 年,川南城市群经济总量不足三千亿元,到 2016 年跨越两个千亿元台阶,达到 5667.19 亿元,年均增长

---

① 陈智:《四川多点多极发展战略成效凸显》,《四川省情》2016 年第 5 期。

9.91%；川东北城市群从2010年的2787.03亿元增加到2016年的5381.77亿元，年均增长9.85%；攀西城市群年均增长9.90%（见图5）。

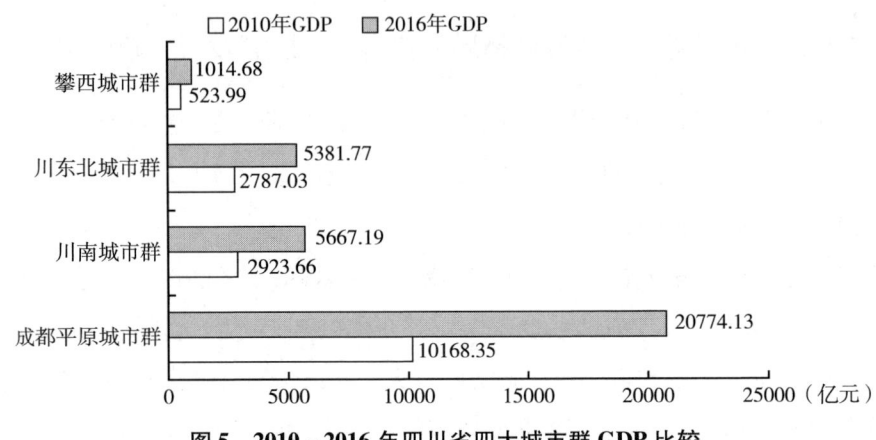

图5　2010~2016年四川省四大城市群GDP比较

（五）经济增长方式转变有序进行，创新驱动效果显著

近年来，四川省启动创新驱动战略，转变经济增长方式。加大了创新资源投入，R&D人员折合全时人员由2010年的83506（人/年）增加到了2016年的124614（人/年），R&D经费投入占GDP比重由2010年的1.57%增长到了2016年的1.72%（见图6）。

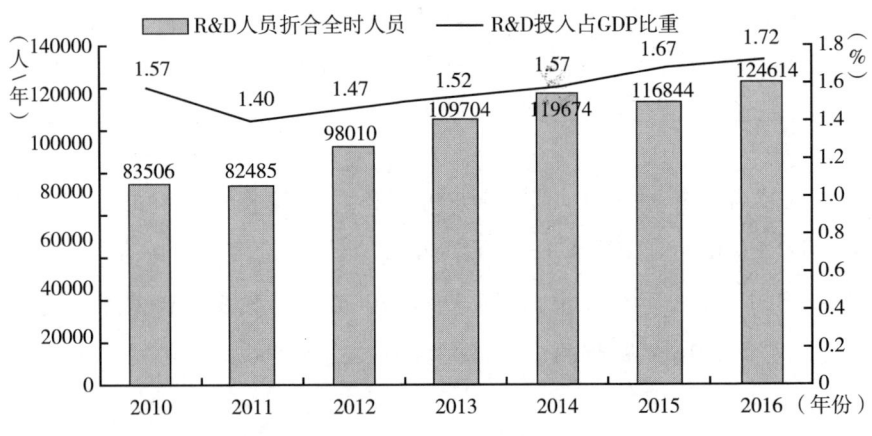

图6　2010~2016年四川省创新资源投入状况

二 对外开放助推城市经济质量提升

在四川城市经济跨越式发展过程中，对外开放战略发挥了不可替代的作用。

（一）城市外向型经济框架初步建立

1. 外贸规模增长迅速，外向型经济特征日益明显。近年来，四川省对外贸易总体保持了持续、稳定、高速的增长。对外贸易的快速发展，既是四川省经济持续增长的重要因素之一，也使得四川省外向型经济特征也愈加明显。四川省18个市进出口总额从2010年的327.12亿美元增长到了2016年的492.59亿美元，年均增长率为6.02%（见图7）。

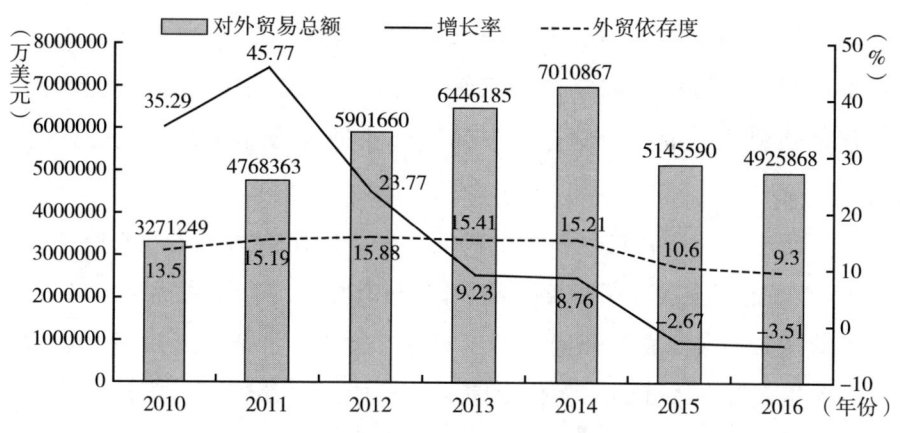

图7 2010~2016年四川省18市对外贸易状况

2. 外资吸引力增强，外资成为重要的资本力量。1985年第一家外资企业在成都成立，经过30年的发展，目前已经有17个国家和地区的投资者在川投资设立企业。截至2016年底，四川累计批准外商投资企业11122家，实际利用外资85.2亿美元（见图8）。

3. 开放合作平台进一步拓展。近年来，四川不仅成功举办了西博会、

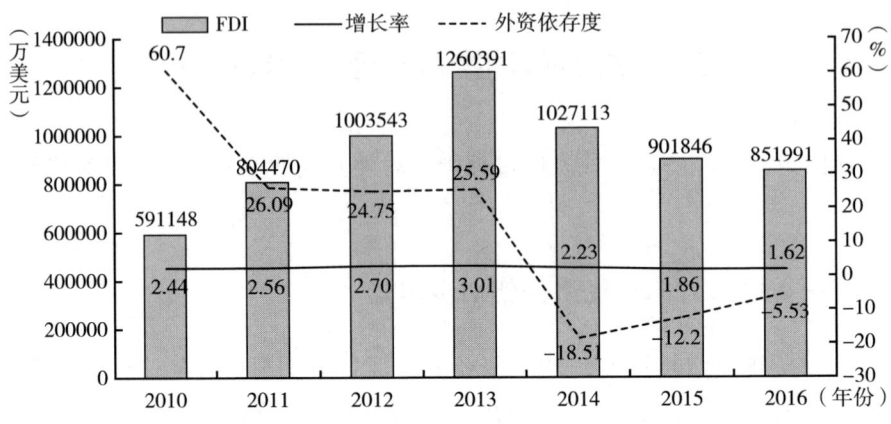

图8 2010~2016年四川省18市外商直接投资状况

科博会、旅博会等重大对外开放会展活动，还围绕整合完善四川省几大优势制造业的产业链、供应链、价值链，组织开展了汽车、电子信息等行业的专题招商活动。与美国、澳大利亚、加拿大、韩国等国家签署政府层面的对外经贸合作机制。国家级经开区、高新区以及外向型产业示范园区加快建设，中法、中德、中韩等产业创新合作平台项目合作有序推进。

4. "走出去"步伐进一步加快。近年来，四川大力推进境外投资，截至2016年底，仅在"一带一路"沿线国家和地区，四川投资企业就新增65家、总数达250家。成都开通国际（地区）航线78条，出入境人数增长31%。四川在海外举办的"文化中国·锦绣四川"澳洲行、美加行和"文化中国·中华美食"等活动，有力推动了中华文化、巴蜀文化和藏区特色文化走向世界。

5. 开放的机制体制改革有所突破。四川不断创新区域协调发展机制，务实推动省内"五大经济区"发展。"在地方金融改革上，出台了金融改革实施方案，积极推动城商行和农信社引进战略投资者，大力发展多层次资本市场。在投融资体制改革上，推进了外商投资和对外投资管理体制改革，加快释放民间投资活力。学习借鉴上海自贸区经验，在成都部分地区推进投资、金融、贸易便利化改革试点,加快海关特殊监管区域建设,推进国家级经济开发区转型升级、创新发展"①。

(二)对外开放对四川城市经济推力强大

为了更加清晰地剖析对外开放对四川经济发展的影响,本报告借鉴学者们的通常做法,用2008~2016年四川省18个市对外贸易进出口总额和实际使用的外商直接投资来衡量四川的对外开放程度,采用灰色关联度分析方法②,分别测量其与四川城市经济发展的主要指标之间的关系。本报告将四川利用外商直接投资作为参考序列,将四川18个城市经济总量指标(GDP)、第二和第三产业比重、劳动生产率、研发经费占GDP比重等作为被比较序列,按照最少信息原理取分辨系数 $\rho = 0.5$,求出灰色关联系数 γ,以此衡量四川利用外资总额与经济发展总量的关系③。

1. FDI与四川城市主要经济指标的灰色关联分析

将210~2016年四川18个市进出口总额和实际利用外商直接投资额分别作为基准序列(x_0),其他城市经济发展指标作为参考序列,以此来考察四川实际利用外商直接投资额(FDI)与四川城市经济发展之间的灰色关联度,依次编号为:国内生产总值(x_1),第二产业比重(x_2),第三产业比重(x_3),劳动生产率(x_4),R&D经费占GDP比(x_5)(见表2)。

2. 对外贸易与经济指标之间的灰色关联度

表3显示,2010到2016年间,四川18市进出口总额与各主要经济指标之间都具有中度以上的关联度。其中,与进出口之间的灰色关联度系数最大

---

① 《2015年四川省人民政府工作报告》,http://www.sc.gov.cn/10462/10464/10797/2015/2/5/10326259.shtml,2018年3月12日。
② 灰色关联分析(GRA)是邓聚龙教授于1982年首先提出的灰色系统理论核心内容之一,该理论从系统的角度来研究信息间的关系,利用已知的信息去揭示未知信息。
③ 灰色关联度 γ 的数值位于0~1之间,关联度越大,说明比较序列与参考序列变化趋势越接近。一般认为:$0 < \gamma(x0, xi) \leq 0.35$ 时,为弱关联;$0.35 < \gamma(x0, xi) \leq 0.65$ 时,为中度关联;$0.65 < \gamma(x0, xi) \leq 1$ 时,为强关联。

表 2 2010~2016 年四川 18 市城市经济发展相关指标

年度	进出口总额(x_0)/（万美元）	外商直接投资额(x_0)/（万美元）	国内生产总值(x_1)/（亿元）	第二产业比重(x_2)/(%)	第三产业比重(x_3)/(%)	劳动生产率(x_4)/（元/人）	R&D 占 GDP 比重(X_5)/(%)
2010	3271249	591148	16403.33	50.99	35.09	35570.91	1.57
2011	4768363	804470	20283.35	53.09	33.85	43389.13	1.4
2012	5901660	1003543	23447.05	53.59	33.98	49488.62	1.47
2013	6446185	1260391	25900.74	53.27	34.93	53143.03	1.52
2014	7010867	1027113	28299.07	52.48	36.37	57697.51	1.57
2015	5145590	901846	30251.97	44.08	43.68	62995.38	1.67
2016	4925868	851991	32837.77	49.05	40.29	74689.35	1.72

的是国内生产总值 0.788；其次为劳动生产率，其灰色关联度系数为 0.775；灰色关联度系数最小的是第三产业比重 0.502。

表 3 2010~2016 年四川 18 市进出口总额与各主要经济指标之间的灰色关联度系数

时间段	进出口总额(x_0)/γ(x_0,x_0)	国内生产总值(x_1)/γ(x_0,x_1)	第二产业比重(x_2)/γ(x_0,x_2)	第三产业比重(x_3)/γ(x_0,x_3)	劳动生产率(x_4)/γ(x_0,x_4)	R&D 占 GDP 比重(x_5)/γ(x_0,x_5)
2010~2016	1	0.788 强关联	0.535 强关联	0.502 中关联	0.775 强关联	0.579 中关联

3. 外商直接投资与经济指标之间的灰色关联度

表 4 显示，2010~2016 年间，四川城市实际利用外商直接投资额与其他各个主要经济指标之间都具有中度以上的灰色关联度。其中，与外商直接投资额的灰色关联度最大的是劳动生产率 0.800，其次为国内生产总值，其灰色关联度为 0.788；灰色关联度最小的是第三产业比重 0.537。

由表 3、表 4 可以看出，无论是从对外贸易总额来看，还是从外省直接投资来看，对外开放战略对四川城市经济增长规模、产业结构优化、经济增长质量提升和创新驱动战略的实施都具有强大的影响。

表4　2010～2016年四川18市FDI与各主要经济指标之间的灰色关联度系数

时间段	外商直接投资额 $(x_0)/\gamma(x_0,x_0)$	国内生产总值 $(x_1)/\gamma(x_0,x_1)$	第二产业比重 $(x_2)/\gamma(x_0,x_2)$	第三产业比重 $(x_3)/\gamma(x_0,x_3)$	劳动生产率 $(x_4)/\gamma(x_0,x_4)$	R&D占GDP比重$(x_5)/\gamma(x_0,x_5)$
2010~2016	1 2	0.788 强关联	0.646 强关联	0.537 中关联	0.800 强关联	0.671 中关联

（三）对外开放过程中存在的问题

1. 外贸外资结构不合理

外贸出口产品（服务）结构不合理。四川省各城市依然以价值较低的原材料、零部件和劳动密集型产品和服务出口为主，高技术、高价值产品和服务比重较低。外资投资行业结构不合理。四川省吸引的外商直接投资主要集聚在房地产业和制造业，高端服务业，尤其是科研、医疗、金融、教育等高技术含量和高管理能力的服务等行业吸引的投资相对较少。区域结构分布不合理。成都吸引了绝大多数优质外资，有的区域严格意义上甚至没有一家高质量外资企业。外资来源地不合理。四川省吸引的来自欧美日的优质高技术外资企业较少，绝大多数为港澳台地区劳动密集型企业。

2. 外资的技术溢出效应不明显

外资对四川省技术进步的推动不明显，这与外商直接投资在四川省总体规模较小有直接关系。更为重要的是，外资企业的技术溢出效应主要体现为间接效应，而不是直接推动效应，其主要原因在于，四川省的外资企业整体技术含量偏低，或者"两头在外"的加工型企业较多，研发中心较少。外贸和外资与研发投入之间的灰色关联度系数分别为0.589和0.669，远远低于其与经济规模和劳动生产率之间的关联度系数。这充分说明，相对于经济规模，对外开放战略对四川省的技术溢出效应不明显。

3. 营商环境对外资吸引力有所下降

近年来，四川省外贸和外资呈现不同程度下降，虽然一部分是受宏观经济形势和国际市场需求变化的影响，但是也在一定程度上显示了四川省拓展

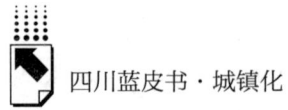

国际新市场的能力不强,营商环境不够优化,对外资的吸引力有所下降。这对四川省落实"中央关于加大西部地区门户城市开放力度、建设内陆开放战略支撑带,打造内陆开放型经济高地,实现内陆与沿海沿边沿江协同开放"① 战略是非常不利的。

三 区域合作:城市经济优化布局的凝结剂

城市天然具备的要素集聚和经济辐射作用,是城市发展的重要动力,其通常表现为以下两点。一方面,要素集聚作用使得城市能够从城市外部吸引和集聚各种要素,从而推动城市规模的扩大和经济水平的提高;另一方面,城市还具有对外辐射作用,从而能够带动城市群内的其他城市发展。而区域合作战略正是通过这种集聚和扩散效应,在推动城市自身经济增长的同时,助力区域内其他城市的经济增长,从而提升区域整体经济水平和完善区域发展格局。

(一)城市之间区域合作水平日益增强

多点多极支撑发展战略的实施,极大地促进了四川各个城市的发展,提升了各城市的整体功能,促进了城市间物质流、信息流、人流等要素自由流动,使区域之间的协调发展更为合理。本报告采用城市流强度来分析四川 18 个城市之间的区域合作情况,描述并分析其对平衡城市经济发展和优化布局方面的影响和作用。

城市流是衡量区域内城市之间的互动和影响的重要指标,指的是在区域内城市之间所发生的双向或多向的人流、物流、资金流、技术流、信息流和空间流等要素流动现象。它是城市相互作用的一种基本形式,通过城市流的分析可以看出区域内城市之间空间联系的紧密性与协调性。因此,城市流反

---

① 《第三批自贸区总体方案或下月公布含四川省自贸试验区》,http://sichuan.scol.com.cn/dwzw/201702/55825959.html,2018 年 3 月 12 日。

映了区域内城市之间的合作互动关系。城市流强度,指的是各个城市之间发生外向功能(即集聚和扩散作用)时,城市之间要素流动的强度,以及城市对与其具有经济联系的城市所产生的经济影响力。城市流强度是衡量城市与周边区域联系密切程度的重要指标。一般认为,城市流的强度值越大,表明城市与外界的联系越紧密,反之亦然。

(二)四川各市之间区域合作分析

城市天然具有集聚要素和对外辐射的作用,正是这种集聚和辐射作用决定了城市流在城市群内各个城市之间的流动作用,城市流通常表现为各个主要外向服务产业部门的从业人员人数的增减。本报告采用中国城市规划设计院创建的城市流强度模型,并用城市流强度来测量四川18个城市各自具备的要素集聚和经济扩散能力的强弱,选取了除第一产业以外18个主要外向服务部门的从业人员作为衡量指标,并计算四大城市群内各个城市主要外向服务部门的专业化优势程度。

1. 外向服务能力总体不足

区位商通常用来判断一个产业是否构成地区专业化部门。区位商大于1,表明该产业具有相对优势,是地区的专业化部门,区位商越大,专业化水平越高。如果区位商小于或等于1,则表明该产业是自给性部门,在区域内不具有产业优势。

研究结果表明,四川省18个城市还没有一个城市的18个产业部门的区位商全部都大于1,这表明四川省没有一个城市能够在18个外向产业部门拥有绝对优势。而有研究显示,早在1997年,上海、杭州、南京三城市的18个外向产业部门的区位商全部大于1。由此可以看出,即使是四川省的经济中心城市成都,其城市经济发展与东部沿海的发达城市之间尚有较大的差距。结果还显示,作为四川省经济中心的成都,只7个产业区位商大于1,而攀枝花却有11个行业区位商大于1。这表明,成都具有外向服务功能的领域与其经济实力和地位不匹配,为区域内其他城市提供的服务有限。

2. 各城市外向服务功能等级明显

一个城市发展的主要动力体现在其外向服务功能上，城市外向功能越强，它所能提供的服务产品越强，能提供的服务产品也相应也越多。高等级的中心城市为低等级城市提供服务产品，而低等级中心城市在为本地服务的同时还能向比其等级更低的城市提供外向服务。

如图9所示，成都的外向服务功能量为77.12，远远超越了第二名的达州（22.17）。这表明成都在四川省城市中具有遥遥领先的影响力，对其他城市具有突出的影响。依托建设西部天然气能源化工基地的机遇，再加上住宿和餐饮业的相对优势，达州市的外向功能值提升到了22.17，居于第二位。泸州市凭借长江经济带、自贸区建设以及水利建设的相对优势居于第三位。

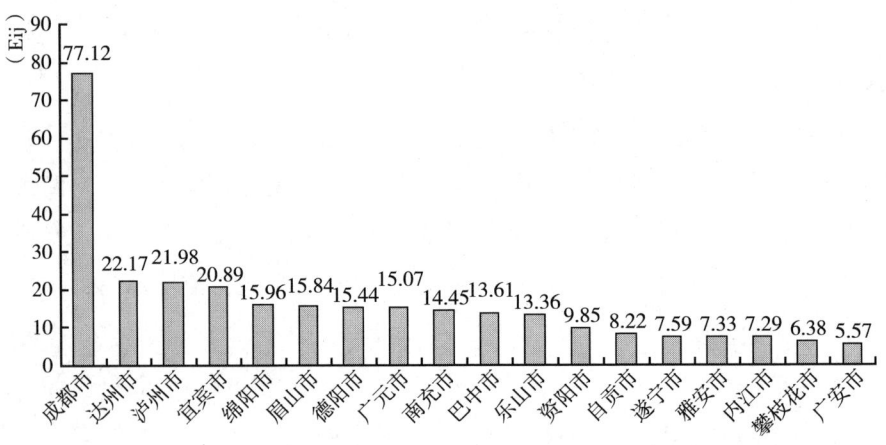

图9 2015年四川18市外向服务功能量状况

3. 城市流强度比较

城市流强度反映了各个城市的集聚和扩散能力。如表5所示2015年，四川省18个城市的城市流强度呈现明显的梯次分布。成都处于绝对第一位，其城市流强度值为11094821.43，这表明成都是四川省城市经济集聚和扩散的中心。处于第二个梯次的是宜宾、泸州、德阳、乐山、达州和攀枝花，这表明这些城市是各自所在区域的集聚和辐射中心,对区域内其他城市具有明显的互动和影响。处于第三个层次的是绵阳、南充、资阳、广元、自贡、眉山,其在区域内的影响相对有限。

表5 2015年四川18市城市流强度状况

城市流强度	分布城市
>=10000000.511	成都
1449921.009~10000000.511	德阳、达州、乐山、泸州、宜宾、攀枝花
1108388.485~1449921.009	绵阳、南充、资阳、广元、自贡、眉山
609601.8029~1108388.485	遂宁、广安、内江、雅安、巴中

4.城市流强度结构比较

城市流强度结构表明一个城市的集聚和扩散能力是由经济实力和外向服务功能组成的。从城市流强度结构来看（见图10）,2015年,成都市不但外向功能显著,而且与其他城市的联系也非常紧密,这表明成都对其他城市的辐射和带动作用非常明显,从而成为四川城市的绝对中心。

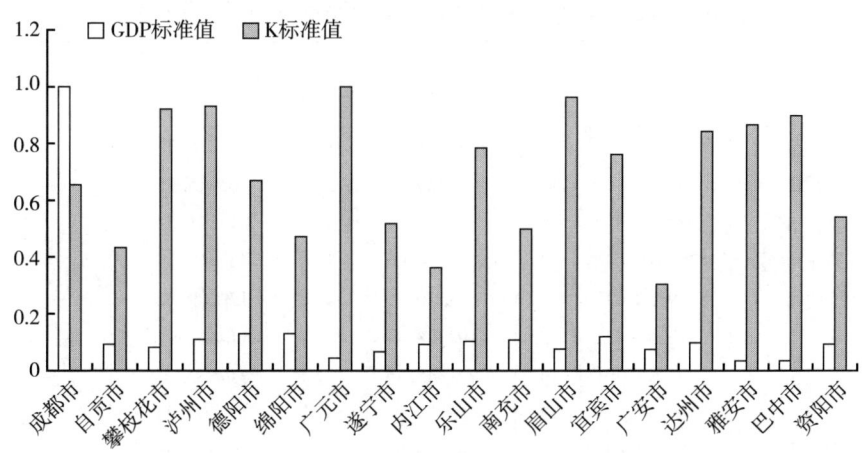

图10 2015年四川18市城市流强度结构

但是,成都的城市流强度更多的是凭借其强大的经济实力来展现,其外向服务功能与其经济地位不相匹配,因此需要进一步提升其对其他城市的辐射能力。其他17个城市的城市流倾向度都明显高于其经济实力,这表明其他城市需要进一步提升经济实力,提高城市的集聚能力。

5. 省内城市合作增强

为了衡量四川18个城市之间的区域合作状况,本报告测量了2012年和2015年的城市流强度,以便动态展示18个城市在区域合作战略中的外向功能及其产业优势变化。由表6可以看出,在多点多极支撑发展战略等三大战略实施的过程中,四川18个城市的城市流强度具有显著的增加,四大城市群的区域中心城市也有明显变化。其中变化最明显的是成都平原城市群,区域内的眉山市由2012年的第18位上升到了2015年的第7位,绵阳市由2012年的第5位下降到9位,雅安市则从第11位下降到了第16位;川南城市群各个城市变化不是很明显;川东北城市群的南充市则由2012年的15位上升到了第10位。这些城市流强度位次的变化,充分证明了四川省内部区域城市之间的合作增强,聚集和辐射能力强化,区域经济发展更为平衡。

表6　2012年、2015年四川18市城市流强度动态变化状况

城　市	2012年		2015年		城市流强度变化	位次变化
	城市流强度	位次	城市流强度	位次		
成都市	8283504.68	1	11094821.43	1	2811316.75	0
自贡市	509773.99	12	718729.61	13	208955.63	-1
攀枝花市	1087376.39	7	1331517.77	8	244141.37	-1
泸州市	1352310.88	3	1791970.06	2	439659.18	+1
德阳市	1339430.64	4	1518540.25	4	179109.62	0
绵阳市	1222849.42	5	1108388.49	9	-114460.94	-4
广元市	473792.39	14	821345.86	12	347553.47	+2
遂宁市	499951.13	13	656954.22	14	157003.08	-1
内江市	696022.84	10	597280.80	17	-98742.05	-7
乐山市	813228.14	8	1471962.80	5	658734.66	+3
南充市	436424.01	15	957661.26	10	521237.25	+5
眉山市	285152.89	18	1358191.43	7	1073038.54	+11
宜宾市	1858330.31	2	1623049.51	3	-235280.8	-1

续表

城 市	2012 年		2015 年		城市流强度变化	位次变化
	城市流强度	位次	城市流强度	位次		
广安市	375773.55	16	418520.16	18	42746.61	-2
达州市	1180956.08	6	1449921.01	6	268964.93	0
雅安市	576764.96	11	605749.51	16	28984.55	-5
巴中市	372718.60	17	609601.80	15	236883.2	+2
资阳市	707485.62	9	902090.82	11	194605.2	-2
合 计	22071846.52		29036296.79		6964450.27	
均 值	1226213.70		1613127.599		386913.90	

（三）区域合作过程中存在的问题

1. 城市之间经济实力悬殊较大。成都一枝独秀，几乎所有的经济指标都高于其他城市。2016 年，在 18 个城市中，成都的 GDP 是排名第二位的绵阳的 6 倍多，是排名最后一位的巴中的 22 倍多；其实际使用的外资占到 18 个市总量的 83.4%。成都一城独大、其他经济增长极差距悬殊的局面，难以带动四川省城市全局发展。

2. 城市群内规模等级不完善。通常情况下，一个较为合理完善的城市群体系应包括超大城市、特大城市、大城市和众多小城市等层次，呈金字塔形分布；而且各个层次的城市之间分布是连续的、渐进递增的。但是，当前四川四大城市群体系呈现不同程度的等级不连续、城市群内部结构不完善状态。

3. 产业优势不明显，各城市产业趋同。当前，第二产业已成为四川省经济发展的支柱性产业，但同时，也要清醒看到，各个城市的第三产业发展上还很不足、不充分。同时，除成都外，其他城市产业趋同，产业同构化现象严重，这表明各个城市之间没有形成产业协同和互补关系，而是形成了相互抢占资源的竞争关系。即便是成都，其具有绝对优势的产业不多，且其对其他城市的集聚能力大于其辐射力。"各城市产业结构同构会带来地方保护主义，造成市场分割和区域性封闭，生产要素和商品流通受到很大限制，其结果就是资源的低效配置和使用，以及经济的低效发展。而且由于投资产业具有趋同的特征，不同地区提供的是使用功能差异不大的产品，这也易导致市场竞争更多地采取价格策略为主，易陷入重复建设、恶性竞争怪圈"[1]，影响城市之间的整合。

四 深度开放合作，提升城市发展品质

（一）依托四川自贸区建设，探索内陆特色开放道路

四川内陆自贸试验区的建设，给四川各城市开放经济的发展提供了全新的机遇。因而各城市应抓住自贸试验区建设的契机，走具有内陆特色的开放道路，促进自身开放经济进一步发展。

1. 侧重推进以航空和国际铁路枢纽为重点的通道建设。破除交通瓶颈，构建综合立体交通走廊，促进各种运输方式的有效衔接，形成区域物流集聚效应，打造现代化综合交通枢纽。"向西，依托成兰铁路和兰渝铁路，从而打通通往中亚和巴基斯坦经济走廊的便捷通道；向北，打通连接欧亚大陆桥的运输大通道，对接中蒙俄经济走廊建设；向南，对接孟中印缅经济走廊和西南出海大通道，积极融入中国—中南半岛经济走廊和中巴、孟中印缅经济走廊建设；向东，全面推进长江黄金水道建设，推动港口码头的互联互通"[2]。

2. 推进向南向西开放战略。搭建向南开放的产业平台，依托长江黄金水道、蓉欧快铁、南丝绸之路走廊，重新聚集要素，重点打造高新技术产业和高端装备制造业、现代服务业，提升产业水平。推动四川省外贸企业参与"一带一路"沿线中新、孟中印缅、中巴等经济走廊建设，加强与上海、南

---

[1]《川南城市群城镇化路径研究》，http://www.sc.stats.gov.cn/tjxx/zxfb/201412/t20141230_176290.html，2018年3月12日。

[2]《四川"四箭齐发"积极融入"一带一路"》，《人民日报》2015年5月15日，第13版。

京、武汉、重庆等长江经济带沿线重点城市的产业园区和产业链合作，提升产业国际化水平，打造西部创新第一城。依托现有园区平台，推进制度创新和环境优化，深入实施创新驱动战略，建设创新要素交易市场，构建创新创业生态圈，培育壮大创业投资和资本市场，完善和创新人才引进机制和人才管理制度等措施，提升四川融入"一带一路"的竞争力[①]。

3. 务实推进服务贸易。依托自贸试验区，扩大服务贸易比重，"积极运用外汇管理改革创新政策，务实推进国际合作产业园区建设，大力发展跨境电商、融资租赁、大型商品交易等新业态"[②]。

4. 创新体制机制。探索具有四川特色的开放经济发展路径。依托自贸试验区建设，以对外开放倒逼对内改革提速，推动重大制度创新。推进军民深度融合，促进成德绵之间的协同创新，促进对外科技合作模式创新，扩大国际合作，推动科技创新示范基地建设。

（二）分层次有重点，推进跨省区域开放合作

在国内区域合作中突出周边带动，以经济区域合作代替行政区交流，分层次有重点推进开放合作。

第一层：西南一线和长江经济带建设。依托国家级经开区、高新技术产业区和重点市（州）等，积极承接上海、江浙、广东等沿海加工贸易和订单"双转移"。以基础设施互联互通、区域市场统一融合为切入点，重点加强与重庆、贵州、云南等周边地区合作，共同打造开放园区，推动产业、要素、物流合作。积极推进长江上游经济协作和与沿江省份产业联动合作，推动园区经济、流域经济发展。

第二层：依托主要交通干线推进区域开放合作。联合相关地区加强区域合作，构建川渝、川陕、川黔多向经济走廊，建设长江上游经济圈，通过发展通道经济，壮大四川特色优势产业。

---

① 赵可金：《四川：向西向南开放的内陆型经济高地》，http://pit.ifeng.com/event/special/yelydj/chapter20.shtml，2018年3月20日。

② 盛毅：《高标准开展自贸试验，高水平对接国际规则》，《四川日报》2016年9月7日。

第三层：跨区域开放合作。加强与东盟国家的经济联系，积极融入"10+1"自由贸易区，培育与日韩、东南亚、欧美等国家和地区的合作关系。

（三）聚焦战略定位，优化各城市群开放空间布局

1. 成都平原城市群。聚焦于建设全面创新改革试验区、高端产业集聚区、国家内陆开放合作和区域协同发展示范区。以成都建设国家中心城市和现代化国际大都市为目标，推进全域开放，推动产业、企业、科技、人才、资本与国际市场的深度融合；"强化天府新区在对外开放、自主创新、先进制造、高端服务等方面的引领作用"①，打造宜业宜商宜居的国家级国际化现代新区。依托天府国际机场，推进临空经济高端集约生态发展，重点培育临空制造业、航空服务业和高端示范农业，打造国际临空经济区；依托成内渝、成安渝、成渝客专等综合运输要道，积极发展成渝经济带；"依托成绵、成乐高速公路和成绵乐城际铁路、宝成-成昆铁路，加快发展电子信息、装备制造、航空航天、科技服务、商贸物流等优势产业"②。

2. 川南城市群。聚焦于建设多中心城市群一体化创新发展试验区；提升酒类食品、机械制造、能源化工优势特色产业，发展页岩气、节能环保、电子信息、航空与燃机、新能源汽车、新材料等高端成长型产业，建设国家重要的先进制造业基地；促进川南城市群发展临港经济和通道经济，打造川滇黔对外经贸合作平台，建成四川沿江和南向开放重要门户。

3. 川东北城市群。聚焦于建设川渝陕甘接合部的区域经济中心、生态旅游文化区、国家清洁能源化工基地和特色农产品基地。以南充和达州为双核，推进建设成南达、广巴达、南巴汉、达广渝、渠江发展带等五大经济发展带以及环秦巴发展区。

4. 攀西城市群。聚焦于建设国家级战略资源创新开发试验区和全国知

---

① 《四川省国民经济和社会发展"十三五"规划纲要发布》，《四川日报》2016年2月15日。
② 《四川五大经济区"十三五"发展规划全解析》，《四川日报》2016年9月7日。

名阳光康养旅游度假胜地。以攀枝花和西昌为双核，推动攀西发展带和沿金沙江发展带两大经济带发展，推进国家级战略资源创新开发试验区、川滇森林及生物多样性生态功能区、大小凉山水土保持和生物多样性生态功能区建设①。

（四）优化制度设计，促进城市之间的合作与交流

城市之间要建立合理分工，其不仅需要市场机制调节，还需要政府政策的规范与引导。因此，应由省委、省政府牵头，建立由各利益主体参与的多层次的全面协调性体制，促进各城市在重大基础设施建设、区域规划、机场、港口等方面的合理开发，建立利益分享机制、税收分享机制，消除各个城市之间各种城市流要素自由流动的政策和制度壁垒，进而为区域之间的要素流动、各类经济主体之间的合作与竞争，提供良好的政策条件和发展基础。

---

① 《四川省人民政府办公厅关于印发四川省"十三五"生态保护与建设规划的通知解读二》，《华西都市报》2017年4月24日。

B.3
开放合作推动城市社会融合

曾旭晖*

摘　要： 开放融合是城市社会可持续发展的必然要求，这不仅是在经济发展上开放，还是在城市社会身份和城市文化上开放。以开放融合的城市社会促进人口聚集，其关键点是促进农业转移人口市民化。开放的城市社会边界体现为城乡发展一体化，破除城乡二元体制障碍。多元开放的城市文化更加注重人文城市建设。为此，需要按常住人口配置城市基本公共服务，以创新创业为重点引进高层次人才，促进城乡要素自由流动、平等交换，培育城市人文特色。

关键词： 开放融合　城乡一体化　城市化

一　开放融合是城市社会可持续发展的必然要求

从世界城市化发展规律来看，城市化进程可分为三个阶段：初期缓慢发展阶段、中期加速阶段、后期成熟阶段。城市化率在30%以下为初期阶段，表现为生产力水平低，主要依靠第一产业，第二、第三产业提供的就业机会有限，城市人口增长缓慢，城市功能弱。城市化率在30~70%为中期阶段，

---

* 曾旭晖，博士，四川省社会科学院农村发展研究所副研究员，主要研究方向为社会学、城镇化、农村发展。

表现为在工业化的带动下人口和产业迅速向城市聚集，同时也产生交通拥挤、住房紧张、环境恶化等"城市病"。城市化率达到70%以后进入城市化发展的后期阶段，以当前发达国家为代表，表现为城市人口比重增长减缓，开始出现逆城市化现象，中心城区空心化，人口向城市郊区扩散。

我国经过30多年的经济增长和社会发展，城镇化率由改革开放初期的不足20%增长到2015年的56%，其中，在20世纪90年代中期达到30%后进入城镇化发展加速期。值得注意的是，受我国城乡分割的户籍制度的影响，虽然大量农业转移人口进城工作和生活，但是他们仍然保留农村户籍，没有在城市安家落户，这造成两个城镇化率数据：一是常住人口城镇化率，二是户籍人口城镇化率。比如，在2015年户籍人口城镇化率仅为40%，落后常住人口城镇化率约16个百分点，户籍人口城镇化率滞后于常住人口城镇化率约10年。

目前，我国经济发展已经进入新常态，通过增加资源消耗和廉价劳动力来拉动经济增长已经不能持续，这也为城市社会可持续发展带来挑战。城市结构和功能出现转型，在经济功能上更加强调新兴产业发展战略，更加强调城市创新能力和良好的就业创业环境；在人口聚集方面更加强调农业转移人口市民化的重要性；在公共服务方面更加强调均等化供给，满足城镇常住人口的基本需求；在城市建设上更加强调绿色城市、智慧城市和人文城市的建设；在城市发展上更加注重城市对乡村的带动作用，推动城乡发展一体化。正是在这种发展背景下，我国提出了新型城镇化战略，力求从顶层设计的高度规划城镇发展的方向。新型城镇化战略从根本上说是人的城镇化，强调城市社会的开放融合，城市不仅是打工赚钱的地方，也是人生活的地方。融合相对于隔离，开放相对于封闭。我国城市发展的下一个阶段将是进一步消除城乡二元对立，不仅在经济发展上开放，也在城市社会身份和城市文化上开放。在开放融合的视角下，城市社会的发展必将出现新的潜力，迸发新的活力。

二 开放融合的城市人口聚集：农业转移人口市民化

（一）四川人口城镇化水平

城市发展首先是人口的聚集。四川是农业大省，农村人口比重大，城镇化发展相对滞后，推动农业人口向城镇转移的需求更为迫切。从统计数据来看，四川省在1990年时的户籍人口城镇化率仅为14%，此后以每两年约一个百分点的速度增长，到2015年城镇化率也仅为30.6%，低于同期39.9%的全国平均水平。四川省常住人口城镇化率明显高于户籍人口城镇化率，这一点与全国一致，但是整体城镇化率仍然落后于全国平均水平。比如到2016年四川省常住人口城镇化率为49.2%，低于同期57.4%的全国平均水平（见图1）。

除了人口城镇化率较低以外，四川省内各市（州）城镇化发展水平极不均衡，其主要表现为成都市和攀枝花市的城镇化水平显著高于其他城市。特别是成都市2016年的常住人口城镇化率高达70.6%，突显出国家中心城市的人口融合优势；攀枝花作为传统工业城市，常住人口城镇化率也达到65.3%；而其他市（州）的常住人口城镇化率均显著低于全国平均水平，并且除德阳市、绵阳市和自贡市以外，也都低于全省平均水平。

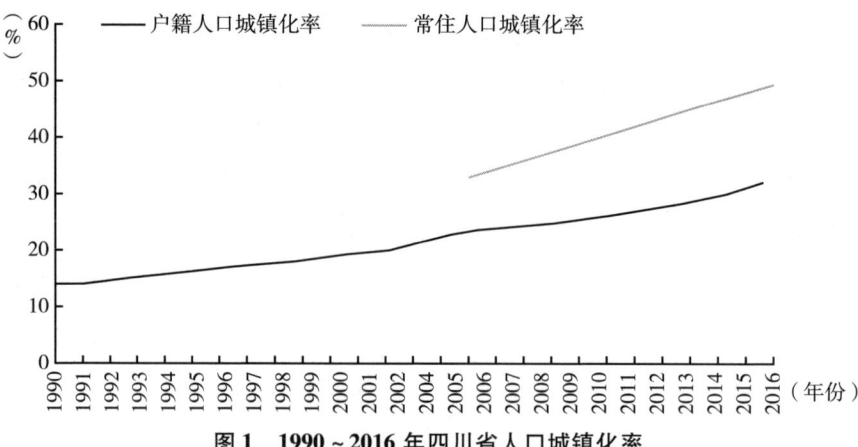

图1 1990~2016年四川省人口城镇化率

资料来源：1991~2017年《四川统计年鉴》。

在城市人口融合方面，我们计算常住人口城镇化率与户籍人口城镇化率之间的差值（见表1）：遂宁、宜宾、资阳三个城市的城镇化率差值较大，均超过20%；甘孜、凉山两州的农业转移人口市民化的潜力很大，城镇化的压力也非常大。两州的城镇化水平仅为30%上下，与全省20世纪90年代初相当，而城镇常住人口中，有约一半的人没有城镇户籍。如何推动非城镇户籍的常住人口转变身份落户城镇，是当前城镇化工作的一大难题。

表1 2016年四川省各市（州）年末城镇人口和城镇化率

	常住城镇人口（万人）	户籍城镇人口（万人）	常住人口城镇化率(%)	户籍人口城镇化率(%)	两城镇化率差值(百分点)
全 省	4080.96	2997.5	49.21	32.81	16.40
成都市	1124.10	784.6	70.62	56.09	14.53
自贡市	136.64	132.1	49.14	40.35	8.79
攀枝花市	80.73	58.0	65.34	52.49	12.85
泸州市	204.55	192.5	47.50	37.87	9.63
德阳市	174.51	121.6	49.58	31.04	18.54
绵阳市	238.14	178.7	49.50	32.78	16.72
广元市	111.72	68.6	42.40	22.51	19.89
遂宁市	155.04	98.0	47.01	25.93	21.08
内江市	174.97	115.4	46.70	27.48	19.22
乐山市	159.10	122.1	48.73	34.42	14.31
南充市	288.58	207.2	45.07	27.95	17.12
眉山市	130.18	111.0	43.38	31.70	11.68
宜宾市	210.30	132.3	46.63	23.80	22.83
广安市	126.71	107.5	38.81	23.00	15.81
达州市	237.45	204.3	42.42	29.89	12.53
雅安市	67.67	65.8	43.95	42.45	1.50
巴中市	129.48	93.8	39.10	24.99	14.11
资阳市	101.82	57.0	40.08	16.08	24.00
阿坝州	35.38	26.3	37.86	28.59	9.27
甘孜州	34.54	18.1	29.26	16.44	12.82
凉山州	159.33	102.6	33.04	20.02	13.02

资料来源：2016年《四川统计年鉴》。

从城市城区人口规模来看，四川省城市发展存在不均衡的现象，主要表现为成都市一枝独秀，次级区域性中心城市发展不足，小城市的人口发展滞后（见表2）。从2000~2015年的数据变化来看，在全省城镇人口中成都的人口比重从17.7%增加到20.3%，在2000年相当于后面6个城市的总人口，而在2015年则相当于所有11个中等城市的人口总和。与此同时，小城市的数量和人口都在减少，这说明城镇人口聚集仍然是以大城市为重心，而小城市的吸引力相对不足，城镇人口处于相对流出的态势。从城镇体系来看，过去15年，四川省仅新增2个城市，分别是阿坝州的首府马尔康和甘孜州的首府康定。城市体系的结构和梯次不明显，也不能准确地反映四川省15年来城镇化的进程。

表2 2000年、2015年四川城市城区人口规模变化情况

城市类型	城区人口	2000年			2015年		
		数量（个）	城镇人口比重（%）	城市	数量（个）	城镇人口比重（%）	城市
特大城市	500万以上	—	—	—	1	20.3	成都
Ⅰ型大城市	300~500万	1	17.7	成都	—	—	—
Ⅱ型大城市	100~300万	—	—	—	2	5.5	泸州、南充
中等城市	50~100万	6	17.6	自贡、攀枝花、泸州、绵阳、内江、南充	11	20.0	绵阳、自贡、攀枝花、遂宁、内江、乐山、宜宾、达州、巴中、广元、眉山
Ⅰ型小城市	20~50万	17	23.0	德阳、广元、遂宁、乐山、眉山、宜宾、广安、达州、巴中、资阳、都江堰、彭州、邛崃、广汉、江油、简阳、西昌	16	12.7	德阳、广安、雅安、资阳、都江堰、彭州、邛崃、崇州、广汉、绵竹、江油、峨眉山、阆中、简阳、西昌、什邡
Ⅱ型小城市	20万以下	8	5.4	雅安、崇州、什邡、绵竹、峨眉山、阆中、华蓥、万源	4	1.0	华蓥、万源、马尔康、康定
总计		32	63.7		34	61.9	

资料来源：2000年、2010年数据根据第五次、第六次人口普查数据计算，2015年数据根据1%人口抽样调查计算。

（二）四川省农业转移人口市民化进程

近年来，四川省不断加大政策力度，推进农业转移人口进城落户。

一是深化户籍制度改革，放宽户口迁移政策。目前，除成都市外全省各大中小城市和建制镇已基本实现进城落户"零门槛"。2017年四川省发布《农业转移人口和其他常住人口在城镇落户方案》（简称《方案》），要求在"十三五"期间，城乡区域间户籍迁移壁垒加速破除，配套政策体系进一步健全，户籍人口城镇化率年均提高1.3个百分点以上，年均落户120万人以上；到2020年，全省户籍人口城镇化率达到38%左右，各地区户籍人口城镇化率与常住人口城镇化率差距比2013年缩小2个百分点以上。要求全面放宽除成都以外的农业转移人口落户条件，以农村学生升学和参军进入城镇的人口、在城镇就业居住5年以上和举家迁徙的农业转移人口、失地农民、城中村居民、异地搬迁进城人员、新生代农民工、集中供养自愿转户的农村特困人员为重点，促进有能力在城镇稳定就业和生活的农业转移人口举家进城落户。《方案》特别强调，成都市要进一步放宽外来人口落户指标控制，以具有合法稳定就业和合法稳定住所（含租赁）、参加城镇社会保险年限、连续居住年限等为主要依据，实行居住证积分入户和条件准入双轨并行的落户政策，根据综合承载能力和功能定位，合理引导人口向四川天府新区成都片区等重点区域转移，重点解决符合条件的普通劳动者和已经购买房屋（含二手房）的外地户籍人员的落户问题，加快提高户籍人口城镇化率。

二是推进基本公共服务均等化。四川省全面实施居住证制度，持有居住证的外来务工人员和非本地户籍人员在居住地可以享受均等的社会公共服务；将1200余万在省内务工的农民工全部纳入基本公共服务保障范围，简化农民工随迁子女在当地接受义务教育的入学条件；推进农民工住房保障工作制度化，2014~2016年每年按公共租赁住房总量的30%向农民工定向供应。

专栏1 四川省农民工住房保障

四川省"农民工住房保障行动"自2013年初实施以来，在改善农民工居住条件、推动农民工稳定就业、落实城乡一体化发展战略等方面具有显著成效。通过对成都市锦城龙苑公租房小区和资阳市安岳县公租房小区的调研,发现公租房小区农民工覆盖情况良好,租住者满意度较高,在一定程度上实现了农民工居住条件改善、均等化分享城市发展成果的政策目标。

两地经验在公租房建设管理中的经验可归纳为三条:一是两地对申请者的准入条件设置较为合理,特别是未对农民工是否参加社保以及参保年限做出具体规定,这符合农民工群体现状,扩大了农民工有效覆盖;二是公租房首先建在产业集中区附近,对象瞄准性高,对于成都、资阳这类处于产业大发展阶段的城市来说,具有保障农民工基本居住权利等多重效益,大大提高了公租房供需结合效率;三是两地均采取了建管合一的公租房供给方式,成都市成立了专门的住房保障中心,安岳县成立了住房保障办公室,统筹安排公租房从申请立项、招投标、建设、申请资格审核、配租等全流程,供给效率高,设施配套较为完善。

同为政府修建的公租房小区,成都和安岳申请者的意愿存在较大差异。结合实际调查访谈情况初步判断,安岳公租房小区更好地实现了解决困难农民工群体住房问题的政策目标,而锦城龙苑则在住房保障均等化的基础上体现了城市发展的工业化取向。事实上,锦城龙苑公租房小区只对龙潭工业园内企业开放,安岳县公租房小区是对全体居民开放。其政策含义在于,对不同发展取向和资源禀赋的地区,可采取差异化的农民工住房保障策略。

对于以实现居民住房权益为主要目标的地区,应采取安岳县公租房小区的做法,以家庭为单元申请公租房,因为家庭是对自身需求最为了解的。相对于以企业为单元的申请模式,家庭直接申请公租房更能够体现承租人的真实需求。统一受理、分类申请、分类审批、分类实施差异化租金政策的方式,能够使农民工享受到更符合其实际情况的优惠措施。

对于以实现人力资源要素住房权益为主要目标的地区,如工业园区等,可采取锦城龙苑的做法。以企业为申请单位,对农民工和其他群体采取统一保障方式，优先确保有利于经济增长的人力资源要素的住房权益。

【资料来源】《四川省农民工住房保障调查》，《四川城镇化发展报告（2015）》，社会科学文献出版社，2015。

三是维护农业转移人口在农村的各项权益。当前，进城农民工不愿意落户城镇的一个主要顾虑是可能会失去农村的各项权益。国家也反复强调，不能强行要求进城农民放弃农村的土地承包权、宅基地使用权、集体收益分配权等各项权益。值得关注的是，四川省新近公布的《农业转移人口和其他常住人口在城镇落户方案》中，专门就农转非人员在农村集体经济组织中的权益问题进行了说明。要求维护进城落户农民土地承包权、宅基地使用权、集体收益分配权，支持引导其依法自愿有偿转让上述权益，但现阶段要严格限定在本集体经济组织内部实施。探索多渠道多方式筹集资金，用于村集体对落户农民自愿退出宅基地、承包地的补偿。农业转移人口落户城镇后，按政策规定享有相关惠农补贴政策。

（三）四川农业转移人口市民化存在的问题

尽管四川省推动农业转移人口市民化方面的相关政策取得了一定成效，但是，受多方面条件的约束，市民化进程中仍然存在需要解决的问题。

一是农业转移人口的市民化动力不足。事实上，因个人或家庭需求而把农村户口转为城镇户口的情况不多，最主要的户籍转换还是在城市征地扩张过程中实现的集体农转非，后者其实是一种被动的市民化。农业转移人口市民化动力不足最关键的原因是市民化的成本高、风险大、预期回报低。市民化的成本太高，主要是住房成本太高，在农村宅基地和农村房屋不能自由买卖的情况下，农民无法兑现农村的资产，从而难以积累市民化的初始成本。风险大是因为进城农民放弃农村的集体成员资格后可能面临未来生活保障缺失和潜在收益损失的问题。

二是市（州）财政压力大。要推动农业转移人口市民化，首先要实现城市常住人口在社会保障、医疗卫生、基础教育等方面的均等化，政府就要额外承担农业转移人口市民化在义务教育、劳动就业、基本养老、基本医疗卫生、保障性住房以及市政设施等方面的公共成本,而这些方面都需要财政的大量投入,这对于常住人口大量超过户籍人口的城市来说,压力尤其大。

三是进城农民工劳动权益维护与保障机制尚不健全。在当前经济新常态的压力下,用工企业难以把农民工劳动权益保障落到实处,不愿意为农民工缴纳职工养老、医疗、工伤、失业、生育等社会保险费用。农民工与城镇职工同工同酬也难以落到实处。

三 开放的城市社会边界:城乡发展一体化

(一)我国城乡二元体制障碍

在我国工业化进程中,城乡二元体制矛盾是导致城乡要素配置失衡的根本原因。城乡二元体制性障碍表现在以下几个方面[①]。一是城乡土地权益不对等,农民土地财产权的实现存在制度约束,农村集体建设用地与国有土地难以同权同价,传统的征地制度阻碍了失地农民分享城市化成果。二是城市内部劳动力市场存在二元分割,农民工难以进入正规劳动力市场,劳动权益保障和社会保障缺失。三是城乡之间金融制度安排存在明显城市偏好,农民难以获得普惠金融服务。四是城乡之间基本公共资源配置失衡,农民难以获得均等化的基本公共服务。如何加快城乡二元结构转变,实现城乡一体化是我国经济社会发展中的重大课题。

有学者认为,在我国经济进入新常态后,城乡一体化格局出现新的趋势,即城镇化增速和市民化意愿下降,城乡收入差距进入持续缩小时期,要素从单向流动转为双向互动,政策从城市偏向转为农村偏向[②]。我国城乡一体化发展面临城乡之间发展差距较大且差距固化甚至日益扩大的问题。城镇

[①] 国务院发展研究中心农村部课题组:《从城乡二元到城乡一体——我国城乡二元体制的突出矛盾与未来走向》,《管理世界》2014年第9期。

[②] 魏后凯:《新常态下中国城乡一体化格局及推进战略》,《中国农村经济》2016年第1期。

化质量不高使得各种经济和社会问题日益凸显①。

如果只有市区发展，而不能带动城市周边共同发展，这样的发展缺乏持续性，也会造成诸多社会问题。以基本公共服务为重点，推动城乡发展一体化是必然的选择。

（二）四川省城乡一体化发展

四川城市和农村差别巨大，城乡二元体制矛盾突出。党的十八大以来，四川着力构建城乡一体化发展体制机制，推动基本公共服务均等化，把"两化"互动、城乡统筹确立为三大发展战略之一，深入推进统筹城乡综合配套改革，基本形成了以工促农、以城带乡、工农互惠、城乡一体的新型城乡关系。

一是推进城乡一体规划和建设。近年来，四川省开展县域规划、多规合一试点，明确城镇建设区、工业区、农村居民点的开发边界，集约利用城镇土地资源，减少土地闲置。力争实现到2020年全省基本实现县域城乡规划全覆盖的目标。

二是加快推进城市基础设施和公共服务设施向农村延伸。近年来，四川省通过合理规划布局农村学校，在35个县域内实现了义务教育基本均衡发展；通过深化公立医院综合改革，建立分级诊疗制度，建立起覆盖城乡的基本医疗卫生制度；通过实施饮水安全项目，确保贫困地区641万农村居民和85万农村学校师生的饮水安全。在四川省十三五规划中，进一步明确了城乡统筹发展的具体目标，确保完成农村危旧房改造170万户左右，公路通村率达100%，农村自来水普及率达75%，农村九年义务教育巩固率达95%，农村学前教育三年毛入学率达80%，新农合参合率保持在95%以上。

三是创新幸福美丽新村建设机制。把幸福美丽新村建设作为深化农村改革的综合载体，搞好新村规划，宜聚则聚、宜散则散，坚持新建、保护和改

---

① 安虎森、薄文广：《经济新常态下的城乡一体化发展——问题、瓶颈与突破路径》，《学术前沿》2016年第4期。

造相结合,大力推广"小规模、组团式、微田园、生态化"建设机制。协同推进产村相融,依托现代农业产业基地建设连片发展现代农业。完善建设资金分担机制,以政府为主配套基础设施,以农户为主、政府适当奖补建设住房。把脱贫攻坚作为新村建设的首要任务,优先解决危房户、无房户、住房困难户的住房问题,全面启动开展"四好村"创建活动。

专栏2 成都市"小组微生"新农村建设

作为大城市带大郊区的典型代表,成都市较早开始"小组微生"新农村建设的探索。作为城乡一体化建设的重要载体,"小组微生"新农村建设不仅延续了过去集中居住的农村形态在农地规模化利用、为城镇化提供土地指标、改善农村生产居住环境等方面的贡献,还优化了居住形态和村组布局,满足了农民生产生活需求,同时挖掘了乡村生态潜力、文化潜力,赋予了新农村更多的功能,拓展了更广阔的发展空间,受到农民的一致认可。一批特色村落脱颖而出,并探索形成了不同的"小组微生"模式。如郫都区青杠树村发掘旅游资源,把新建村落打造成为都市市民休闲度假、体验乡村风情的旅游热点,已通过AAAA级旅游景区验收。又如,邛崃周河扁新村综合体依托灾后重建项目,引入第三方机构对新村综合体的建筑形态和风格进行重点打造,极大地提升了川西民居的创意空间,成为"小组微生"民居设计的标杆。同时,引进社会资本与农户签约成立乡村主题酒店联盟,带动周边农户发展旅游住宿,形成多元多态的集群效应。此外,蒲江明月村发掘农耕文化和非物质遗产,依托邛窑历史文化资源,发展乡村文创产业,着力打造文化新村、产业新村、创业新村,吸引各类文化艺术家成为"新村民"。

从城乡一体化的角度来看,"小组微生"建设进一步促进了城乡要素的双向流动,构建了土地、资本、人口等要素流动的优化机制。一是土地资源的流动呈现出多样性。"小组微生"推动了农村宅基地整理,优化了村落布局,实现了建设用地的高效利用。整理节约出的集体建设用地既可以通过指标的形式在交易所挂牌,换取新村建设资金;也可以留给集体经济组织开发利用,发展产业,壮大集体经济,做强新农村综合体的产业支撑;还可以满足本地城镇规划的需要，推动镇域城镇发展。二是资本流动呈现多样性，建立了农民自筹、社会资本投入、银行融资、政府出资等不同的融资渠道。三是人口流动呈现出多样性，不再是劳动力由农村向城市的单向输出，而呈现出人力资本双向流动的趋势。很多居住在新村的农民不再是长年外出的农民工，而是合理分配的家庭劳动力，他们既有不错的务农收入，也有就近非农就业的收入；同时，美丽新村在养老、休闲、农旅、文化等方面也吸引了越来越多的城市居民来不定期居住。

（三）四川省城乡一体化存在的问题

我国基本公共服务供给机制长期以来存在城乡二元分割的现象，资源配置严重向城市倾斜。四川历来是农业大省，农业人口比重大、基数大，因此城乡之间的差别表现得尤为突出。近年来，尽管政府在促进城乡一体化发展方面做了很大的努力，但是城乡之间不均衡的问题仍然存在，主要表现在以下三个方面。

一是城乡一体化的区域差别明显。成都周边农村在国家中心城市的带动下，在公共服务、基础设施、产业发展等方面都有了极大的提高。一些着力打造的村落甚至吸引了不少城市居民和城市资本进入。而边远地区，特别是民族地区和连片贫困地区，受到整体性贫困的影响，城乡一体化发展还任重道远。

二是城乡要素自由流动需要制度上的创新和突破。在土地管理方面，按照现行法律规定，农村集体建设用地不能入市流转，与国有建设用地同权同价的诉求缺乏制度保障。在劳动力流动方面，主要是农村劳动力向城市流动，但是城市居民不能进入农村成为集体经济组织成员，这也是制度上的限制。

三是农村空心化导致城乡一体化失去动力。农业比较效益持续下降，农村劳动力仍然大量进城务工，农村空心化现象短期内难以改变。长期来看，随着城镇化的推进，留在农村的人口必然越来越少。城乡一体化在基础设施等硬件投入上面临因需求不足而导致供给动力不足的问题。

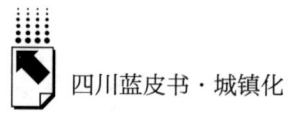

四 多元开放的城市文化：人文城市建设

（一）人文城市的界定和内涵

《国家新型城镇化规划》在第五篇《提高城市可持续发展能力》中专门提出应"注重人文城市建设"，体现了我国对城市发展理念的新认识。强调城市文化多样性，注重传统文化与现代文化、本土文化与外来文化交融，从而形成多元开放的现代城市文化。有学者提出，人文城市是"一种以文化资源和文化资本为主要生产资料，以服务经济和文化产业为主要生产方式，以人的知识、智慧、想象力、创造力等为主体条件，以提升人的生活质量和推动个体全面发展为社会发展目标的城市理念、形态与模式"[1]。人文城市的建设不同于以往的政治型城市或经济型城市，而是以提供一种"有价值、有意义、有梦想"的生活方式为目的。

有学者把城市人文环境与城市居民受教育程度两个因素结合起来，基于可持续发展和谐理念，揭示城市文化力与劳动力和谐发展对城市竞争力的推动作用[2]，强调城市文化与城市劳动力紧密相连形成了城市居民赖以生存的人文环境，体现了人们对生活环境的文化衡量与人文要求，在关注城市经济目的和政治目的的同时，注重人的生活状态和文化内涵。

（二）四川省城市文化设施

开放的人文环境为现代城市可持续发展注入新的活力。人文城市注重文化传承，发扬城市自身的文化特色，也注重文化的引进与更新，符合现代都市生活理念。城市的文化资源可以从图书馆、博物馆和文化馆数量等指标来衡量。从全省平均水平来看，近年来文化资源的拥有量有了明显提高：每万

---

[1] 刘士林：《关于人文城市的几个基本问题》，《学术界》2014年第5期。
[2] 阮平南、宋怡：《城市人文对城市竞争力的影响》，《学术论坛》2006年第9期。

人图书馆拥有量从2010年的0.050座提高到2015年的0.076座，每万人博物馆拥有量从2010年的0.033座提高到2015年0.084座（见表3）。相比于同期全国平均水平，四川省在文化资源方面同样具有一定优势，比如2015年每万人图书馆拥有量比全国平均水平高出0.035座，每万人博物馆拥有量也要高出0.034座。但是，值得注意的是，几个代表性中心城市相关文化资源的每万人拥有量反而比全省平均水平低，特别是图书馆拥有量近年来没有变化。其可能的原因是，统计数据只能体现数量，而不能体现质量和规模，大城市的图书馆、博物馆和文化馆规模更大，影响也更大。另一个原因是，我们以常住人口为依据来计算，中心城市往往有大量的流入人口，这在一定程度上拉低了人均计算结果。因此省内各城市之间的横向比较仅供参考，但是各个城市的纵向比较还是能说明问题。比如在公共图书馆建设上，成都、泸州、南充和绵阳几大城市的力度不够，近几年处于停滞状况，文化馆的建设情况也类似；而在博物馆建设上，成都、泸州和绵阳均有显著提高，特别是成都的每万人博物馆拥有量从2010年的0.026座增加到2015年0.074座，几乎增长了2倍。

表3　四川省及代表性城市每万人博物馆、公共图书馆、文化馆拥有量

单位：座

	全国	四川	成都	泸州	南充	绵阳
图书馆						
2010年	—	0.050	0.023	0.043	0.035	0.044
2015年	0.041	0.076	0.021	0.046	0.036	0.044
博物馆						
2010年	—	0.033	0.026	0.031	0.022	0.027
2015年	0.050	0.084	0.074	0.051	0.029	0.057
文化馆						
2010	—	0.063	0.023	0.049	0.044	0.054
2015	—	0.077	0.021	0.041	0.036	0.044

注：每万人拥有量＝图书馆（博物馆、文化馆）数量/城镇常住人口（万人）。

资料来源：2011、2016年《四川统计年鉴》。

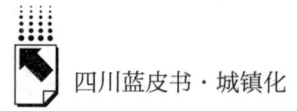

(三)四川省历史文化保护

文化和自然遗产保护是人文城市建设的重点。对四川省来说,其重中之重是加强历史文化名城名镇名村保护,加强城市重要历史建筑和历史文化街区保护,推进非物质文化遗产保护。

四川省有8个各具特色的国家级历史文化名城,其中1982年首批公布的城市有成都,1986年第二批公布的城市有自贡、宜宾和阆中,1994年第三批公布的城市有乐山、都江堰和泸州,此后凉山州会理县于2011年增补为四川省的第8个国家级历史文化名城。在国家新型城镇化对人文城市建设的重点关注下,以成都为代表的历史文化名城均修编了城市规划,体现了对历史文化景观的保护。

成都市于2017年发布《成都历史文化名城保护规划公告》,以全域为规划范围,以中心城区为规划重点,保护自然文化生态格局、文化廊道、历史城区、历史文化街区、特色风貌街区、特色风貌街道、工业遗产等历史文化资源。该规划选取了60条特色风貌街道,如春熙路、武侯祠大街、宽巷子、窄巷子等,再划定14片城市特色风貌片区,包括少城-祠堂街-人民公园风貌片区,文殊院风貌片区,大慈寺-四圣祠-春熙路风貌片区等。值得一提的是,本次规划还将已公布的保护要素如文物保护单位、古树名木、非物质文化遗产等一并纳入,从而构建了全面的历史文化保护体系。自贡成为国家历史文化名城三十年来,将井盐文化、恐龙之乡、南国灯城三张文化名片融入城市基因,打造了历史文化名城的"自贡特色"。值得关注的是,近年来自贡市以彩灯文化作为对外文化贸易创新点,灯企发展战略从国内向国际市场转移。2015年,自贡彩灯文化对外合作成为四川省"一带一路"建设的重要内容。宜宾发布的《宜宾市历史文化名城保护规划(2013-2020年)》中,把城市建设目标锁定为辐射长江上游川滇黔的区域中心和国际化生态山水文化名城。其他几个历史文化名城也均制定了相应的规划,把文化和自然遗产的保护融入城市建设中。

四川省是一个民族多样和文化多样的大省,既拥有丰富的物质文化遗产,也拥有丰富的非物质文化遗产。四川非遗的类别有戏曲与曲艺系列、文昌文化与德孝文化信仰、民族民间音乐舞蹈、民间口头文学系列、民间美术与手工艺和各种民间信仰与习俗等。除了积极申报非遗外，四川省还以成都为中心，着力打造国际文化品牌——国际非遗节。

成都国际非遗节是全球首个以推动非遗保护为宗旨的大型国际文化节会，是第四个国家级国际性文化节会活动品牌。成都国际非遗节每两年举办一届，2017年最新举办的第六届国际非遗节以"传承发展的生动实践"为主题，遵循"走进生活、活态活力"的理念，以"世界风、中国节、中国戏、中国艺"为主线，主体活动包含"一带一路"国家手工艺展、中国非遗传承人群研培计划成果展、非遗项目竞技展，并举办国际论坛、非遗项目进社区等400多场活动。来自100多个国家地区的500多位业内友人参与本届国际非遗节交流和展览展示活动，国内各省（区、市）代表、非遗传承人、专家学者和表演人员达2600余人，对宣传和弘扬非遗文化起到了显著作用。

（四）四川省人文城市建设中存在的问题

一是文化资源投入有限，资金来源单一，利用率低。城市文化资源主要体现在图书馆、文化馆、博物馆等建设和维护上，主要依靠财政资金投入。社会资金的投入机制缺乏，社会组织对文化资源建设的参与度低。同时，由政府统一负责的建设运营机制也容易造成供需错位的现象：一方面现有文化资源利用率低；另一方面，城市居民的文化消费和体验又明显不足，文化需求难以得到满足。

二是保护与建设的矛盾仍然存在。旧城开发建设（特别是房地产开发）与历史文化名城保护之间难以协调，造成了时而开发、时而保护的混乱局面。而一些历史文化遗迹一拆除即失去了原来的价值。

三是非遗受市场化冲击，生存状况堪忧。诸多非遗项目发源于传统的农业社会，在市场经济中缺乏自我营销能力，缺乏专门性人才传承机制，因此一些非遗项目（如川剧）的演出市场日渐萎缩，靠其自身走向市场来维持生存困难重重，发展前景堪忧。

五 促进城市社会开放融合政策建议

(一) 按常住人口配置城市基本公共服务

新型城镇化的关键是人的城镇化。要把人聚集在城市、留在城市,就要让每一个城市居民都能享受到城市提供的公共服务。因此,应根据各个城市人口发展的趋势,建立起基于常住人口的基本公共服务和基础设施配置机制。一是建立城镇建设用地增加规模与城镇常住人口数量挂钩的机制,对于人口流入大的城市,相应地增加建设用地指标;对于人口流入小甚至负增长的城市,控制建设用地指标。二是根据常住人口规模配置义务教育资源。义务教育入学资格应执行属地原则,租购同权,按统计常住人口的标准统计入学儿童,不应附加如监护人工作关系和社保关系等额外的条件。三是建立基于常住人口的住房保障机制,建设短期内保障性住房,解决进城农民工的住房问题,为农民工及其家属市民化提供过渡性支持。四是建立基于常住人口的基本医疗保险和养老保险机制,落实农民工职业保障和劳动权益保障。

(二) 以创新创业为重点引进高层次人才

城市可持续发展离不开创新创业,而创新驱动实质上是人才驱动。因此,应主动适应经济发展新常态和创新驱动发展新趋势,积极推动从"人口红利"向"人才红利"转变,激发大众创业、万众创新的动力,提高人才发展与创新驱动的融合度、与经济社会发展的匹配度。一是加强针对高层创新创业人才的投入。在创新驱动发展转型、R&D经费、重大人才工程等方面增加投入,对高端人才和高新技术产业项目实行定向、集成支持。二是加强政策支持。针对高层次人才制定特殊支持办法,统筹运用安家补助、岗位激励、项目和平台支持等优惠政策,确保高层次人才引得进、留得住、用得好。三是完善人才激励的体制机制,促进大学生和科技人员创新创业。

（三）促进城乡要素自由流动和平等交换

城镇化过程也是城市和农村之间各要素流动和交换的过程。从长远来看，城乡要素自由流动和平等交换是城市可持续发展的潜在动力。一是把城乡基本公共服务一体化和当前精准扶贫战略结合起来，提高贫困地区城乡发展的整体水平。二是深化农村产权制度改革，保护农业转移人口在农村的土地权益，积极探索农业转移人口承包地、宅基地自愿有偿退出机制，为农民转移人口市民化提供资本积累，分担市民化成本。三是优化农村村落布局，与现代农业发展和农村公共服务配置结合起来，改善和提升农村人居环境。以"小组微生"新农村综合体建设为工作机制，促进城乡要素的双向流动，构建土地、资本、人口等要素流动的优化机制。

（四）培育城市人文特色

人文城市代表了城市化发展的先进方向和新趋势。四川省有丰富和多样的历史文化资源，在城镇化进程中应充分用好这一优势，打造各具人文特色的城市群。一是把人文城市建设与绿色城市、智慧城市建设结合起来，从人的角度对城市进行管理和规划。强调科技与文化的融合，在智慧城市建设中体现人文精神，以文化城市建设丰富智慧城市的内涵。同时，把城市生态空间布局和绿色廊道建设与历史文化景观结合起来，打造城市特色的休闲空间。二是处理好旧城改建与历史文化保护的关系。一定要吸取过去旧城改造的教训，避免对旧城大拆大建，尽量保留城市的历史景观，保留城市的记忆。从历史文化保护的角度重新评估原有的城市规划，必要时进行修编以适应城镇化发展的新要求。三是加强对人文城市建设的制度供给。从顶层设计的高度整合各类文化政策，一方面加强专业部门的监管和指导，增加专项资金投入；另一方面引入社会力量参与历史文化保护，探索社会资金供给和社会组织介入等方面的运行机制。

B.4
开放合作协同城市生态建设

王 倩[*]

摘 要： 四川各级城市将"生态优先、绿色发展"的理念和经验系统融入新一轮的对外开放合作，环境领域的开放合作向纵深推进，有力地促进了城市环境可持续发展。资源利用方面，四川城市正通过对外开放、对内合作，快步走向共建共享。生态改善方面，创新环境保护合作机制，积极建设碳交易市场，共同推进区域生态文明建设。城市绿色竞争方面，各个城市环境可持续发展的重点更加明确，特色更加彰显，分工合作不断深化。建议全面推进绿色开放合作，强化"一带一路"建设与新型城镇化协同互动，强化绿色基础设施建设，推进绿色投资、绿色贸易和绿色金融体系发展，在开放中实现城市绿色价值链攀升，完善绿色政府、企业环境责任、公众参与等领域的制度建设，大力推进城市共享经济发展与共享城市建设。

关键词： 开放合作 资源利用 生态改善 绿色竞争

一 资源利用：快步走向共建共享

（一）打造"一带一路"绿色产业平台

四川借助"一带一路"平台，对外积极实施国际产能合作，拓展海

---

[*] 王倩，经济学博士，四川省社会科学院区域经济与城市发展研究所副研究员，研究方向为生态文明与绿色经济。

外市场，开展绿色基础设施建设、能源矿产开发、产业园区共建。如成都市的定位为"一带一路"的核心节点，是连接西南西北和沟通中亚、南亚、东南亚的重要交通走廊，内陆开放的前沿地带。成都市依托中法（成都）生态园、中韩创新创业园、川法生态科技园、新川创新科技园、港澳（成都）现代服务业园区等合作示范园区，在能源、绿色技术、绿色交通、可持续的城镇化和环境友好型建筑材料等方面积极参与合作。其中，成都中法生态园着眼于节能环保、新能源、新材料、高端装备制造等战略性新兴产业，中德中小企业合作园着眼于强化绿色低碳发展和高新科技驱动。

随着与其他国家绿色经济合作平台的逐步完善，更多绿色投资和绿色基建项目得以落地，大力提升了城市绿色技术和知识水平。在拓展海外市场方面，节能环保、新材料、新能源汽车等高端成长型绿色产业领域具有较强竞争力，如自贡华西能源公司与老挝PSG集团签订的1×220MW劣质煤洁净燃烧高效利用电厂项目、德国塞内加尔海水淡化项目、土耳其依兹德密尔1×370MW超临界高效清洁电站总承包项目等。

专栏1　成都中法生态园简介

成都中法生态园是2014年3月在中国国家主席习近平与法国总统奥朗德共同见证下，由中国商务部与法国外贸部签署《关于生态园区经贸合作的谅解备忘录》而开展的国家合作项目，是两国企业、机构及有关组织在中国开展产业合资合作的主要平台，更是四川省及成都市对外开放、转型升级、创新发展的重要载体，承担着"运用高端技术争取最佳经济和环境效益""努力建成中法经贸合作中节能减排和绿色低碳发展典范"的重大责任和使命。

成都中法生态园选址在成都经开区北拓区内，以神龙项目为核心，规划面积22.3平方公里，规划常住人口20万人左右。在发展定位上，成都中法生态园紧紧围绕"国际合作"和"绿色发展"两大核心，以新能源汽车、节能环保、新材料、创意研发等为重点,通过促进法国"未来工业"计划与"中国制造2025"有机结合,拓展同法方及欧盟在技术、文化、经贸等领域的交流合作,努力打造"绿色低碳的生态之城、开放协作的国际之城、兼容并蓄的文化之城"。力争通过5~10年的努力,将生态园建设成为中法交流合作示范区、高端产业聚集区、科技创新先导区和生态文明引领区。

成都中法生态园以绿色合作为核心,加强国际交流合作,提升对外开放水平。以建设"先进高效、绿色环保标杆工厂"为目标的东风神龙成都项目年内竣工投产,成为标致雪铁龙"全球新一代精益化绿色标杆工厂"。投资27亿元的园区清洁能源示范项目苏伊士环能—四川能投分布式能源项目正式签约,项目建成后将为园区提供冷、热、电三联供,为成都中法生态园在生态建设、节能环保、生态恢复及重建方面提供合作范本。与苏伊士环境、德润环境签署三方战略合作协议,将在园区水环境修复及整治、智慧城市终端平台Visio等方面开展合作。

资料来源:《成都中法生态园:打造对外开放、转型升级、创新发展的重要载体》,http://sc.people.com.cn/GB/n2/2016/1026/c378773-29208343.html,2018年3月12日。

(二)合力推进长江经济带绿色发展

作为长江经济带的战略腹地与重要增长极,四川城市为推进长江经济带生态保护与绿色发展做出了积极探索。四川着力推进供给侧结构性改革,以创新驱动产业转型升级,优化沿江城市和产业布局,构建沿江绿色发展轴,将泸州高新技术产业开发区、宜宾临港经济技术开发区、资阳经济开发区纳入长江经济带国家级转型升级示范开发区,如泸州实施"退城入园"产业规划,将长江机械公司、泸州长江起重机厂、泸州长江挖掘机厂等一批传统机械装备制造企业集体搬迁至泸州国家高新区,同时完成了升级改造,切实履行"一切涉及长江的经济活动中都要以不破坏生态环境为前提"的生态优先原则。

专栏2　攀枝花市绿色发展的重点与举措

一是建设国家战略资源创新开发试验区，严格落实"产业水平高、经济效益好、资源消耗低、生态环境优"的可持续发展要求，严把环境准入关口，以环保准入倒逼产业转型升级；坚决打好大气、水、土壤污染防治三大战役，绝不以牺牲环境为代价换取一时的经济增长，绝不走"先污染后治理"的老路；践行绿色发展方式，大力推行清洁生产，建设绿色工厂、绿色园区、绿色矿山，扎实推进河长制工作，实施工业污染源全面达标排放计划，推动能耗、物耗及污染物排放水平持续下降。

二是建设全国阳光康养旅游目的地，调整产业结构，转型发展，做好康养+农业、康养+工业、康养+医疗、康养+旅游、康养+运动产业。加快构建适应绿色发展的空间体系、产业体系、城乡体系和制度体系，狠抓长江上游生态屏障建设，积极争创金沙江干热河谷区生态恢复与治理示范区，用绿色将攀枝花装点得更加宜人，切实提高人民群众生活在攀枝花的获得感、幸福感、自豪感和归属感。

资料来源：李建勤：《坚持生态优先绿色发展让攀枝花天更蓝、地更绿、水更清》，《攀枝花日报》2017年6月5日。

（三）资源利用存在的问题

1. 城镇发展面临资源环境刚性约束。随着四川新型城镇化的大力推进，生产、生活用水所占比重持续加大，生态用水被挤占，城市水资源紧缺的局面也在加剧。以沱江为例，沱江流域以占全省3.5%的水资源量，支撑了全省20%以上的人口和GDP。城镇人居和产业用地持续增加，生态空间需求增加，土地供需矛盾日益凸显。矿产资源、能源资源消耗与经济社会发展尚未实现解耦脱钩，给四川城镇化发展带来巨大的资源能源压力。与此同时，城镇化和工业化带来的复合型、结构型大气、水与土壤污染影响范围广，公众关注度高，环境社会问题突出。一些城市生态功能不足，绿化指标与森林城市、园林城市标准相差较大，生态用地不足，绿地服务功能不强，热岛效应明显。总体而言，四川城镇生态系统服务功能还需要大幅度提高，生态环境建设与绿色发展还需要大幅加强。

2. 传统产业向绿色发展转型升级任务艰巨。长期粗放式增长路径导致资源环境容量逼近"天花板"，严重制约城市可持续发展。资源型城市与工业城市产业结构偏重，总量减排问题突出。沿江城市工业企业大多沿江布局，主要工业污染源集中于长江，污染治理关系长江上游生态屏障的保护，如泸州长江干流沿线有重点污染源工业企业36家、工业园区（集中区）6个。

二 生态改善：深化合作与市场配置

（一）构建长江上游生态屏障

为构建长江上游生态屏障，四川加快实施大规模绿化全川行动、川西藏区生态保护与建设规划、山水林田湖生态保护工程等，2016年完成造林1113.7万亩，同比增长27%，增加森林面积628.5万亩。沿江城市一方面围绕工业污染治理、城镇污水垃圾处理、船舶污染防控等进行严防严控与综合治理，推动流域协同治理，构建沿江绿色生态廊道，共建长江生态文明先行示范带；另一方面，四川城市与长江经济带城市之间的横向协调深入开展，通过建立联席会议制度、签订战略合作协议、合作参与项目开发等方式，共同推进区域生态文明建设。如四川沿江城市积极参与长江流域环境联防联治，攀枝花、泸州、宜宾等2014年就已经与长江沿岸共27个城市①签署《长江流域环境联防联治合作协议》，建立区域联合执法机制，共同探索设立区域性环境交易平台，建立流域上中下游生态补偿制度。大力发展绿色经济、循环经济和低碳技术，培育壮大节能环保产业，共同打造长江经济带绿色生态走廊。

---

① 长江沿岸中心城市经济协调会由上海、南京、武汉、重庆、攀枝花、宜宾、泸州、宜昌、荆州、岳阳、咸宁、鄂州、黄石、黄冈、九江、安庆、铜陵、芜湖、合肥、池州、马鞍山、泰州、扬州、镇江、南通、宁波、舟山等27个成员城市组成。

专栏3　泸州市致力于建设绿色生态空间

　　泸州积极响应大规模绿化全川行动，集中连片造林、保护湿地，推进石漠化综合治理，建设大尺度绿色生态空间；全面保护天然林、林地、湿地、野生动植物，严守生态红线，实施生态修复，稳步实施天然林资源保护二期工程和新一轮退耕还林工程，认真落实管护责任制，提升自然生态系统稳定性和生态功能；加快国家储备林建设，大力培育木质原料林；推进森林城市群建设，巩固国家森林城市创建成果，促进城乡生态一体化；突出绿色惠民，大力提升森林、湿地等自然生态系统服务价值，丰富优质生态产品供给，繁荣和弘扬生态文化。

　　资料来源：《四川泸州林业人以绿色发展助推文明城市创建》，http：//www.xbmiaomu.com/miaomuhangyexinwen67247/，2018年3月12日。

（二）推进区域环境联防联控联治

　　在大气污染治理方面，四川一直将城市与城市之间的联防联控作为控制大气污染很重要的一个手段。成都平原城市群、川南城市群、川东北城市群设立联席会议，并召开大气污染防治工作片区会议，签订大气污染联防联控工作协定，建立区域环境信息共享网络，开展联合执法，加强大气污染排放的重大项目环评会商预警，完善大气污染防治一体化应急响应机制，在区域内实行环境规划、标准、监测、环评、执法、信息公开"六统一"，共同应对重污染天气。在水污染联防联治方面，以岷江和沱江流域为重点整治区域，以金沙江、嘉陵江、长江干流四川段为重点保护区域，构建全流域联防联治工作机制。城市之间坚持流域综合统筹、系统防治，实行污染防治全流域一体规划，全面开展水污染防治。四川省政府2016年将岷江、沱江、嘉陵江流域81个市（州）和扩权县（县级市）交界断面纳入考核范围，共落实扣缴、激励等生态补偿资金2.67亿元。

（三）积极参与碳交易市场建设

　　四川因其丰富的清洁能源资源而具有较大的碳市场空间，清洁发展机制

(CDM）项目和减排量均居全国第一，温室气体自愿减排（CCER）项目数及减排量亦居全国前列。2016年12月，四川碳交易市场成功开市，全国碳市场能力建设（成都）中心揭牌，覆盖西南、西北碳市场。通过碳市场建设，碳资产投资价值越发显现，各类市场主体积极性显著增加，这对城市产业结构调整与转型升级起到了显著的促进作用。成都市通过采取碳排放核查、建立碳排放数据统计机制、编制温室气体清单、完善碳排放考核体系等措施，积极参与全国碳市场建设，全力建设西部碳排放权交易中心、全国碳市场能力建设（成都）中心，并计划在2025年之前实现碳排放总量达到峰值，成为国内低碳发展先进城市。

专栏4　四川省首首支绿色债券

国家发展改革委核准同意四川省四川纳兴实业集团有限公司发行10亿元的绿色债券。本期债券是四川省获得国家发展改革委核准的首支绿色债券，也是全国首支以非公开方式发行的绿色债券。本期债券期限5年，募集资金将用于泸州市纳溪区建设林下经济综合利用开发项目和补充公司营运资金，募投项目主要建设内容为"乐道子"林下鸡饲养综合示范区、生态饲养场区扩大工程、防疫检疫中心以及纳溪区生态农产品深加工工业区与集中交易中心，为全区林下鸡提供鸡苗育雏、防病防疫、科学生态养殖示范和集中交易便利。项目的实施能够提高纳溪区养鸡业良种化程度和生产性能，提升养鸡农户的技术水平和经济效益，满足纳溪区不断发展的现代养鸡业的生产需求；同时有利于综合、高效利用林业资源，是探索循环经济产业，实现可持续发展的有效途径。本期债券的成功获批，是四川省将循环林业项目与债券市场资金对接的成功尝试，也是破解环境资源综合利用项目资金难题的成功探索，为四川省绿色产业争取低成本、长期限资金提供了可推广的范例。

（四）生态改善中存在的问题

1."知""行"之间存在差距。相对于传统开放中不顾环境影响的招商引资与低端产品出口，当前四川城市开放中的环境可持续意识有了很大进步，生态文明、绿色发展理念得到了广泛普及，但"知"与"行"尚存在一定差距。四川城市总体仍处于工业化与城镇化快速发展阶段，产业结构、产业层次、新兴产业都不具有明显的环境竞争力，污染排放仍维持高位水平。另一方面，由于注重增长的理念与体制惯性，经济增长的重要地位仍在被强化，无论是"一带一路"还是"长江经济带"，各个城市首先是将其作为经济增长的机遇与引擎，对绿色"一带一路"建设以及长江经济带战略落地还需要在清晰有效的思路与具体可行的举措上下更大工夫，开放合作有待深入推进。为支撑持续快速的经济发展和城镇建设，对生态环境容量的挤压、对资源能源的索取在一些区域还普遍存在，对生态环境的保护修复明显不足。再加上发展的绩效考核要求与生态环境功能的错位，四川城市依靠资源开发、承接污染产业转移的动力依然存在。2016 年 21 个市（州）政府所在地城区仅有 5 个空气质量达标，成都市空气质量长期处于全国靠后位置，自贡、泸州、眉山、南充、达州等市的空气质量长期处于全省靠后位置[①]。2016 年参加未完成 2016 年环境空气质量目标任务城市约谈的有 9 个城市，成都、自贡、泸州、绵阳、雅安、资阳 6 市未完成 PM10 和 PM2.5 下降年度目标，德阳、眉山 2 市未完成 PM10 下降年度目标，巴中市未完成 PM2.5 下降年度目标。

2. 绿色价值转化困难。习近平总书记关于"绿水青山就是金山银山"的科学论断为城市可持续发展指明了方向。四川城市发展中践行"绿水青山就是金山银山"的认识已经到位，更看到了绿水青山蕴含的发展机遇。问题在于，如何利用自然资本的正外部性创造经济增长新动力，如何将绿水青山的保值增值转化为人民群众在生态与发展上的双重获得感，实践层面尚未从经济模式、实现机制上根本破题。部分城市通过改革创新驱动结构调整与产业升级实现了绿水青山与金山银山的双赢，但总体上"绿水青山还不

---

① 李岳东在 2017 年度全省环境污染防治"三大战役"暨自然生态保护工作会议上的讲话，2017 年 2 月 8 日。

是金山银山"的现象普遍存在。尤其是在城市开放经济中，自然资本价值显现不足，生态优势尚未转化为经济优势，绿色贸易、绿色技术转移比重较小。从全球绿色价值链看，四川与全球绿色价值链的连接不足，大部分的城市与产业仍然处于价值链的低端，尚未找到价值链攀升的突破口与实现路径。

三 城市竞争：绿色可持续价值凸显

（一）城市绿色竞争力价值凸显

四川城市生态环境可持续的优势和重点更加凸显，绿色竞争力蓄势待发。如成都市积极探索低碳交通运输体系试点城市建设；遂宁加快推进国家海绵城市建设试点；成都、绵阳、南充积极推进国家餐厨废弃物资源化利用和无害化处理试点建设；广元、德阳大力实施国家级生活垃圾分类示范城市建设；成都、泸州、遂宁、乐山大力推进水生态文明城市建设试点；成都、雅安、南充、广安、广元、绵阳、遂宁、德阳等城市大力推进国家生态文明先进示范区建设。

表1 四川城市生态环境领域先行试点示范重点

成都	低碳交通运输体系试点城市
遂宁	国家海绵城市建设试点城市
成都、绵阳、南充	国家餐厨废弃物资源化利用和无害化处理试点城市
广元、德阳	国家级生活垃圾分类示范城市
成都、泸州、遂宁、乐山	水生态文明城市建设试点城市
成都、雅安、南充、广安、广元、绵阳、遂宁、德阳	国家生态文明先行示范区

专栏5 遂宁市绿色发展的主要做法

在城市建设方面，科学预测城市人口、用地、资源情况，充分考虑城市发展对环境可能带来的影响，确定了城市发展边界，划定了生态保护红线。充分发挥本地丰富的山、河、湖、岛资源优势，突破行政区划限制，发展城市功能组团，实现了城市"拥湖"发展，放大了生态优势。对城市滨河两岸道路，放弃修建水泥堤墙的生硬做法，构建低、中、高多层次河道生态植被空间，并对原有防洪堤岸线进行柔化、绿化、美化、文化处理，有力提升了城市景观的层次感。

在发展绿色经济方面，首先是加快改造提升传统产业，高金食品、华润锦华、沱牌舍得等相继实施战略重组，沱牌改制成为全省酒类企业混合所有制改革的第一宗成功案例。其次是大力发展新兴产业，全市锂电产业基地上半年主营业务收入同比增长110%。江淮集团轻卡、中卡、工程车三类整车生产资质落户遂宁，实现万辆整车下线，产值同比增长37%。中德合资生产的第一台全液压深井智能钻机在遂宁成功下线。

在保护绿色生态方面，依托原有自然景观顺势建成9处湿地公园，17个郊野公园，100多公里城市绿道，不仅为市民和游客提供了人与自然和谐相处的亲水平台，也修复了水体生态系统，保护了生物多样性，调节了城市小气候。遂宁还充分发挥原始地貌、植被、土壤、湿地、水体的自然积存渗透、净化作用，通过建设多级生态调节池、植草沟、生态荷花塘、下沉式绿地、植被缓冲带，有效收集雨水，削减、净化面源污染，缓解城市内涝，改善滨江水环境，海绵城市建设取得新进展。

（二）城市绿色竞争中存在的问题

虽然多年来四川各个城市开放水平持续提升，绿色发展也有了大幅进步，但城市环境基础设施投资相对不足，开放基础与条件依然薄弱，大部分城市开放程度较低，绿色产业外向度不高，城市之间开放型经济发展很不平衡。一方面，能源、交通基础设施还不能支撑贸易路线与供应链的发展，绿色基础设施薄弱；另一方面，一些绿色项目的投资回报还不具有竞争力，甚至常常存在融资难的问题，满足中长期绿色项目融资需求的金融工具还很匮乏，与融入"一带一路"建设相匹配的绿色金融供给不足。

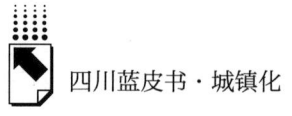

四 全面开放合作，共享城市美好环境

（一）以绿色开放合作带动城市生态环境保护与绿色发展

全球层面区域与多边场合的合作正逐步向可持续发展目标转变，合作的重点也聚焦于提高资源利用率与发展绿色经济。当前，实现城市绿色转型、可持续发展的关键在于提高环境技术与环境管理水平从而降低环境成本，这也成为全球与区域主要的环境议题。四川城市可持续发展要以全球视野审视城市未来，深刻理解我国绿色"一带一路"建设与长江经济带战略的意图，充分认识绿色竞争力是未来城市可持续发展竞争力的关键所在，将城市生态环境领域的绿色开放合作提上重要地位，树立绿色低碳发展的城市形象。在贸易与投资中加强环境考量，提供环境友好型的产品与服务，杜绝对破坏环境的高耗能高污染项目。以强化绿色开放合作优化经济结构、激发创新活力，将生态文明建设作为供给侧结构性改革的重要内容，将城市生态系统价值、生物多样性等指标纳入城市发展目标，切实推进绿色发展。积极与沿线城市建立环境可持续城市伙伴关系，在环境方面开展务实有效的对话与合作，共建共享生态环保大数据服务平台，着力改善城市环境基础设施，重点围绕空间质量改善、水和土壤环境治理、生物多样性保护、城市环境规划与管理等重点领域对接需求，分享最佳实践。推动绿色"一带一路"建设融入城市经济社会发展规划，制定严格的环保制度，推动地方产业转型升级和经济绿色发展。

（二）强化"一带一路"与新型城镇化的协同互动

四川省新型城镇化与对外开放相辅相成。"一带一路"建设正在重塑国家空间格局，也为四川省完善城镇空间格局提供了契机。一是要强化城市群的功能与作用，四大城市群是承接和驱动"一带一路"建设的主要空间平台，是开展综合性合作与资源整合的有效支撑载体。推进成都平原城市群、川南城市群、东北城市群与川东北城市群、攀西城市群协调发展，使成都平原城市群成为四川参与全国乃至国际区域竞争的龙头，成为支撑国家经济发展和参与全球竞争的主体之一。二是优化城镇结构体系，促进各类城市协调发展。发挥大城市对地区发展的核心带动作用，加快发展中小城市和特色小城镇，培育一批基础条件好、发展潜力大的小城镇。三是强化对外交通基础设施。对外交通基础设施依然是制约开放合作的突出瓶颈。完善成都主枢纽功能，强化对外交通基础设施的互联互通，以"八射三联"[①]为重点，有效衔接"一带一路"建设的六大经济走廊[②]，夯实对接"一带一路"和长江经济带发展战略的基础。

（三）强化绿色基础设施建设

绿色基础设施承载城市生态服务功能，是打造四川城市核心竞争力的关键，也是融入绿色"一带一路"的必然要求。绿色基础设施不仅仅代表城市基础设施建设低碳、节能、环保、集约、高效的发展方向，更是绿色建筑、绿色交通、绿色能源、绿色工程等的直接呈现，同时也是高效信息化管理系统的软件提升。在四川城镇化建设中，建议率先探索绿色基础设施建设的地方标准与规范，推广绿色交通、绿色工程、绿色建筑等，提升城市基础设施的绿色化、低碳化建设与运营水平。在优先保护和恢复区域天然生态系统的前提下，加强城镇各类绿色基础设施建设，如维护和恢复河道的自然形态，建设具有雨洪调蓄能力的绿地系统，建立以开放空间和公园绿地为主体的绿色休闲系统，完善连续的绿道与慢行系统，为城市居民提供全面的生态系统服务。

（四）推进绿色投资、绿色贸易和绿色金融体系发展

全面建设四川自由贸易试验区，推动货物贸易便利化、服务贸易自由

[①] "八射"即以成都为起点的8条综合运输通道，包括成都—川东北—京津冀通道、成都—川东北—长三角通道、成渝通道、成都—川南—珠三角通道、成都—攀西—东盟通道、川藏南通道、川藏北通道、成都—兰西格通道；"三联"是长江黄金水道主要港口的集疏运通道，包括重庆—川南—东盟通道、陕西—川东北—重庆通道、兰渝通道。

[②] 中蒙俄、新亚欧大陆桥、中国－中亚－西亚、中国－中南半岛、中巴、孟中印缅六大经济走廊建设。

化,进一步拓展自贸试验区总部经济、金融服务、信息服务、教育会展等功能。将资源节约、环境友好的要求融入绿色供应链管理,大力促进绿色生产、绿色采购和绿色消费,并加强绿色供应链国际合作。实施更严格的对外投资环境管理,使企业主动承担环境社会责任。大力发展绿色信贷、推动证券市场支持绿色投资、设立绿色发展基金,通过政府和社会资本合作(PPP)模式动员社会资本、完善环境权益交易市场、丰富融资工具等。推动绿色债券、绿色ABS、绿色资产担保债券、绿色收益支持证券、绿色指数产品和绿色保险等绿色金融产品的规范发展。如成都市在《金融业"十三五"规划》中,提出加大绿色金融支持力度、探索设立绿色发展产业引导基金、加快开展碳排放权和排污权交易等环境资源交易、支持金融机构开展绿色资产证券化试点、发展绿色保险、加强环境风险管理等一系列措施。

(五)在开放中实现城市绿色价值链攀升

着眼于城市绿色价值,统筹城镇人与山、水、林、田、湖生命统一体的关系,依托山体、水系、森林、湿地等自然生态资源,科学规划、合理布局城镇绿地系统与水生生态系统,划定城镇生态红线开发边界和绿线管制,建设生态城镇。加快融入全球绿色价值链。绿色价值链将全球性或区域性的产业、经济与环境联系在一起,国际生产、贸易与投资越来越多以来全球价值链来展开,全球分工在产业链的每一步创造和构建价值,这对四川城市可持续发展至关重要。对于内陆城市而言,数字技术的发展为捕获、参与、提升绿色价值链提供了更大可能。一方面,城市发展也要拥有更加开放的姿态,更好地利用更大范围的资源和市场,开展跨领域跨行业跨区域的协同创新,为提高全球价值链地位创造条件,为共同应对价值链中多种多样的可持续发展挑战奠定基础。另一方面,利用这一契机,将经济效率、社会价值与环境可持续性整合到绿色价值链中,在全价值链上致力于绿色生产与价值实现。

(六)完善绿色政府、企业环境责任、公众参与等领域的制度建设

绿色发展是人类共同的价值追求和历史使命,是城市可持续发展的内涵

与发展方向，突破四川城市绿色发展面临的制度瓶颈，需要在政府、企业、公众等多个层面持续发力。对地方政府而言，在推进经济社会绿色发展的同时，还要将绿色发展的理念与要求融入自身职能与组织建设中，明晰生态责任、生态任务以及可调配的促进绿色发展的政策资源、工具与手段，提高政府绿色政策制定和执行能力。对企业而言，要强化绿色发展的企业社会责任，将可持续发展作为投资与机遇而非成本与风险，融入关键的商业战略，提高绿色创新的动力与能力。对公众而言，应在及时准确获取信息的基础上依法有序地参与城市可持续发展进程。创新公众参与的方式与形式，在倡导绿色消费、绿色出行和绿色生活等重点方面有所突破，促使普通民众主动参与城市绿色转型与可持续发展，带动全社会保护环境、人人有责的良好氛围和良好局面。

（七）大力推进城市共享经济发展与共享城市建设

城市共享经济在倡导绿色生产与生活方式、促进绿色技术发展上具有积极意义，已经成为引领城市环境可持续发展的重要引擎。随着城市里涌现越来越多的共享现象，城市也将迈向更高级的共享城市阶段。越来越多的城市成为"共享城市"，这些城市不仅有力地促进了共享企业的发展，还通过共享经济平台，围绕资源充分利用了自有空间开展创意与生产活动。共享城市建设，需要加强城市之间的合作，开放城市共享资源，如博物馆、图书馆、自然教育基地、体育娱乐设施等，探索城市空间的共享方式。提高城市对分享经济发展的宽容度，并提供试错机制。构建服务分享经济的治理体系与监管体制，推动诚信体系建设，营造更好的城市共享环境，为共享经济模式提供优质的公共服务。鼓励城市与共享企业合作，构建共享经济平台。

B.5 开放合作助力成渝城市发展

张鸣鸣*

摘　要： 本报告以2016年末统计数据为基础，对成渝经济区发展现状和基本经济社会发展特征进行描述分析，重点描述双核城市以及沿长江、成绵乐、成内渝、成南遂渝、渝广达等五大发展带2010年以来的发展状况，并对主要城市的城镇和经济发展状况进行分析。

关键词： 成渝经济区　城市发展　区域经济

成渝经济区位于长江上游，包括重庆市的31个区县和四川省的15个市①，区域面积20.6万平方公里。2011年5月，国务院正式批复《成渝经济区区域规划》，明确到2015年成渝经济区建成西部地区重要的经济中心，产业结构、基础设施、城乡格局、对外开放、人民生活、生态环境等显著优化和提升。本文以2016年末统计数据为基础，对成渝经济区发展状况及主要城市进行描述。

---

* 张鸣鸣，博士，四川省社会科学院区域和城市发展研究所研究员，研究方向为城镇化和宏观经济分析。
① 《成渝经济区区域规划》范围包括重庆市的万州、涪陵、渝中、大渡口、江北、沙坪坝、九龙坡、南岸、北碚、万盛、渝北、巴南、长寿、江津、合川、永川、南川、双桥、綦江、潼南、铜梁、大足、荣昌、璧山、梁平、丰都、垫江、忠县、开县、云阳、石柱31个区县，四川省的成都、德阳、绵阳、眉山、资阳、遂宁、乐山、雅安、自贡、泸州、内江、南充、宜宾、达州、广安15个市。其中，重庆双桥并入大足区统计，万盛并入綦江区统计。

一 成渝经济区发展现状和基本特征

2016年,成渝经济区地区生产总值(GDP)为45859.6亿元,分别为全国GDP和西部地区GDP的6.2%和29.2%;人均GDP为48341元,分别是全国和西部的89.6%和115.3%。2010年,成渝经济区GDP为23171.1亿元,2016年是2010年的2倍(见表1)。

表1 2016年、2010年成渝经济区主要经济指标

主要指标	2016年			2010年		
	成渝经济区	全国	西部地区	成渝经济区	全国	西部地区
GDP(亿元)	45859.6	744127.2	156828.2	23171.1	413030.3	81408.5
相对水平(%)	—	6.2	29.2	—	5.6	28.5
人均GDP(元)	48341	53980	41917	25280	30876	22570
相对水平(%)	—	89.6	115.3	—	81.9	112.0

资料来源:2011、2017年《中国统计年鉴》,2011、2017年《四川统计年鉴》,2011、2017年《重庆统计年鉴》。

2016年,成渝经济区三次产业比为9.5∶48.4∶42.1,与2010年的11.7∶50.3∶38相比,第三产业占比上升较为显著,产业结构持续优化。与全国相比,第二产业增加值占比高于全国8.6个百分点,同时第三产业增加值低于全国9.5个百分点,成渝经济区仍然处于工业化加速发展时期,提升优化空间较大。与西部地区相比,西部地区三次产业比为11.9∶42.9∶45.2,成渝经济区成为西部地区工业化加速发展的领头羊。

2016年,成渝经济区进出口总额达到1214.1亿美元,占全国的3.3%,是2010年443.6亿美元的2.7倍。作为"一带一路"的前沿阵地,成渝经济区正加速成为我国对外开放的新高地。

需求方面,2016年,成渝经济区社会消费品零售总额达到20624.7亿元,比2010年的9163.5亿元翻了一番多,增长速度高于全国。成渝经济区社会消费品零售总额占GDP的45%,高于2010年39.5%的水平,同时略

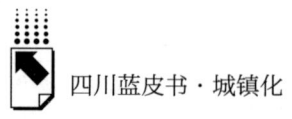

高于全国44.7%的水平,表明成渝经济区内需增长较快,有利于促进产业优化布局。

城镇化方面,2016年,成渝经济区常住人口达到9486.75万人,其中城镇人口5281.5万人,城镇化率达到55.7%。与2010年相比,分别增加321.1万人、996.6万人和8.9个百分点,城镇化率低于全国1.7个百分点。

人民生活方面,2016年,成渝经济区城镇常住居民人均可支配收入为30674元,农村常住居民人均纯收入为13385元,城乡居民收入比为2.29∶1,低于全国2.72∶1的水平。

二 双核城市发展迅速

近年来,重庆、成都两个核心城市加大资源整合力度,不断优化完善城市功能,已经成为带动成渝经济区发展的双引擎和对外开放的门户城市。

(一)重庆

2016年末,重庆市GDP达到17558.8亿元,人均GDP达到8717美元,社会消费品零售总额达到7271.4亿元,进出口总额达到627.7亿美元,一般公共预算收入完成2227.9亿元。

经济和产业发展方面,支柱产业如电子信息、汽车等以及战略性新兴产业增长快于一般工业,现代服务业如金融和服务贸易等增长快于传统服务业,2016年三次产业结构比为7.4∶44.2∶48.4。实现工业增加值6040.5亿元,占全市GDP的34.4%。电子信息、汽车、装备、化学医疗、材料、能源和消费品工业等支柱产业集群均发展成千亿级产业。

城镇化和城市建设方面,全面实现"4小时重庆"规划,全市高速公路通车总里程为2818公里,路网密度为3.4公里/百平方公里;轨道交通营运里程为213.3公里。常住人口城镇化率达到62.6%。

对外开放方面,重庆主动融入"一带一路"建设和长江经济带发展,构建大通道大通关大平台体系,推动建设航空、铁路、内河港三个交通枢纽、三个国家开放口岸、三个保税监管区"三个三合一"的开放要件。中国（重庆）自由贸易试验区获准设立，中新战略性互联互通示范项目启动建设，渝新欧铁路成为中欧陆上贸易主通道。创新"整机+零部件"垂直整合一体化的加工贸易格局，构建起符合内陆特点的外向型产业集群。全方位、多渠道、宽领域招商引资，实际利用外资连续多年保持在100亿美元以上。

民生改善方面，城乡常住居民人均收入分别达到29610元和11549元，社保制度体系覆盖城乡，2011~2016年新增城镇就业400万人左右，建立了以公租房为主体的住房保障制度，大力改造城市棚户区、农村危房。扎实推进"六个一批"精准扶贫工程，2016年7个区县脱贫摘帽，885个贫困村整体脱贫。

（二）成都

2016年末，成都市GDP达到12170.2亿元，人均GDP达76960元。社会消费品零售总额5647.4亿元，增速超过GDP，对经济增长的贡献显著。现代产业发展体系初步建成，三次产业结构由2010年的5.1∶44.7∶50.2调整为3.9∶43.0∶53.1；全部工业增加值为4508.6亿元，比2010年翻一番多。

产业发展方面，成都已经形成较为完备的产业门类和工业体系，是全球重要的电子信息产业基地、中国新型工业化产业示范基地、中国软件名城和中国重要的航空、航天、新材料、新能源产业基地。电子信息产业规模达4800亿元，汽车整车产量突破110万辆、产值1700亿元，机械、食品产业基础进一步夯实。战略性新兴产业如轨道交通、航空航天、生物医药、新材料等占比明显提升，2016年产值分别较2015年增长10%、40%、12%、18%。2016年，成都现代服务业发展迅速，加快国家服务业核心城市建设，完成内贸流通体制改革试点，获批建设自贸试验区，被列入国家服务贸易创新发展试点。

城镇化和城市建设方面，《四川天府新区总体方案》经国务院同意正式印发，成都城市格局从以中心城区为主的单核心向中心城区和天府新区成都片区双核共兴方向转变，常住人口城镇化率超过70%，进入城镇化和工业化的成熟期。

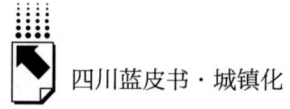

对外开放方面，主动融入"一带一路"，推进"蓉欧+"战略，启动国际铁路港建设。成都已经成为西部城市国际化的领头羊，与200余个国家和地区建立经贸往来关系，落户世界500强企业278家，实际利用外资、实际到位内资、一般贸易出口总额分别是85.3亿美元、4100亿元、58.7亿美元。

民生改善方面，2016年末，成都城镇居民人均可支配收入、农村居民人均纯收入分别达到35902元、18605元，城乡收入比进一步缩小，达到1.93∶1。

（三）核心作用不断增强

根据成渝经济区规划，重庆发展核心包括渝中、大渡口、江北、沙坪坝、九龙坡、南岸、北碚、渝北、巴南主城九区，成都发展核心包括锦江、青羊、武侯、金牛、成华五城区和龙泉驿、青白江、新都、温江、双流、郫县、都江堰、彭州、邛崃、崇州、金堂、大邑、蒲江、新津县（市、区）。五年来，两个核心区功能不断完善、实力持续增强。

表2和图1显示，重庆和成都两个核心区在主要经济指标上表现突出。其中，2016年重庆核心区的进出口总值为571亿美元，六年来翻了两番多，占整个成渝经济区的12.9%，已经成为成渝经济区对外开放的门户城市；成都核心区的GDP和社会消费品零售总额均占成渝经济区的四分之一强，成为成渝经济区发展的重要引擎。

表2 2016年、2010年重庆和成都两个核心区主要社会和经济指标比较

主要指标	人口（万人）			GDP（亿元）			进出口总值（亿美元）			社会消费品零售总额（亿元）		
年份	2016	2010	增幅（%）	2016	2010	增幅（%）	2016	2010	增幅（%）	2016	2010	增幅（%）
成渝经济区	9486.75	9165.7	3.5	45859.6	23171	97.9	4436	1245	256.3	20624	9164	125.1
重庆核心区	851.80	745.8	14.2	7030	3597	95.4	571	100	471.0	3678	1687	118.0
成都核心区	1591.76	1404.8	13.3	12170	5551	119.2	410	247	66.0	5742	2493	130.3

资料来源：2011、2017年《四川统计年鉴》，2011、2017年《重庆统计年鉴》。

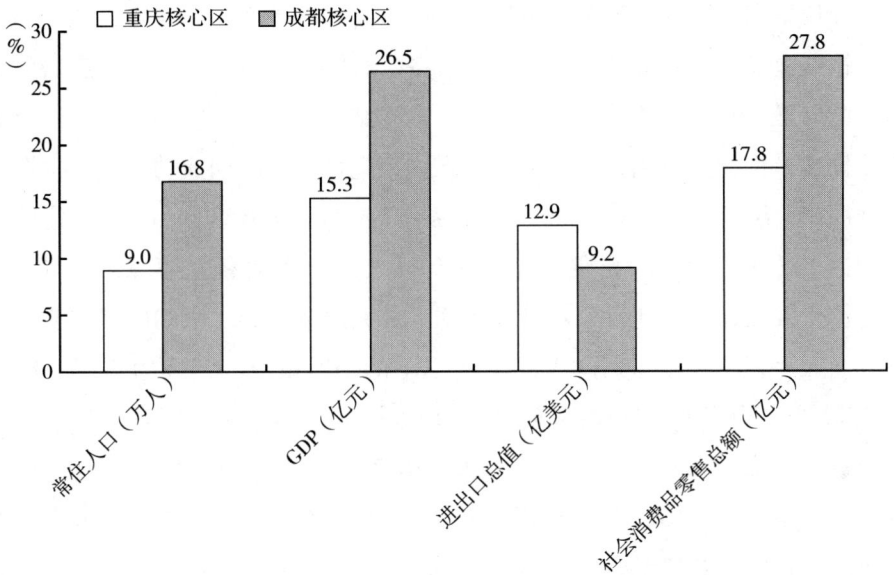

图1 2016年重庆和成都两核心城市主要指标占成渝经济区比重

三 沿江经济带城市亮点凸显

近年来,重庆以主城区为中心,以长江黄金水道和沿江高速公路、铁路为纽带,加快推进岸线开发和港口建设。2016年,沿江经济带GDP达到15894.1亿元,其中第二产业增加值达到7689亿元,占48.4%;常住人口2980.8万人,城镇人口1857.4万人,城镇化率达62.3%。沿江经济带已经成为长江上游重要的产业和城镇集聚带,近年来发展亮点纷呈。

泸州位于长江上游川滇黔渝结合部,是四川重要的化工生产基地和我国天然气化工的发源地,形成了"天长地酒"四大产业,即天然气化工产业、长江起重机等机械制造业、地下能源产业和白酒产业。但进入新世纪,支撑泸州城市发展的资源趋于枯竭①,为此,泸州在原有机械制造产业的基础

---

① 2011年11月,泸州被国务院批准为全国第三批资源枯竭城市。

上，加快培育发展新能源新材料产业，引进新能源汽车整车企业，打造集特高压输变电设备、新能源汽车充换电设备、智能电网等于一体的生产研发基地。此外推动现代生物医药产业、川滇黔渝结合部商贸市场、港口物流业等产业发展，推动产业结构转型升级。在城市建设上，泸州成功争取首批国家新型城镇化综合试点，进入国家"双两百"规划，2016年中心城区建成区面积达135平方公里，常住人口136.2万人，城镇化率达47.5%。与此同时，泸州推动建制镇建设，从基础设施、公共服务设施、吸纳转移农业人口等方面入手，发展城镇人口达5000人以上的小城镇46个，1万人以上的小城镇12个。泸州港是交通部确定的四川唯一的内河港口和国家二类水运口岸，是四川第一大港口和集装箱码头，2017年成为四川自贸区的重要组成部分后，当年上半年进出口总额就达到10万亿美元，成为长江经济带对外开放的重要门户和口岸。

表3 2016年沿江经济带主要地区人口和工业发展情况

地区	常住人口（万人）	城镇人口（万人）	城镇化率（%）	GDP（亿元）	第二产业（亿元）
万州区	162.3	103.6	63.8	897.4	429.8
涪陵区	114.8	75.2	65.5	896.2	538.7
渝中区	65.7	65.7	100.0	1050.2	30.3
大渡口区	34.0	33.1	97.3	176.7	67.6
江北区	86.1	82.4	95.7	778.0	211.2
沙坪坝区	113.4	107.2	94.6	786.0	335.2
九龙坡区	120.2	110.8	92.2	1089.7	479.4
南岸区	87.4	83.0	95.0	745.5	433.8
北碚区	79.6	64.4	80.8	475.4	308.7
渝北区	160.3	128.6	80.2	1293.3	739.1
巴南区	105.1	83.1	79.1	635.4	289.6
长寿区	82.6	52.3	63.3	454.0	242.7
江津区	135.3	88.6	65.5	674.1	397.4
南川区	57.3	32.8	57.3	210.8	70.5
綦江区	108.5	64.6	59.5	420.1	207.3
丰都县	58.7	25.4	43.3	170.6	81.0

续表

地区	常住人口（万人）	城镇人口（万人）	城镇化率（％）	GDP（亿元）	第二产业（亿元）
忠 县	71.7	29.8	41.6	240.7	119.2
云阳县	91.3	37.3	40.8	213.1	93.0
石柱县	38.3	15.7	40.9	145.4	71.7
乐山市	326.5	159.1	48.7	1406.6	761.0
泸州市	430.6	204.6	47.5	1481.9	875.8
宜宾市	451.0	210.3	46.6	1653.1	907.2
合 计	2980.8	1857.4	62.3	15894.1	7689.9

资料来源：2017年《四川统计年鉴》、2017年《重庆统计年鉴》。

四 成绵乐发展优势突出

成绵乐发展带以成都为中心，沿铁路、客运专线、高速公路和大件运输通道，重点发展装备制造、电子信息、生物医药、科技服务、商贸物流和特色农业。

按照四川省建设全面创新改革试验区的要求，成都依托国家自主创新示范区、成都科学城，正在建设国家创新型城市；绵阳继续建设国家科技城，推动军民融合发展。军民融合是成绵乐科技创新的独特优势，目前在航空动力、军工电子、信息安全等领域，已经初步形成了一批高新技术产业集群。值得一提的是，德阳是国家从战略层面布局工业所建立的城市，经过几十年发展，已经成为联合国授予的清洁技术与新能源装备制造业国际示范城市、中国重大技术装备制造业基地。近年来，德阳市以装备智能制造为重点，建设国家高端装备产业创新发展示范基地，围绕打造重大装备制造创新中心，突破了重大装备智能制造、航空与燃机、清洁能源、石墨烯等4大领域204项关键核心技术，东深新能源"铝—空燃料电池"产业化等176项科技成果实现转化和应用，重点产业与开放发展深度融合。

表4　2016年成绵乐发展带主要经济和社会发展指标

地区	常住人口（万人）	城镇人口（万人）	城镇化率（%）	GDP（亿元）	人均地区生产总值（元）	城镇居民人均可支配收入（元）	农村居民人均可支配收入（元）
成都	1591.8	1124.1	70.6	12170.2	76960	35902	18605
德阳	352.0	174.5	49.6	1752.5	49835	29159	13951
绵阳	481.1	238.1	49.5	1830.4	38202	29407	13504
眉山	300.1	130.2	43.4	1117.2	37227	28691	13935
乐山	326.5	159.1	48.7	1406.6	43110	28583	12749
雅安	154.0	67.7	44.0	545.3	35335	27352	11138
合计	3205.4	1893.7	59.1	18822.2	—	—	—

资料来源：2017年《四川统计年鉴》、2017年《重庆统计年鉴》。

五　成内渝加快转型发展

以成渝铁路和成渝高速公路为纽带，成内渝发展带是成渝经济区以陆地交通为轴线最早形成的经济带，既有成熟的产业基地如自贡和内江，也有新兴产业城市如遂宁和资阳等，城市和产业发展较为成熟。成内渝发展带重点发展电子信息、精细化工、新型建材、轻纺食品、装备制造、商贸物流等支柱产业，是连接重庆、成都双核的重要经济带。

永川区是重庆市新区发展的重要板块，近年来重点发展工业化和城镇化。机器人及智能装备、电子信息、汽车及零部件、特色轻工等产业发展集聚，成为国家新型工业化装备制造（机器人）示范基地；战略性新兴服务业快速起步，入选国家服务外包基地城市示范区。伴随着成渝高铁建成通车，永川进入"半小时重庆、一小时成都"的高铁时代。

自贡市是资源型老工业城市，于1939年因盐设市，是典型的大城市小农村，拥有1个中心城区、富顺和荣县2个县和75个镇、21个乡。近年来，自贡传统工业衰落，被纳入全国老工业基地调整改造范围。自贡工业集中集约集群发展，园区承载能力达47平方公里，工业集中度提高到

64.4%；成功创建国家高新区、国家节能环保装备制造基地、国家新材料产业化示范基地，高新技术产业增加值占比达到25%，战略性新兴产业增加值占比达28.8%。在积极推进产业结构升级改造的同时，自贡的城镇化进程明显加快，2016年城镇人口达到136.6万，城镇化率达到49.1%。中心城区建成区面积达109平方公里，城区人口达106万人，荣县、富顺县两个县城人口均超过20万人。

资阳市是二十一世纪后成立的新兴城市，在成都1小时经济圈内。资阳近年来凭借优越的区位交通条件发展迅速，造车、食品、医药、电子商务等产业在全省优势明显，特色农业规模不断扩大，柠檬产量占中国的80%，是中国唯一的柠檬生产基地，生猪、山羊、水产、蚕桑等产量居四川省前列。

表5 2016年成内渝发展带主要经济和社会发展指标

地区	GDP（亿元）	第一产业（亿元）	第二产业（亿元）	第三产业（亿元）	人均GDP（元）	常住人口（万人）	城镇人口（万人）	城镇化率（%）
渝中区	1050.2	0.0	30.3	1019.9	160743	65.7	65.7	100.0
大渡口区	176.7	1.6	67.6	107.5	52523	34.0	33.1	97.3
江北区	778.0	1.3	211.2	565.4	90931	86.1	82.4	95.7
沙坪坝区	786.0	5.9	335.2	444.9	69487	113.4	107.2	94.6
九龙坡区	1089.7	9.5	479.4	600.8	91235	120.2	110.8	92.2
南岸区	745.5	4.3	433.8	307.4	86085	87.4	83.0	95.0
北碚区	475.4	15.9	308.7	150.8	60090	79.6	64.4	80.8
渝北区	1293.3	28.4	739.1	525.9	82029	160.3	128.6	80.2
巴南区	635.4	49.5	289.6	296.2	61775	105.1	83.1	79.1
永川区	636.2	55.4	356.1	224.7	57659	111.1	74.0	66.7
綦江区	420.1	56.6	207.3	156.2	38844	108.5	64.6	59.5
大足区	386.6	44.6	221.8	120.2	50106	77.9	43.2	55.4
璧山区	428.4	27.2	301.5	99.7	58872	73.0	39.6	54.3
荣昌区	368.1	49.2	229.2	89.7	52391	70.4	37.3	52.9
成都	12170.2	474.9	5202.0	6493.3	76960	1591.8	1124.1	70.6
资阳	943.4	155.3	511.5	276.6	37308	254.1	101.8	40.1
自贡	1234.6	136.1	695.4	403.1	44481	278.5	136.6	49.1
内江	1297.7	204.5	741.6	351.5	34667	374.7	175.0	46.7
合计	24915.4	1320.3	11361.0	12234.1	—	3791.2	2554.5	67.4

资料来源：2017年《四川统计年鉴》、2017年《重庆统计年鉴》。

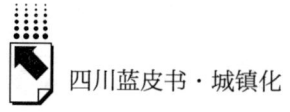

六 成南遂渝形成新兴发展带

以兰渝、渝遂铁路，成南、渝遂、渝南高速公路，嘉陵江为纽带形成的成南遂渝发展带，是连接双核的新兴经济带。其主要特点及目标为重点发展机械制造、轻纺食品、油气和精细化工、商贸物流及特色农业。

作为新兴工业城市，"十二五"期间遂宁市发展迅速，各项经济指标增速均位居四川省前列。遂宁在工业化加速发展的同时，注重绿色发展，产业结构由2010年的21.5∶51.8∶26.7调整为2016年的15.2∶55.7∶29.1，GDP能耗下降近30%，电子信息、新材料、天然气、机械装备等战略性新兴产业、成长型产业加快发展。与此同时，借助较好的区位条件，遂宁抓住四川交通大发展的重大机遇，大力发展现代物流产业，成为全国首批现代物流示范城市。

在城镇化和城市发展方面，遂宁在海绵城市建设上的实践和探索值得一提，2015年遂宁成功申报全国首批16个海绵城市建设试点市，在市区圣莲岛实施的海绵城市改造项目是一个代表性的例子。圣莲岛原本是杂草丛生的冲积滩，岛上居民生产生活对水循环和水环境产生诸多负面影响。改造工程对雨水径流进行合理组织，综合采用"源头—中途—末端"海绵城市建设设施组合，确保进入内湖、外湖的雨水径流都经过处理，减少集中冲击负荷；在地形、空间、竖向等条件允许的情况下，尝试部分地块不用或少用雨水管道，而是以植草沟、雨水花园等代替，实现由灰色雨水基础设施向绿色雨水基础设施的转变；构建内湖及景观水体水循环系统，确保水质优良。现在，圣莲岛湿地公园为代表的湿地群已经成为遂宁城市的"绿肺"。①

南充位于成都、重庆、西安三角经济区要冲，自古以来就是西部地区重要的人口和经济集聚城市、交通枢纽城市。作为四川省第二人口大市，当前南充主城区面积120平方公里、人口120万。南充农业发展稳定，粮食总产量

---

① 刘宏伟：《遂宁：海绵城市建设试点"以人为本"》，《中国建设报》2016年5月13日。

达312万吨，连续十多年居全省第一，南充国家现代农业示范区成为全省唯一的国家农业改革与建设试点示范区。工业方面，汽车汽配、油气化工、丝纺服装和轻工食品四大传统产业及新能源、新材料、电子信息等战略性新兴产业竞相发展的格局初步形成。借助优越的交通条件，南充成功申报全国区域流通节点城市、全省首批现代物流试点示范市和全省区域现代商贸物流中心。

合川区是通向四川北部、陕西、甘肃等地区的交通要道和经济走廊，也是渝新欧铁路大通道重庆第一站，是全国科普示范区、国家卫生区、全国文明城区提名城区、重庆市级文明城区和市级森林城市，还是全国首批长江经济带国家级转型升级示范开发区和全国循环经济示范城市。合川是重庆重要的装备制造产业基地，以汽摩及装备制造产业为主要产业，重点发展汽摩整车、新能源汽车、智能汽车、补链零部件、核心及关键零部件等，汽车产业已经成为合川第一大支柱产业。合川成为继两江新区后重庆第二大汽车城。

表6 2016年成南遂渝经济发展带主要经济和社会指标

地区	GDP（亿元）	第一产业（亿元）	第二产业（亿元）	第三产业（亿元）	人均GDP（元）	常住人口（万人）	城镇人口	城镇化率（%）
渝中区	1050.2	0.0	30.3	1019.9	160743	65.7	65.7	100.0
大渡口区	176.7	1.6	67.6	107.5	52523	34.0	33.1	97.3
江北区	778.0	1.3	211.2	565.4	90931	86.1	82.4	95.7
沙坪坝区	786.0	5.9	335.2	444.9	69487	113.4	107.2	94.6
九龙坡区	1089.7	9.5	479.4	600.8	91235	120.2	110.8	92.2
南岸区	745.5	4.3	433.8	307.4	86085	87.4	83.0	95.0
北碚区	475.4	15.9	308.7	150.8	60090	79.6	64.4	80.8
渝北区	1293.3	28.4	739.1	525.9	82029	160.3	128.6	80.2
巴南区	635.4	49.5	289.6	296.2	61775	105.1	83.1	79.1
合川区	532.2	72.5	259.0	200.7	38900	137.6	90.1	65.5
铜梁区	341.6	41.4	201.3	98.9	48574	71.9	38.2	53.1
潼南区	300.6	52.8	163.6	84.2	43340	70.5	35.5	50.4
成 都	12170.2	474.9	5202.0	6493.3	76960	1591.8	1124.1	70.6
遂 宁	1008.5	153.6	530.2	324.7	30615	329.8	155.0	47.0
南 充	1651.4	355.0	760.6	535.8	25871	640.2	288.6	45.1
合 计	23034.6	1266.7	10011.5	11756.4	—	3693.6	2489.9	67.4

资料来源：2017年《四川统计年鉴》、2017年《重庆统计年鉴》。

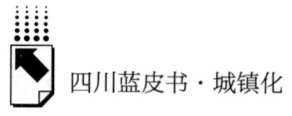

七 渝广达成为东北部经济重要支撑

渝广达发展带以襄渝、达万铁路和渝达、渝宜高速公路为纽带，重点发展天然气及盐化工、机械制造、冶金建材、轻纺食品，大力发展商贸物流和特色农业，是成渝经济区东北部重要的经济增长带。

广安是四川省唯一的"川渝合作示范区"和距离重庆主城区最近的地级市，属于重庆一小时经济圈。近年来，广安充分发挥伟人故里的独特优势，主动融入"一带一路"倡议、长江经济带发展战略，先后获国家批复建设川渝合作示范区、国家西部承接产业转移示范区等。国家中小城市综合改革试点城市、首批国家循环经济示范城市、国家现代农业示范区、首批国家商标战略实施示范城市、国家住宅产业现代化综合试点城市、国家智慧城市试点城市、部省共建教育改革发展试验区、嘉陵江流域国家生态文明先行示范区等国家政策在广安试点示范，深化推进区域合作、承接产业转移、推动转型发展等。深化与重庆、深圳、天津滨海新区的务实合作，在基础设施、产业发展、公共服务、人才交流等领域合作取得新的进展。广安与北京中关村、中国电子信息产业研究院、清华大学机械工程学院建立战略合作关系。广安成为深圳在四川的唯一"飞地"，广深产业园正是广安深圳开展互惠互利合作、不断探索创新的成果。

达州是四川省人口大市、农业大市、资源富集城市，是全国三大气田之一和国家"川气东送"工程的起点，是国家重要的能源资源战略基地。借助优越的区位和枢纽交通条件，近年来达州发展迅速，2016年全市实现GDP1447.1亿元，地方一般公共预算收入84.7亿元。初步建立现代产业体系，农业基础地位稳固，农民收入和粮食生产实现"十连增"，特色农产品种植面积达到235.8万亩；加大工业转型升级力度，大力推进"兴工强市"发展战略，截至2016年底，全市新兴产业企业达到15家，实现产值16.06亿元。以商贸物流、旅游、电子商务等为代表的现代服务业蓬勃发展，三次产业结构由2010年的23.8∶50.0∶26.2调整为2016年的21.4∶41.9∶36.7。

成为全国新型工业化产业示范基地、全国二级物流园区布局城市、全国区域级流通节点城市、全省粮食高产创建基地。

万州是重庆第二大城区，常住人口160余万，城镇人口超过百万，是重庆人口最多、移民任务最重、城市体量最大、管理单元最多的区县。作为三峡工程的腹心城市，万州近年来工业经济实现了大飞跃。2016年全区实现工业增加值322.9亿元，工业占全区GDP的比重从2002年的23.3%大幅增长为36%，汽车制造、照明电器、电子信息、纺织服装、农副产品加工等特色产业跨入50亿级行列。

表7 2016年渝广达发展带主要经济和社会指标

地区	GDP（亿元）	第一产业（亿元）	第二产业（亿元）	第三产业（亿元）	人均GDP（元）	常住人口（万人）	城镇人口	城镇化率（%）
万州区	897.4	67.0	429.8	400.6	55554	162.3	103.6	63.8
渝中区	1050.2	0.0	30.3	1019.9	160743	65.7	65.7	100.0
大渡口区	176.7	1.6	67.6	107.5	52523	34.0	33.1	97.3
江北区	778.0	1.3	211.2	565.4	90931	86.1	82.4	95.7
沙坪坝区	786.0	5.9	335.2	444.9	69487	113.4	107.2	94.6
九龙坡区	1089.7	9.5	479.4	600.8	91235	120.2	110.8	92.2
南岸区	745.5	4.3	433.8	307.4	86085	87.4	83.0	95.0
北碚区	475.4	15.9	308.7	150.8	60090	79.6	64.4	80.8
渝北区	1293.3	28.4	739.1	525.9	82029	160.3	128.6	80.2
巴南区	635.4	49.5	289.6	296.2	61775	105.1	83.1	79.1
梁平县	271.0	41.5	145.6	83.9	41138	65.4	28.2	43.1
垫江县	263.3	40.4	130.5	92.3	38581	68.8	29.7	43.1
开州区	360.6	59.5	179.2	122.0	30751	117.6	52.6	44.8
达州	1447.1	310.0	601.2	535.9	25921	559.8	237.5	42.4
广安	1078.6	170.2	557.0	351.4	33130	326.5	126.7	38.8
合计	11348.2	805.2	4938.1	5604.9	—	2152.0	1336.5	62.1

数据来源：2017年《四川统计年鉴》、2017年《重庆统计年鉴》。

专题调查篇

Special Survey

B.6
四川省城市可持续发展竞争力评价

吴振明*

摘　要： 西部地区地级城市中,四川省城市可持续发展竞争力得分和排名差距较大。西部地区城市社会－竞争力匹配系数和环境－竞争力匹配系数差距较小,城市竞争力(经济竞争力)是城市可持续发展竞争力总得分的主要影响因素。城市竞争力中,四川省城市经济规模得分和创新能力得分较高,但城市经济结构得分和基础设施得分相对较低;四川省城市社会可持续性得分和排名总体较为靠前,城市居民生活水平得分排名较为靠后;城市环境可持续性总体不高,城市生态建设相对滞后。

---

* 吴振明,博士,四川省社会科学院区域经济和城市发展研究所副研究员、主要研究方向为区域经济学。

关键词： 四川 可持续发展 城市竞争力

随着城市功能的复杂和完善，其作为相对独立的经济体参与市场经济活动，面临生存和发展问题。现代社会中城市的胜利和失败，引起了两个重大问题的思考：城市的生存问题，也就是如何实现城市永续发展；城市如何在竞争中长期保持优势的问题。由此，引发了关于城市可持续发展竞争力的讨论。本报告将城市可持续发展竞争力定义如下：在确保环境系统和社会系统可持续发展的前提下，某一城市在市场条件下与其他城市的竞争过程中，具有长期保持获取优势地位能力的一种状态。

城市可持续发展竞争力，反映城市在确保社会、环境可持续条件下的经济产出能力，其目标是寻求经济系统、社会系统和环境系统间的协调模式和方法，既反映各子系统的发展水平，又反映系统间的协调程度。因此，城市可持续发展竞争力水平可用城市经济竞争水平及其与社会和环境之间的匹配度来衡量。

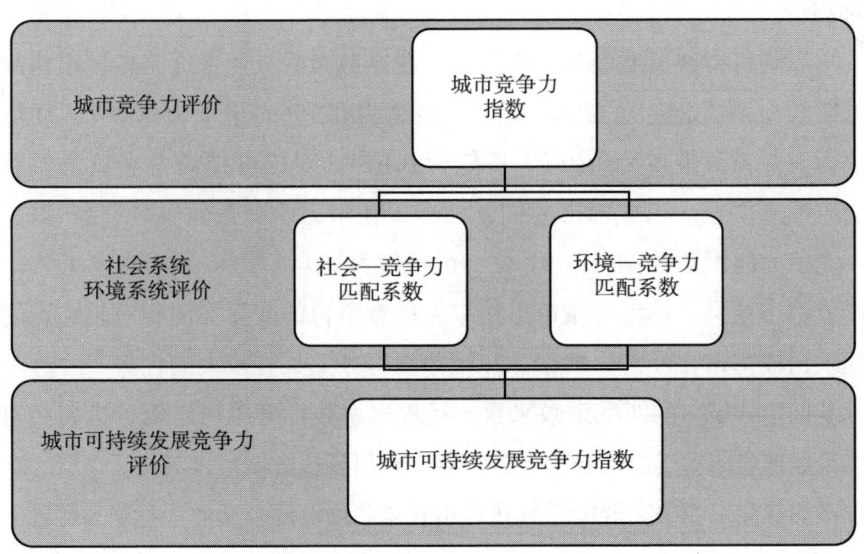

图1 城市可持续发展竞争力评价模型框架

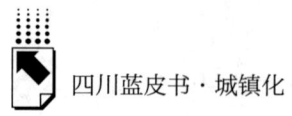

本报告以西部地区11个省份①、87个地级及以上城市作为评价对象，相关指标数据来源于2017年《中国统计年鉴》、各省2017年统计年鉴。评价模型、指标体系和数据处理方法详见附件1。

城市可持续发展竞争力指数 =（城市竞争力指数 × 社会 - 竞争力匹配系数 + 城市竞争力指数 × 环境 - 竞争力匹配系数）/2

一 四川省城市可持续发展竞争力评价

四川省城市可持续发展竞争力得分差距较大，最高分为成都的0.614分、最低分为巴中的0.035分；除成都外，得分高于0.1分的城市只有绵阳；其他16个城市得分均低于0.1分。

从在西部地区排名来看，成都市以总得分0.614分位居西部地区城市首位，位居其后的分别为重庆、西安、昆明、贵阳等城市；四川省排名位居前30位的城市有绵阳市、德阳市、攀枝花、自贡市、泸州市；排名位居前50位的城市有乐山市、南充市、宜宾市、雅安市；其他城市排位则相对靠后。

从影响可持续发展竞争力得分的匹配系数来看，西部地区各城市匹配系数差距较小，社会 - 竞争力匹配系数最高为0.996、最低为0.661，环境 - 竞争力匹配系数最高为0.981、最低为0.625，对于可持续发展竞争力总得分的影响不明显。以成都市为例，社会 - 竞争力匹配系数排名第83位，环境 - 竞争力匹配系数排名第82位，可持续发展竞争力得分排名第1位，反映出成都市社会、环境对城市可持续发展竞争力的支撑作用相对较弱，同时也反映出成都市在经济、社会、环境单项得分上具有较大的优势。

从四川省城市的匹配系数来看，呈现出系数得分总体较低、排名相对靠后、系数排名落后于总得分排名的特点。四川省多数城市排名位于50位之后，巴中市的社会 - 竞争力匹配系数在四川省排名第1位，环境 - 竞争力匹配系数

---

① 因西藏自治区城市相关数据缺失较多，未纳入本次评价。

得分也较高,但是总得分位居全省最后1位,反映出其在经济、社会、环境的匹配程度上出现了"低水平协调"现象;绵阳市的环境-竞争力匹配系数在四川省排名第1,在西部地区分别排第16位,说明绵阳的生态环境保护有效地促进了城市可持续发展竞争力的提升,其在经济、环境协调性方面具有一定优势。而四川省包括成都在内的多数城市,出现了经济、社会、环境发展水平较高,但是各系统间协调性不足的问题。未来四川省城市发展需要更加注重社会、环境与经济发展的协调性,这将更加有效地提升城市可持续发展竞争力。

表1 西部地区地级及以上城市可持续发展竞争力得分及排名

省份	城市	社会-竞争力匹配系数	排名	环境-竞争力匹配系数	排名	总得分	排名
四川	成都市	0.862	83	0.807	82	0.614	1
	自贡市	0.909	52	0.905	57	0.088	25
	攀枝花市	0.871	78	0.914	38	0.092	23
	泸州市	0.908	54	0.907	55	0.078	29
	德阳市	0.892	70	0.925	23	0.095	21
	绵阳市	0.918	42	0.932	16	0.124	13
	广元市	0.898	64	0.901	62	0.048	70
	遂宁市	0.893	68	0.883	75	0.051	66
	内江市	0.896	65	0.909	49	0.056	56
	乐山市	0.898	61	0.904	59	0.071	36
	南充市	0.913	48	0.915	37	0.070	41
	眉山市	0.898	63	0.896	65	0.051	63
	宜宾市	0.899	60	0.908	53	0.068	42
	广安市	0.890	71	0.906	56	0.046	72
	达州市	0.912	49	0.907	54	0.051	65
	雅安市	0.874	76	0.913	42	0.067	45
	巴中市	0.923	35	0.909	48	0.035	83
	资阳市	0.881	73	0.888	69	0.046	71
贵州	贵阳市	0.922	38	0.967	3	0.281	5
	六盘水市	0.966	10	0.931	18	0.077	31
	遵义市	0.905	55	0.935	14	0.087	26
	安顺市	0.979	5	0.886	71	0.067	43
	毕节市	0.982	3	0.937	12	0.070	40
	铜仁市	0.996	1	0.941	11	0.071	38

续表

省份	城市	社会-竞争力匹配系数	排名	环境-竞争力匹配系数	排名	总得分	排名
云南	昆明市	0.972	7	0.955	6	0.355	4
	曲靖市	0.955	14	0.913	40	0.067	44
	玉溪市	0.916	44	0.887	70	0.076	32
	保山市	0.926	32	0.920	29	0.045	75
	昭通市	0.967	9	0.913	41	0.032	86
	丽江市	0.942	21	0.919	31	0.054	60
	普洱市	0.948	19	0.921	27	0.044	76
	临沧市	0.952	16	0.920	30	0.041	78
广西	南宁市	0.982	4	0.883	74	0.229	7
	柳州市	0.929	29	0.902	61	0.117	16
	桂林市	0.932	26	0.954	7	0.159	12
	梧州市	0.916	43	0.890	68	0.057	55
	北海市	0.926	33	0.872	78	0.062	50
	防城港市	0.920	41	0.877	76	0.066	46
	钦州市	0.923	36	0.920	28	0.086	27
	贵港市	0.938	23	0.925	24	0.058	52
	玉林市	0.951	17	0.945	10	0.121	14
	百色市	0.957	12	0.947	9	0.058	54
	贺州市	0.961	11	0.886	72	0.051	64
	河池市	0.990	2	0.961	4	0.102	19
	来宾市	0.935	25	0.913	39	0.042	77
	崇左市	0.956	13	0.930	19	0.062	49
西安	西安市	0.922	39	0.885	73	0.522	3
	铜川市	0.868	80	0.867	80	0.050	67
	宝鸡市	0.901	57	0.917	34	0.078	30
	咸阳市	0.914	46	0.926	22	0.098	20
	渭南市	0.913	47	0.936	13	0.075	33
	延安市	0.908	53	0.900	64	0.055	57
	汉中市	0.927	31	0.919	32	0.065	47
	榆林市	0.911	51	0.922	26	0.073	34
	安康市	0.929	28	0.903	60	0.049	69
	商洛市	0.927	30	0.955	5	0.050	68
重庆	市辖区	0.728	86	0.740	86	0.607	2

续表

省份	城 市	社会-竞争力匹配系数	排名	环境-竞争力匹配系数	排名	总得分	排名
甘肃	兰州市	0.977	6	0.981	1	0.242	6
	嘉峪关	0.852	84	0.758	85	0.088	24
	金昌市	0.863	82	0.908	52	0.055	58
	白银市	0.925	34	0.909	50	0.045	73
	天水市	0.937	24	0.912	45	0.053	62
	武威市	0.893	69	0.871	79	0.035	84
	张掖市	0.875	75	0.931	17	0.054	61
	平凉市	0.930	27	0.912	46	0.034	85
	酒泉市	0.871	77	0.913	43	0.071	37
	庆阳市	0.948	18	0.904	58	0.038	80
	定西市	0.940	22	0.928	21	0.040	79
	陇南市	0.955	15	0.954	8	0.036	82
青海	西宁市	0.895	66	0.901	63	0.106	18
	海东市	0.922	37	0.916	36	0.022	87
宁夏	银川市	0.820	85	0.873	77	0.118	15
	石嘴山市	0.869	79	0.799	83	0.065	48
	吴忠市	0.905	56	0.908	51	0.037	81
	固原市	0.947	20	0.922	25	0.060	51
	中卫市	0.898	62	0.895	66	0.045	74
新疆	乌鲁木齐市	0.900	59	0.793	84	0.190	9
	克拉玛依市	0.661	87	0.625	87	0.082	28
内蒙古	呼和浩特市	0.911	50	0.919	33	0.195	8
	包头市	0.915	45	0.891	67	0.164	11
	呼伦贝尔市	0.888	72	0.980	2	0.094	22
	通辽市	0.894	67	0.912	47	0.071	39
	赤峰市	0.921	40	0.929	20	0.073	35
	乌兰察布市	0.967	8	0.819	81	0.058	53
	鄂尔多斯市	0.901	58	0.912	44	0.189	10
	巴彦淖尔市	0.878	74	0.917	35	0.054	59
	乌海市	0.865	81	0.935	15	0.107	17

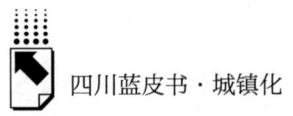

二 四川省城市竞争力评价①

从四川省城市竞争力得分和排名来看（见表2），成都市为0.736分，位居西部第2，仅次于重庆市的0.828分；绵阳市为0.134分，位居四川省第2、西部第14；自贡市、攀枝花市、泸州市、德阳市得分排在西部地区第20～30位；乐山市、南充市排在西部地区第30～40位左右；排在第50位之后的城市为内江市、眉山市、达州市、遂宁市、广元市、资阳市、广安市、巴中市，超过了四川省地级以上城市数量的1/3。

从影响城市竞争力的各项指标来看，成都市各项指标均位居西部地区城市前列，经济规模、创新能力得分位居第2，基础设施得分位居第6，经济结构得分位居第8。

四川省城市经济规模得分和创新能力得分较高，除成都外，经济规模得分进入西部地区前30位的城市有6个，创新能力得分进入前30位的城市有8个。

四川省城市经济结构得分和基础设施得分相对较低，经济结构得分除成都和攀枝花外，全部位于50位之后，基础设施得分多数城市位于40位之后。

表2 四川城市竞争力得分及排名

城市	经济规模		经济结构		创新能力		基础设施		总得分	排名
	得分	排名	得分	排名	得分	排名	得分	排名		
成都市	0.127	2	0.049	8	0.247	2	0.045	6	0.736	2
自贡市	0.015	42	0.017	65	0.048	12	0.017	45	0.097	26
攀枝花市	0.009	61	0.021	46	0.034	19	0.035	11	0.103	24
泸州市	0.020	29	0.013	75	0.032	21	0.018	42	0.086	29
德阳市	0.020	28	0.017	63	0.040	15	0.020	36	0.105	22
绵阳市	0.024	22	0.020	51	0.061	11	0.021	34	0.134	14
广元市	0.010	56	0.018	58	0.010	62	0.014	53	0.053	69

① 西部地区地级以上城市竞争力得分和排名见附表5-1。

续表

城市	经济规模 得分	经济规模 排名	经济结构 得分	经济结构 排名	创新能力 得分	创新能力 排名	基础设施 得分	基础设施 排名	总得分	排名
遂宁市	0.014	46	0.014	74	0.009	66	0.018	44	0.057	65
内江市	0.017	33	0.010	85	0.021	35	0.011	65	0.062	55
乐山市	0.017	34	0.016	71	0.026	29	0.016	48	0.079	36
南充市	0.027	18	0.013	76	0.025	30	0.010	72	0.077	40
眉山市	0.014	44	0.012	83	0.010	63	0.017	46	0.057	63
宜宾市	0.022	26	0.012	78	0.024	32	0.015	51	0.075	41
广安市	0.015	41	0.012	79	0.007	75	0.015	50	0.051	72
达州市	0.023	24	0.012	80	0.013	56	0.005	81	0.056	66
雅安市	0.006	71	0.013	77	0.031	22	0.023	25	0.074	42
巴中市	0.010	54	0.016	68	0.004	84	0.006	79	0.038	84
资阳市	0.018	31	0.007	87	0.013	53	0.010	69	0.052	71

四大城市群比较来看，成都平原城市群、攀西城市群和川南城市群总体表现相对较好，川东北城市群总体排名靠后（见图2）。

从竞争力角度观察，除攀西城市群外，另外三个城市群均出现了"领头羊"：成都平原城市群中绵阳紧随成都，成为次中心城市，资阳和眉山排名相对靠后均是由于经济结构不优；川南城市群整体较为均衡，自贡排名第1，泸州以3名之差紧随其后，但经济结构不优依旧是制约川南城市竞争力

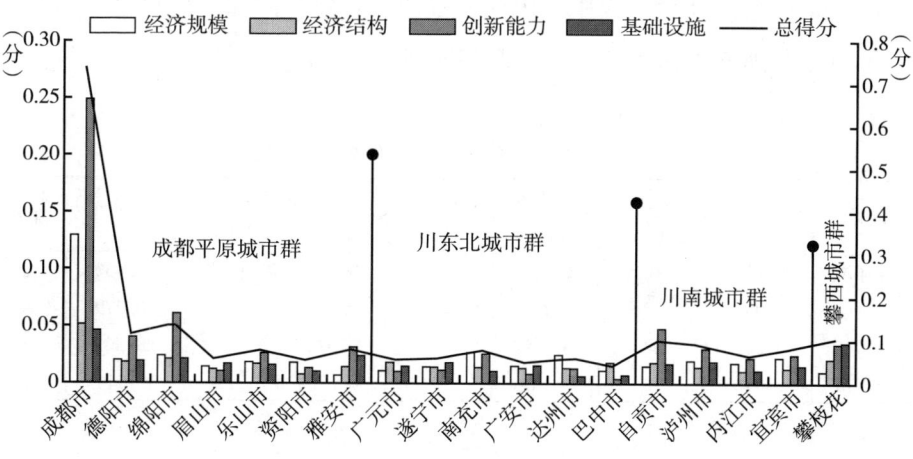

图2 四大城市群城市竞争力得分

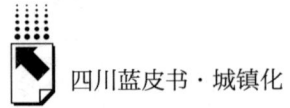

的主要因素;川东北城市群中,南充以经济规模的绝对优势成为区域中心城市,但面临基础设施和经济结构的问题。

三 四川省城市社会可持续性评价

四川省城市社会可持续性评价①中(见表3),成都市得分为0.460分,位居西部地区第3;攀枝花、德阳、雅安得分位于0.3~0.4分之间,位居西部地区前20;自贡市泸州市遂宁市、内江市、乐山市、宜宾市、广安市、资阳市得分位于0.27~0.3分之间,位居西部地区前40;广元市、南充市、眉山市得分位于0.25~0.26分之间,位居西部地区前50;其他城市得分居西部地区50之后。

从分项得分来看,四川省城市居民生活水平得分排名较为靠后,成都市该分项得分仅排第16位,有14个城市得分排名在50位之后。基本公共服务、社会结构分项得分水平较高,城市基本公共服务得分中成都、攀枝花、雅安3个城市进入西部地区前10位,除此以外,德阳、绵阳、广元、资阳4个城市进入西部地区前20位,除眉山市外,所有城市得分进入西部地区前50位。城市社会结构得分中,成都、自贡、德阳、眉山、资阳5个城市位于西部地区前10位,遂宁、内江、乐山、宜宾、广安、达州排在西部地区前20位,所有城市得分均位于西部地区前40位。

表3 四川城市社会可持续性得分及排名

城市	居民生活水平		基本公共服务		社会结构		总得分	排名
	得分	排名	得分	排名	得分	排名		
成都市	0.112	16	0.251	4	0.096	3	0.460	3
自贡市	0.050	75	0.147	29	0.082	10	0.279	34
攀枝花市	0.089	34	0.200	8	0.072	27	0.361	11
泸州市	0.050	73	0.149	26	0.073	22	0.271	38

① 西部地区地级以上城市社会可持续性得分及排名见附表6。

续表

城市	居民生活水平		基本公共服务		社会结构		总得分	排名
	得分	排名	得分	排名	得分	排名		
德阳市	0.076	45	0.161	19	0.085	8	0.322	20
绵阳市	0.065	59	0.162	17	0.070	29	0.297	25
广元市	0.031	84	0.170	14	0.057	38	0.258	44
遂宁市	0.057	68	0.135	34	0.081	12	0.272	37
内江市	0.056	69	0.136	33	0.078	15	0.270	40
乐山市	0.058	65	0.147	30	0.077	16	0.282	33
南充市	0.050	74	0.127	38	0.074	21	0.251	49
眉山市	0.069	54	0.106	51	0.088	6	0.262	42
宜宾市	0.066	58	0.132	35	0.079	13	0.278	36
广安市	0.067	55	0.128	37	0.076	18	0.271	39
达州市	0.028	86	0.124	40	0.079	14	0.232	54
雅安市	0.077	44	0.184	10	0.065	31	0.326	17
巴中市	0.025	87	0.108	50	0.058	37	0.191	64
资阳市	0.053	70	0.153	22	0.083	9	0.290	28

从四大城市群比较来看（见图3），成都平原城市群内部分化较为明显，成都、德阳、雅安社会可持续性得分较高，绵阳、资阳、乐山次之，

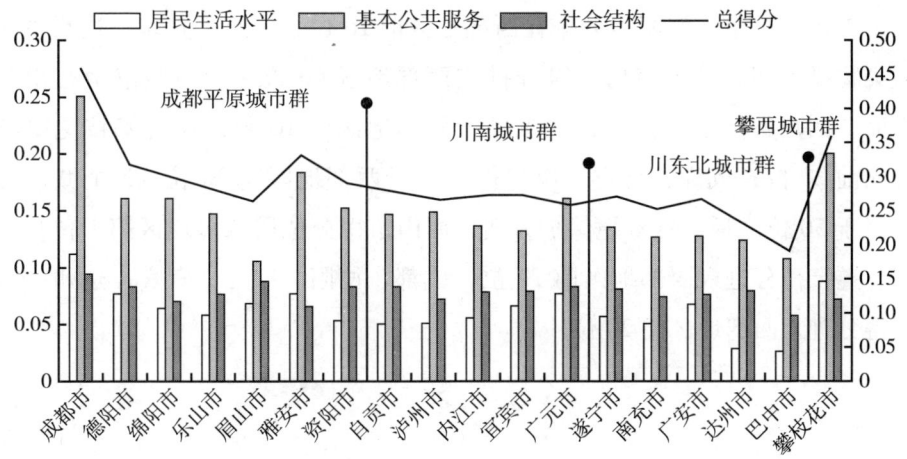

图3 四大城市群社会可持续性得分

眉山得分较低，其中居民生活水平得分是制约成都城市群城市总得分的关键因素。川南城市群城市社会可持续性得分相近，居民生活水平得分较低、排名靠后。川东北城市群城市社会可持续性得分与成都平原城市群有较大差距，社会结构得分较高，居民生活水平得分较低。攀枝花作为攀西城市群唯一的地级城市，社会可持续性得分较高，排西部地区第11位、四川省第2位。

四 四川省城市环境可持续性评价

四川省城市环境可持续性得分①总体不高，反映出较为突出的资源环境矛盾。成都市得分0.349分，排在四川省第1位，在西部地区城市中排在第11位；除成都外，四川省没有城市进入西部地区10~20位；自贡、攀枝花、泸州、遂宁、资阳得分排在西部地区20~30位；四川省其他城市得分均排在西部地区30位之后。

从分项得分来看，成都市资源使用效率得分位于西部地区第3位，攀枝花、资阳得分进入西部地区前20位，绵阳、乐山、眉山、宜宾、自贡得分进入西部地区前40位。主要污染物排放得分中，巴中市排在西部地区第1位，遂宁、资阳得分排在西部地区前10位，成都、宜宾、达州主要污染物排放问题较为突出，得分排在西部地区60位之后。城市生态得分方面，四川整体较低，没有城市进入西部地区前10位，仅有攀枝花得分进入前20位；成都、自贡、遂宁得分位于西部地区前30位；5个城市得分位于50位之后。在环境保护方面，眉山市得分位居西部地区第1位，绵阳、遂宁得分进入西部地区前10位，成都、德阳、广元、宜宾、达州、资阳得分进入西部地区前20位。

---

① 西部地区地级以上城市环境可持续性得分及排名见附表7。

表4 四川城市环境可持续性得分及排名

城市	资源使用效率		主要污染物排放		城市生态		环境保护		总得分	排名
	得分	排名	得分	排名	得分	排名	得分	排名		
成都市	0.116	3	0.046	66	0.091	24	0.096	17	0.349	11
自贡市	0.056	37	0.053	17	0.086	26	0.092	30	0.286	23
攀枝花市	0.076	14	0.047	52	0.123	15	0.028	84	0.274	29
泸州市	0.050	48	0.051	28	0.077	31	0.095	23	0.273	30
德阳市	0.051	45	0.049	42	0.060	48	0.095	19	0.255	40
绵阳市	0.055	39	0.049	45	0.068	38	0.098	9	0.269	32
广元市	0.042	58	0.053	13	0.060	49	0.097	13	0.251	43
遂宁市	0.041	61	0.054	5	0.099	21	0.099	5	0.292	22
内江市	0.051	44	0.047	51	0.054	56	0.092	29	0.244	51
乐山市	0.072	23	0.046	58	0.064	42	0.089	36	0.271	31
南充市	0.039	65	0.053	14	0.062	44	0.092	28	0.246	49
眉山市	0.063	29	0.049	47	0.053	59	0.100	1	0.265	33
宜宾市	0.060	32	0.041	81	0.063	43	0.096	16	0.260	37
广安市	0.050	47	0.051	30	0.052	60	0.085	44	0.239	53
达州市	0.033	74	0.046	61	0.066	39	0.097	15	0.242	52
雅安市	0.051	42	0.052	19	0.064	41	0.081	51	0.249	46
巴中市	0.038	67	0.054	1	0.042	73	0.085	42	0.219	67
资阳市	0.077	12	0.053	8	0.049	65	0.097	14	0.276	28

四大城市群比较来看（见图3），成都平原城市群得分总体较高，特别是在环境保护、城市生态方面表现较好，但是在主要污染物排放方面，总体得分较低，反映出成都平原城市群在城市生态建设和环境保护方面成效明显，但是仍然需要加强主要污染物排放的控制。川南城市群各项指标得分较为均衡，排名位于西部地区20～40位，资源使用效率指标得分相对较低，在城市环境可持续性方面具有较大的提升潜力。川东北城市除遂宁外，排名均位于西部地区40位之后，各城市在主要污染物排放和环境保护方面表现突出，但是在资源使用效率和城市生态方面表现较为滞后，反映出川东北城市群因经济发展水平较为滞后，主要污染物排放总量相对较小的现实，川东北城市群需要进一步改变粗放式发展模式，提高资源使用效率，改善城市生态。攀枝花市作为攀西城市群的代表，城市环境可持续性得分较高，在全省

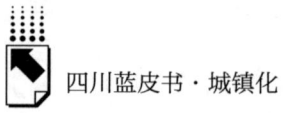

处于领先位置，主要污染物排放和城市环境得分较低，未来需要进一步控制污染物排放、改善城市环境。

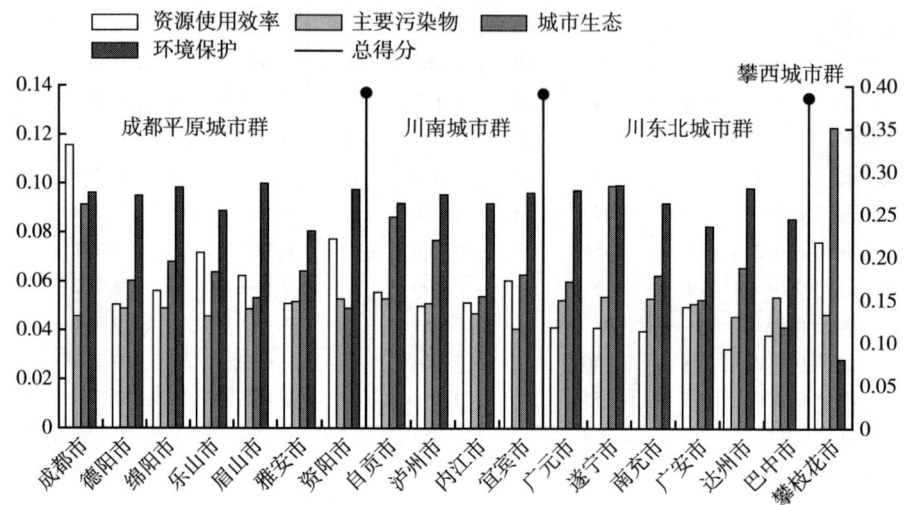

图4 四大城市群环境可持续性得分

附件 四川省城市可持续发展竞争力评价模型、指标体系和方法

• 四川省城市可持续发展竞争力评价模型

本报告的研究目标是在我国西部地区城市参照系下,评价四川省城市可持续发展竞争力,按照本报告对城市可持续发展竞争力内涵的阐述,构建相应的评价模型框架。

城市可持续发展竞争力的内涵即为城市竞争力的可持续性,借鉴《2012~2013全球竞争力报告》[①]《城市竞争力蓝皮书:中国城市竞争力报告2014》[②] 评价可持续发展竞争力的思路,本报告评价模型构建的总体思路为:第一步,评价城市竞争力;第二步,评价城市竞争力的可持续能性;第三步,将城市竞争力与城市竞争力可持续性合成为城市可持续发展竞争力。

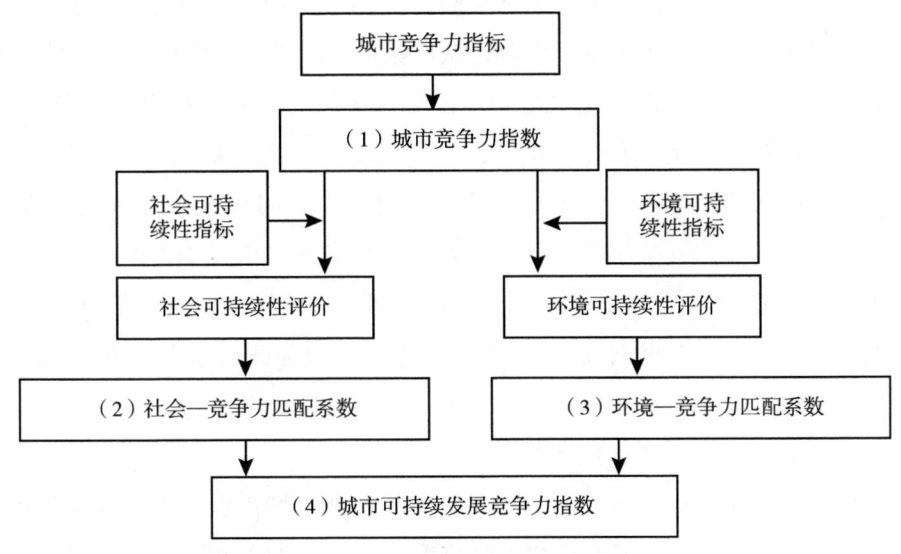

附图1　城市可持续发展竞争力评价模型框架

---

① The World Economic Forum. The Global Competitiveness Report 2012 – 2013, Geneva: World Economic Forum.

② 倪鹏飞等:《城市竞争力蓝皮书:中国城市竞争力报告(NO.12)》,社会科学文献出版社,2014。

(1) 城市竞争力指数

城市竞争力具有综合性，但是从目前主流评价模型来看，经济产出能力依然是城市竞争力的核心内容。在城市竞争力评价的实际操作中，可以用城市生产效率或经济指标来表征城市竞争力。本报告采取同样的处理方式，其理由如下：一是经济产出仍然是目前城市最为重要的功能，城市其他功能的发挥都直接或者间接地需要以经济产出为基础，从城市竞争表现的观察来看，经济产出能力强的城市通常在市场竞争中处于优势地位，即表现为强竞争力；二是经济产出能力是较为容易定量评价的内容，从可操作性考虑，以经济产出能力表征城市竞争力便于城市竞争力评价的开展。当然，以城市经济产出能力来表征城市竞争力，并不等同于城市竞争力就是城市经济产出能力，在本报告中城市竞争力的其他方面将包含在可持续性评价中。

(2) 社会－竞争力匹配系数

社会－竞争力匹配系数，用来反映社会系统与城市竞争力的匹配程度。当社会系统与城市竞争力相匹配时，城市竞争力越强，意味着城市生产力水平越高，城市居民可以消费更多的商品和服务，能更好地提升居民福利水平；反之，在某些城市发展过程中，福利水平并未随着城市产出增加而提高，出现收入差距过大、失业、贫困等诸多问题，部分人群无法参与城市的发展过程，也无法分享城市发展的成果，进而影响城市竞争力的可持续性。本报告借鉴 Begg 处理城市竞争力的思路，将社会系统与城市竞争力系统看作城市子系统，以两个系统间的协调系数表征社会系统与城市竞争力的匹配程度，称之为"社会－竞争力匹配系数"。

(3) 环境－竞争力匹配系数

环境－竞争力匹配系数，用来反映环境系统与城市竞争力的匹配程度，主要包括污染物排放、资源承载力以及生态环境治理等方面。资源环境与城市竞争力之间的关系是显而易见的，优良的自然环境可以从多个方面增强城市竞争力，使得城市竞争力更具有持续性。反之，城市环境恶化，比如气候变暖、空气污染、水资源短缺等，会增加城市发展成本，导致城市经济损失，削弱城市竞争力，甚至威胁城市的生存。同时，竞争力强的城市也具有更加高效利用资源、保护环境的能力，能够采用更加绿色的生产方式，提供更加有效的生态环境保护措施。环境可持续性匹配系数测度思路同社会可持续性匹配系数类似，以环境系统与城市竞争力系统间的协调系数表征环境系统与城市竞争力的匹配程度。

（4）城市可持续发展竞争力指数

虽然城市竞争力、社会可持续性、环境可持续性间的相互关系被广泛接受，但是截至目前，还没有文献提出并论证三者之间的确定函数关系，而确定三者间的关系是一个复杂的问题。因此，本报告借鉴 WEF 在《2012~2013 全球竞争力报告》中的处理方法，将三者之间的关系定义为线性关系，为经济–社会可持续性匹配度与经济–环境可持续性匹配度的平均值，计算方法为：

城市可持续发展竞争力指数 =（城市竞争力指数 × 社会 – 竞争力匹配系数 + 城市竞争力指数 × 环境 – 竞争力匹配系数）/2

- 四川省城市可持续发展竞争力评价指标体系

指标体系是城市可持续发展竞争力评价的核心，直接关系到能否准确、有效地评价城市可持续发展竞争力。本报告按照有效性、可观测性、简洁性、动态性的基本原则，从城市竞争力、社会可持续性、环境可持续性三个方面构建评价指标体系。

真实有效	可观测可比较	简洁性	动态性
·指标在理论上与城市竞争力现状具有现实意义上的关联性，且能通过实证检验，证实存在相互关系 ·指标能够通过当期的观测值，有效反映未来变动趋势	·避免使用主观判断占主导的指标 ·避免使用数据难以获取的指标	·在指标和数据存在有效性的前提下尽可能简洁，避免数据冗余获取 ·数据处理方法要尽量简洁，便于计算和实际运用	·指标体系和方法能够根据评价城市的区域特征、时间特征等进行动态调整

附图 2　评价指标体系建立的基本原则

按照城市可持续发展竞争力评价模型框架，本报告评价指标体系由三个部分组成：城市竞争力评价指标体系、城市社会可持续性评价指标体系、城市环境可持续性评价指标体系。以现有相关文献为基础，综合考虑本报告评价的重点、评价对象特征、指标数据的可获得性等要求，确定本报告评价指标体系的指标构成。

（1）城市竞争力指标

本报告沿用目前城市竞争力评价的主流方法，以城市经济产出能力为核心表征城市竞争力，从经济规模、经济结构、创新能力、基础设施四个方面对城市竞争力进行评价。选择的具体指标包括以下四个方面。GDP、常住人口分别从经济产出和人口两个方面反映城市经济规模；第三产业增加值占比、城镇化率从产业结构和城乡结构两个方面反映城市经济结构；科学技术支出占公共财政支出比重、普通高等学校在校学生数从投入和潜力两个方面反映城市创新能力；人均城市道路面积、互联网接入率则反映城市基础设施水平。

附表1　城市竞争力评价指标体系

一级指标	二级指标	三级指标	单位
城市竞争力	经济规模	GDP	亿元
		常住人口	万人
	经济结构	第三产业增加值占比	%
		城镇化率	%
	创新能力	科学技术支出占公共财政支出比重	%
		普通高等学校在校学生数	人
	基础设施	人均城市道路面积	平方米
		互联网宽带接入率	%

（2）社会可持续性指标

本报告从居民生活水平、基本公共服务、社会结构三个方面评价城市社会可持续性。其中居民生活水平从居民收入情况和消费支出结构进行评价，具体指标包括居民人均可支配收入、恩格尔系数；基本公共服务主要通过每千人病床数反映医疗卫生服务水平、基本养老保险参保率反映社会保险情况、人均公共图书馆藏书量反映文化基本公共服务水平；城乡居民收入比可以综合反映社会结构现状。

附表2　城市社会可持续性评价指标体系

一级指标	二级指标	三级指标	单位
社会可持续性	居民生活水平	居民人均可支配收入	元
		恩格尔系数	%
	基本公共服务	每千人病床数	张/千人
		基本养老保险参保率	%
		每百人公共图书馆藏书量	册/百人
	社会结构	城乡居民收入比	—

（3）环境可持续性指标

影响城市环境可持续性的因素包括资源使用效率、主要污染物排放水平、城市生态状况以及环境保护情况。本报告采用能源、土地利用效率反映城市资源使用效率情况，具体指标包括单位GDP能耗、单位建成区面积GDP；主要污染物排放包括废水、废气、烟尘等，评价指标包括工业废水排放量、二氧化硫排放量、工业烟尘排放量；城市生态状况通过人均城市绿地面积、建成区绿化率两个指标反映；工业固体废物综合利用率、生活垃圾无害化处理率用于反映环境保护的努力程度和效果。

附表3　城市环境可持续性评价指标体系

一级指标	二级指标	三级指标	备注
环境可持续性	资源使用效率	单位GDP能耗	吨/万元
		单位建成区面积GDP	万元/平方公里
	主要污染物排放	工业废水排放量	万吨
		二氧化硫排放量	万吨
		工业烟尘排放量	万吨
	城市生态	人均城市绿地面积	平方米
		建成区绿化率	%
	环境保护	工业固体废物综合利用率	%
		生活垃圾无害化处理率	%

• 数据处理方法

本报告采用熵值法作为数据处理的主要方法,确定评价指标体系中各指标权重,具体处理方法如下:

(1) 数据标准化处理

设有 m 个对象,n 个指标,x_{ij}($i=1,\cdots,m$,$j=1,\cdots,n$)表示指标观测数据。正向指标①标准化为:

$$Y_{ij} = \frac{x_{ij} - \min(x_{1j},\cdots,x_{mj})}{\max(x_{1j},\cdots,x_{mj}) - \min(x_{1j},\cdots,x_{mj})}$$

负向指标②标准化为:

$$Y_{ij} = \frac{\max(x_{1j},\cdots,x_{mj}) - x_{ij}}{\max(x_{1j},\cdots,x_{mj}) - \min(x_{1j},\cdots,x_{mj})}$$

(2) 计算 Y_{ij} 所占比重:

$$P_{ij} = \frac{Y_{ij}}{\sum_{j=1}^{n} Y_{ij}}$$

(3) 计算各指标信息熵:

$$e_i = -\frac{1}{\ln n}\sum_{j=1}^{n} p_{ij}\ln p_{ij}$$

(4) 计算差异系数:

$$g_i = \frac{1 - e_i}{\sum_{i=1}^{n}(1 - e_i)}$$

(5) 确定权重:

$$w_i = \frac{g_i}{\sum_{k=1}^{n} g_k}$$

---

① 正向指标是指数值越大评价为得分越高的指标。
② 负向指标是指数值越小评价为得分越高的指标。

（6）匹配系数：

将城市可持续发展竞争力所包含的城市竞争力、城市社会可持续性、城市环境可持续性看作互相作用的系统，设子系统在某一状态的发展水平分别为 M_A、M_B，系统 A、B 在空间中的位置可以描述为 (M_A, M_B)，根据空间距离计算方法，可定义两系统的匹配程度为：

$$Y_{AB} = 1 - \sqrt{a_1(M_A - M_{AB})^2 + a_2(M_B - M_{AB})^2}$$

其中，$M_{AB} = \dfrac{M_A + M_B}{2}$，$a_1 + a_2 = 1$；本报告 a_1、a_2 分别取值 0.5。

附表4　西部地区地级及以上城市可持续发展竞争力得分及排名

省份	城市	社会-竞争力匹配系数	排名	环境-竞争力匹配系数	排名	总得分	排名
贵州	贵阳市	0.922	38	0.967	3	0.281	5
	六盘水市	0.966	10	0.931	18	0.077	31
	遵义市	0.905	55	0.935	14	0.087	26
	安顺市	0.979	5	0.886	71	0.067	43
	毕节市	0.982	3	0.937	12	0.070	40
	铜仁市	0.996	1	0.941	11	0.071	38
云南	昆明市	0.972	7	0.955	6	0.355	4
	曲靖市	0.955	14	0.913	40	0.067	44
	玉溪市	0.916	44	0.887	70	0.076	32
	保山市	0.926	32	0.920	29	0.045	75
	昭通市	0.967	9	0.913	41	0.032	86
	丽江市	0.942	21	0.919	31	0.054	60
	普洱市	0.948	19	0.921	27	0.044	76
	临沧市	0.952	16	0.920	30	0.041	78
广西	南宁市	0.982	4	0.883	74	0.229	7
	柳州市	0.929	29	0.902	61	0.117	16
	桂林市	0.932	26	0.954	7	0.159	12
	梧州市	0.916	43	0.890	68	0.057	55
	北海市	0.926	33	0.872	78	0.062	50
	防城港市	0.920	41	0.877	76	0.066	46
	钦州市	0.923	36	0.920	28	0.086	27
	贵港市	0.938	23	0.925	24	0.058	52
	玉林市	0.951	17	0.945	10	0.121	14
	百色市	0.957	12	0.947	9	0.058	54
	贺州市	0.961	11	0.886	72	0.051	64
	河池市	0.990	2	0.961	4	0.102	19
	来宾市	0.935	25	0.913	39	0.042	77
	崇左市	0.956	13	0.930	19	0.062	49

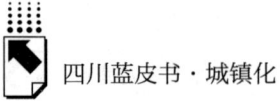

续表

省份	城市	社会-竞争力匹配系数	排名	环境-竞争力匹配系数	排名	总得分	排名
陕西	西安市	0.922	39	0.885	73	0.522	3
	铜川市	0.868	80	0.867	80	0.050	67
	宝鸡市	0.901	57	0.917	34	0.078	30
	咸阳市	0.914	46	0.926	22	0.098	20
	渭南市	0.913	47	0.936	13	0.075	33
	延安市	0.908	53	0.900	64	0.055	57
	汉中市	0.927	31	0.919	32	0.065	47
	榆林市	0.911	51	0.922	26	0.073	34
	安康市	0.929	28	0.903	60	0.049	69
	商洛市	0.927	30	0.955	5	0.050	68
四川	成都市	0.862	83	0.807	82	0.614	1
	自贡市	0.909	52	0.905	57	0.088	25
	攀枝花市	0.871	78	0.914	38	0.092	23
	泸州市	0.908	54	0.907	55	0.078	29
	德阳市	0.892	70	0.925	23	0.095	21
	绵阳市	0.918	42	0.932	16	0.124	13
	广元市	0.898	64	0.901	62	0.048	70
	遂宁市	0.893	68	0.883	75	0.051	66
	内江市	0.896	65	0.909	49	0.056	56
	乐山市	0.898	61	0.904	59	0.071	36
	南充市	0.913	48	0.915	37	0.070	41
	眉山市	0.898	63	0.896	65	0.051	63
	宜宾市	0.899	60	0.908	53	0.068	42
	广安市	0.890	71	0.906	56	0.046	72
	达州市	0.912	49	0.907	54	0.051	65
	雅安市	0.874	76	0.913	42	0.067	45
	巴中市	0.923	35	0.909	48	0.035	83
	资阳市	0.881	73	0.888	69	0.046	71
重庆	市辖区	0.728	86	0.740	86	0.607	2

续表

省份	城 市	社会-竞争力匹配系数	排名	环境-竞争力匹配系数	排名	总得分	排名
甘肃	兰州市	0.977	6	0.981	1	0.242	6
	嘉峪关市	0.852	84	0.758	85	0.088	24
	金昌市	0.863	82	0.908	52	0.055	58
	白银市	0.925	34	0.909	50	0.045	73
	天水市	0.937	24	0.912	45	0.053	62
	武威市	0.893	69	0.871	79	0.035	84
	张掖市	0.875	75	0.931	17	0.054	61
	平凉市	0.930	27	0.912	46	0.034	85
	酒泉市	0.871	77	0.913	43	0.071	37
	庆阳市	0.948	18	0.904	58	0.038	80
	定西市	0.940	22	0.928	21	0.040	79
	陇南市	0.955	15	0.954	8	0.036	82
青海	西宁市	0.895	66	0.901	63	0.106	18
	海东市	0.922	37	0.916	36	0.022	87
宁夏	银川市	0.820	85	0.873	77	0.118	15
	石嘴山市	0.869	79	0.799	83	0.065	48
	吴忠市	0.905	56	0.908	51	0.037	81
	固原市	0.947	20	0.922	25	0.060	51
	中卫市	0.898	62	0.895	66	0.045	74
新疆	乌鲁木齐市	0.900	59	0.793	84	0.190	9
	克拉玛依市	0.661	87	0.625	87	0.082	28
内蒙古	呼和浩特市	0.911	50	0.919	33	0.195	8
	包头市	0.915	45	0.891	67	0.164	11
	呼伦贝尔市	0.888	72	0.980	2	0.094	22
	通辽市	0.894	67	0.912	47	0.071	39
	赤峰市	0.921	40	0.929	20	0.073	35
	乌兰察布市	0.967	8	0.819	81	0.058	53
	鄂尔多斯市	0.901	58	0.912	44	0.189	10
	巴彦淖尔市	0.878	74	0.917	35	0.054	59
	乌海市	0.865	81	0.935	15	0.107	17

附表5 西部地区地级及以上城市竞争力得分及排名

省份	城市	经济规模	排名	经济结构	排名	创新能力	排名	基础设施	排名	总得分	排名
贵州	贵阳市	0.034	8	0.037	17	0.152	5	0.041	8	0.297	5
	六盘水市	0.015	38	0.021	44	0.026	28	0.011	67	0.081	32
	遵义市	0.032	10	0.021	45	0.027	25	0.009	74	0.094	27
	安顺市	0.009	60	0.029	21	0.019	38	0.010	68	0.072	46
	毕节市	0.027	17	0.021	47	0.013	55	0.007	78	0.073	43
	铜仁市	0.012	49	0.027	24	0.024	33	0.007	77	0.073	45
云南	昆明市	0.049	4	0.050	6	0.158	4	0.031	16	0.369	4
	曲靖市	0.027	15	0.014	73	0.015	47	0.012	59	0.071	47
	玉溪市	0.014	43	0.019	55	0.027	26	0.022	28	0.084	31
	保山市	0.009	59	0.016	70	0.010	64	0.010	70	0.049	75
	昭通市	0.017	32	0.012	81	0.002	87	0.002	86	0.034	86
	丽江市	0.003	82	0.023	35	0.016	45	0.016	47	0.058	61
	普洱市	0.009	63	0.018	61	0.011	58	0.010	73	0.048	76
	临沧市	0.008	65	0.017	67	0.004	81	0.012	62	0.044	78
广西	南宁市	0.045	5	0.039	14	0.116	7	0.034	13	0.245	7
	柳州市	0.027	13	0.029	22	0.039	16	0.032	15	0.128	15
	桂林市	0.027	16	0.021	48	0.075	9	0.023	26	0.168	12
	梧州市	0.015	40	0.018	60	0.015	48	0.015	52	0.063	54
	北海市	0.009	57	0.022	40	0.009	67	0.022	31	0.069	49
	防城港市	0.005	74	0.021	49	0.008	74	0.038	9	0.073	44
	钦州市	0.014	45	0.017	62	0.029	24	0.023	27	0.094	28
	贵港市	0.016	36	0.024	32	0.009	68	0.013	58	0.063	53
	玉林市	0.024	21	0.023	36	0.018	39	0.062	1	0.127	16
	百色市	0.015	39	0.009	86	0.022	34	0.014	54	0.061	58
	贺州市	0.007	69	0.020	50	0.015	50	0.013	55	0.056	67
	河池市	0.012	50	0.022	38	0.013	54	0.058	2	0.105	23
	来宾市	0.008	66	0.018	59	0.009	69	0.010	71	0.046	77
	崇左市	0.009	62	0.016	69	0.026	27	0.012	60	0.066	50
陕西	西安市	0.069	3	0.045	10	0.274	1	0.047	5	0.578	3
	铜川市	0.003	85	0.023	34	0.013	52	0.019	37	0.058	62
	宝鸡市	0.023	25	0.017	66	0.021	36	0.025	23	0.085	30
	咸阳市	0.029	11	0.017	64	0.038	17	0.018	41	0.106	21
	渭南市	0.023	23	0.024	31	0.017	42	0.016	49	0.081	33
	延安市	0.014	47	0.018	56	0.017	40	0.011	63	0.061	57
	汉中市	0.015	37	0.026	28	0.020	37	0.008	75	0.071	48
	榆林市	0.028	12	0.021	43	0.010	65	0.018	43	0.080	34
	安康市	0.011	52	0.021	42	0.008	73	0.013	56	0.053	68
	商洛市	0.009	58	0.022	39	0.011	60	0.011	64	0.053	70

续表

省份	城市	经济规模	排名	经济结构	排名	创新能力	排名	基础设施	排名	总得分	排名
重庆	市辖区	0.165	1	0.040	12	0.219	3	0.022	29	0.828	1
四川	成都市	0.127	2	0.049	8	0.247	2	0.045	6	0.736	2
	自贡市	0.015	42	0.017	65	0.048	12	0.017	45	0.097	26
	攀枝花市	0.009	61	0.021	46	0.034	19	0.035	11	0.103	24
	泸州市	0.020	29	0.013	75	0.032	21	0.018	42	0.086	29
	德阳市	0.020	28	0.017	63	0.040	15	0.020	36	0.105	22
	绵阳市	0.024	22	0.020	51	0.061	11	0.021	34	0.134	14
	广元市	0.010	56	0.018	58	0.010	62	0.014	53	0.053	69
	遂宁市	0.014	46	0.014	74	0.009	66	0.018	44	0.057	65
	内江市	0.017	33	0.010	85	0.021	35	0.011	65	0.062	55
	乐山市	0.017	34	0.016	71	0.026	29	0.016	48	0.079	36
	南充市	0.027	18	0.013	76	0.025	30	0.010	72	0.077	40
	眉山市	0.014	44	0.012	83	0.010	63	0.017	46	0.057	63
	宜宾市	0.022	26	0.012	78	0.024	32	0.015	51	0.075	41
	广安市	0.015	41	0.012	79	0.007	75	0.015	50	0.051	72
	达州市	0.023	24	0.012	80	0.013	56	0.005	81	0.056	66
	雅安市	0.006	71	0.013	77	0.031	22	0.023	25	0.074	42
	巴中市	0.010	54	0.016	68	0.004	84	0.006	79	0.038	84
	资阳市	0.018	31	0.007	87	0.013	53	0.010	69	0.052	71
甘肃	兰州市	0.025	19	0.060	2	0.129	6	0.029	19	0.248	6
	嘉峪关市	0.000	87	0.050	7	0.012	57	0.048	4	0.110	20
	金昌市	0.001	86	0.030	20	0.005	79	0.026	22	0.062	56
	白银市	0.006	73	0.026	30	0.007	76	0.011	66	0.050	74
	天水市	0.011	53	0.026	29	0.016	44	0.005	83	0.057	64
	武威市	0.006	72	0.018	57	0.008	72	0.007	76	0.039	82
	张掖市	0.004	78	0.026	27	0.010	61	0.018	40	0.059	60
	平凉市	0.006	70	0.023	33	0.004	82	0.004	84	0.037	85
	酒泉市	0.005	76	0.037	16	0.016	43	0.019	38	0.079	35
	庆阳市	0.009	64	0.012	82	0.014	51	0.006	80	0.041	81
	定西市	0.007	67	0.027	26	0.006	78	0.002	85	0.043	79
	陇南市	0.007	68	0.027	25	0.004	83	0.000	87	0.038	83
青海	西宁市	0.013	48	0.040	13	0.029	23	0.035	12	0.118	19
	海东市	0.005	75	0.010	84	0.003	86	0.005	82	0.024	87

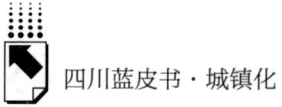

续表

省份	城市	经济规模	排名	经济结构	排名	创新能力	排名	基础设施	排名	总得分	排名
宁夏	银川市	0.016	35	0.043	11	0.044	14	0.030	18	0.139	13
	石嘴山市	0.004	81	0.031	19	0.015	46	0.028	20	0.078	39
	吴忠市	0.005	77	0.016	72	0.009	70	0.012	61	0.041	80
	固原市	0.003	84	0.028	23	0.003	85	0.031	17	0.064	52
	中卫市	0.003	83	0.019	53	0.015	49	0.013	57	0.050	73
新疆	乌鲁木齐市	0.027	14	0.066	1	0.084	8	0.037	10	0.224	8
	克拉玛依市	0.004	80	0.047	9	0.033	20	0.043	7	0.127	17
内蒙古	呼和浩特市	0.032	9	0.060	3	0.072	10	0.033	14	0.213	9
	包头市	0.037	7	0.051	5	0.044	13	0.021	33	0.182	11
	呼伦贝尔市	0.018	30	0.036	18	0.024	31	0.022	30	0.101	25
	通辽市	0.022	27	0.020	52	0.017	41	0.019	39	0.078	38
	赤峰市	0.025	20	0.022	37	0.009	71	0.020	35	0.079	37
	乌兰察布市	0.011	51	0.022	41	0.007	77	0.025	24	0.065	51
	鄂尔多斯市	0.039	6	0.039	15	0.011	59	0.057	3	0.208	10
	巴彦淖尔市	0.010	55	0.019	54	0.005	80	0.021	32	0.060	59
	乌海市	0.004	79	0.052	4	0.036	18	0.026	21	0.118	18

附表6 西部地区地级及以上城市社会可持续性得分及排名

省份	城市	居民生活水平		基本公共服务		社会结构		总得分	排名
		得分	排名	得分	排名	得分	排名		
贵州	贵阳市	0.108	18	0.270	3	0.076	17	0.454	4
	六盘水市	0.039	81	0.079	70	0.032	70	0.149	76
	遵义市	0.069	53	0.161	18	0.054	40	0.284	29
	安顺市	0.040	79	0.042	83	0.032	68	0.114	84
	毕节市	0.032	83	0.059	78	0.020	79	0.110	85
	铜仁市	0.031	85	0.026	87	0.024	73	0.081	87
云南	昆明市	0.083	35	0.154	21	0.075	19	0.313	21
	曲靖市	0.073	46	0.039	84	0.049	45	0.161	73
	玉溪市	0.073	47	0.109	48	0.070	30	0.252	48
	保山市	0.082	38	0.082	67	0.033	66	0.197	62
	昭通市	0.066	57	0.033	86	0.002	85	0.101	86
	丽江市	0.081	40	0.073	72	0.020	78	0.174	70
	普洱市	0.072	50	0.061	77	0.019	80	0.152	75
	临沧市	0.071	52	0.046	82	0.023	74	0.139	79

续表

省份	城市	居民生活水平		基本公共服务		社会结构		总得分	排名
		得分	排名	得分	排名	得分	排名		
广西	南宁市	0.127	8	0.123	43	0.032	67	0.282	32
	柳州市	0.106	19	0.129	36	0.035	64	0.270	41
	桂林市	0.103	22	0.152	23	0.050	43	0.305	23
	梧州市	0.080	42	0.105	52	0.045	54	0.230	56
	北海市	0.082	39	0.086	62	0.049	46	0.217	59
	防城港市	0.097	28	0.084	64	0.052	41	0.233	53
	钦州市	0.081	41	0.118	46	0.048	48	0.247	50
	贵港市	0.071	51	0.051	81	0.065	32	0.187	65
	玉林市	0.097	27	0.080	68	0.048	47	0.226	57
	百色市	0.059	64	0.088	61	0.000	86	0.147	77
	贺州市	0.045	77	0.058	79	0.031	71	0.133	80
	河池市	0.040	80	0.085	63	0.000	87	0.124	83
	来宾市	0.083	37	0.067	74	0.025	72	0.175	69
	崇左市	0.038	82	0.078	71	0.039	60	0.155	74
陕西	西安市	0.143	6	0.206	7	0.072	25	0.421	6
	铜川市	0.104	20	0.177	11	0.042	58	0.322	19
	宝鸡市	0.124	9	0.127	39	0.032	69	0.283	31
	咸阳市	0.124	10	0.120	44	0.035	63	0.279	35
	渭南市	0.104	21	0.108	49	0.041	59	0.254	47
	延安市	0.119	12	0.083	65	0.042	57	0.244	51
	汉中市	0.094	32	0.080	69	0.043	55	0.217	58
	榆林市	0.115	15	0.096	56	0.047	50	0.258	43
	安康市	0.096	30	0.063	76	0.036	62	0.195	63
	商洛市	0.094	33	0.070	73	0.035	65	0.198	61
四川	成都市	0.112	16	0.251	4	0.096	3	0.460	3
	自贡市	0.050	75	0.147	29	0.082	10	0.279	34
	攀枝花	0.089	34	0.200	8	0.072	27	0.361	11
	泸州市	0.050	73	0.149	26	0.073	22	0.271	38
	德阳市	0.076	45	0.161	19	0.085	8	0.322	20
	绵阳市	0.065	59	0.162	17	0.070	29	0.297	25
	广元市	0.031	84	0.170	14	0.057	38	0.258	44
	遂宁市	0.057	68	0.135	34	0.081	12	0.272	37
	内江市	0.056	69	0.136	33	0.078	15	0.270	40
	乐山市	0.058	65	0.147	30	0.077	16	0.282	33
	南充市	0.050	74	0.127	38	0.074	21	0.251	49
	眉山市	0.069	54	0.106	51	0.088	6	0.262	42
	宜宾市	0.066	58	0.132	35	0.079	13	0.278	36

续表

省份	城市	居民生活水平		基本公共服务		社会结构		总得分	排名
		得分	排名	得分	排名	得分	排名		
	广安市	0.067	55	0.128	37	0.076	18	0.271	39
	达州市	0.028	86	0.124	40	0.079	14	0.232	54
	雅安市	0.077	44	0.184	10	0.065	31	0.326	17
	巴中市	0.025	87	0.108	50	0.058	37	0.191	64
	资阳市	0.053	70	0.153	22	0.083	9	0.290	28
重庆	市辖区	0.083	36	0.141	31	0.060	35	0.283	30
甘肃	兰州市	0.095	31	0.152	24	0.047	49	0.294	26
	嘉峪关市	0.102	23	0.213	6	0.092	4	0.406	8
	金昌市	0.118	13	0.159	20	0.060	34	0.336	15
	白银市	0.060	61	0.119	45	0.020	77	0.199	60
	天水市	0.060	60	0.111	47	0.012	82	0.183	66
	武威市	0.060	62	0.124	41	0.071	28	0.254	45
	张掖市	0.059	63	0.148	28	0.102	2	0.309	22
	平凉市	0.058	66	0.097	55	0.021	76	0.176	68
	酒泉市	0.100	24	0.148	27	0.089	5	0.337	14
	庆阳市	0.072	49	0.056	80	0.017	81	0.145	78
	定西市	0.047	76	0.094	58	0.022	75	0.163	72
	陇南市	0.053	71	0.065	75	0.010	83	0.128	82
青海	西宁市	0.109	17	0.173	12	0.046	51	0.328	16
	海东市	0.050	72	0.083	66	0.045	52	0.179	67
宁夏	银川市	0.145	5	0.291	2	0.063	33	0.499	2
	石嘴山市	0.073	48	0.186	9	0.081	11	0.340	13
	吴忠市	0.067	56	0.092	59	0.072	23	0.231	55
	固原市	0.044	78	0.090	60	0.036	61	0.170	71
	中卫市	0.077	43	0.123	42	0.054	39	0.254	46
新疆	乌鲁木齐市	0.115	14	0.222	5	0.086	7	0.424	5
	克拉玛依市	0.142	7	0.655	1	0.008	84	0.805	1
内蒙古	呼和浩特市	0.176	2	0.164	16	0.050	42	0.390	9
	包头市	0.162	3	0.139	32	0.049	44	0.351	12
	呼伦贝尔市	0.098	25	0.152	25	0.075	20	0.325	18
	通辽市	0.121	11	0.098	54	0.072	24	0.290	27
	赤峰市	0.096	29	0.095	57	0.045	53	0.236	52
	乌兰察布市	0.057	67	0.033	85	0.042	56	0.132	81
	鄂尔多斯市	0.183	1	0.164	15	0.059	36	0.407	7
	巴彦淖尔	0.097	26	0.104	53	0.102	1	0.304	24
	乌海市	0.147	4	0.170	13	0.072	26	0.389	10

附表7 西部地区地级及以上城市环境可持续性得分及排名

省份	城市	资源使用效率		主要污染物		城市生态		环境保护		总得分	排名
		得分	排名	得分	排名	得分	排名	得分	排名		
贵州	贵阳市	0.077	13	0.049	46	0.053	57	0.051	76	0.231	60
	六盘水市	0.045	54	0.041	80	0.075	32	0.059	71	0.220	65
	遵义市	0.056	36	0.051	36	0.053	57	0.064	67	0.224	63
	安顺市	0.045	57	0.052	21	0.111	18	0.093	27	0.300	20
	毕节市	0.057	33	0.046	65	0.030	79	0.067	64	0.200	78
	铜仁市	0.019	85	0.051	35	0.055	53	0.067	66	0.191	81
云南	昆明市	0.063	30	0.048	50	0.127	13	0.040	80	0.278	27
	曲靖市	0.066	25	0.044	75	0.043	71	0.093	26	0.245	50
	玉溪市	0.174	1	0.046	62	0.046	68	0.044	77	0.310	18
	保山市	0.052	41	0.049	40	0.026	82	0.082	48	0.209	72
	昭通市	0.045	55	0.052	25	0.023	84	0.088	37	0.208	74
	丽江市	0.030	76	0.053	9	0.055	54	0.081	49	0.219	68
	普洱市	0.037	69	0.051	31	0.044	70	0.074	61	0.206	75
	临沧市	0.036	70	0.051	37	0.038	75	0.080	52	0.204	77
广西	南宁市	0.073	18	0.047	54	0.260	6	0.099	2	0.479	5
	柳州市	0.075	16	0.038	83	0.114	17	0.098	12	0.325	13
	桂林市	0.066	26	0.051	34	0.061	45	0.083	47	0.261	35
	梧州市	0.081	9	0.052	24	0.074	35	0.076	59	0.282	26
	北海市	0.079	11	0.053	11	0.093	23	0.099	3	0.324	14
	防城港市	0.105	4	0.046	59	0.069	37	0.098	7	0.319	16
	钦州市	0.040	63	0.052	22	0.065	40	0.095	20	0.253	42
	贵港市	0.042	60	0.042	79	0.031	78	0.098	8	0.213	70
	玉林市	0.048	51	0.051	32	0.047	67	0.091	33	0.237	54
	百色市	0.038	68	0.049	43	0.046	69	0.035	83	0.167	84
	贺州市	0.094	5	0.052	20	0.061	47	0.077	58	0.284	25
	河池市	0.040	64	0.046	57	0.037	77	0.059	70	0.183	83
	来宾市	0.051	46	0.050	39	0.051	64	0.067	65	0.219	69
	崇左市	0.042	59	0.051	33	0.051	63	0.061	69	0.206	76
陕西	西安市	0.086	7	0.049	41	0.122	16	0.091	32	0.348	12
	铜川市	0.057	35	0.046	60	0.124	14	0.096	18	0.323	15
	宝鸡市	0.088	6	0.047	53	0.074	33	0.042	79	0.251	44
	咸阳市	0.073	19	0.046	63	0.042	72	0.095	22	0.255	38
	渭南市	0.033	73	0.049	44	0.030	80	0.098	11	0.209	73
	延安市	0.063	28	0.052	26	0.058	51	0.088	39	0.261	34
	汉中市	0.046	53	0.046	64	0.061	46	0.079	53	0.232	58
	榆林市	0.072	21	0.018	86	0.055	55	0.091	31	0.236	55
	安康市	0.050	49	0.053	10	0.059	50	0.087	40	0.248	47
	商洛市	0.040	62	0.053	18	0.022	85	0.027	85	0.142	86

续表

省份	城市	资源使用效率		主要污染物		城市生态		环境保护		总得分	排名
		得分	排名	得分	排名	得分	排名	得分	排名		
四川	成都市	0.116	3	0.046	66	0.091	24	0.096	17	0.349	11
	自贡市	0.056	37	0.053	17	0.086	26	0.092	30	0.286	23
	攀枝花市	0.076	14	0.047	52	0.123	15	0.028	84	0.274	29
	泸州市	0.050	48	0.051	28	0.077	31	0.095	23	0.273	30
	德阳市	0.051	45	0.049	42	0.060	48	0.095	19	0.255	40
	绵阳市	0.055	39	0.049	45	0.068	38	0.098	9	0.269	32
	广元市	0.042	58	0.053	13	0.060	49	0.097	13	0.251	43
	遂宁市	0.041	61	0.054	5	0.099	21	0.099	5	0.292	22
	内江市	0.051	44	0.047	51	0.054	56	0.092	29	0.244	51
	乐山市	0.072	23	0.046	58	0.064	42	0.089	36	0.271	31
	南充市	0.039	65	0.053	14	0.062	44	0.092	28	0.246	49
	眉山市	0.063	29	0.049	47	0.053	59	0.100	1	0.265	33
	宜宾市	0.060	32	0.041	81	0.063	43	0.096	16	0.260	37
	广安市	0.050	47	0.051	30	0.052	60	0.085	44	0.239	53
	达州市	0.033	74	0.046	61	0.066	39	0.097	15	0.242	52
	雅安市	0.051	42	0.052	19	0.064	41	0.081	51	0.249	46
	巴中市	0.038	67	0.054	1	0.042	73	0.085	42	0.219	67
	资阳市	0.077	12	0.053	8	0.049	65	0.097	14	0.276	28
重庆	市辖区	0.084	8	0.001	87	0.138	12	0.085	43	0.307	19
甘肃	兰州市	0.064	27	0.045	71	0.098	22	0.078	55	0.286	24
	嘉峪关市	0.021	83	0.045	70	0.474	2	0.053	75	0.593	3
	金昌市	0.031	75	0.050	38	0.144	11	0.020	87	0.246	48
	白银市	0.033	72	0.051	27	0.072	36	0.075	60	0.232	59
	天水市	0.049	50	0.053	6	0.052	62	0.078	56	0.233	56
	武威市	0.069	24	0.053	15	0.085	27	0.090	35	0.297	21
	张掖市	0.020	84	0.052	23	0.048	66	0.077	57	0.197	79
	平凉市	0.028	77	0.048	49	0.038	76	0.099	4	0.213	71
	酒泉市	0.025	81	0.053	16	0.087	25	0.088	38	0.254	41
	庆阳市	0.055	38	0.054	3	0.038	74	0.085	45	0.232	57
	定西市	0.024	82	0.054	4	0.026	81	0.083	46	0.187	82
	陇南市	0.057	34	0.053	7	0.000	87	0.021	86	0.131	87
青海	西宁市	0.079	10	0.043	76	0.101	19	0.094	24	0.317	17
	海东市	0.034	71	0.044	72	0.020	86	0.093	25	0.192	80

续表

省份	城市	资源使用效率		主要污染物		城市生态		环境保护		总得分	排名
		得分	排名	得分	排名	得分	排名	得分	排名		
宁夏	银川市	0.045	56	0.048	48	0.200	9	0.098	10	0.392	8
	石嘴山市	0.028	78	0.039	82	0.334	4	0.078	54	0.480	4
	吴忠市	0.011	87	0.051	29	0.099	20	0.063	68	0.224	62
	固原市	0.015	86	0.054	2	0.052	61	0.099	6	0.220	66
	中卫市	0.039	66	0.043	77	0.083	28	0.095	21	0.260	36
新疆	乌鲁木齐市	0.051	43	0.045	69	0.452	3	0.090	34	0.638	2
	克拉玛依市	0.072	22	0.053	12	0.667	1	0.087	41	0.878	1
内蒙古	呼和浩特市	0.075	15	0.046	56	0.215	8	0.038	81	0.375	10
	包头市	0.144	2	0.034	85	0.148	10	0.073	62	0.400	7
	呼伦贝尔市	0.027	80	0.036	84	0.025	83	0.054	74	0.142	85
	通辽市	0.073	20	0.045	68	0.056	52	0.081	50	0.255	39
	赤峰市	0.062	31	0.044	74	0.079	29	0.037	82	0.221	64
	乌兰察布市	0.027	79	0.045	67	0.285	5	0.071	63	0.428	6
	鄂尔多斯市	0.053	40	0.043	78	0.246	7	0.043	78	0.384	9
	巴彦淖尔市	0.048	52	0.047	55	0.077	30	0.054	73	0.226	61
	乌海市	0.073	17	0.044	73	0.074	34	0.058	72	0.249	45

B.7
多点多极支撑发展战略下四川省区域协调发展评析

高洁 伍业春*

摘　要： 2013年以来，四川通过实施多点多极支撑发展战略有效促进了区域协调发展。本文以多点多极支撑发展战略为背景，从基础实力、首位城市、区域均衡、腹地支撑四个维度对四川区域协调发展进行评析，认为在多点多极支撑发展战略推动下，全省区域协调发展水平明显提升，推动首位城市由虹吸效应向溢出效应转化、在次级区块培育出新兴增长点、提升县乡（镇）规模效应提升、促进城乡融合发展是下一步深化拓展多点多极支撑发展战略的关键。

关键词： 多点多极支撑发展战略　区域协调发展　城乡融合发展　四川省

针对四川区域发展不平衡、不协调问题，2013年5月四川省委十届三次全会明确实施以多点多极支撑发展战略为总揽的三大发展战略，提出按照"提升首位城市、着力次级突破、夯实底部基础"的部署，着力构建"多点多极"发展格局。多点多极支撑发展战略实施以来，四川区域发展正逐步呈现出以点带面、由点到极、多极共兴的局面，对优化全省重大产业和城镇布局、构建全域协调持续发展新格局意义重大。

---

* 高洁，经济学博士，四川省社会科学院区域经济与城市发展研究所副研究员，主要研究方向为城镇化、区域经济；伍业春，区域经济学硕士，绿地西南事业部产业发展中心高级经济师，主要研究方向为区域经济、产业经济、特色小镇。

一 多点多极支撑发展战略内涵及评价思路

（一）主要内涵

多点多极支撑发展战略的主要内涵是提升首位城市、着力次级突破、夯实底部基础。提升首位城市，即支持成都领先发展，在全国副省级城市和特大城市中进一步提质升位；着力次级突破，即下决心支持指导有条件的市（州）加快发展，形成强有力的市（州）经济支撑；夯实底部基础，即发展壮大县域经济，推动少数民族地区、贫困地区和革命老区跨越发展。"多点"即做强市（州）经济梯队，形成强有力的地级经济支撑点。"多极"即做大区域经济板块，培育"四大城市群"（成都平原城市群、川南城市群、川东北城市群、攀西城市群）、发展"五大经济区"（成都经济区，川南经济区，攀西经济区，川东北经济区，川西北生态经济区），形成支撑四川发展新的增长极。[①]

（二）评价思路

多点多极支撑发展战略的核心要义是分类指导、竞相发展、区域协调。分类指导，即根据各区域不同的发展条件和基础采取差异化的政策原则，实施分类指导；竞相发展，即强调各地均要发挥特点、抢抓机遇、共同发展，不因片面追求差距缩小而损害发展效率；区域协调，即不简单追求区域发展的同步性，而是强调区域内部形成有机关联的协调发展。多点多极支撑发展战略实施四年多来，四川省建立了省领导联系指导经济区、市（州）和基层工作制度，完善了推动经济区和城市群发展的协调工作机制，编制了五大经济区等区域发展规划，出台了培育新兴增长点政策支持意见，通过多点多极支撑发展战略的切实推进有效推动了区域协调发展。

基于此，本报告从基础实力、首位城市、区域协调、腹地支撑四个维度

---

① 根据《新起点上，追赶跨越正当时》，《四川日报》2013年3月8日整理。

对多点多极支撑发展战略下四川区域协调发展进行评价（见图1）。基础实力即各层次行政区域的经济发展状况，是区域协调发展的基础；首位城市对作为极核的首位城市发展状况及辐射带动能力进行评价，是区域协调发展的关键；区域协调对各区域板块发展水平的均衡程序进行评价，区域发展不可能完全处于同一水平，但差距过大也可以导致陷入负面的循环累计效应；腹地支撑对作为区域发展腹地的县域、乡镇发展情况进行评价，其发展水平决定了区域协调发展的可持续性。

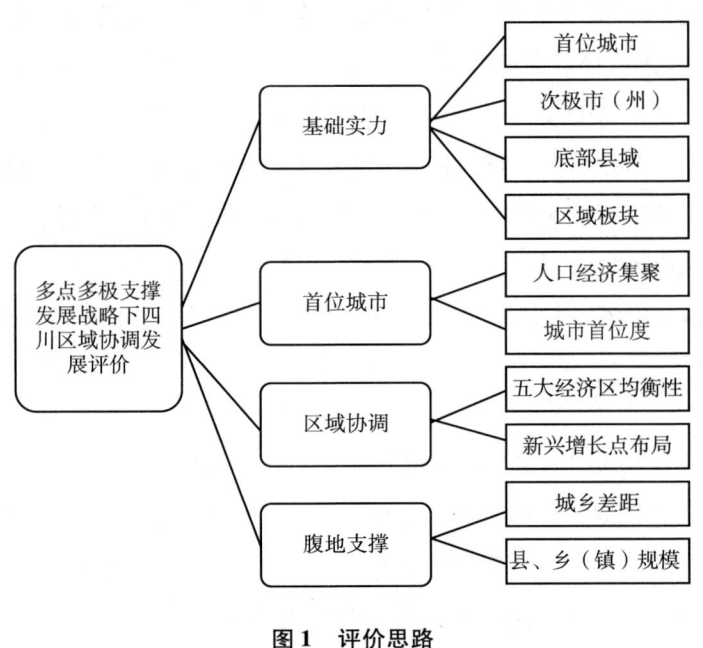

图1　评价思路

二　战略实施背景下四川区域协调发展评价

（一）从基础实力来看：竞相发展态势逐步显现

1. 首位城市强势提升

成都作为西部特大中心城市，持续保持着快速发展态势，尤其在国家中心城市建设、全面创新改革试验、天府新区建设等一系列重大发展契机推动下,综合实力显著提升,辐射带动作用增强。成都继2015年GDP突破万亿大关后,2016年GDP达到12170.2亿元,是2012年的1.5倍①,在全国城市方位中,成都经济总量在15个副省级城市中排名第3。在全省经济总量中,成都GDP占全省比重达到37.2%,工业、投资、消费等主要经济指标占全省1/3左右,首位城市经济效率不断提升。

表1 2016年成都在全国15个副省级城市中经济总量排名

排序	城市	GDP(亿元)	排序	城市	GDP(亿元)
1	广州	19610.9	9	大连	6730.3
2	深圳	19492.6	10	济南	6536.1
3	成都	12170.2	11	西安	6257.2
4	武汉	11912.6	12	哈尔滨	6101.6
5	杭州	11050.5	13	长春	5928.5
6	南京	10503.0	14	沈阳	5460.0
7	青岛	10011.3	15	厦门	3784.3
8	宁波	8541.1			

资料来源:2017年《成都统计年鉴》。

2. 次级区域加速突破

各市(州)充分发挥比较优势,绵阳、德阳、宜宾、南充、泸州等城市保持了较好的发展势头,成为推进全省经济总量跨越的重要力量。2016年,经济总量过千亿的市(州)由2012年的9个增加到15个,除成都过万亿外,还有14个市(州)跻身"千亿俱乐部"(见表2),其GDP总量占全省比重达到59.3%,即全省接近60%的GDP由处于第二梯队的"千亿俱乐部"成员贡献。

---

① 未考虑价格因素。

表2 2016年四川21市（州）经济总量排名

单位：亿元

排序	市(州)	GDP	排序	市(州)	GDP
1	成都	12170.23	12	眉山	1117.23
2	绵阳	1830.42	13	广安	1078.62
3	德阳	1752.45	14	攀枝花	1014.68
4	宜宾	1653.05	15	遂宁	1008.45
5	南充	1651.40	16	资阳	943.44
6	泸州	1481.91	17	广元	660.01
7	达州	1447.08	18	雅安	545.33
8	乐山	1406.58	19	巴中	544.66
9	凉山	1403.92	20	阿坝	281.32
10	内江	1297.67	21	甘孜	229.80
11	自贡	1234.56			

资料来源：2017年《四川统计年鉴》。

3. 底部基础不断夯实

四川183个县级城市中GDP超过百亿元的，由2012年的85个增长到2016年的112个。除成都辖区以外，绵阳涪城区、宜宾翠屏区、德阳旌阳区经济总量达到500亿元，形成了一批基础条件较好、发展潜力很大、区位优势明显的县区（见图2）。

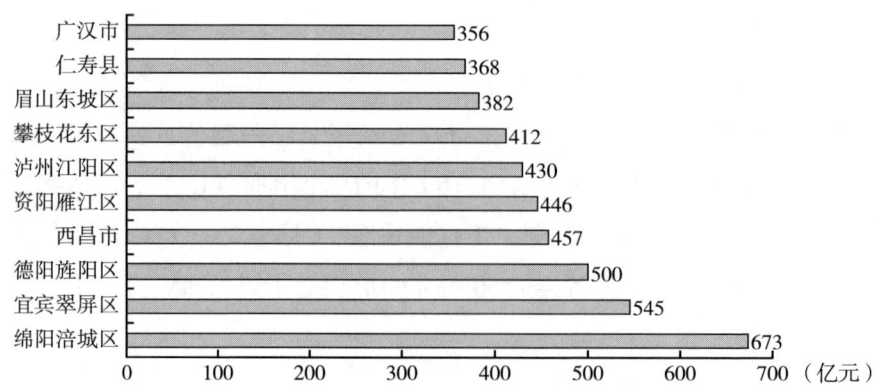

图2 2016年成都辖区外经济总量排名前十的县级城市

4. 多极板块特色显现

成都经济区成都首位引领发展，绵阳被列入军民融合创新改革发展示范基地，正在形成全省新的经济增长点；川南经济区处于调整升级关键期，正积极推进白酒、煤炭、化工等产业调整升级；川东北经济区天然气、化工、机械汽配和农副食品加工等行业进一步壮大，广安川渝合作示范区等区域平台打造日趋成熟；攀西经济区通过多种方式促进战略资源创新开发和特色农业现代化发展，攀西国家级战略资源创新开发试验区获得国家批复；川西北生态经济区改进传统农牧业生产方式，大力发展生态文化旅游。

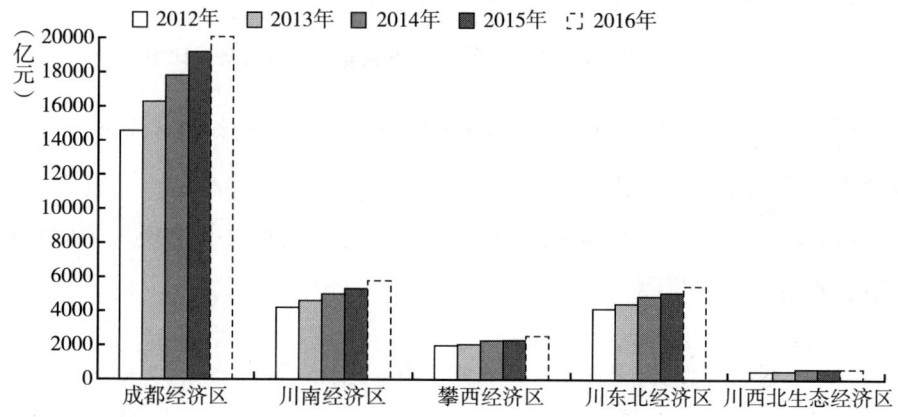

图3 2012~2016年五大经济区经济总量

（二）从首位城市来看：虹吸效应仍然大于溢出效应

1. 成都人口经济集聚趋势有所波动

成都作为首位城市，由于经济、自然、地理等方面的优势，还处在人口、经济集聚阶段，但近年来，尤其是多点多极支撑发展战略实施以来，集聚态势已开始呈现一定的波动。从人口聚集来看，成都城镇人口占全省比重仍然超过1/4，但在2012~2015年已开始出现下降趋势，2016年又有所提高；成都城镇人口占成都经济区比重虽仍超过一半，但在2012~2015年同样开始下降，2016年也有所上升（见图4）。

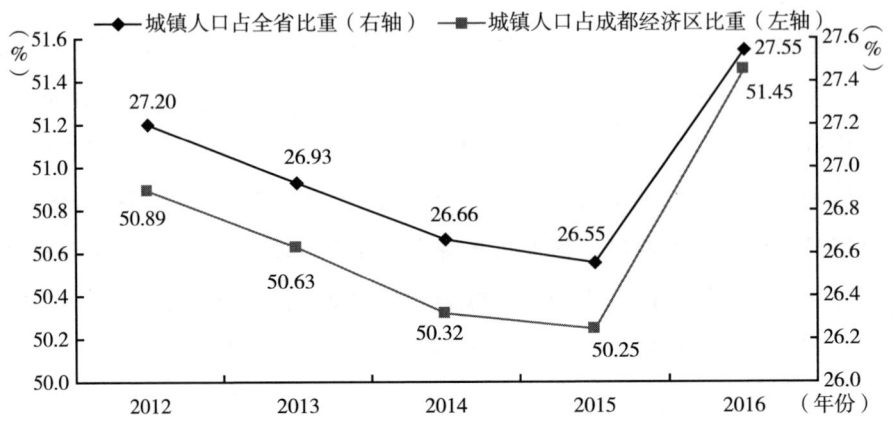

图 4　2012～2016 年成都城镇人口占全省、成都经济区比重

从经济聚集来看，虽然 2013 年多点多极支撑发展战略实施后，成都 GDP 占全省比重仍在提高，但提高幅度与人口聚集趋势相似，已开始呈现波动趋势。从 2012～2016 年成都占比提高的百分点来看，出现了中间年度收窄的波动态势（见图 5）。

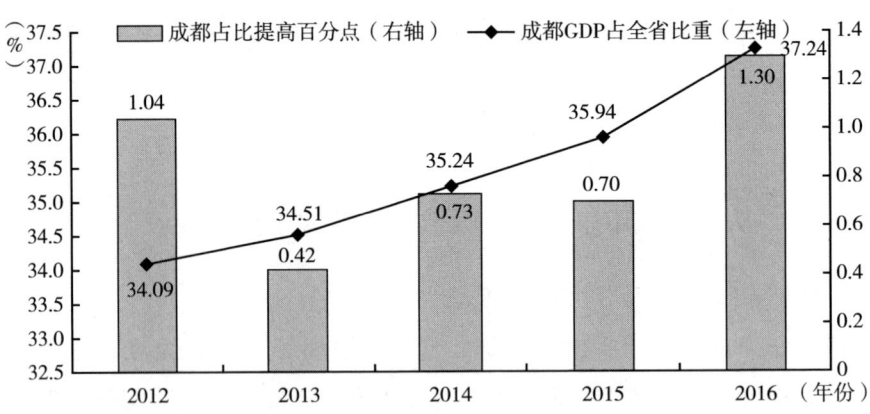

图 5　2012～2016 年成都 GDP 占全省比重

2. 首位度仍然偏高，资源要素仍然过度集中

城市首位度是城市经济地理学中的一个重要概念，最早由美国学者马克·杰斐逊于 1939 年提出。城市首位度作为对国家（或区域）城市规模分布规律的概括，是反映一个地区的城市规模结构和人口集中程度的重要指标。按照杰斐逊的理论，二城市指数代表了一个国家（或区域）最大城市与第二位城市人口（或经济）规模之比，其计算公式如下：S 二城市指数 = P1/P2。式中，S 二城市指数代表城市首位度，P1 代表了最大城市的人口（或经济）规模，P2 代表了第二大城市的人口（或经济）规模。关于城市首位分布（二城市指数）的合理区间，1≤S≤2 为正常首位分布，是比较合理的区间；2＜S≤4 为中度首位分布；S＞4 为高度首位分布，表明资源、要素过度集中。[1] 为了改进二城市首位度指数计算过于简单化的问题，我国城市学者周一星又提出了四城市指数和十一城市指数，经验值均为 1，分别为首位城市与次三位城市之和的比值，首位城市的倍数与次十位城市之和的比值[2]。

成都在全省的二城市首位度、四城市首位度、十一城市首位度还都高于经验值，但近年已开始出现松动（见表 3）。从二城市首位度来看，由 2012 年的 3.91 下降到 2015 年 3.76，到 2016 年又有所上升，在中度首位分布区间波动，表明资源、要素过度集中的情况仍未有效缓解；从四城市首位度和十一城市首位度来看，均高于经验值，且四城市首位度相较于十一城市首位度更加高于经验值，在一定程度表明四川城镇体系中次级城市发展不足是更加突出的问题。

表 3　2012~2016 年反映成都人口聚集主要指标

	2012 年	2013 年	2014 年	2015 年	2016 年
二城市首位度	3.91	3.84	3.78	3.76	3.90
四城市首位度	1.50	1.46	1.44	1.42	1.47
十一城市首位度	1.12	1.10	1.09	1.08	1.12

---

[1] 高洁、伍笛笛、蓝泽兵：《基于城市首位度理论的成都"首位城市"发展研究》，《中共成都市委党校学报》2013 年第 10 期。

[2] 周一星：《城市地理学》，商务印书馆，1995。

（三）从区域协调来看：区块发展差距仍在扩大

1. 五大经济区发展水平差异持续扩大

从经济总量来看，2012～2016年成都经济区占全省的比重仍在持续提升，而其他四大经济区均有不同程度的下降，其中攀西经济区占比下降最多（见表4）。

表4　2012～2016年五大经济区GDP占全省比重

单位：%

	2012年	2013年	2014年	2015年	2016年	占比变化
成都经济区	58.69	58.81	59.11	59.69	59.78	1.08
川南经济区	16.61	16.53	16.41	16.29	16.31	-0.30
攀西经济区	7.48	7.31	7.27	6.99	6.96	-0.52
川东北经济区	15.70	15.77	15.71	15.54	15.49	-0.21
川西北生态经济区	1.52	1.58	1.51	1.49	1.47	-0.05

从经济质量来看，2012～2016年五大经济区人均GDP均明显提高，但增长幅度有所差异，成都经济区增长幅度最大，达到38.60%；而攀西经济区增长幅度最小，仅24.14%，两者相差近14个百分点（见表5）。各经济区人均GDP的变异系数变化更能看出区间差距变化情况，2012～2016年变异系数持续扩大，说明五大经济区人均GDP之间的差异程度有所扩大。

表5　2012～2016年五大经济区人均GDP

	2012年	2013年	2014年	2015年	2016年	增长幅度(%)
成都经济区	3.96	4.37	4.77	5.09	5.48	38.60
川南经济区	2.73	3.00	3.25	3.42	3.69	35.21
攀西经济区	3.22	3.46	3.73	3.79	3.99	24.14
川东北经济区	1.88	2.08	2.25	2.36	2.54	35.31
川西北生态经济区	1.87	2.12	2.20	2.28	2.42	29.43
变异系数(%)	32.82	32.00	33.25	34.10	34.44	—

2. 次级区块尚未培育形成新兴增长点

从目前全省发展条件较为成熟的新兴增长点来看，天府新区、第二机场建设、全面创新改革试验等所带来的发展契机均集中在成都及成都经济区,而其他四大经济区尚未挖掘出前景明朗的新兴增长点。川南经济区自贡、泸州、内江、宜宾仍面临老工业基地转型升级的难题,与长江经济带的结合尚未真正破题。受需求结构的改变和宏观环境的影响,攀西经济区攀枝花资源型产业转型升级压力较大,新兴产业替代传统产业尚需时日。此外,由于各经济区内城市发展条件、发展基础相似,各城市发展战略目标和重点往往雷同,经济运行带有明显的行政区域利益特征,导致内部竞争程度明显提升,出现了竞相争抢重点产业、优质企业、重要资源的现象。例如,当前,川南各市争当"领袖"的局面仍旧激烈,各城市互不相让,在企业发展方面的产业分隔、行业界限还比较明显,尚未形成抱团式发展态势。

(四)从腹地支撑来看:县、乡(镇)规模仍待提升

1. 城乡发展差异有所缩小

常住人口城镇化率50%被认为是城乡结构转换的标志点,因为城镇化发展到这个水平,城市在国家或地区发展中的地位会不断上升,不仅是经济、社会、文化的"中心"区域,也成为经济社会文化发展的主导力量,国家或地区的经济社会发展开始进入以城市为主导的新阶段[①]。2016年,四川常住人口城镇化率为49.2%,尚未跨越这一城乡结构转换的分界点,因此,广大农村区域仍是四川区域发展的重要腹地,城乡融合发展程度决定了区域发展的腹地支撑力度。本研究参考叶裕民的相关研究,以城乡居民收入差异系数和城乡恩格尔系数差异程度反映城乡差异缩小、融合发展的进展情况[②]。

城乡居民收入差异系数为城乡居民人均可支配收入的差异系数。其计算公式为 $S = 1 - S1/S2$,其中:S 为城乡居民的收入差异系数,$S1$ 为农村居民

---

① 程必定:《从区域视角重思城市化》,经济科学出版社,2011。
② 叶裕民:《中国城市化质量研究》,《中国软科学》2001年第7期,第27~31页。

人均可支配收入，S2 为城镇居民人均可支配收入。通常认为，当 S≥0.5，处于城乡二元结构状态；当 0.2≤S＜0.5 时，处于由二元结构状态向城乡一体化过渡的时期；当 S＜0.2 时，基本上完成了城乡一体化的过程。①2012～2016 年，四川省城乡收入差异系数由 0.66 缩小到 0.6，虽然仍处于城乡二元结构状态，但差异程度已明显缩小（见图 6）。

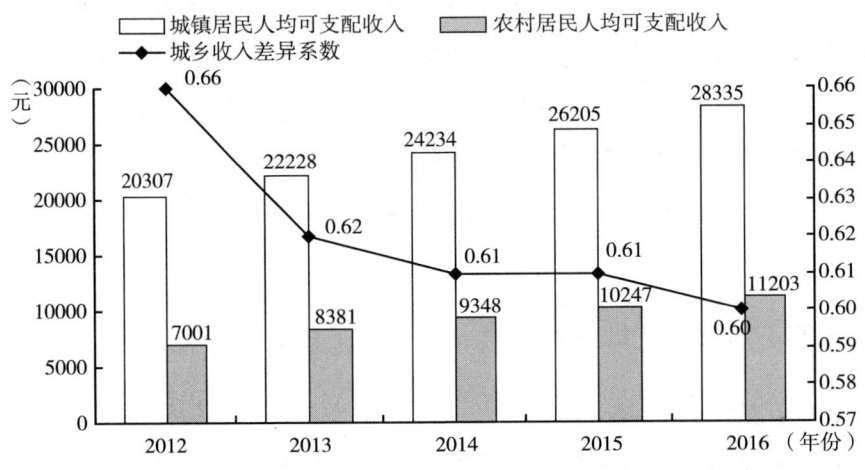

图 6　2012～2016 年四川省城乡居民收入及差异系数

城乡恩格尔系数差异程度可定义为乡村居民的恩格尔系数减去城镇居民恩格尔系数的差。一般认为当恩格尔系数差异程度小于 5 个百分点时，可以认为城乡居民在生活质量上基本趋于一致；当差异程度在 5～10 个百分点时，生活质量差异较大，属于由二元结构向城乡一体化的过渡时期；当差异程度大于 10 个百分点时，则认为城乡生活质量还存在很大差异，城乡二元结构明显。②2012～2016 年，四川省城乡恩格尔系数均明显下降，两者之差从 6.49 个百分点下降到 3.68 个百分点，跨越了 5 个百分点的分界点，城乡居民在生活质量上的差异明显缩小（见图 7）。

---

① 叶裕民：《中国城市化质量研究》，《中国软科学》2001 年第 7 期，第 27～31 页。
② 叶裕民：《中国城市化质量研究》，《中国软科学》2001 年第 7 期，第 27～31 页。

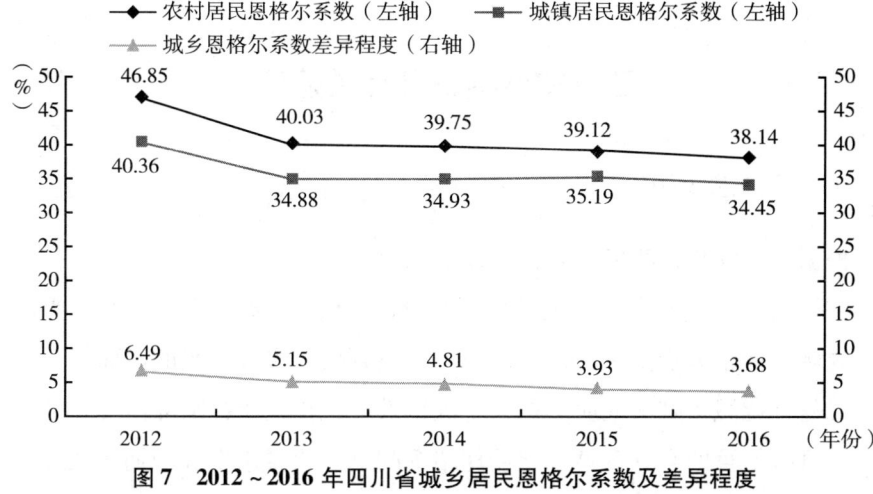

图7 2012~2016年四川省城乡居民恩格尔系数及差异程度

2. 基层行政区划细碎问题突出

四川作为传统城镇密集区，历史沿革形成了数量较多的县级、乡镇级行政区划。实施多点多极战略以来，县域、乡镇底部基础不断夯实，纵向比较来看取得了长足发展，但横向对比来看，仍然存在规模不足的问题。表6对四川县级、乡镇级行政区域平均规模与全国进行了对比，不论是空间规模，还是人口规模、经济规模，四川均明显低于全国平均水平。四川的乡镇级行政区划细碎问题更加突出，四川乡镇级行政区划有4633个，占全国比重达到了11.6%，乡镇区划平均人口仅高于西藏、青海，平均GDP仅高于甘肃、青海。

表6 2016年四川县级、乡镇级区划规模与全国平均比较

比较维度	比较指标	全国	四川
空间规模	县级区划平均面积(平方公里)	3376.15	2646.45
	乡镇级区划平均面积(平方公里)	241.47	104.53
人口规模	县级区划平均人口(万人)	48.50	45.15
	乡镇级区划平均人口(万人)	3.47	1.78
经济规模	县级区划平均GDP(亿元)	261.01	164.22
	乡镇级区划平均GDP(亿元)	18.67	6.49

资料来源：2017年《中国统计年鉴》、2017年《四川统计年鉴》。

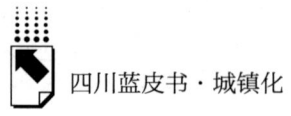

三 主要结论及相关建议

(一)主要结论

根据上述评析,我们主要得出以下结论。

一是在多点多极支撑发展战略推动下,全省区域协调发展水平明显提升,区域发展正逐步呈现出以点带面、由点到极、多极共兴的局面。

二是首位城市虹吸效应仍然大于溢出效应,正处于虹吸溢出交互的关键阶段,日益严重的空气污染、交通拥堵等问题表明城市发展的拥堵效应正加速增长,当拥堵效应超过聚集效应则将达到城市规模扩张的边界,因此未来一段时期将是疏导成都经济、人口等功能的窗口期,成德绵等周边区域是否能前瞻规划、实施适宜政策将成为决定疏导效果的关键。

三是区域发展差距仍在扩大,但区块发展差距持续拉大的根本原因并非成都经济区发展过快,而在于次级区域尚未真正形成具有发展后劲的新兴增长点,与长江经济带建设等重大战略契机相结合,进一步挖掘增长潜力和空间,将是促进区域协调发展的关键。

四是县、乡(镇)规模不足成为制约腹地支撑能力的关键,县级、乡镇级行政区划较多,是历史上人口聚集的自然演进结果,但随着人口加速向沿海及中心城市流动,固化的行政区划在一定程度上又成了提升规模效应的障碍,这是下一步拓展深化多点多极战略需高度重视的问题。

(二)相关建议

党的十九大再次强调了包括协调发展在内的五大新发展理念,明确提出实施区域协调发展战略,在此基础上中央经济工作会议进一步明确了区域协调发展的三大目标——要实现基本公共服务均等化,基础设施通达程度比较均衡,人民生活水平大体相当。当前区域差异大、发展不平衡仍是制约四川全面建成小康社会的重要短板,根据上述评价,建议从以下几方面进一步深化拓展多点多极支撑发展战略,加快推动区域协调发展。

一是推动首位城市由虹吸效应向溢出效应转变。以成都建设全面体现新发展理念的国家中心城市为契机,着力强化其作为首位城市的引领示范带动作用。以规划为引领,超前谋划成德绵乐地区交通、通讯、产业、公共服务等一体化布局,促进成都经济、人口、产业向周边区域疏导,以推动成德绵乐同城化发展,形成整体融合,全面推进成都经济区一体化发展。加快绵阳国家级科技城建设,推动成都与绵阳联合开展军民融合产业攻关,实现成都与绵阳互动发展。

二是支持次级区域培育新兴增长点。正如前面分析,区域发展差距持续拉大的根本原因并非成都经济区发展过快,而是次级区域尚未真正形成具有发展后劲的新兴增长点。基于此,立足川南经济区对接长江经济带国家战略的桥头堡和重要的南向开放门户的地位,在川南经济区打破行政区划创新打造培育新兴增长点。

三是着力提升县、乡(镇)规模效应,不断夯实底部基础。支持具备条件的县争取设市,将具备条件的中小城市、县城升级为大中城市和小城市;针对四川城镇规模普遍偏小、难以形成规模效应的现状,根据地理区位、产业基础、人口规模等条件进行城镇区划调整,增大城镇镇域范围和人口规模,显著提高其区域带动力和辐射作用。

四是大力实施"乡村振兴"战略,促进城乡融合发展。深入挖掘乡村在产业、生态、人文等方面优势资源,全方位、系统性、分步骤振兴农村政治、经济、文化、生态、社会建设,促进农业发展、农村和谐、农民增收。建立健全城乡融合发展体制机制,促进城乡在规划设计、产业发展、公共服务、生态保护等方面的融合和互动发展。

B.8 四川省农民工等人员返乡创业专题调研报告

四川省人力资源和社会保障厅农民工工作处 *

摘 要： 本报告描述了四川省农民工等人员返乡创业的基本情况，发现返乡创业人员以男性为主、中青年是主力军、受教育水平整体较高、空间分布具有区域性、行业分布以种养业为主等特征，归纳总结了四川省在支持农民工返乡创业的主要经验，对返乡创业过程中存在的主要问题及其原因进行了深入的分析，最后提出了相关对策建议。

关键词： 农民工 返乡创业 四川省 "双创"

一 调研基本情况

根据人力资源社会保障部办公厅《关于组织开展农民工返乡创业专题调研工作的通知》（人社厅函〔2017〕72号）要求，四川省人社厅组织开展四川省农民工等人员返乡创业大调研，对全省各地返乡创业基本情况、贯彻落实政策情况、返乡创业存在的困难等各个方面对返乡创业进行了全方位、多角度的综合调研。全省组织由人社、发改、农业、财政、税务等部门参加的联合调查组，先后赴省内资阳、内江、广元、巴中、南充、达州等劳

---

* 执笔人为李一漫、蒋维义、晏珠，张鸣鸣编辑。

务输出大市和省外广东、福建、新疆、河南等川籍农民工较多的地区，通过实地走访、座谈、查文件资料等方式，组织返乡创业农民工、大学生、退伍军人和四川驻省外商会等群体进行座谈，召开座谈会8场，走访50多家返乡创业企业，对63名返乡创业农民工和35名待返乡创业农民工进行了重点访谈，共发放《四川省返乡创业调查问卷表》1200余份，回收有效问卷1058份，样本基本结构如下。

《四川省返乡创业调查问卷表》共1058份，其中农民工987份，占93.29%；大学生53份，占5.00%；退役士兵18份，占1.7%。40岁以上665人，占62.85%；40岁以下393人，占37.15%。男性871人，占82.33%；女性187人，占17.67%。

重点访谈返乡创业农民工63名，其中男性47名，占74.6%；女性16名，占25.4%。平均年龄42.84岁，最大57岁，最小26岁。文化程度大专及以上21人，占33.33%；中专、高中33人，占52.38%；初中9人，占14.29%。创业者从事第一产业47人，占74.6%；从事第二、三产业均为8人，各占12.7%。

重点访谈35名待创业农民工，其中男性22名，占62.86%；女性13名，占37.14%。平均年龄36.75岁，最大42岁，最小25岁。文化程度大专及以上18人，占51.43%；高中、中专13人，占37.14%；初中及以下4人，占11.43%。准备创办种养殖业等第一产业企业16人，占45.71%；准备创办第二产业企业7人，占20%；准备创办第三产业企业12人，占34.29%。

与此同时，为进一步摸清农民工返乡创业的实际情况，特别是返乡创业的可持续性和成功率，为农民工返乡创业的分析研判提供翔实有效的基础资料，我们将具有代表性的成功创办企业或项目的农民工作为返乡创业明星，将返乡农民工创办的具有良好经济、一定社会效益和示范带动作用的各类企业、新型农业经营主体作为返乡创业示范企业，建立了省、市、县三级农民工等人员返乡创业明星暨返乡创业示范企业数据库，收集入库了809名返乡创业明星和512家返乡创业示范企业。

本报告数据来自于返乡创业大调研和返乡创业数据库。

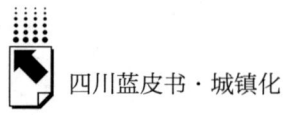

二 四川农民工返乡创业的基本情况和主要特征

（一）返乡创业的基本情况

四川省是人口大省，劳务输出大省，全省有农村劳动力总量3678.1万人，常年向外转移输出就业人数达2400多万人。农民工在省外就业主要集中在长三角和珠三角，其中广东省最多，达430万人。随着国家"双创"工作的大力推进和鼓励农民工等人员返乡创业政策的不断优化，近三年来四川省在外就业人员返乡创业不断增加，呈快速增长趋势。

2017年，全省转移输出农村劳动力2504.9万人，同比增长0.5%。其中，省内转移1325.6万人，省外输出1179.4万人。全省实现劳务收入4144.2亿元，同比增长8.1%；全省农民人均工资性收入6713.5元，同比增加503.5元。劳务收入已成为各地经济增长的稳定器、成为贫困户增收脱贫的助力器。从全年数据看，转移就业农村劳动力到第二、三产业就业的比重合计为96%，主要集中在建筑业和制造业。一季度全省实现劳务收入1106亿元，劳务月均收入水平主要集中在2000～5000元，约1853万人，占转移就业总量的74.6%。截至2017年年底，全省新增返乡创业农民工5.24万人，新增返乡创办企业1.7万个，实现总产值115.8亿元，吸纳就业21.2万人。

（二）返乡创业的主要特征

1. 返乡创业人员以男性为主。从性别结构看，四川返乡创业者以男性为主，占创业总量的78.50%，女性占21.50%。

2. 返乡创业人员以中青年为主。据统计显示：返乡创业人员中36～45岁的占37.82%，25～35岁的占25.42%，46～55岁的占32.76%。年龄大于56岁和小于25岁的占比相对较低，分别为2.84%和1.16%（见图1）。

3. 返乡创业人员受教育程度高于全省平均水平。从统计数据显示，返

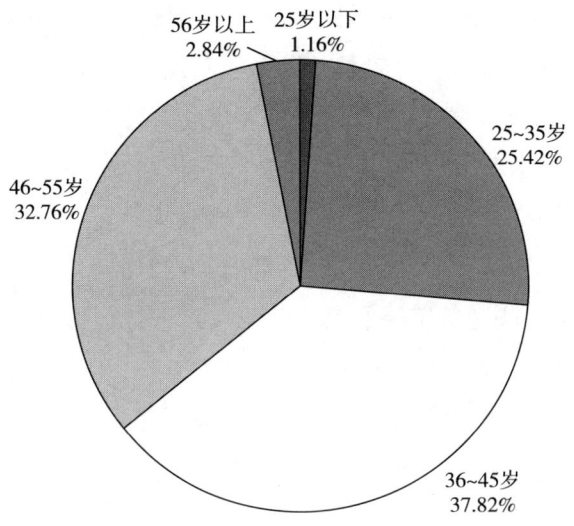

图1 返乡创业人员年龄结构

乡创业人员中初中及以下的占35.6%;高中、中专占30.0%;大专和本科以上占34.4%,其中本科以上占0.74%。创业人员整体素质高中及以上人员占64.4%,高于全省农民工文化水平近20个百分点(见图2)。

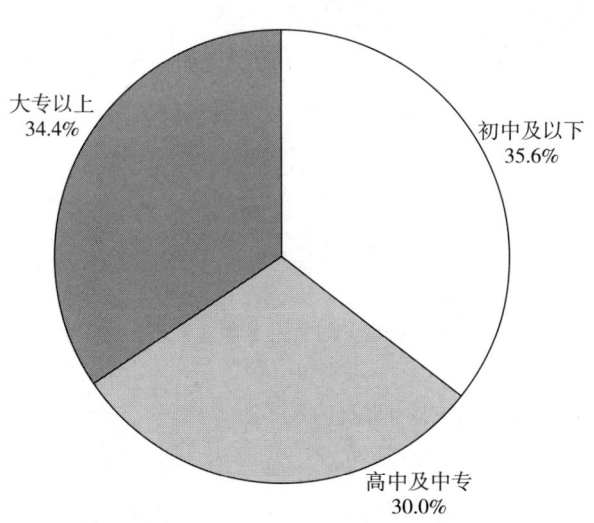

图2 返乡创业人员受教育程度结构

4. 返乡创业呈现出典型的区域特征。据调查,省内城镇化程度越高,返乡创业人数越少,如成都、攀枝花返乡创业人员分别仅占全省返乡创业总量的0.96%和0.62%。藏区、彝区经济发展相对滞后,返乡创业人数相对也较少,阿坝州、甘孜州、凉山州返乡创业人数总量仅占全省返乡创业总量的5.18%。经济较发达的地区返乡创业人数较多,德阳、绵阳、广元、资阳、眉山五地返乡创业人数占到全省总量的47.17%。

5. 返乡创业领域涵盖第一、第二、第三产业,但以种养殖业为主。据统计显示,全省返乡创业从事种养殖业占62.03%,制造业占13.25%,住宿餐饮占5.61%,批发零售占8.52%,商务服务业占10.59%,符合农民工创业特点和四川省农业供给侧改革的发展需求(见图3)。

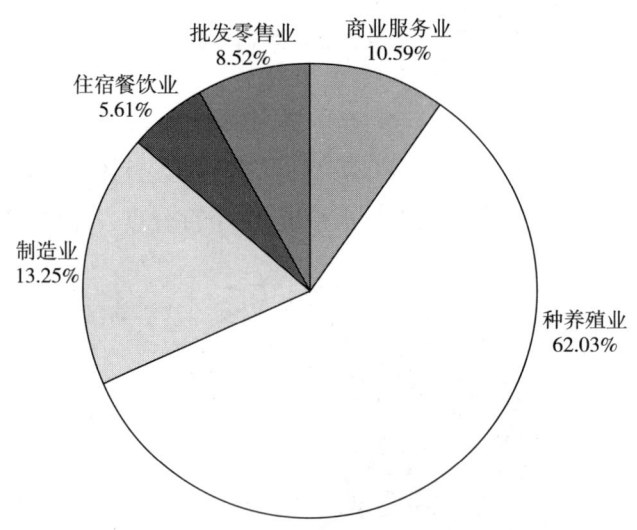

图3 返乡创业人员创业领域

6. 返乡创业带动就业的倍增效应明显。对有一定规模的企业统计显示:企业规模越大,带动就业作用越明显。全省有一定规模的512家示范企业带动近8万人就业,平均1家企业带动156人就业。四川省返乡创业示范企业库入库企业产值500万以上的达到240家,占示范企业总数的近一半。

三 四川省支持农民工返乡创业主要做法和经验

2015年以来,四川省先后出台了《关于进一步做好为农民工服务工作的实施意见》(川府发〔2015〕21号)、《关于印发促进经济稳定增长和提质增效推进供给侧结构性改革政策措施的通知》(川府发〔2016〕17号)、《关于支持农民工和农民企业家返乡创业的实施意见》(川办发〔2015〕73号)和《关于鼓励川商返乡兴业回家发展的指导意见》(川办发〔2015〕98号)等一系列政策措施,从降低准入门槛、税费优惠、财政支持、金融服务等方面实行一揽子优惠扶持政策,为推动农民工返乡创业提供了有力的政策支持,主要体现在以下方面。

(一)优化环境抓发展,改进服务树新风

一是全面降低返乡创业准入门槛。四川不断深化商事制度改革,简化返乡创业登记方式,多措并举鼓励农民工返乡创业、带动就业,推动民营经济发展。放宽经营场所登记要求,允许"一址多照"、"一照多证"、集群注册。放宽注册资本登记和经营范围等条件,取消和下放涉及返乡创业的行政许可审批事项,全面清理并切实取消非行政许可审批事项,减少返乡创业投资项目前置审批,为返乡农民工投资农村基础设施和兴办各类事业开辟"绿色通道"。在符合农村宅基地管理规定和相关规划的前提下,允许改建自住房依法从事返乡创业。眉山市建立了行政许可审批代办服务中心、"一费制"缴纳服务中心、金融服务中心"三个中心",注册办理由政务中心实行全程免费代办。南充市大力实施"劳务回引创业工程",对返乡创业实行与招商引资同等的优惠政策,在用地、信贷、税收、规费收取、证照办理等方面提供优质服务。截至2016年12月底,全省实有私营企业92.01万户、个体工商户314.67万户、注册登记农民专业合作社7.4万户,分别同比增长17.83%、4.40%、27.09%。

二是深入开展返乡创业培训指导。四川结合返乡农民工创业特点、需求

和地域经济特色,积极组织实施农民工返乡创业专项培训计划,对返乡农民工给予创业培训补贴。其中,省财政设立2000万元返乡创业培训资金,专项用于开展返乡农民工初创培训、创业辅导、创业提升培训等示范培训工作。此外,全省已连续举办五届"我能飞"创业提升培训,累计培训返乡农民工1000余人;积极帮助退役士兵就业创业,共培训退役士兵14万余人。成都市积极开发符合产业需求和创业者需求的"1+N"(创业基础类和创业+专业技能培训类)返乡创业培训教材,《成都市返乡农民工基础类教材》及《公共游览场所服务员》《家禽养殖工》等多项培训教材已投入使用。乐山市从有经验的成功企业家和返乡创业带头人中选拔了200余名创业导师,及时为返乡创业农民工提供创业辅导等各类服务。

三是积极构建电商创业服务平台。近年来,随着大批农村青年、外出农民工积极利用电商平台返乡创业,四川积极组织实施农村青年电商培育工程专项培训计划,开展电子商务进农村综合示范县培育工作,引导和鼓励电子商务交易平台渠道下沉,允许返乡创业农民工和农民企业家将家庭住所、租借房、临时商用房在符合安全、环保、消防等要求的前提下作为电子商务创业经营场所,带动返乡人员依托其平台创业。目前,通过政策引领,全省电子商务服务业高速发展,年均增速超过40%。2017年1~9月,实现交易额19224.22亿元,同比增长28.93%,其中,网络零售额实现2227.24亿元,同比增长33.73%,电商交易规模居全国第6,综合水平在中西部排名第1。目前,全省电商直接就业创业200余万人,间接带动物流仓储、生产制造等行业就业创业约1000万人。成功搭建休闲农业麦味网、中药材天地网等本土电商平台,创新市场众筹、私人订制等销售模式。仅2017年全省已有4万余名农民工通过互联网创业成功,形成了中小企业聚集、充满活力的创新生态系统,返乡创业创新的氛围日益浓厚。

(二)整合资源促共享,创新发展辟新径

一是依托闲置资源创建农民工返乡创业园。四川依托现有各类开发区、农业产业园,盘活闲置厂房等存量资源,整合发展了一批返乡创业孵化基地、返乡创业园区，完善水、电、交通、物流、通信、宽带网络等基础设施，聚焦创业要素，降低创业成本。目前，全省共建立农民工返乡创业园245个，入驻创业项目4159个，年产值达689.9亿元。达州市支持各行业领域农民工入驻返乡创业园区（孵化基地），在部分乡镇建立农民工返乡创业示范基地，全市已建成农民工返乡创业园12个，园区总建筑面积达230万平方米，入驻企业438家，建成投产的有223家，带动就业4.9万人。仪陇县大力发展"归雁经济"，由县领导带队奔赴长三角、珠三角、成渝经济区等地召开项目推介会、乡友座谈会，成功回引返乡人员投资2亿元建设占地面积80亩的归雁经济产业园，为农民工返乡创业奠定了基础。

二是依托示范企业组建返乡创业联盟。四川在抓好创业提升示范培训的基础上，鼓励和支持参训的1300多家返乡创业企业组建四川返乡创业联盟，通过"众帮、众扶、众创"方式开发特色产业，推动实现资源共享、合作发展，为农民工返乡创业创造了良好环境，使许多返乡农民工找到了施展才华的广阔天地。四川返乡创业联盟负责人张建莹是一名在外务工20多年的农民工，她于2013年返回家乡蓬安县成立了四川凯旺农牧业发展有限公司，整合6个合作社及种养殖家庭农场，投入2600多万元，流转土地5000亩，充分利用四川省实施"互联网+"战略的契机，采用线上线下双销售渠道，将芦花鸡等产品远销省内外。公司带动农户1200户、5000余人共同致富，获得四川省龙头企业、四川省省级标准化示范农场等称号。2016年10月12日~18日，四川返乡创业联盟作为全国唯一一家农民工返乡创业团队参加在深圳市举行的"双创周"活动，并进行"精准扶贫·大生态服务体系"主题展示。"双创周"开幕当天，张建莹受到李克强总理的亲切接见并获得亲笔签名。

三是依托优质人力资源搭建交流服务平台。各级就业主管部门组织当地企业家、创业成功人士以及相关专家学者和政府工作人员共同组成"创业指导专家志愿服务团"，搭建返乡创业人员微信群、QQ群等交流平台，及时解答群里提出的政策问题；采取"一对一"上门指导、专家门诊指导等方式，为创业者提供创业项目评估论证、法律法规咨询和技术员工培训等个性化的开业指导和咨询服务。组织不同行业、不同主题的创业沙龙，邀请相关行业创业者、创业成功人士、营销专家等进行现场交流，分享创业经验和商机，形成"互联、互助、互补、互带"的交流机制，有效增强了创业者的信心与决心。2015年，四川组织遴选"老高山新农人""清香核桃"两个农民工返乡创业项目参加第二届"中国创翼"青年创新创业大赛农民工专项半决赛，并进入全国十强。目前，两个项目运行良好，带动当地就业1400人。

（三）风险共担强保障，金融扶助出新招

一是健全返乡创业风险分担机制。四川研究出台了《四川银行业金融机构小微企业金融服务差异化监管办法》等多项政策文件，加强财政金融互动，面向88个贫困县设立1.76亿元返乡创业风险分担基金；通过贷款增量奖补、贷款风险补贴等方式，鼓励引导金融机构加大向贫困地区返乡创业群体发放无担保创业信用贷款的力度；完善包括农民工返乡创业企业在内的企业融资分险机制。2016年财政部门提供贷款贴息约800万元，支持金融机构新发放小微企业创业担保贷款约5亿元，并拨付就业创业补助资金30.22亿元。同时，充分挖掘保险工具的增信和风险分担作用，积极开展短期贷款履约保证保险、国内贸易信用险，搭建"小微企业出口信用保险政府统保"平台，多维度、多方式发挥保险保障功能。针对返乡农民工、异地川商创业多始于外出打工、当兵退伍等，大多缺乏资金、发展规模受限的实际，四川在全国率先设立返乡兴业投资基金，省财政出资3亿元作为引导，吸引社会资本广泛参与，委托专业化管理团队进行管理，投资方向上明确规定投资于四川企业和四川省内项目的比例不低于60%，形成政府引导、专业管理、市场运作的"笼子里跳舞"格局，有效补齐资金短板，做大"归雁经济"。

二是强化信用体系建设和返乡创业信贷融资力度。通过建立健全小微企业信息化信用体系，引导金融机构持续加大对农民工返乡创业企业的信贷投放力度。积极推进以"数据库＋网络"为核心的小微企业信用信息数据库建设，在全省19个市（州）搭建了基于互联网的融资对接和信用信息共享

平台，成功实现小微企业融资 2953 笔，融资金额 580.38 亿元，成功率分别为 83.6%、84.18%。大力推进"万家千亿"诚信小微企业融资培育计划，在全省重点培育的 1.5 万户诚信小微企业中，已有 1.18 万户成功获得银行信贷支持，培育成功率达 78.67%。2017 年 1~9 月，全省金融机构涉农贷款余额为 1.59 万亿元，占各类款余额的 33.9%；其中前三季度新增涉农贷款 1305 亿元，占各项新增贷款的 24.8%。重点针对返乡农民工、大学生等特殊群体创业就业的创业担保贷款余额为 33.37 亿元，同比增长 16.75%，增速高于各项贷款增速 3.67 个百分点。

三是创新返乡创业担保贷款政策。各地将返乡农民工纳入创业担保贷款政策扶持范围，加大担保贷款政策创新，通过优化贷款审批流程和财政贴息等措施，鼓励金融机构向返乡农民工和农民企业家发放创业担保贷款，贷款最高额度达 10 万元，期限 3 年，财政部门按规定贴息，贷款期满可展期一年，展期不贴息。返乡创业农民工和农民企业家领办的新型农业经营主体，属于劳动密集型小企业的，按规定给予最高额度不超过 200 万元的创业担保贷款，并给予贷款基准利率 50% 的财政贴息。广元市每年建立 1500 万元创业担保贷款风险补偿基金，为创业和企业稳岗融资担保，简化贷款审批流程，对个人创业担保贷款 30 万元以下、小微企业创业担保贷款 50 万元以下的，银行不进行贷前调查，直接放贷；按当年不超过担保基金的 5% 核销风险呆滞账。[①] 宜宾市宜宾县是全国首批结合新型城镇化开展支持农民工等人员返乡创业试点县。宜宾县 2017 年将创新创业和就业促进专项资金规模扩大至 3000 万元，建立了 900 万元财政担保基金专户，近三年全县共发放创业担保贷款 1.8 亿元，财政贴息 1800 余万元。

（四）多管齐下激活力，归雁创业成新潮

一是全力总动员，引导支持农民工返乡创业。为进一步加大返乡创业力

---

① 《广元市人民政府关于进一步做好新形势下就业创业工作的实施意见》，广府发〔2015〕22号。

度，2016年2月，四川省委、省政府召开了以"回家发展·振兴家乡"为主题的首届川商返乡发展大会，大会共签约项目278个，投资总额1582.16亿元。各地也大胆探索、锐意创新、多点发力。广安市委、市政府领导每年带领有关部门到省外看望慰问广安籍企业家和农民工，切实扭转企业家和农民工返乡创业"怕"的心态、"难"的情绪，引导"归雁"成为家乡发展经济的"信息员"、大众创业的"引领员"。广安华蓥市企业家李双林高考落榜后到东莞打工、创业，成立领祥电子有限公司并做大做强。2009年，李双林带领几名股东返回华蓥，投资1.8亿元创办了华蓥首个电子信息企业——广安市华蓥山领创电子有限公司。目前公司与惠普、三星等公司长期合作，产品拓展到海外市场，有员工3000多人，年产值2.5亿元。

绵阳市安州区通过强化"三个引领"，做实"三个支撑"，搭建"三个平台"，着力"三个一批"，为做大做强"归雁经济"提供了坚实支撑。安州区农民工邓步华夫妻双方在外务工20余年，2013年收到了安州区关于鼓励农民工返乡创业的《倡议书》，看到村里农田水利、道路等基础设施得到改善，县、镇两级出台了系列支持政策，毅然决定回到村里支持家乡建设。2014年，邓步华夫妻带动与其一同外出务工的30余名农民返乡，投入400余万元，在村里流转土地258亩成立家庭农场，种植葡萄200亩、桃58亩，成为当地葡萄种植最大的业主之一，每年纯收入上百万元。

二是多渠道全方位开展返乡创业政策宣传。组织专家采取一问一答的方式，对省政府出台的系列政策进行深入解读，并集中在《四川日报》、四川新闻网、政府门户网站、《人力资源报》上刊载。四川省政府网站以"多措并举推进农民工返乡就业创业"为主题举办网上访谈节目，邀请省直相关部门负责同志与广大网友进行在线交流，集中回应了返乡创业者关注的热点焦点问题。同时，四川还将支持农民工等人员返乡创业相关优惠政策进行梳理汇总，及时编印了13万册《农民工返乡创业政策宣传手册》，免费发放到广大农民工手中。与四川大学生创新创业活动中心合作，制作了支持农民工返乡创业政策解读动漫宣传片，并通过基层就业社保平台免费推送，进一步增强了宣传效果。此外，四川还遴选省内农民工返乡创业先进典型组成宣讲团，分赴北京、上海、深圳和省内成都、德阳、绵阳、资阳等城市，面向川籍农民工开展了16场集中宣讲活动，以现身说法的方式宣讲个人的创业经历、收获体会和创业优惠政策，产生了良好的社会反响。眉山市以乡情为纽带，开发运用"创业眉山"和"智慧眉山"等APP，广泛宣传返乡创业政策及项目，目前APP下载用户累计达12万人，营造了良好的返乡创业软环境。

三是隆重表彰，提升返乡创业者的荣誉感和归属感。为了增强返乡创业农民工的荣誉感、责任感和自信心，四川在全省各级组织广泛评选，隆重表彰在返乡创业中涌现出来的先进个人、先进企业、先进集体，引导全社会尊重、关爱和扶持创业，吸引更多农民工返乡创业。在2017年2月召开了四川省优秀农民工暨返乡创业先进集体和个人表彰大会，隆重表彰了100名优秀农民工和100名农民工返乡创业明星，50家返乡创业十分企业和50家农民工工作先进集体。目前，部分地区已将返乡创业示范企业和明星印成宣传册，形成先进示范带动创业的良好格局。

调查发现，近年来四川省农民工等返乡创业虽然取得了一些成效，但也还存在一些问题和不足，主要表现为创业公共服务环境亟待优化、创业资金严重不足、创业融资难、创业融资贵、创业风险高、人才支撑不足等诸多问题。这些问题在一定程度上阻碍了国家创业政策的落地兑现和创业工作的深入推进，影响和制约了返乡创业者的积极性和主动性，这些问题亟须我们从政策方面加以解决。

四 农民工返乡创业存在的问题及原因

（一）创业公共服务环境亟待优化

目前，四川各地农民工返乡创业服务中心还没有达到全覆盖，部分市（州）专门的服务窗口较少且没有专职人员，创业者办证多、办证难的问题不同程度地存在，没有做到让创业者从立项到贷款实现"一窗式"办理、得到"一站式"服务。同时，返乡创业政策多，涉及部门广，农民工返乡创业政策宣传听得多、见得多，有时感觉很多部门都在搞返乡创业，但回乡创业的时候仍有很多政策不知道找哪个部门以及以何种方式申请。

（二）扶持机制存在缺陷

调研发现，很多创业企业对政策扶持的感受不明显。一是政策扶持未能全覆盖。一些相关部门对创业成功的落实扶持政策，对刚刚起步的"不冷不热"或等待观察，在项目扶持、资金补助中扶优扶强、锦上添花，热衷于扶持大企业、大项目，忽视了对小项目、小微企业和个体工商户的支持帮助。二是政策扶持未形成合力。如，中小微企业发展资金、科技创新资金、大学生创业基金、青年创业基金等分散在不同部门，没有形成互相协作、合力帮扶的联动机制。三是落实地方筹资困难。如省上文件规定各地按实际需要建立返乡创业担保贷款基金，但部分地区由于本身经济发展落后、地方财力拮据、资金筹措困难，担保贷款基金体量一直在低位徘徊，使得部分地方返乡创业担保贷款工作开展困难重重。

（三）创业资金严重不足

笔者在调查中了解到，创业者普遍感到创业资金紧张，融资难、融资贵成为创业中的主要制约因素。农民工返乡创业起步阶段，主要将打工积累的资金集中用于租地建厂和设备投资，开业后严重缺乏流动资金的情况比较突出。

创业农民工虽然在返乡前积累了一定资金，但远远不能满足创办企业、搞活生产经营的需要，增加投入困难重重。现行的金融政策贷款门槛高、手续复杂、周期长。返乡农民工创业企业普遍规模不大、实物资产较少、技术水平不高、抗风险能力较弱，银行对创业贷款的积极性不高，放贷门槛高，有的银行需要财政供养人员担保，大多数返乡创业者找不到这样的担保人。同时，创业担保贷款额度小，按照现有政策，每人贷款上限是10万元，小微企业贷款上限是200万元，而且手续较为复杂，不能满足创业者需求。由于贷款难,大部分农民工创业者在资金不足时只好通过民间高息借贷,加重了企业负担,给企业埋下了巨大的潜在风险。

(四)人才支撑不足

就创业者本身而言,其知识储备大多来源于务工经验积累,系统性理论知识的相对匮乏以及对宏观形势的研判能力较为不足,使其在项目考察、项目选择、市场分析、成本核算和企业组建等方面缺乏明确的发展方向和前景规划。

与此同时,多数创业者反映,企业生产、管理、营销等人才和熟练工人严重缺乏,成为制约企业升级发展的瓶颈。返乡农民工创办的实体大多属于微利企业,规模较小,技术含量较低,加之农民工返乡创业地域大多在县城或乡镇(村社),从业人员的工作条件、工作环境、工资待遇、物质文化生活等都没有足够的吸引力,出现了外地人才和劳动力不愿来、本地人才和优质劳动力留不住的现象。特别是那些掌握了一定营销技能和生产技能的技术人才与管理人才,即便工资待遇与外地企业相当,有的也倾向于外出务工,以增长见识、开阔眼界,寻求更大的发展空间。

五 对策与建议

结合四川当前的做法和取得的成效,紧扣创业者的所需所盼和返乡创业工作的实际需要,本报告建议从以下 6 个方面着手,进一步加大返乡创业特别是农民工返乡创业政策扶持力度,实现返乡创业的有序性、可持续性和创业带动就业的倍增效应,为稳定就业总量、壮大创业队伍、防范创业风险和提供创业服务营造良好的社会氛围。

(一)健全完善创业扶持政策。进一步完善返乡农民工等人员在企业创办、用地、税收、金融、财政和技术创新等方面的规定,使其更为具体、明确,更有可操作性,形成相互配套、互相补充的创业扶持政策体系。

(二)明确中长期发展目标任务。制定农民工返乡创业五年目标任务,把创业企业新增数量、创业收入、创业贷款、公共服务等内容纳入目标任务，并明确牵头部门和责任单位。

（三）加强部门统筹协调管理。统筹涉及发改、农业、建设、人社等多个部门的返乡创业力量，明确牵头部门和各协同部门的职能职责，及时制定促进农民工返乡创业的具体措施和办法，认真研究并切实解决返乡农民工在创业过程中遇到的问题与困难，形成强大的扶持合力。

（四）加大中央财政投入力度。建立支持农民工返乡创业引导资金，从中央层面加强对返乡农民工的财力支持，把对高校毕业大学生和就业困难人员的优惠政策扩大到返乡农民工群体，对返乡农民工给予特殊支持。

（五）加强返乡创业融资服务。统筹协调银监会、中国人民银行和相关金融机构，进一步明确将相关农村产权纳入贷款抵押担保范围，着力破解农民工等人员返乡创业融资难的问题。

（六）加大返乡创业培训支持。将农民工等人员返乡创业培训纳入国家就业预算内科目，给予大力扶持。针对创业项目立项难、创业周期短、创业师资缺等现实问题，积极开展创业师资培训和创业者能力提升培训。

附件1：

四川省农民工返乡创业明星数据库汇总

入库时间：2017年3月
单位：个

市(州)	总量	其中			性别		创业类别								吸纳劳动力情况				
		省库	市库	县库	男	女	种养殖业	住宿餐饮	批发零售业	制造业	商务服务业	房地产业	交通运输	其他	500人以上	100~500人	50~100人	10~50人	10人及以下
成都市	14	6	0	8	12	2	10										4	6	
自贡市	89	4	12	73	69	20	46	8	14	8	11		2			8	7	36	38
攀枝花市	13	2	11	0	7	6	3	3	2	1	4						1	3	9
泸州市	30	5	0	25	22	8	17	2	4	3	4					3	3	11	13
德阳市	65	5	12	48	47	18	38	6	3	10	8					5	14	38	8
绵阳市	70	6	4	60	59	11	41	2	7	13	7				3	2	8	40	17
广元市	57	6	51	0	45	12	46	6	1	2	2					6	25	18	8
遂宁市	6	6	0	0	5	1	6											6	
内江市	80	7	30	43	67	13	40	6	7	15	11		1		1	18	10	39	12
乐山市	11	4	7	0	7	4	10				1					3	3	2	3
南充市	80	8	25	47	65	15	68	2	3	5	2					5	9	23	43
眉山市	25	5	14	6	22	3	15	2	2	3	3					3	3	16	3
宜宾市	87	5	34	48	72	15	52	2	3	17	12	1	1		5	31	17	27	7
广安市	10	4	5	1	8	2	6			3						6	2	2	1
达州市	36	8	20	8	21	15	27	1	2	5	2		1		2	17	7	9	6
雅安市	18	3	5	10	16	2	8	1	4	3	2					1	2	9	3
巴中市	31	5	11	15	25	6	28		1	2						4	5	19	3
资阳市	30	4	3	23	18	12	21		4	2	2	1			2	3	6	16	15
阿坝州	31	2	4	25	25	6	9	3	9	1	9				1	2	3	10	4
甘孜州	12	2	9	1	11	1	2	3	1	3	3				1		1	6	15
凉山州	14	3	5	6	12	2	10	2	2	2								6	5
合计	809	100	262	447	635	174	503	47	69	98	86	2	4		15	122	132	342	198

附件2

四川省农民工返乡创业示范企业数据库汇总

入库时间：2017年3月
单位：家

市（州）	总量	其中			企业类别								企业年产值				吸纳劳动力情况				
		省年	市年	县年	种养殖业	住宿餐饮	批发零售业	制造业	商务服务业	房地产业	交通运输	其他	1000万元以上	500万~1000万元	100万~500万元	100万元及以下	500人以上	100~500人	50~100人	10~50人	10人及以下
成都市	7	4	3		3			2	2				3	3	1			4	1	2	
自贡市	40	2	1	37	13		6	13	6	1		1	14	4	11	11	2	9	6	13	10
攀枝花市	5	2	3		2		2		1				2	3					3	3	1
泸州市	23	2	21		3	1	1	11	7		1		9	5	7	2	1	6	3	12	1
德阳市	55	2	5	48	28	1	17	7	2				19	10	17	10	1	19	12	17	6
绵阳市	58	3	12	43	32	1	8	7	7	1	2		22	9	17	10	8	15	12	22	1
广元市	17	2	15		11	2	1	1	2				6	7	4		1	6	4	6	
遂宁市	2	2			1								1	1							
内江市	16	3	6	7	4	1	1	6	5				8	4	2	2	2	6	3	5	
乐山市	8	2	5	1	5			1	1			1	1	5	2			3	4	1	
南充市	74	4	30	40	65	1	2	4	2				8	9	32	25		4	7	24	39
眉山市	5	3	2		2	2		3					1	2	1	1	1	3	1		
宜宾市	38	2	15	21	17	1	1	16	3				22	4	9	3	2	16	8	12	
广安市	10	2	3	5	5	1	2	2					4	1	3	2		2	2	4	
达州市	24	3	16	5	12		6	6	4		1		17	3	3	3	6	11	5	2	
雅安市	13	2	6	5	2	1	1	6	3				7	1	2			6	1	4	2
巴中市	21	2	6	13	11	2	2	1	4				2	4	9	6	1	3	6	12	6
资阳市	39	2	37		21	11	2	1	4				4	3	14	18	1	3	7	22	19
阿坝州	35	2	9	24	14	9	4	3	5				3	1	6	25	1		3	9	
甘孜州	9	2	7		2	1	3		4				1	4	3	1		4		4	
凉山州	13	2	6	5	11	1	1		4				1	2	4	6	1	2		5	5
合计	512	50	171	291	262	35	56	91	62	2	4		155	85	147	125	30	127	85	179	91

B.9 四川省百万人口大县发展现状分析

四川省统计局人口就业处*

摘 要： 在户籍人口超百万的大县中，有7个常住人口超过百万，本报告重点分析了后者发展现状、特征及其对新型城镇化的影响。报告发现，百万人口大县经济发展情况较好、人口集聚水平稳定、城镇化进程保持较快发展、基础设施水平较高、公共服务能力不断增强。百万人口大县的发展对四川省新型城镇化发展有显著的示范带动作用，应加快人口大县县城建设，完善县域城市功能，拓展县城发展空间，改善旧城居住环境，增强县城的吸引力、聚集力和辐射力。

关键词： 人口大县 新型城镇化 县域发展

一 百万人口大县基本情况

四川省百万人口大县统计口径有两个，一个是按户籍人口计，另一个是按常住人口计。若按户籍人口超过100万人的标准来统计，2016年全省百万人口大县有15个（不包括县级市、区）（见表1）。其中，户籍人口数量最多的三个县分别是：安岳县（161万人）、仁寿县（157.4万人）、三台县（145.2万人）。

---

* 执笔人为四川省统计局人口就业处，王芳编。

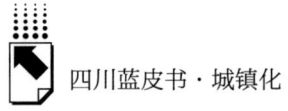

表 1　2016 年四川省户籍超百万的人口大县

单位：万人

位次	县名	户籍人口数	位次	县名	户籍人口数	位次	县名	户籍人口数	位次	县名	户籍人口数
1	安岳县	161.0	5	渠县	140.0	9	岳池县	117.4	13	泸县	107.3
2	仁寿县	157.4	6	宣汉县	132.3	10	大竹县	111.4	14	邻水县	103.0
3	三台县	145.2	7	资中市	127.9	11	仪陇县	108.9	15	宜宾县	102.8
4	中江县	141.8	8	南部县	127.1	12	富顺县	108.6	—		

若按常住人口超过 100 万的标准来统计，2016 年全省百万人口大县有 7 个（不包括县级市、市辖区）（见表 2）。其中，常住人口数量最多的三个县分别是：仁寿县（121.9 万人）、资中市（121.1 万人）、渠县（113.0 万人）。

表 2　2016 年四川省常住人口超百万的人口大县

单位：万人

位次	县　名	常住人口数	位次	县　名	常住人口数
1	仁寿县	121.9	5	中江县	107.8
2	资中市	121.1	6	三台县	105.3
3	渠县	113.0	7	宣汉县	103.2
4	安岳县	112.6			

综合表 1 和表 2 可见：2016 年全省 7 个常住人口超过百万的人口大县全部是户籍百万人口大县，这 7 个县分别是安岳县、仁寿县、三台县、中江县、渠县、宣汉县和资中市。而另外 8 个户籍人口超过百万，而常住人口却不及百万的县，如表 3 所示。

本文将着眼于户籍人口和常住人口均超 100 万人的 7 个人口大县县城发展建设，对新型城镇化发展的作用展开简要分析。2016 年，这 7 个百万人口大县共涉及资阳、眉山、绵阳、德阳、达州、内江 6 市；辖区共面积 18180 平方公里，仅占全省总面积的 3.7%；国内生产总值为 1940.84 亿元，占全省 GDP 的 5.9%。百万人口大县对四川省经济发展和城镇化进程具有重大影响力。

表3 2016年四川省户籍人口超百万而常住人口不及百万的人口大县

单位：万人

县　名	户籍人口数	常住人口数	常住比户籍人口少
南部县	127.1	93.9	33.3
岳池县	117.4	78.9	38.5
大竹县	111.4	89.0	22.4
仪陇县	108.9	93.4	15.5
富顺县	108.6	79.5	29.1
泸　县	107.3	86.9	20.4
邻水县	103.0	71.5	31.5
宜宾县	102.8	77.6	25.2

二　户籍人口和常住人口均超百万的人口大县新型城镇化发展情况

（一）户籍人口和常住人口均超百万的人口大县经济发展整体靠前

经济发展是城镇化的根本动力。从表4可见，目前四川省户籍人口和常住人口均超百万的人口大县，其县域经济实力整体水平比其他县强，发展速度比其他县快。

从GDP来看，这些县整体排名在全省靠前。其中仁寿县GDP达367.9亿元，总量位居全省第19；中江县GDP311.15亿元，总量位居全省第30；其余5县GDP在全省排位均不低于前55名。

县域经济发展离不开企业，企业是社会经济发展的主体。2016年，中江县规模以上工业企业单位数达214家，数量在全省位居第8；仁寿县规上工业企业186家，在全省位居第16；安岳县规上工业企业167家，在全省位居第18。其他几个人口大县除宣汉以外，规上工业企业个数在全省排位均靠前。

表4　2016年户籍和常住人口均超百万的人口大县经济发展情况

	GDP（亿元）		规模以上工业企业单位数（家）		地方一般公共财政收入（亿元）	
	绝对数	全省排名	绝对数	全省排名	绝对数	全省排名
安岳县	304.42	33	167	18	12.43	40
仁寿县	367.9	19	186	16	22.02	14
三台县	223.36	54	101	42	8.47	60
中江县	311.15	30	214	8	8.78	57
渠县	235.54	49	71	72	10.06	47
宣汉县	242.53	44	35	121	15.81	28
资中市	255.94	39	75	69	8.81	54
	工业化率(%)		第三产业增加值占GDP的比重(%)		全社会固定资产投资额（亿元）		社会消费品零售总额（亿元）	
	实绩	在全省的位次	实绩	在全省的位次	绝对数	在全省的位次	绝对数	在全省的位次
安岳县	33.7	121	31.6	89	231.54	40	131.73	29
仁寿县	41.2	89	27.2	125	316.8	22	152.61	22
三台县	15.3	155	40.2	32	120.39	106	141.52	26
中江县	38.2	100	31.9	87	153.32	76	152.76	21
渠县	32.5	127	34.5	69	266.46	31	130.67	30
宣汉县	34.7	116	33.2	80	264.13	32	117.34	36
资中市	42.7	86	27.5	122	172.43	71	91.3	48

（二）户籍和常住人口均超百万的人口大县对人口的集聚能力较强

从表5可见，户籍和常住人口均超百万的人口大县常住人口数多年来保持相对稳定，没有较大幅度波动，在一定程度上反映出这7个县对人口的承载力和吸纳能力较强，在促进中心城镇对区域发展中起到集聚和带头作用。

（三）户籍和常住人口均超百万的人口大县城镇化进程较快

从表6可见，这7个户籍和常住人口均超百万的人口大县城镇化率逐年提高。其中，2016年城镇化率最高的是资中市（45.18%），其次分别为仁寿县（43.00%）、中江县（41.09%）、渠县（40.50%），其余的宣汉县、安岳县和三台县城镇化率均不到40%。

四川省百万人口大县发展现状分析

表5　户籍和常住人口均超百万的人口大县城镇常住人口数量变化情况

单位：万人

	2011年	2012年	2013年	2014年	2015年	2016年
安岳县	114.4	112.9	112.3	111.5	112.4	112.6
仁寿县	123.8	121.7	122.4	122.8	122.6	121.9
三台县	104.5	104.4	104.6	104.8	104.9	105.3
中江县	117.3	110.0	109.0	108.0	108.1	107.8
渠　县	116.0	115.8	116.2	112.6	113.0	113.0
宣汉县	101.1	100.8	101.1	102.1	103.0	103.2
资中市	119.6	120.0	121.1	121.4	121.1	121.1

表6　户籍和常住人口均超百万的人口大县城镇化率发展情况

单位：%

	2011年	2012年	2013年	2014年	2015年	2016年
安岳县	27.65	29.38	30.13	30.94	32.39	37.98
仁寿县	27.72	29.37	30.82	32.36	33.80	43.00
三台县	30.50	30.94	32.02	33.32	34.58	37.95
中江县	30.59	33.53	34.19	35.60	37.00	41.09
渠　县	28.51	28.05	30.53	32.76	34.39	40.50
宣汉县	28.13	32.70	34.30	35.76	36.81	39.42
资中市	31.89	33.83	34.01	34.75	36.22	45.18

另外，从这7个县城镇化率增幅看，2011~2016年仁寿县增幅最大，共增长15.28个百分点；其次为资中市，共计增长13.29个百分点；渠县增长11.99个百分点；宣汉县增长11.29个百分点；中江县增长10.50个百分点；安岳县增长10.33个百分点；三台县增长相对较慢，共增长7.45个百分点。

（四）户籍和常住人口均超百万的人口大县城镇基础设施改善显著

基础设施建设是县城正常运行和健康发展的物质基础，对于改善人居环境、增强县城综合承载能力、提高县城运行效率、稳步推进新型城镇化具有重要作用。近年来，各人口大县围绕改善民生这一重点，进一步加大了县城基础设施建设力度，加快基础设施转型升级，全面提升了县城基础设施建设水平，进一步增强了吸纳农业转移人口的能力。从表7可见，户籍和常住人口均超百万的人口大县在自来水、燃气、公园绿地、公共交通、污水处理、垃圾处理、地下综合管廊、保障性安居工程等与民生密切相关的基础设施上不断提高服务质量和覆盖面，扩大了县城的人口容量，提高了人口大县的现代化水平。

表7 户籍和常住人口均超百万的人口大县基础设施发展主要指标情况

	自来水普及率(%)		燃气普及率(%)		建成区供水管道密度(公里/平方公里)		人均城市道路面积(平方米)	
	2011年	2016年	2011年	2016年	2011年	2016年	2011年	2016年
四川省平均水平	88.2	82.2	79.5	77.5	11.5	10.9	11.1	10.4
安岳县	88.8	72.9	88.2	77.8	2.9	7.2	8.9	8.0
仁寿县	86.4	96.4	90.2	98.7	14.3	11.6	6.7	13.3
三台县	100.0	91.6	99.7	78.2	9.3	11.5	15.2	10.5
中江县	93.3	93.4	84.4	84.1	5.1	5.3	9.0	11.9
渠县	60.9	—	50.4	73.7	5.5	7.3	0.6	1.7
宣汉县	84.5	93.3	69.2	94.9	12.6	6.1	11.1	15.4
资中市	63.5	58.2	47.5	43.5	3.6	3.6	4.9	6.7
	建成区排水管道密度(公里/平方公里)		污水处理率(%)		污水处理厂集中处理率(%)		人均公园绿地面积(平方米)	
	2011年	2016年	2011年	2016年	2011年	2016年	2011年	2016年
四川省平均水平	8.2	7.9	70.2	71.2	63.9	67.4	9.3	9.8
安岳县	3.9	3.8	83.9	81.6	83.9	81.6	8.8	6.5
仁寿县	5.7	5.9	49.4	96.6	42.4	96.6	12.1	13.9
三台县	7.9	9.7	39.8	87.9	39.8	87.9	8.7	8.1
中江县	5.1	5.3	64.0	64.3	—	32.1	12.4	12.5
渠县	3.9	9.2	93.0	97.1	93.0	97.1	0.1	9.0
宣汉县	21.8	10.7	75.0	85.1	75.0	85.1	3.6	11.0
资中市	3.7	2.7	—	86.4	—	86.4	3.8	6.3
	建成区绿化覆盖率(%)		建成区绿地率(%)		生活垃圾处理率(%)		生活垃圾无害化处理率(%)	
	2011年	2016年	2011年	2016年	2011年	2016年	2011年	2016年
四川省平均水平	34.0	31.9	30.1	27.4	82.6	91.2	73.0	83.0
安岳县	22.9	17.8	19.1	15.1	80.3	96.5	—	96.5
仁寿县	38.4	32.2	26.2	23.4	88.0	100.0	88.0	100.0
三台县	36.1	44.0	32.4	35.1	80.3	87.0	80.3	87.0
中江县	35.4	36.8	34.7	33.7	98.7	100.0	98.7	100.0
渠县	0.1	0.0	1.1	0.0	94.8	100.0	—	100.0
宣汉县	11.6	14.9	10.4	13.5	31.7	79.6	—	79.6
资中市	5.6	24.2	2.9	13.7	—	94.6	—	94.6

(五)城镇公共服务水平明显提高

公共服务水平可以反映社会经济发展程度。公共服务体系的完善,既带来了市民工作、生活条件的提升,也促进了投资环境的优化,是促进经济良好健康发展的基本条件。由表8可以看到,近年来,户籍和常住人口均超百万的人口大县基本公共服务水平不断提升,在教育、医疗、文化、社会保障等方面的基本公共服务均等化水平明显提高,保障标准大幅提升,服务项目不断增多,受惠人群持续扩大,县域综合承载能力增强。

表8 户籍和常住人口均超百万的人口大县公共服务水平主要指标情况

	每千人拥有固定电话用户数(户)		每千人拥有移动电话用户数(户)		每十万人拥有小学学校数(个)		每十万人拥有普通中学学校数(个)	
	2011年	2016年	2011年	2016年	2011年	2016年	2011年	2016年
安岳县	85.8	32.3	483.0	329.7	4.8	3.9	8.2	8.1
仁寿县	139.6	134.1	565.2	685.5	6.8	8.0	10.3	9.4
三台县	87.5	97.2	634.8	749.0	10.3	10.0	8.1	7.3
中江县	66.1	86.2	469.6	754.8	9.1	18.2	5.6	5.3
渠 县	109.3	79.4	384.5	446.4	5.3	15.1	8.5	8.6
宣汉县	101.0	102.4	487.3	587.6	6.1	45.4	6.6	6.5
资中市	75.2	—	415.7	—	6.2	6.8	5.4	4.6

	县级公共图书馆藏书量(千册)		床位数(张)		卫生机构人员数(人)	
	2011年	2016年	2011年	2016年	2011年	2016年
安岳县	17.4	109.0	3019	4554	4120	5056
仁寿县	14.8	264.5	3456	6040	4927	6153
三台县	12.1	14.8	2618	4291	3813	4784
中江县	4.6	108.6	3645	5618	5473	6864
渠 县	12.8	12.5	2383	3822	4324	5743
宣汉县	11.8	13.0	3187	4692	5377	5862
资中市	8.0	11.0	4154	5957	5697	6977

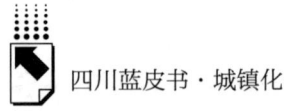

三 加快人口大县发展的思考和建议

"县为国之基,民乃邦之本"。县域是发展经济、保障民生的基石,是促进社会和谐、维护社会稳定的基石。加快人口大县县城建设,完善县域城市功能,拓展县城发展空间,改善旧城居住环境,增强县城的吸引力、聚集力和辐射力,不仅有利于塑造对外开放形象,为招商引资、对外开放提供平台和窗口,带动县域经济的发展,而且有利于新型城镇化战略的实施。

(一)完善城市服务功能

完善县域城市服务功能是县域全面发展转型的基础和条件。只有把百姓利益放在最根本位置,不断完善城市公共服务设施,特别注重民生保障、市政设施、社会事业、公共服务、绿色交通等民生服务,积极提升城市服务功能,为百姓创造良好的生活环境,才能使县域吸引更多的资金、技术、人才等生产要素,才能不断推动和促进县域创新活动,才能提升百万人口大县创新发展的能力,才能推动县域经济发展壮大。

(二)优化产业布局结构

产业是新型城镇化建设的动力源泉,因此,产城融合就是百万人口大县发展转型的重要落脚点,具有紧迫的现实意义。新型城镇化一定要以人为核心,新型城镇化也必须走产城融合之路。人口是产城融合的主体,推进农业转移人口市民化是城镇化的重要任务。人口大县在发展过程中可把城镇化与产业转型升级紧密结合起来,按照"产业跟着功能走、人口跟着产业走、建设用地等要素跟着产业和人口走"①的要求,坚持走"产城一体、融合发展"道路,通过科学调整使县域产业布局更加完善,培育和发展壮大各类

---

① 《"四个跟着走":创新发展的鲜活实践》,http://www.huaxia.com/mlcq/zqsy/bysk/2016/10/5055022.html,2018年3月12日。

产业，积极搭建创业就业载体，充分发挥城市的产业集聚功能和城镇化的空间聚集效应，使城镇产业吸纳就业人口的能力与农业转移人口市民化需求相衔接，推动产业发展与城镇化建设良性互动、协调并进。做优现代农业，做强新型工业，做大第三产业，促进农村人口的有序转移和适度集中，使产业集聚与人口集中相协调。

（三）改革落实惠民政策

十九大报告明确提出"第二轮土地承包到期后再延长30年"，给广大农民、农业经营主体和农业投资者吃下了一颗长效"定心丸"①。因此，建议进一步深化农村土地制度改革，全面推进农村耕地、宅基地、集体建设用地等的确权、勘界工作，盘活农村土地资产价值，建立健全农村产权流转交易市场，逐步建立进城落户农民在农村的相关权益退出机制，积极引导和支持进城落户农民优先获得依法自愿有偿转让的相关权益，从而为农民进城落户提供基本保障和原始积累。

（四）深化财税体制改革

深化财税体制改革是有效推动新型城镇化建设的关键，能够有效破解城镇化建设的资金困境。通过明确界定中央与地方关系、放开市场准入条件，能够逐步建立起多元化、可持续的资金保障机制。财税体制改革可以从以下几点入手。

一是推进财权与事权匹配的分税制改革，重构地方税体系。在政府层级间财力配置方面，应加大县级政府对共享税的占有比重，使财力向县级倾斜，充分调动基层政府对城镇化建设的积极性；在地方政府事权分配方面，县级政府作为基层责任主体，具有直接向小城镇和广大农村地区提供基本公共服务的职能。因此，要明确县级政府在城镇基础设施建设、居民公共服

---

① 《乡村振兴：饭碗牢牢端在自己手中（十九大时光）》，http://politics.people.com.cn/n1/2017/1022/c1001-29601012.html，2018年3月12日。

务、人员经费和公用经费等各方面必要支出的职能责任，并应尽快建立一整套长效的县级政府财力保障机制。

二是要发挥市场机制在城镇化建设中的基础作用。实践证明，市场体制在社会经济建设中始终占据着基础性地位，如比较完善的发达国家以及我国东部沿海发达地区，都坚持走"以市场化推进城镇化"的道路。本报告建议积极建立健全合理高效融资的市场机制，更大范围推广使用政府与社会资本合作（PPP）模式，引导社会闲散资金参与城市基础设施建设项目，提升城镇化建设的市场化运作水平，进而改变城镇化建设中投融资渠道单一、资金供给不足、建设后劲乏力的局面。

（五）做大县城城区规模，增强辐射力

要推动县城扩容提质，提升县城发展规模框架，增强中心城区辐射力和带动力，必须要做好以下四点工作。一是做好城乡统筹规划。以生态移民新村规划建设为契机，以县城为中心，以重点乡镇为补充，统筹城乡交通、产业、生态、教育、医疗卫生和社会保障发展规划，逐步形成以城带乡、以乡促城的大发展格局。二是坚持把保障和改善民生作为推进县城主城区建设的出发点和落脚点，做好新区建设和旧城改造，切实改善人居环境。三是坚持培育壮大城镇经济，把产业园区发展作为扩大县城发展框架的动力源泉，通过工业发展"带一产、促三产"，增强对周边农业人口的吸纳力。四是创新城乡社会管理，推进城镇管理现代化。通过做大县城城区规模，促进生产要素高效配置，更好地发挥县城主城区的集聚辐射带动作用。

（六）加大小城镇建设发展，促进农业人口就近转移

2013年四川省委做出开展"百镇建设行动"的重大决策，每年选取100个基础条件好、发展潜力大、特色优势明显的小城镇进行重点培育，采取的核心举措是强化产业支撑，以打造工业园区特色镇、旅游观光特色镇、商贸物流特色镇、生态宜居特色镇、现代农业特色镇、创新创业特色镇为着力点，完善小城镇基础设施和医疗教育等公共服务，创设"宜人宜居宜业"

的社会服务软环境。与此同时，全面放开小城镇落户限制，清理并废除不利于农业转移人口落户的限制条件，促进农业人口就近就业创业。"十三五"时期，四川将以科学规划提升小镇品味，以产业聚集提升小镇人气，以优化环境提升小镇发展持续动力，进一步夯实县域经济底部基础，真正走出一条以"人的城镇化"为核心，各具特色、产城融合、城乡一体、集约高效的新型城镇化发展之路。

B.10
四川省特色小镇发展现状

杨理珍*

摘　要： 四川省"百镇建设行动"成效显著。本报告根据2015～2016年四川省特色小镇的数据资料，描述分析了四川省特色小镇的鲜明特征：发展类型丰富多样，主导产业特色突出，人口集聚能力强，品牌意识强烈，带动农村发展。但是，随着特色小镇建设的逐步推进，四川省也面临着基础设施和公共服务需进一步提升、要素缺口较大等突出的问题和困难。为了进一步促进四川省特色小镇的建设，本报告认为应从四个方面采取措施：夯实基础设施，完善考核体系，突出市场主体，坚持科学指导。

关键词： 特色小镇　百镇建设行动　城镇化　四川

2016年7月21日，住房和城乡建设部、国家发展改革委、财政部联合发布《关于开展特色小镇培育工作的通知》，文件明确提出："通过培育特色鲜明、产业发展、绿色生态、美丽宜居的特色小镇，探索小镇建设健康发展之路"，将其作为"促进经济转型升级，推动新型城镇化和新农村建设"的重要手段①。

---

* 杨理珍，四川省社会科学院研究生院硕士研究生，主要研究方向为区域经济学。
① 《住房城乡建设部　国家发改委　财政部关于开展特色小镇培育工作的通知》建村〔2016〕147号。

作为资源大省、人口大省、农业大省,同时作为中国建制镇最多的省,四川在小城镇建设方面进行了大量卓有成效的探索和实践,逐步形成了具有较强稳定性的"金字塔形"小镇架构:以一批富有特色、辐射带动能力突出的小镇为引领,以大量正在快速发展、具有较强竞争力以及良好发展基础和巨大潜力的小镇为中坚,以千余个小镇为基石。本报告以2015~2016年四川省特色小镇数据①为基础,描述分析四川特色小镇的基本特点、发展路径、存在的问题,并剖析问题产生的原因,提出思考和建议。

一 四川特色小镇发展现状

为了积极响应国家颁布的《关于开展特色小镇培育工作的通知》,四川省积极推进特色小镇建设工作,通过借鉴国家和其他省市的工作经验及自身的积极探索,已经取得了阶段性成果。经过2年的培育,当前四川省已经拥有20个国家级特色小镇、42个省级特色小镇(含20个国家级特色小镇),21个市(州)也在大力培育新的特色小镇(见表1)。

表1 四川省特色小镇

		编号	镇	主要特色
42个省级特色小镇	第一批7个全国特色小镇	1	成都市郫都区德源镇	"双创"新兴产业型特色小镇,是国家首批"双创"示范基地,国家级孵化器
		2	成都市大邑县安仁镇	历史文化和旅游发展型特色小镇,是中国历史文化名镇,中国博物馆小镇和中国文物保护示范小镇
		3	攀枝花市盐边县红格镇	健身康养型特色小镇,打造国际阳光温泉康养度假目的地,具有热带风情的宜居、宜业、宜游山水的园林城镇
		4	泸州市纳溪区大渡口镇	工业发展与旅游休闲型特色小镇,正打造"白酒酒庄文化服务综合标准化示范区"和"中国酒镇·酒庄",是白酒文化和旅游结合的小镇

---

① 本文所利用的数据为2016年和2017年四川省住建厅特色小镇申报材料,其中川主寺镇、漳扎镇、横江镇、界市镇、世阳镇、平地镇、安宁镇、石桥镇、城厢镇等9个镇数据缺失。

续表

		编号	镇	主要特色
42个省级特色小镇	第一批7个全国特色小镇	5	南充市西充县多扶镇	工业、旅游、历史综合型特色小镇,是南充有机食品加工基地,四川省环境优美示范镇。镇域内华严禅境、凤凰山风景区等都有着深厚的历史积淀
		6	达州市宣汉县南坝镇	商贸物流型特色小镇,商贸和食品加工业为主导产业,是前河流域23个乡镇近60万人的经济、文化、信息中心、交通枢纽和物资集散地
		7	宜宾市翠屏区李庄镇	旅游休闲型特色小镇,获得了"文化抗战名镇""中国历史文化名镇""全国环境优美乡镇(国家级生态乡镇)"的美誉。李庄镇是万里长江第一古镇、川南重要水码头,水陆交通十分便捷
	第二批13个全国特色小镇	8	成都市郫都区三道堰镇	生态宜居型特色小镇,获得了"全国宜居小镇""中国最美乡村""全球环境优美镇"的称号;以打造古蜀水乡、天府田园——世界级乡村旅游示范区、运动休闲度假为载体的旅游特色小镇作为发展方向
		9	成都市龙泉驿区洛带镇	旅游发展、历史文化型特色小镇,是中国西部最大、保存最完好的客家古镇,荣获"中国历史文化名镇""中国民间文化艺术之乡"等称号;奋力建设"客家古镇、文化强镇、双创新镇"
		10	自贡市自流井区仲权镇	以彩灯产业为依托的综合发展型特色小镇。仲权镇是卢德铭革命烈士和李仲权烈士的故乡,是传统的农业大省,典型的近郊商贸型中心镇,镇内旅游资源丰富,有各类文物古迹26处
		11	眉山市洪雅县柳江镇	旅游发展、历史文化型特色小镇,距今800多年历史,是四川十大古镇之一。旅游业为其支柱产业,借势峨眉山发展,打造"海峡两岸养生度假小镇",依托侯家山寨旅游资源,打造集康养、休闲、观光、度假为一体的度假区
		12	甘孜藏族自治州稻城县香格里拉镇	旅游发展和民族聚居型特色小镇,镇域内为藏族聚居区,拥有完美的自然景致,浓郁的康巴风情,是稻城旅游的支撑点
		13	广元市昭化区昭化镇	旅游发展和历史文化型特色小镇,昭化建成历史已有2000多年,是四川最早建县之地,是"全国重点文物保护单位"。昭化镇历史悠久,文化厚重,环境优美,尤以三国文化著称于世
		14	绵阳市江油市青莲镇	旅游发展型特色小镇,青莲是一座历史文化名镇,也是一座正在崛起的新型旅游小镇,拥有清新怡人的生态环境、风光绮丽的自然景色和浓郁独特的李白文化氛围
		15	阿坝藏族羌族自治州汶川县水磨镇	民族聚居、科技教育型特色小镇,水磨镇集幼儿园、小学、初中、高中、职业教育、大学为一体,是阿坝州唯一一个,也是全省为数不多的拥有完整教育体系的小镇。水磨镇还有大学生创业孵化园和川音研究基地落户,教育资源丰富,全民学习氛围浓厚

续表

		编号	镇	主要特色
42个省级特色小镇	第二批13个全国特色小镇	16	遂宁市安居区拦江镇	农业服务型特色小镇,是国家级水利风景区。拦江镇拥有国家级和省级产业产品:悦农园圆黄梨有机食品、莲花系列产品,好吃嘴食品
		17	巴中市平昌县驷马镇	农业服务和旅游发展型特色小镇,是全国重点镇,获得过"全国休闲农业与乡村旅游示范县""驷马水乡国家AAAA级旅游景区""国家农业科技园"等称号。镇内现代农业发展成果显著,江口醇酒、平昌青花椒、江口青鳝、镇龙瓦灰鸡被列为中国地理标志产品
		18	资阳市安岳县龙台镇	农业服务型特色小镇,主导产业是柠檬产业,有关柠檬的规模化种植、精深加工和销售集散
		19	雅安市雨城区多营镇	农业服务和商贸物流型特色小镇,主导产业是藏茶,且获得2010年上海世博会名茶评选黑茶类金奖,拥有藏茶国家驰名商标1个,省级著名商标3个
		20	德阳市罗江县金山镇	工业发展型特色小镇,镇域内目前共有企业152家,其中规模以上企业48家,初步形成了以电子、新材料、汽车配件、食品精深加工为主的制造业新格局
	其他省级特色小镇	21	成都市双流区黄龙溪镇	旅游发展型特色小镇。黄龙溪古镇拥有2100多年的历史,先后被评为"中国民间艺术(火龙)之乡""中国环境优美小城镇""中国民间文化遗产旅游示范区""中国文化历史名镇"等
		22	成都市青白江区城厢镇	旅游发展型特色小镇,城厢镇有着1500余年历史,有家珍公园,内有烈士纪念馆和寺庙
		23	德阳市什邡市师古镇	商贸物流型特色小镇,雪茄烟的种植、加工、销售是师古的特色战略产业。师古镇正在投资建设雪茄庄园、国家级烟草原料交易市场,充分利用"互联网+"新型手段助推区域营销向全球伸展
		24	德阳市中江县仓山镇	旅游休闲型特色小镇,仓山镇有着丰富的历史人文景观和优美的自然生态景观。仓山是春秋战国时期所遗"古郪王城居址",镇境内还有保存完好的禹王宫、帝王庙、朝龙寺、玉佛寺、飞乌遗址、大旺石刻等历史遗迹。旅游资源独树一帜
		25	泸州市纳溪区白节镇	旅游休闲型特色小镇,白节镇以云溪温泉为发展核心,借助大旺竹海、山画山等自然旅游资源,打造集观光、度假、养生、休闲、旅游为一体,兼顾有机蔬菜种植、竹茶产业发展的特色生态旅游镇
		26	泸州市叙永县江门镇	商贸物流型特色小镇,位于川滇黔接合部,地理位置优越,现有工业基础好。在建重点项目有年产20万吨竹浆纸一体化、年周转500万吨煤炭物流交易中心和3万吨成品油库等。商贸物流基础好

续表

		编号	镇	主要特色
42个省级特色小镇	其他省级特色小镇	27	广元市苍溪县歧坪镇	现代农业型特色小镇,主导产业是猕猴桃种植业,是国家级中国红心猕猴桃原产地
		28	广元市青川县青溪镇	生态宜居型特色小镇。青溪历史悠久,文化底蕴丰厚,资源丰富,有着1700多年的历史,是阴平古道上重要关隘,历来为商贾、兵家必争之地,拥有国家级自然保护区、国家AAAA级旅游景区唐家河、国家AAAA级旅游景区青溪古城,是历史人文古镇
		29	绵阳市安州区桑枣镇	生态宜居型特色小镇,主导产业是旅游业。镇域内有罗浮山风景区、飞鸣禅院、罗浮山温泉等景点。获得美丽宜居小镇、四川省环境优美示范乡镇等称号
		30	自贡市富顺县赵化镇	旅游休闲型特色小镇,镇主导产业是旅游业和农副产品加工业。赵化镇历史悠久,建于宋朝,竹编、秸秆画、划龙船、龙灯等小镇特色民俗文化异彩纷呈
		31	攀枝花市仁和区平地镇	旅游休闲型特色小镇,平地镇有着"丝绸驿站、川南门户第一镇"的美誉。打造了夏季"消夏避暑"、秋季"生态果蔬品摘"、冬春"樱花浪漫摄影"的四季旅游主题产品体系
		32	雅安市宝兴县灵关镇	工业发展型特色小镇,主导产业是汉白玉石材产业,被誉为"中国石雕艺术之乡"
		33	乐山市峨眉山市符溪镇	商贸物流型特色小镇,主导产业是文旅产业以及商贸服务业。符溪镇是峨眉山市东大门,位于乐峨旅游走廊中心节点,区位优势明显
		34	阿坝州松潘县川主寺镇	旅游休闲型特色小镇,川主寺镇作为4A级景区、川西北交通枢纽、川西北商贸物流中心,具有以下特色优势:区位与交通优势明显;旅游资源丰富,生态环境优渥,极具开发价值;多民族(藏、羌、回、汉)杂居,具有浓郁的地方特色
		35	阿坝州九寨沟县漳扎镇	旅游休闲型特色小镇,主导产业是旅游业。漳扎镇毗邻九寨沟景区,藏民族文化底蕴深厚,发展乡村旅游具有得天独厚的优势,潜力巨大
		36	宜宾市宜宾县横江镇	旅游休闲型特色小镇。横江镇是中国历史文化名镇、四川省民间文化艺术之乡,被誉为"川滇咽喉"、兵家重地、水路要冲,太平天国翼王石达开等在此经历数十次战争,历史遗存丰厚,秦"五尺道"、隋唐"石门道"由此南下,是南丝绸之路必经之地,旅游资源丰富,极具旅游开发价值

续表

		编号	镇	主要特色
42个省级特色小镇	其他省级特色小镇	37	内江市隆昌县界市镇	商贸物流型特色小镇，界市镇是隆昌北大门，县域发展副中心和综合性的现代化高铁新镇。规划是以城际铁路站点和镇区为依托，建设城市交通枢纽，连接川渝两地，发展为集居住、商贸、旅游、教育和绿色现代新兴产业为一体的生态宜居高铁新镇
		38	南充市嘉陵区世阳镇	旅游休闲型特色小镇。世阳镇有着众多自然风景和人文风景景点，如韩世英故里、龙凤山景区及景区内龙凤寺庙、天生桥、天鹅蛋、玉兔石等，旅游资源丰富
		39	巴中市巴州区化城镇	农业发展型特色小镇。湖面300万平方米，容水可达9300万立方米的化成水库，已成为具有特色的市级旅游风景区，投资700余万元的化湖大酒店已正式投入使用。农业以优质粮油、生猪、水产、果蔬为主；民营经济以农机制造、酿造、食品加工为主，是一个正在发展的农业大镇
		40	广安市武胜县街子镇	加工制造型特色小镇。街子镇，即街子工业新城，是全县"一带两城六区"战略布局中的"两城"之一，又是全县"一主一副六城多镇"现代城镇体系中的城市副中心，利用川渝合作示范区和承接重庆、沿海城市产业转移示范区建设契机，形成了以节能环保产业、汽摩装备制造产业为主导的特色产业集群
		41	凉山州西昌市安宁镇	农业发展型特色小镇。安宁镇已建成万亩蔬菜和特色水果基地，形成集生态绿色农业、农产品加工交易、中药材精深加工、涉农仓储物流等为一体的现代农业科技创新创业产业形态，正在加快创建农创博览特色小镇
		42	达州市达川区石桥镇	旅游休闲型特色小镇。石桥镇具有悠久的历史和先进的文化艺术，有长达170多年校史的宝善书院，有会馆宗庙，有象征西方文化的天主教堂，有时代特色的斜石板街面、小青瓦屋盖、吊脚楼建筑民居、街坊。在民居中，每隔一段还建有传统的四合院等独具特色的旅游资源

从区位上看，四川省特色小镇主要分布在东南部，相对集中于四大城市群，其中成都平原城市群达到16个，占38%，这与四川省城镇人口分布基本一致（见表2）。

表2　四川省33个特色小镇基本情况

特色小镇	镇区常住人口（人）	公共财政收入（万元）	生活垃圾无害化处理率(%)	生活污水达标排放率(%)	宽带入户率(%)	银行（信用社）网点(个)	大型连锁超市或商业中心(处)
德源镇*	54480	7804	100	100	100	3	4
安仁镇*	48520	5590	100	95	85.2	6	12
红格镇*	13600	2318	99	90	90	4	3
大渡口镇*	22000	13531	100	95	65	3	3
多扶镇*	49678	8210	100	100	70	3	3
李庄镇*	15000	130.15	100	100	90	3	2
南坝镇*	97000	10000	100	100	90	12	13
三道堰镇	21445	8619	100	100	98	4	2
洛带镇	30000	17369	100	100	75	9	3
仲权镇	8100	2700	100	100	88	2	2
昭化镇	9680	643	95	85	90	4	14
柳江镇	20536	1432.8	100	100	100	3	1
香格里拉镇	2930	850	100	98	60	2	4
青莲镇	6392	2307	100	100	95	3	2
水磨镇	16881	2862.4	100	10	62	5	3
拦江镇	25000	3087	100	95	98	6	8
金山镇	22461	9505.6	98	98	90	6	6
驷马镇	17680	5570	100	30	65	6	5
龙台镇	56140	1800	100	100	95	9	8
多营镇	6520	645.8	100	70	100	1	0
黄龙溪镇	20200	6622.6	100	93	95	4	6
师古镇	18500	1950	100	75	100	5	3
仓山镇	29500	9942.4	100	80	80	4	5
白节镇	12000	9946	100	100	100	4	3
江门镇	14260	6850	98	80	58	3	4
歧坪镇	15000	1108	95	61	95	4	5
青溪镇	6000	1060	100	100	100	3	1
桑枣镇	18000	1088	96	90	90	3	3
赵化镇	18950	3399	100	100	100	4	5
灵关镇	28000	15300	100	98	92	11	8
符溪镇*	31399	2972	95	95	85	8	2
化城镇	11700	8439	100	100	80	3	5
街子镇	8600	2570	100	100	90	3	2

注：基于数据可得性，*使用的是2015年数据，无标识的特色小镇采用2016年数据。以下同。

公共财政收入方面，四川省 33 个特色小镇的公共财政收入总额达 176221.72 万元，平均每镇的公共财政收入为 5340.05 万元。其中，公共财政收入达 1 亿元的小镇共有 4 个分别为洛带镇、灵关镇、大渡口镇以及南坝镇，占调查数的 12.12%；5000 万~1 亿的镇有 11 个，占 33.33%；1000 万~5000 万的镇有 14 个，占 42.43%；1000 万以下的镇共有 4 个，占 12.12%。

基础设施方面，在 33 个特色小镇中，通二级以上公路的小镇有 32 个，占 96.97%；平均宽带入户率为 88.01%。在 33 个特色小镇中，有 28 个小镇实现了下辖的所有行政村垃圾得到有效治理的，占 84.85%；此外，在 33 个特色小镇的所有行政村中，垃圾得到有效治理的行政村占总村数的 94.43%；生活垃圾无害化处理达到了 99.27%，生活污水达标排放率为 89.03%。

公共服务方面，33 个特色小镇中，共拥有大型连锁超市或商业中心 150 处，平均每个镇拥有 4.55 处；银行（信用社）等金融网点共 153 个，平均每镇拥有银行（信用社）网点数量 4.64 个。一些经济发展较好的镇金融网点较多，其中南坝镇、灵关镇金融网点数量超过 10 个。

二 四川特色小镇发展特征

四川省特色小镇在探索和发展的过程中，拥有一些鲜明特色。

1. 发展类型丰富多样

首先，四川自然环境丰富多样，多样的地理条件是四川特色小镇存在的基础。其次，四川是多民族省份，拥有多元包容的民族文化，不少小镇立足于自身的民族文化来开发建设。最后，四川现代化产业发展迅速，不少小镇拥有较好的产业基础。四川省因地制宜，充分利用小镇原有的基础做好发展规划，不搞一刀切，发展了多种类型的特色小镇。其中，以旅游发展元素为主的特色小镇最多，但其他类型也在积极发展，总占比也已经高达 62%（见图1）。

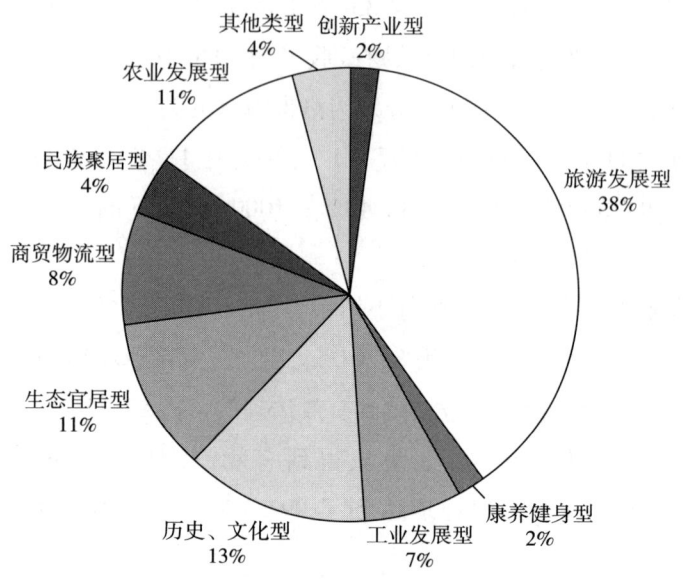

图1 特色小镇特色类型占比统计情况

2. 主导产业特色突出

特色小镇的特色产业有着极强的竞争力,产业特色突出,成为推动特色镇发展的核心力量。每个特色小镇都有着自身的优势产业,休闲旅游是绝大多数小镇的发展类型,旅游业是大部分特色小镇具有的产业(见图2)。独特的旅游资源对特色小镇的发展具有极大的推动能力,如安仁古镇独具特色的博物馆文化和民国时期建筑是其旅游业特有的资源,吸引着无数观光旅客;红格镇的阳光休闲旅游资源也是独树一帜;大渡口镇的景区和酒庄联合打造的酒文化旅游业态也是其自身旅游资源优势。除了旅游业,根据自身优势发展起来的轻工制造业和种植业也是部分特色小镇强有力的支撑。多扶镇的有机食品加工产业,仲权镇的彩灯产业,灵关镇的汉白玉石材产业等一系列轻工业已经成为这些特色镇的主导产业;拦江镇的莲花,龙台镇的柠檬,多营镇的藏茶,歧坪镇的猕猴桃,它们不仅是特色小镇自身的标签,更是特色小镇居民增收的主要来源。具体的特色小镇特色产业的情况如表3所示。

表3　具有突出特色产业的部分特色小镇情况

特色小镇名称	产业类型	特色主导产业
安仁镇*	旅游业	博物馆、民国时期建筑
红格镇*		康养健身、攀西阳光休闲旅游
青莲镇		李白文化、"国际诗歌小镇"
昭化镇		生态康养、蜀道体验
大渡口镇*		酒业、景区和酒庄联合打造
德源镇*	轻工制造业	电子工业、新经济产业
多扶镇*		有机食品加工
仲权镇		彩灯文创、制作、展示及相关配套服务
金山镇		新材料、电子信息、装备制造
灵关镇		汉白玉石材产业
街子镇		节能环保装备制造产业
符溪镇*		制造业、商贸业
拦江镇	种植业	莲花产业、经果产业
龙台镇		柠檬产业
多营镇		藏茶
歧坪镇		猕猴桃种植

专栏1　中国博物馆小镇——安仁古镇

百年安仁，馆藏中国。安仁古镇资源丰富，总共有保存完好中西合璧的老公馆27座、现代博物馆（含展示馆）27座、文保单位16处、藏品800余万件、国家一级文物166件，现存文物的价值和规模、拥有博物馆的数量，在全国同类小镇中已是首屈一指。2005年以来，安仁古镇凭借全国规模最大博物馆聚落、全国保护最完整清末民初建筑群等丰富的资源，先后被国家住房城乡建设部、国家文物局、中国博物馆学会授予"中国历史文化名镇""中国博物馆小镇""中国文物保护示范小镇""国家园林城镇""全国重点镇"称号。得天独厚的博物馆资源为安仁古镇的发展吸引了一批又一批的游客。

3. 人口集聚能力强

四川省特色小镇近几年蓬勃发展，富有特色、形态鲜明、辐射带动能力突出。这些能力正是得益于这些特色小镇较强的人口集聚能力，较大常住人口规模和人口密度是小镇人口集聚能力的体现。

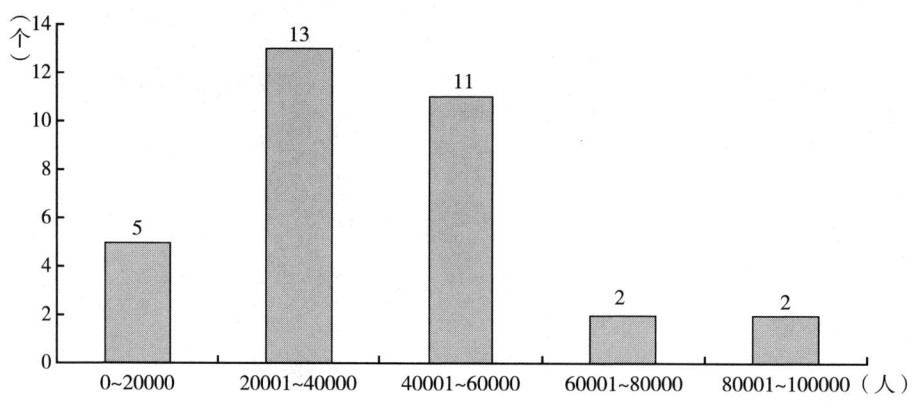

图 2　特色小镇镇域常住人口统计情况

从镇域常住人口的情况来看，33 个省级特色小镇镇域常住人口的平均值约为 39059 人，最多的是德阳中江县仓山镇，高达 85300 人；最少的则是雅安市雨城区多营镇，仅有 8305 人。大多数特色小镇镇域人口分布在 2 万~4 万人和 4 万~6 万人两个区间，分别为 13 个和 11 个。2 万~6 万人的人口对于镇级单位来说已经是一个相当大的人口规模，可见特色小镇的人口聚集能力十分强大（见图 3）。

特色小镇的人口集聚能力也能从人口密度指标得到体现。据特色小镇申报资料分析得出，33 个省级特色小镇的平均人口密度是 696.73 人/平方公里。其中人口密度是最高的是成都市郫都区德源镇，高达 2053.49 人/平方公里；最低的是甘孜州稻城县香格里拉镇，只有 17.71 人/平方公里。33 个省级特色小镇中仅有 5 个（占比 15%）特色小镇的人口密度低于 2016 年全省平均人口密度水平 170 人/平方公里，其余的 28 个（占比 85%）特色小镇人口密度全部高于全省的平均人口密度，其中还有 7 个（占比 21%）特

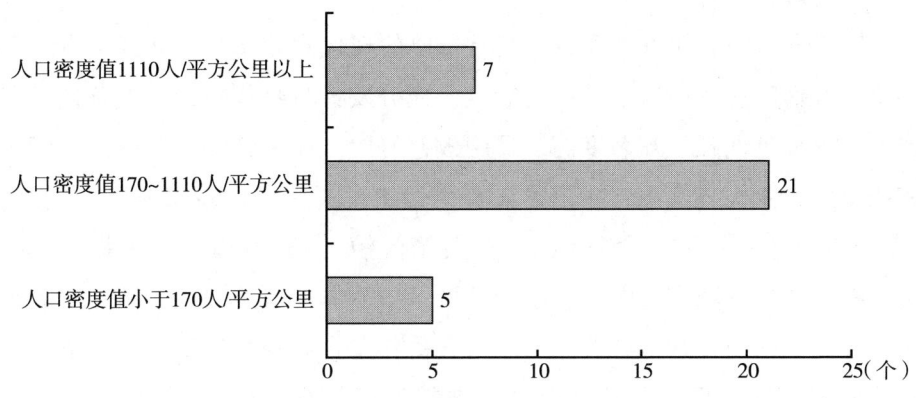

图3 特色小镇人口密度统计情况

说明：2016 年四川省人口密度为 170 人/平方公里；2016 年成都市人口密度为 1110 人/平方公里。

色小镇的人口密度高于 2016 年成都市 1110 人/平方公里的人口密度值。这些数据都印证了特色小镇极强的人口集聚能力。

专栏2 商贸集散特色镇——南坝镇

南坝镇辖区面积 143.5 平方公里，辖 31 个村（社区），总人口 16.2 万人。城镇规划面积 21.14 平方公里，现建城区面积为 6.8 平方公里，城镇人口 9.7 万人，是川东"四大古镇"之一。2016 年南坝镇入选中国特色小镇。南坝镇有着便捷的交通条件和独特色商贸物流环境。一方面，根据达州市交通规划南坝镇有两条高速公路和一条达（州）宣（汉）快速路经过南坝镇，现有 2 条二级公路横穿南坝镇。另一方面，南坝镇现代农业粗具规模、工业提档升级、第三产业充满活力。同时，南坝镇依托天然气净化厂，积极开发天然气下游产业，强力推进了南坝工业产业园区建设，已成功招驻 8 家企业入驻园区。以南坝牛肉制品、优质大米为主的农副产品深加工企业逐步做大做强，品牌享誉省内外，已成功培育"巴人村"、"川驰"牛肉等知名品牌。俨然已经发展成为前河流域 23 个乡镇近 60 万人的经济、文化、信息中心，交通枢纽和物资集散地。

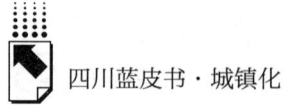

4. 品牌意识强烈

四川省作为农业发展大省，具有雄厚的现代农业基础。在四川省特色小镇建设推广过程中，各镇因地制宜，充分发挥自身优越的自然条件，打造了一批特色性强、知名度高、品牌效益好的产业。雅安市雨城区多营镇依托藏茶产业优势资源，在国道318线旁建设了"中国藏茶村"，被誉为"茶马古道第一驿站""318国道最美第一镇"。多营镇建设了集藏茶展销、藏茶文化、藏茶旅游、藏茶产品展示于一体的藏茶文化景区，声名远扬，吸引了国内外众多游客。资阳市安岳县龙台镇围绕柠檬产业，依托互联网技术，打造现代农业特色镇，被誉为"柠檬小镇"。早在2007年，"安岳柠檬"品牌就已经在国家工商总局注册。此外，安岳县还通过举办柠檬节来提升品牌影响力。目前安岳县龙台镇生产的柠檬远销俄罗斯、东南亚等国家和地区。

5. 对农村带动作用显著

四川省特色小镇在发展过程中坚持"乡村振兴、城乡融合"的理念，积极发挥联络城乡、带动农村的作用，是重要的着力点和支撑点。特色小镇通过各个方面的完善，不断带动农村的发展。基础设施方面，33个特色小镇通二级公路率高达96.97%，平均宽带入户率为88.01%；公共服务方面，33个特色小镇平均拥有大型连锁超市或商业中心4.55个，每镇银行（信用社）网点数量平均为4.64个（见表2）。特色小镇在基础设施条件、公共服务能力，以及商业服务水平方面都得到了不同程度的提升，成为当地农村的区域服务中心，充分发挥起对农村的带动作用。

专栏3　中国酒镇——大渡口镇

大渡口镇在建设过程中，根据人口分布和地形地貌，实现镇域全域布局、城乡统筹、整体推进。在集镇中心区，重点打造城镇中心区、生活居住区、工业生产区、旅游度假区、商贸服务区和滨江生态休闲区6大功能分区，进一步优化场镇空间布局和中心镇区聚集能力，常住人口由1.6万人增加到2.2万人。2015年城镇化率达61%，比全省平均水平高8.5个百分点，领先全国。在集镇外延区，以全国唯一"白酒酒庄文化服务综合标准化示范区"和"中国酒镇·酒庄"项目建设为契机，重点推进11个农业观光园、10个指尖小镇、99个特色酒庄、1个酒文化博物馆等，提升特色产业发展水平，推动三产联动发展、产业与集镇融合发展。村级发展方面，大渡口镇结合产业发展布局，配套规划实施"中心村、精品村、特色村"三大品质提升工程，基本完成了2个二级场镇和17个村（社区）的功能改造提升，实现城乡统筹、一体发展；每个村（社）都成立了村集体经济经营管理公司，负责辖区资产管理和使用，实现了镇乡一体化发展。

三 四川省特色小镇建设中的主要问题

近几年，四川省出台各种政策文件、采取多种措施从各方面支持特色小镇的发展，如技术支持、资金支持、人才支持等，有了一定的效果，取得了很大的进步，但是，特色小镇的建设过程也有一些问题和困难亟待解决。

一是特色小镇的基础设施和公共服务水平需进一步提升。自开展"百镇建设行动"以来，四川省小城镇基础设施建设水平和公共服务供给水平有了大幅提升，作为建制镇的引领，特色小镇通过加大财政投入、引入社会资金、探索PPP等新型投融资方式，在基础建设方面进行了卓有成效的实践。但从现实出发，目前尚未对建制镇采用城市建设标准，从城市规划到基础设施建设乃至公共服务设施普遍存在建设标准偏低和供给规模不足问题。例如，香格里拉镇、江门镇、昭化镇等道路硬化率均在80%左右；部分特色小镇如洛带镇和桑枣镇等还未建成污水处理厂，而某些特色小镇建成了污水处理厂并未完全投入使用，如红格镇、李庄镇等。

二是土地、资金、人才等发展要素缺口较大，影响小镇可持续发展。

土地方面,在严格限制房地产开发的前提下,大多数小镇建设用地指标少于已有产业发展和人口集聚需求,这限制了小镇发展空间和格局的同时,也导致土地不规范利用现象层出不穷。资金方面,尽管近年来各级政府加大了特色小镇的培育力度,投入重点镇的财政资金规模大幅增加,但由于历史欠账较多,仍需大力引进社会资金参与建设。与大城市相比,企业参与投资建设特色小镇的积极性相对较低,公共建设方面以政府购买项目居多,以PPP等模式引进社会资本的项目较少。人才是特色小镇未来发展最为突出的短板,尽管一些小镇建立了"双创"示范基地、国家级孵化器等创新创业平台,提供了优厚的待遇吸引人才,但是当前专业人才对创新创业环境要求普遍较高,特色小镇对专业团队、创新人才和精英没有足够的吸引力。

四 对四川省特色小镇建设的思考

(一)完善基础设施,提升特色镇承载能力

针对当前基础设施不完善的现状,应当积极采取措施解决。基础设施关系着特色小镇的承载能力,小镇承载能力越高,提供就业、吸纳企业和招揽游客的能力就越高。一方面,在为基础设施提供专项财政资金的同时吸引社会资金。受宏观经济环境下行的影响,财政在基础设施方面的投入压力较大,应当灵活运用社会资金,盘活闲散资金为基础设施建设提供支持。

(二)完善考核体系,强化监都管理职能

考核体系既是对特色小镇发展的监督,也是特色小镇长足发展的重要保障。一方面,应在考核体系中建立明确的生态考核指标,生态考核不仅是对特色小镇原生态环境的保护,也是对特色文化的保护。另一方面,应当建立特色小镇退出考核机制。退出机制主要针对两种特色小镇,一种是地理位置

不适合发展的特色小镇，另一种是发展逐渐衰败的特色小镇，当考核不通过时就应提出退出要求。退出机制既可保障特色小镇整体情况的良好态势，又可对特色小镇的发展产生警示作用。同时，设立动态监管机制，时刻关注特色小镇的发展情况。

（三）突出市场主体，营造良好发展环境

要更好地解决对人才和资金吸引力不足的问题，应从以下几点入手。一是摒弃"政府投资、招商引资"的传统做法，应按照政企分离的原则，建立健全产业自主选择的科学筛选平台，通过市场经济运营方式使与产业发展定位相符、资金实力雄厚的投资主体顺利参与建设，形成由投资公司统一承担特色小镇的开发建设、招商引资、对外合作、管理服务等工作的发展模式。政府应将工作重心放在研究促进特色小镇快速发展和加快基础设施与公共服务的完善上来。二是充分发挥龙头企业的作用。特色小镇在市场力强大、资金实力雄厚的企业的支持下，可以布局更有竞争力的产业链，达到双赢。三是拓展融资途径，加强融资监管。加强企业与银行、信托、保险等机构的深入合作，以多种方式组建集团公司，吸引民间资本参与特色小镇建设。同时，构建监督监管机构，设置专人实施监督职能，实现利益共享、风险共担。大中型企业的入驻，为特色小镇带来资金和就业机会，也会吸引专业人才和精英。人才不足问题就会迎刃而解。

（四）坚持科学指导，明确特色产业方向

发展才是硬道理，经济发展了才能促进社会的全面发展，才能实现全面建成小康社会的目标。但是发展并不是单一的、独立的，而是要在错综复杂的产业体系中寻找适合自身情况的，从而达到自身效益最大化的发展方向。省级特色小镇的总体发展已经走在了前列，但是大多数特色小镇正面临着确定产业发展方向的矛盾，既要解决资源有限和产业多元化的矛盾，又要解决产业多元化与产业特色化的矛盾。因此，特

色小镇的产业发展定位既要全面又要突出重点。更重要的是，特色小镇的发展不仅要考虑自己镇一级的情况，还要结合所属县一级和市一级的发展规划甚至是全省、全国的规划，慎重地决定自己的产业方向，统筹规划出最能体现自身优势、最能符合宏观环境、最能实现长远发展的产业。

B.11 四川省城市基础设施建设报告

肖华堂*

摘 要： 2016年，四川省继续开展"城市基础设施建设年行动"，更加注重城市建设规划引领，在加快主要城市重点领域基础设施建设的同时，加快海绵城市试点建设，地下综合管廊建设，推进县（市）域"多规合一"，建立规划违法违纪约谈制度等。全省城市基础设施建设不断融入"一带一路"倡议和长江经济带战略，新型城市逐渐被培育打造为对外开放合作平台，城市功能不断完善，城市对外开放软硬环境明显改善，全省主要城市基础设施建设水平明显提升，城市常住人口、户籍人口城镇化率进一步提高，城市活力和综合竞争力进一步增强，为四川城市向外开放发展提供重要支撑。

关键词： 地下综合管廊 海绵城市 "多规合一" 城市基础设施

良好的城市基础设施是城市功能有效发挥的重要支撑，在全球化和开放型经济背景下，一个城市的基础设施水平是城市现代化水平、对外吸引力、人居和产业发展环境等方面的重要体现。2016年，四川省继续围绕道路交通、市政管网、防洪排涝、污水处理、垃圾处理、生态园林、电力通信等七

---

* 肖华堂，四川省社会科学院区域经济研究所助理研究员，主要研究方向为中小城镇建设、县域经济关系问题研究。

大重点任务展开"城市基础设施建设年行动",提升全省城市基础设施建设质量和水平。同时,再次重申"加快建设内陆开放战略高地"任务,明确以加快建立开放型经济治理体系和治理能力现代化为导向,构建起与国际规则相接轨、与现代市场体系相匹配、与发展阶段相适应的开放型经济新体制的总体目标。正式开启新时代下开放型城市治理、城市基础设施建设、城市经济新体制改革等全方位建设进程。

一 四川城市建设整体概况

四川是我国西部地区的资源大省、人口大省、经济大省,辖区面积48.6万平方公里,人口密度170人/平方公里,人口密度最大的城市为成都市,达到1110人/平方公里。2016年四川省有设区城市18个[①],其中成都市为副省级城市;县级市[②]16个;市辖区52个,较上年增加2个[③]。2016年,四川有常住人口8262万人,较上年增加58万人,其中,城镇常住人口首次突破4000万人,达到4066万人,较上年增加153.5万人。城镇化率达到49.21%,较上年提高1.5个百分点,近10年,年均提高1.5个百分点。全省形成1个千万人口级别大城市(成都市)和5个100万人口以上的大城市,分别为泸州、绵阳、德阳、南充和宜宾;城镇化率最高的为成都市,达到70.62%。全省城市城区面积达到7872.65平方公里[④],建成区面积达到2615.59平方公里;其中,设区城市城区面积6254.88平方公里,建成区面积2213.26平方公里;县级市城市城区面积1617.77平方公里,建成区面积402.33平方公里(见图1)。

---

① 本报告涉及城市为四川全省18个地级区城市,不包括阿坝藏族羌族自治州、甘孜藏族自治州、凉山彝族自治州。
② 本报告第二部分仅包含全省16个县级市数据,不包括市辖区数据。
③ 《撤销安县设立绵阳市安州区》(川府函〔2016〕78号);《撤销郫县设立成都市郫都区》(川府函〔2016〕238号)。
④ 不包括阿坝藏族羌族自治州、甘孜藏族自治州、凉山彝族自治州。

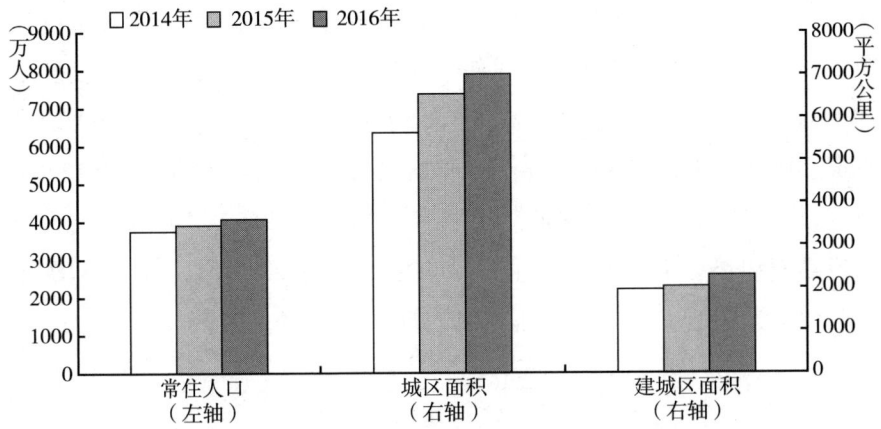

图1 2014~2016年四川城市常住人口、城区及建成区面积

图1中反映的数据，同《四川城镇化发展报告（2017）》中，B.9《四川城市基础设施建设报告》2015年四川省城市城区面积、建城区面积存在一定差异，本报告2015年该两项指标，系调整后数据。

二 重点领域城市基础设施加快推进

2016年四川省继续深入开展"城市基础设施建设年行动"，全年城市（县城）市政公用设施建设完成投资1377亿元，同比增长16.5%，占同期全社会固定资产投资总额的4.73%，较全国平均水平高出1.85个百分点。全省主要城市基础设施建设水平明显提高，有效提升了四川省城市人居环境改善、产业发展水平、人口集聚能力，对推进新型城镇化建设等起到重要支撑作用。

（一）城市道路桥梁建设上升新台阶

城市道路是城市同外界联系的重要通道，更是城市居民更加便捷工作生活的重要基础，是城市基础设施建设的重要内容。2016年，四川省城市道路长度达到14835.17千米，较上年增加1457.34千米，其中设区城市道路长度达到12503千米，县级市城市道路长度达到2332.06千米。全省城市道路面积首次突破3亿平方米，达到31352.18万平方米，其中，设区城市道路面积26049.73万平方米，县级市城市道路面积5302.45万平方米；人均城市道路面积达到13.73平方米，较上年增加0.1平方米；其中，设区城市人均道路面积为13.49平方米，较上年增加0.1平方米，设区城市人均道路面积最多的遂宁市达到30.07平方米；县级市城市人均道路面积为15.04平方米，较上年增加0.14平方米，其中绵竹市达到29.55平方米，成为全省人均道路面积最多的县级市。全省城市桥梁达到2355座，较上年增加28座；其中，设区城市1917座，县级市城市438座（见表1）。

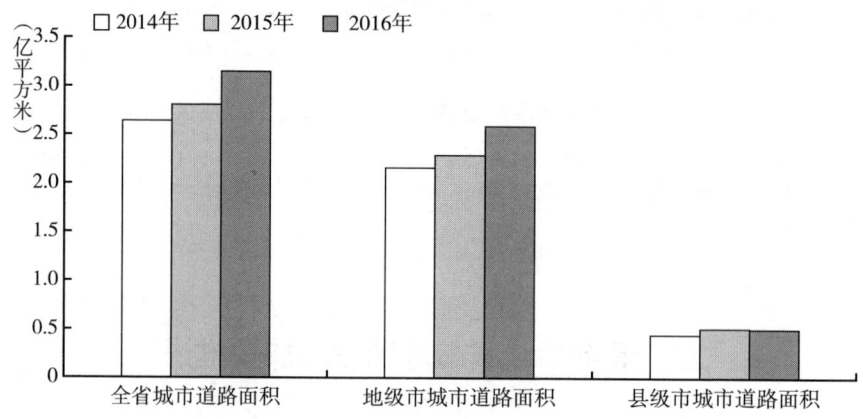

图2 2014~2016年四川省城市道路面积情况

表1 2014~2016年四川省城市人均道路面积情况

单位：平方米，个

年份	全省人均城市道路面积	设区城市人均城市道路面积	县级市城市人均城市道路面积	人均城市道路面积超过20平方米的设区城市	人均城市道路面积超过20平方米的县级市城市
2014	13.32	13.14	14.24	2	2
2015	13.63	13.39	14.87	2	3
2016	13.73	13.49	15.04	2	3

（二）城市地下管线建设情况

城市地下管线是指城市范围内供水、排水、燃气、热力、电力、通信、广播电视、工业等管线及其附属设施，是保障城市运行的重要基础设施和

"生命线"①。2016年2月出台的《四川省城镇地下管线管理办法》（四川省人民政府令第305号），进一步明确全省城市地下管线建设规划、建设、维护、数据信息等全过程。2016年末，四川省城市供水管道长度达到37829.68千米，较上年增加7771.51千米，增长25.85%；其中，设区城市供水管道长度突破3万千米，达到32351千米，县级市城市供水管道长度达到5478.68千米（见表2）。

全省城市供水综合生产能力首次突破1000万立方米/日，达到1056.64万立方米/日，较上年增长8.94%；其中，设区城市供水综合生产能力达到894.96万立方米/日，县级市城市供水综合生产能力达到161.68万立方米/日。全省城市用水人口首次突破2000万人，达到2125.80万人，较上年增加218.57万人，增长11.46%；其中，设区城市用水人口达到1806.89万人，县级市城市用水人口达到318.91万人。全省城市人口用水普及率达到93.07%，较上年提高0.02个百分点；其中设区城市用水普及率为93.55%，县级市城市用水普及率为90.45%。

表2 2014~2016年四川省城市供水情况

年份	城市供水管道长度（千米）	较上年增长（%）	城市供水综合生产能力（万立方米/日）	较上年增长（%）	城市人口用水普及率（%）	较上年提高（百分点）
2014	27460.80	10.6	950.54	9.1	91.12	-0.64
2015	30058.17	9.46	969.96	2.04	93.05	1.93
2016	37829.68	25.85	1056.64	8.94	93.07	0.02

2016年，全省城市排水管道长度达到26485.55千米，其中，污水管道11061.45千米，雨水管道11301.11千米，雨污合流管道4122.99千米。设区城市排水管道长度突破2万千米，达到22459.76千米，其中，污水管道9425.44千米，雨水管道9630.04千米，雨污合流管道3404.28千米。县级市城市排水管道长度突破4000千米，达到4025.79千米，其中，污水管道1636.01千米，雨水管道1671.07千米，雨污合流管道718.71千米（见表3）。

---

① 参见《国务院办公厅关于加强城市地下管线建设管理的指导意见》国办发〔2014〕27号。

表 3　2014～2016 年四川省城市排水管道建设情况

单位：千米，%

年份	全省城市排水管道长度	增幅	设区城市排水管道长度	新增长度	县级市城市排水管道长度	新增长度
2014	20606.44	5.57	17051.81	1365.31	3554.63	277.74
2015	22486.37	9.10	18605.57	1553.76	3880.80	326.17
2016	26485.55	17.78	22459.76	20.72	4025.79	144.99

（三）城市绿地和园林建设情况

城市绿地和园林建设既是提升人居环境的需要，也是提高城市品位、增强城市吸引力的重要举措。近年，四川省不断强化城市绿地系统规划的编制和实施管理，积极完善城市园林技术规范，分批启动城市生态修复工作。2016 年全省地级以上城市实现了创建园林城市全覆盖①，全省城市建成区绿化覆盖面积突破 10 万公顷，达到 104353.81 公顷，较上年增长 18.34%；城市建成区园林绿化面积达到 92870.10 公顷，较上年增长 17.77%。全省城市建成区绿化覆盖率达到 39.90%，较上年提高 1.25 个百分点；其中，设区城市建成区绿化覆盖率达到 40.06%，较上年提高 1.48 个百分点，县级市城市建成区绿化覆盖率达到 38.98%（见表 4）。

表 4　2014～2016 年四川省城市建成区绿地和园林建设情况

单位：公顷，%

年份	城市建城区绿化覆盖面积	增幅	建城区园林绿地面积	增幅	城市建成区绿化覆盖率
2014	83145.00	5.2	74435.00	5.4	37.51
2015	88179.66	6.0	78858.31	5.9	38.65
2016	104353.81	18.3	92870.10	17.8	39.90

---

① 《四川：提升存量绿地品质功能》，http://www.scjst.gov.cn/news/center/show - 1002217.html，2018 年 3 月 12 日。

2016年末，全省城市公园个数达到561个，较上年增加53个，公园绿地面积达到28479.25公顷，较上年增长16.18%。城市人均公园绿地面积达到12.47平方米，较上年增加0.51平方米，其中，设区城市人均公园绿地面积达到12.50平方米，较上年增加0.60平方米，县级市城市人均公园绿地面积达到12.31平方米（见表5）。

表5 2014~2016年四川省城市公园建设情况

年份	公园个数（个）	增加（个）	公园绿地面积（公顷）	增幅（%）	人均公园绿地面积（平方米）	增加（平方米）
2014	466	-58	22191.001	6.14	11.26	0.05
2015	508	42	24512.19	10.46	11.96	0.701
2016	561	53	28479.25	16.18	12.47	0.51

（四）城市排污和市容环境卫生处理设施建设

2016年，四川全省城市污水处理厂达到102座，其中，设区城市83座，县级市城市19座。全省城市污水排放量达到199603万立方米，其中，设区城市污水排放量达到172642万立方米，县级市城市污水排放量达到26961万立方米。全省污水处理量达到171008万立方米，其中，设区城市污水处理量达到150699万立方米，县级市城市污水处理量达到20309万立方米。全省城市污水处理率达到89.66%，较上年提高1.14个百分点，其中，设区城市污水处理率达到91.58%，较上年提高0.83个百分点，县级市城市污水处理率达到77.35%（见表6）。

表6 2016年四川省城市污水处理设施建设情况

	污水处理厂（座）	污水排放量（万立方米）	污水处理量（万立方米）	污水处理率(%)		
				2014年	2015年	2016年
全省	102	199603	171008	85.36	88.52	89.66
设区城市	83	172642	150699	87.24	90.75	91.58
县级市城市	19	26961	20309	74.22	74.07	77.35

2016年，全省城市生活垃圾无害化处理厂共有44座，其中，设区城市31座，县级市城市13座；配备市容环卫专用车辆6351辆，新增1492辆。全省城市生活垃圾无害化处理量达到874.22万吨，生活垃圾处理率达到99.69%，其中，设区城市生活垃圾处理率达到99.66%，较上年提高2.77个百分点，县级市城市生活垃圾处理率达到99.85%。全省有13个设区城市生活垃圾处理率达到100%，比上年增加7个；有13个县级市城市生活垃圾处理率达到100%，比上年增加1个（见表7）。

表7 2016年四川省城市生活垃圾处理设施建设情况

	生活垃圾无害化处理厂（座）	市容环卫专用车辆设备总数（辆）	生活垃圾无害化处理量（万吨）	生活垃圾处理率（%）		
				2014年	2015年	2016年
全省	44	6351	874.22	97.24	97.28	99.69
设区城市	31	5476	749.26	97.09	96.89	99.66
县级市城市	13	875	124.96	98.07	99.48	99.85

三 海绵城市建设成效突出

海绵城市类似智慧城市，是现代城市发展过程中人为构想的一种可付诸实践的城市发展理念，其目的是为城市中的人创造更加美好的生活条件，促进城市本身的和谐、可持续发展。具体来讲，海绵城市就是指通过加强城市规划建设管理，充分发挥建筑、道路和绿地、水系等生态系统对雨水的吸纳、蓄渗和缓释作用，有效控制雨水径流，实现自然积存、自然渗透、自然净化的城市发展方式①。

（一）海绵城市建设背景

"海绵城市"相关概念由来已久，美国、加拿大等发达国家在海绵城市

---

① 参见《国务院办公厅关于推进海绵城市建设的指导意见》，国办发〔2015〕75号。

建设方面已经有诸多经验。"海绵城市"概念首次提出是在2012年4月的《2012低碳城市与区域发展科技论坛》中，习近平总书记在2013年12月中央城镇化工作会议上提出："提升城市排水系统时要优先考虑把有限的雨水留下来，优先考虑更多利用自然力量排水，建设自然存积、自然渗透、自然净化的海绵城市"[①]。2015年，国务院出台《国务院办公厅关于推进海绵城市建设的指导意见》，提出通过海绵城市建设，综合采取"渗、滞、蓄、净、用、排"等措施，最大限度地减少城市开发建设对生态环境的影响，将70%的降雨就地消纳和利用。明确到2020年，城市建成区20%以上的面积达到目标要求；到2030年，城市建成区80%以上的面积达到目标要求[②]。

2015年国务院部署建设海绵城市后，四川一直积极有序地推进实施，当年遂宁就在全国众多比选城市中脱颖而出，成功入围全国16个海绵城市试点。2016年1月，四川省出台的《关于推进海绵城市建设的实施意见》（川办发〔2016〕6号），提出要通过科学规划和统筹实施海绵型建筑与小区、道路与广场、公园绿地、公共服务设施、排水防涝设施、水系保护与修复等6类重点项目建设，有效控制雨水径流，构建自净自渗、蓄泄得当、排用结合的城市良性水循环系统，加快推进海绵城市建设，并从近期、中期、远期为全省海绵城市建设提出具体目标。同年7月，四川省确定成都、泸州、自贡、绵阳、广安5个设区城市和崇州等10个县级市（县城）为省级海绵城市建设试点城市，试点推进全省海绵城市建设。

（二）四川海绵城市建设举措及成效

四川在推进海绵城市建设过程中，主要是注重做好以下几个方面的工作。一是注重规划先行，明确要求各试点城市结合本地水文特征及发展条

---

① 《构建"海绵城市" 让城市水资源"活"起来》，http://www.sznews.com/education/content/2016-04/18/content_13140327.htm，2018年3月12日。
② 参见《国务院办公厅关于推进海绵城市建设的指导意见》，国办发〔2015〕75号。2015年4月，四川省遂宁市成功申报全国首批16个海绵城市建设试点市。

件，加大科学论证力度，科学合理确定海绵城市建设的具体指标、实施策略和重点实施区域，要求各地区在2016年12月底前完成海绵城市建设专项规划的编制。同时，明确全省300个"百镇建设行动"试点镇，要按照海绵城市建设理念重新审视建设规划。二是分类推进海绵型城镇建设，明确分类推进海绵型城市新区、海绵型旧城、海绵型县城和小城镇三种类型海绵型城市建设。三是突出重点领域、重点项目建设，明确在试点市统筹推进海绵型建筑与住宅小区建设、海绵型城市道路和广场建设、海绵型公园绿地建设、公共服务设施海绵体建设、城市排水防涝设施建设、城市水系的保护和修复工作等6个方面重点项目建设。四是积极拓宽筹资渠道，推进PPP模式，通过使用者付费、政府付费、可行性缺口补贴等多种形式，鼓励社会资本参与海绵城市建设和运营管理，支持各地统筹整合各类资金，明确将海绵城市建设中符合条件的项目列入建设资金支持范围，强化海绵城市建设资金保障[①]。

经过1年多努力，四川省"海绵城市"试点建设迈出重要一步，取得了重要成效，2016年，住房和城乡建设部城市建设司通报的海绵城市建设试点2016年度绩效评价结果显示，遂宁市在全国首批16个试点城市中排名第二。全省5个设区城市、10个县级市（县城）试点海绵城市建设项目开工达338个、竣工193个，完成投资267亿元，初步形成"以国家级试点为龙头、省级试点为支点，其他市县统筹推进"的海绵城市建设发展格局。

四 存在的问题及建议

2016年是四川省全面落实中央城市工作会议的第一年，四川省城市建

---

① 《四川海绵城市建设提速》，http：//www.mohurd.gov.cn/dfxx/201602/t20160216_226645.html，2018年3月12日；《四川16个城市试点海绵城市建设》，《华西都市报》2017年10月15日A4版；《四川省人民政府办公厅关于推进海绵城市建设的实施意见四川省人民政府办公厅关于推进海绵城市建设的实施意见》川办发〔2016〕6号。

设严格按照中央城市工作会议精神要求,充分尊重城市发展客观规律,立足四川城市发展实际,加快推进全省主要城市基础设施建设,全省主要城市基础设施建取得重要成绩,但仍有一些现实问题。

(一)主要城市基础设施建设整体水平仍然较低

2016年是四川"城市基础设施建设年行动"第二年,也是四川"城市基础设施建设年行动"的攻坚之年,全省主要城市基础设施建设取得重要进展,城市基础设施建设水平上到新台阶,但相对国内上海、广州、深圳等主要城市而言仍然存在较大差距,相对全国城市[①]平均水平而言差距也较明显。如2016年,四川省人均城市道路面积达到13.73平方米,较上年仅增加0.1平方米,而全国同期人均城市道路面积为15.8平方米,比上年增加0.2平方米;全省18个设区城市仅有遂宁、广安、资阳等4个城市,16个县级市城市中仅有绵竹、崇州、邛崃等6个城市达到全国平均水平。另外,虽然全省城市污水处理率达到89.66%,较上年提高1.06个百分点,但全国同期城市污水处理率达到93.44%,比上年增加1.54个百分点,全省仅有遂宁、广元、广安等6个设区城市,以及峨眉山市、邛崃市2个县级市城市达到全国平均水平。四川城市的整体建设水平和发展速度,距离全国平均水平都有一定差距。

(二)主要城市基础设施建设不充分、不平衡

从全省主要城市基础设施建设水平现状来看,地区之间差异仍然十分明显,如2016年,全省18个设区城市仅有7个人均城市道路面积达到全省平均水平,设区城市人均城市道路面积最多的为遂宁市,达到30.07平方米,最低的为巴中市,仅3.75平方米,最多的为最低的8倍左右,县级市城市也类似。另外,全省18个设区城市,仅有4个城市人均公园绿地面积达到全省平均水平,全省16个县级市城市仅有5个城市人均公园绿地面积达到

---

① 主要是针对全国设区城市和县级市城市。

全省平均水平，设区城市人均公园绿地面积最大的为广安市，达到21.82平方米，县级市城市人均公园绿地面积最大的为邛崃市，达到24.45平方米，而城市人均公园绿地面积最少的设区城市和县级市分别仅为7.33平方米、3.08平方米。全省主要城市间城市基础设施发展不充分、不平衡矛盾依然突出。

（三）主要城市基础设施建设投入缺口依然较大

第一，尽管2015年、2016年四川连续两年实施"城市基础设施建设年行动"，全省主要城市基础设施建设投入大幅提高，城市、县城市政公用设施建设投资分别达到1182亿元、1377亿元，预计2017年全省城市、县城市政公用设施建设分别完成投资1350亿元以上。但四川主要城市基础设施建设水平要达到全国主要城市平均水平，或国内发达城市基础设施建设水平，不但需要一定的发展过程，而且需要投入更大量的资金，补齐城市基础设施发展短板，同时还需要充分考虑地区间城市基础设施建设发展不充分、不平衡的问题。城市是我国经济、政治、文化、社会等方面活动的中心，在国家和地区经济社会发展过程中具有重要支撑作用。四川省应创造性认识新时代下城市在区域经济社会发展中的重要作用，加快转变全省城市发展方式，积极完善现代城市治理体系，全面提高城市治理能力。

第二，要积极把握西部，尤其是四川城市发展的有利战略机遇，严格落实省域城镇体系和四大城市群规划，继续深入实施"城市基础设施建设年行动"等计划，加快推进全省海绵城市试点建设和全面建设。

第三，要不断加大城市基础设施建设力度，尤其要加大对各市（州）内部重点中小城市的基础设施建设投入，明确城市基础设施建设投入适当向成都市以外的地区倾斜，明确城市基础设施建设投入总量绝对值不减少，增速高于全社会固定资产投资增速，逐渐缩小全省主要城市之间，以及地区内部中小城市之间的基础设施建设差距，全面提高全省主要城市基础设施建设水平。

第四，要积极对标先进，重点对标全国主要城市基础设施建设情况，找准短板，补齐短板，提升全省主要城市对外开放发展能力。

第五，在积极培育、打造天府新区新兴增长极的同时，注重协调好大中小城市发展，加快推进全省四大城市群发展，逐渐形成以城市群为主体，大中小城市和小城镇协调发展，多点多极竞相跨越发展的新型城镇格局，加快全省新型城镇化进程。

B.12
人口流动对四川省城镇化的影响

四川省统计局人口就业处*

摘 要: 在四川省工业化、城镇化进程中,大量农业转移人口向大城市和经济较发达地区聚集,人口流动日趋活跃,变化更趋复杂,规模不断增大。但是四川城镇化水平较低,对省外人口的吸引力还比较弱。省内人口流动趋势是以成都为中心向周边递减,这与四川经济发展水平和人口密度的分布格局相似。为促进四川省城镇化发展,应因地制宜发展非农产业,吸引乡村人口就地转移;以政策服务为导向,引导外出务工人员回乡创业;促进中小城镇产业发展,增强对流动人口的吸纳能力;发展老年事业,吸引乡村老人到城镇居住、生活。

关键词: 人口流动 城镇化 农业人口转移

改革开放以来,特别是21世纪以来,四川省工业化、城镇化进程加快,大量农业转移人口向城市和经济较发达地区聚集,人口流动规模不断增大,人口流动的变化特征更为复杂。人口流动在经济社会发展中的作用,特别是在新型城镇化建设中的重要作用越来越被政府及社会各界广泛关注。

---

* 执笔人为四川省统计局人口就业处,曾旭晖编。

人口流动对四川省城镇化的影响

一 四川人口流动的基本特征

（一）流出省外人员减少，外出务工人员回流趋势显现

四川是人口外出大省，2010年人口普查数据显示[①]，四川外出人口达2091.4万人，占全省人口总数的26%。其中，外出省内1040.8万人，外出省外1050.6万人，分别占外出人口总数的49.8%和50.2%。省外外来112.8万人，占流动人口总数的9.8%。到2016年，全省外出半年及以上人口2141万人，比上年减少16.2万人。2016年流出省外人员1001万人，与2010～2015年各年相比，分别减少50万人、70万人、68.1万人、67.5万人、55.7万人、27万人。同时，省外流入人员增加。2016年省外流入125.7万人，比2015年增加2.3万人，比2010年增加12.9万人，平均每年增加2.15万人。另外，省内地区间人口流动增加，2016年省内地区间流动人口1140万人，比2015年增加14.2万人。

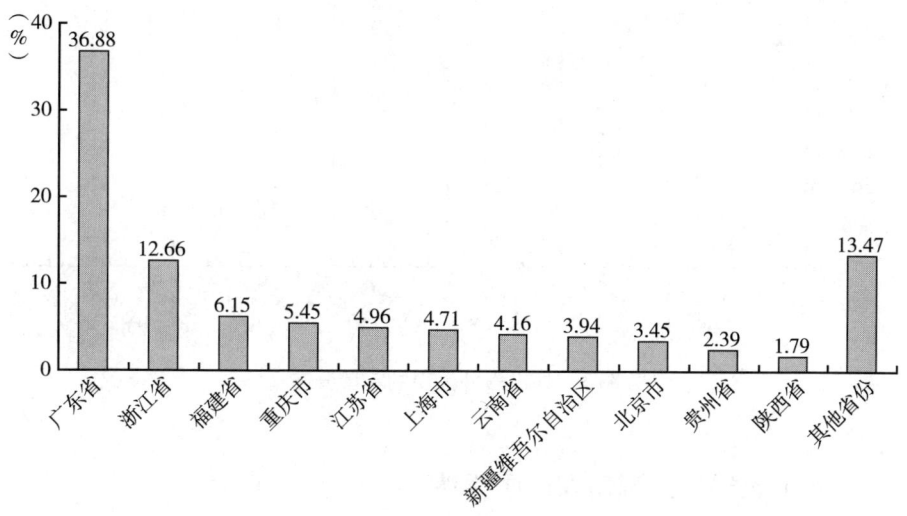

图1 外出省外人口的地区分布

[①] 本章所采用人口数据若无特殊说明，均来自2010年第六次全国人口普查。

（二）外出流动人口主要去向为东部沿海地区和特大城市

四川外出省外的人口在全国分布较广。根据对2010年人口普查数据的分析，流入广东的四川人最多，有37%的四川外出人口在广东；其次依次为浙江省（占13%）和福建省（占6%）。值得注意的是，西部少数民族地区新疆、西藏有不少四川流动人口。不过，总体上看，四川省外出人口还是主要分布在经济发达的东部沿海地区和特大城市。

（三）四川省外出人口以青壮年为主

我国现阶段的人口流动主要表现为农业人口向城镇流动，主要是农村剩余劳动力向第二、第三产业转移，因此，外出人口年龄较为年轻，以青壮年为主。15~44岁青壮年劳动力成为外出人口的主流，所占比重高达64%（见图2）。

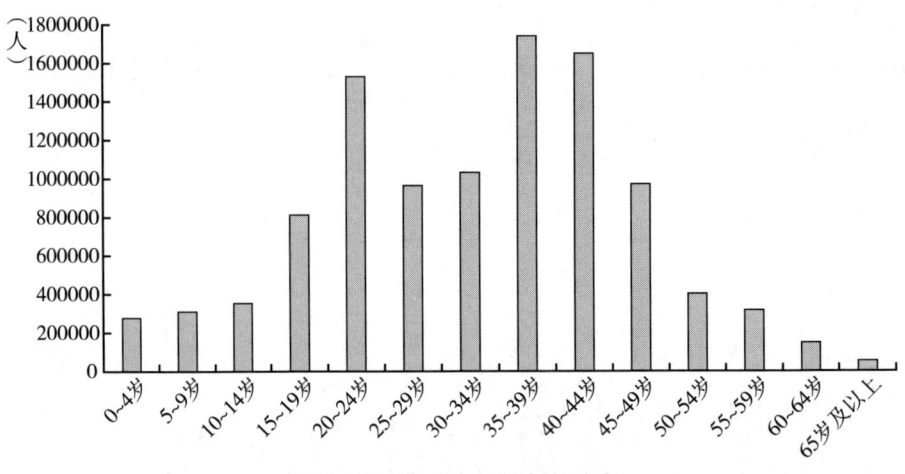

图2 外出省外人口的年龄分布

（四）农村外出流动人口中男性多于女性

在外出省外人口中，男性占57.01%，女性占42.99%，男性显著多于女性。在外出省内人口中，男性占51.63%，女性占48.37%，男性稍多于女性。（见图3）。

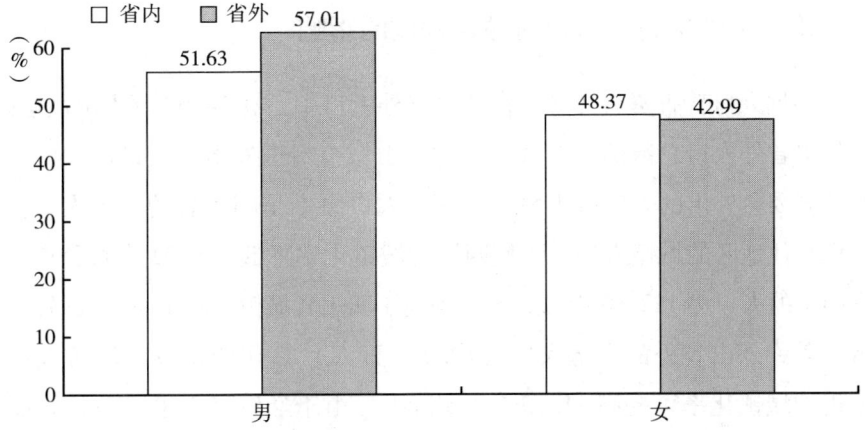

图3 外出人口的性别构成

其中,在乡村外出省外人口中,务工经商占85%。男性外出省外的务工经商人口比例比女性群体更高。可见,四川外出省外人口男性多于女性的特点较省内突出,农村外出人口的主要目的是务工经商。

二 人口流动对城镇化的影响

在我国城镇化进程中,来自农村的流动人口不仅为居住地提供了发展工业的大量廉价劳动力,促进了当地社会经济的快速发展,他们在促进居住地城镇化进程中也发挥了至关重要的作用。

(一)外出省内人口对城乡人口构成的影响

普查资料显示,外出省内人口对四川省城乡人口构成产生了较大的影响。2010年人口普查数据显示,在外出省内人口中,有82.8%的人口由乡村进入城镇。其中,由乡村进入大中城市的人口占48.8%,进入小城镇的人口占34.0%。乡村人口进入城镇在减少乡村人口的同时,增加了城镇人口的数量,逐步提高了人口城镇化水平。经测算,外出省内人口对四川省城镇化的贡献率达18%。

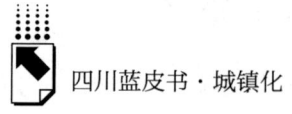

（二）外出省外人口对城乡构成的影响

根据人口普查资料计算，在外出省外人口中，有74.67万人由城镇外出，占外出省外人口总数的7.11%。其中，由城市街道外出的人口占2.60%，由城镇居委会外出的人口占4.51%。这些人口原本是四川省的城镇人口，却被算作其他地区的城镇人口，致使四川省城镇化率降低了0.92个百分点；省外来四川的人口为112.86万人，直接提高了四川省城镇化率1.40个百分点。

若将外出省外的全部人口（1050.6万人）算作四川省的城镇人口，则四川的城镇化率可提高11.55%。实际上，由于经济发展水平的差异和务工经商收入的差异，四川省城镇目前的产业吸纳能力还不够强大，这部分人流向了省外，其中大多数人去了广东、浙江等沿海省份，直接增加了外省的城镇人口，提高了其他省的城镇化率。从这个角度说，四川外出省外人口为加快全国城镇化进程、提高城镇化水平做出了积极贡献。

改革开放以来，四川的城镇化快速发展，城镇外来人口特别是由乡村向城镇转移的劳动力是重要因素之一。城镇外来人口的增加直接提高了城镇化率。有关分析结果表明，外来人口占人口总数的比重与城市化水平的相关系数为0.907，即外来人口与城市化水平之间呈现很强的正相关关系。

城镇外来人口的增加，一方面是城镇收入高于乡村产生吸引力以及农村人均耕地面积不断减少、劳动生产率提高、劳动力剩余矛盾突出多重作用的结果；另一方面是城镇的产业支撑创造就业岗位，提高了就业吸纳能力。近年来四川经济得到了快速发展，但相对于沿海地区，四川经济基础还较薄弱，难在短期内吸引大量外出劳动力回流。

当然，对于流出地来讲，农村人口外出，即"分母效应"也间接提高了本地城镇化率。以2010年第六次全国人口普查资料推算，四川因外出省外人口因素的影响，城镇化率间接提高了近5个百分点。

（三）人口流向逐步由省外向省内转变

外出务工人员回流，不仅有效增加了劳动力供给，促进了地区经济发展，而且直接提高了城镇化率。近年来,劳动力回流也逐步成为四川省人口流动的新特点。据四川省人力资源与社会保障厅统计,2013年省外务工人员回流166.4万人,实现就业133.38万人,其中,第二产业46.40万人,第三产业49.44万人;回乡创业5.86万人,实现产值203.44亿元。2014年省外务工人员回流152.47万人,实现就业123.39万人,其中,第二产业46.45万人,第三产业48.47万人;回乡创业4.56万人,实现产值113.90亿元。2015年截至第三季度省外务工人员回流135.95万人,实现就业121.27万人,其中,第二产业41.47万人,第三产业48.53万人;回乡创业3.43万人,实现产值65.40亿元。

三 结论与建议

在市场机制作用下,某一区域的经济社会发展水平决定流动人口集聚强弱。相关研究表明,经济发展水平及城镇生活质量的高低是吸引流动人口的一个重要因素,城镇化水平高吸纳的流动人口多,城镇化提高的速度因此也较快。近年来,四川经济发展速度快于全国平均水平,但城镇化水平还较低,对省外人口的吸引力还比较弱。省内也是如此,外来人口规模以成都为中心向周边递减,与四川经济发展水平和人口密度的分布格局相似。除成都地区外,省内其他地区的人口流动格局差异较大,但各有各的聚集中心。

(一)因地制宜发展非农产业,吸引乡村人口就地转移

人口流动是在市场机制作用下,作为生产要素之一的乡村劳动力向非农产业转移。因此,要促进乡村人口合理有序向城镇流动,发展非农产业、提供就业机会、提高城镇对流动人口的吸引力至关重要。四川各地应根据本地资源、环境、经济发展水平,因地制宜发展第二、第三产业。如攀西地区、西部高寒山区,可根据本地气候条件、自然环境,发展"阳光旅游",利用冬、夏气温与内地的差异,吸引"候鸟式"流动人口到本地旅游、消暑、越冬;大中城市近郊可充分利用城市的辐射力承接产业转移,或者发展"乡村旅游"等;盆周山区可发展特色农业,以农、工、商一体化形式进行

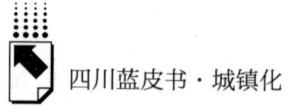

规模经营,以"公司+农户"的形式,对农副产品进行深加工,这样不仅可以提高产品附加值,而且能够吸引农村劳动力就地转移。

(二)促进中小城镇产业发展,增强对流动人口的吸纳能力

从人口的流向来看,四川省市内跨县流动人口所占比例较低,主要原因是四川省小城镇经济发展水平较低,对流动人口的吸纳能力较弱。因此,政府应通过资金支持、财税优惠等政策,引导大城市、经济较发达地区产业向中小城镇,尤其是经济欠发达地区城镇梯度转移。中小城镇要充分利用资源优势和劳动力成本优势,积极主动承接、吸纳与本地自然资源、环境相对应的产业,吸引本地外出务工发展较好的人员回乡创业。要加快小城镇建设,完善小城镇建设的各项政策措施,促进小城镇在吸收农村剩余劳动力就业和城乡经济协调发展方面发挥更大作用。

(三)以政策服务为导向,引导外出务工人员回乡创业

四川有1000多万人常年在省外务工经商,其中一部分人历经数年打拼,学到了生产技术,积累了管理经验,积攒了雄厚资金。近年来部分外出务工人员回乡创业,取得了一定成效。据统计,2013年全省外出务工人员返乡投资兴办企业7154家,实现产值203.4亿元;2014年外出务工人员返乡投资兴办企业6616家,实现产值113.90亿元;2015年前三季度外出务工人员返乡投资兴办企业12454家,实现产值901.14亿元。外出务工人员回乡创业已经成为一股潮流。吸引外出务工人员回乡创业不仅有利于带动城镇经济的繁荣,推进城镇化进程,吸收农村富余劳动力就地就业,还是发展现代农业,建设新农村,提升县域经济发展的新途径。各级政府要大力实施"回归工程",利用春节、清明节、中秋节等传统节日,通过"团拜会""推介会""恳谈会""项目对接会"等形式,用乡情、友情、亲情感召和引导在外务工人员返乡创业、就近就业。以税收减免、工商免费、财政支持、小额贷款及创业用地优惠等扶持政策,积极鼓励外出务工人员回乡自主创业,带动家乡群众共同发展致富,为四川经济社会发展做出新的更大贡献。

（四）发展老年事业，吸引乡村老人到城镇居住、生活

当前，四川省老龄事业面临诸多问题，老龄产业发展尚处在起步阶段。因此，积极引导乡村老年人到城镇居住，不仅可以缓解老龄事业面临的突出矛盾，而且可以充分利用城镇社区养老服务的优势发展老年健康、养老服务、老年消费及老年休闲娱乐等老年产业，从而增加就业岗位，提高城镇化水平。据了解，乡村中的部分老年人，包括外出务工将要回到家乡的高龄人员，他们到城镇生活的愿望强烈。现实状况是潜在需求旺盛，有效需求不足，其主要原因是生活在乡村的老年人生活水平较低，参加"新农保"后领取的生活费较少，甚至还有部分乡村老年人包括外出务工老年人未参加社保。如果能够适当提高他们的收入水平，即可使他们进入城镇生活。对此，建议根据现行社会保险"城乡统筹"的精神，采取灵活措施，在坚持自愿原则的基础上，让经济条件较好的老年人，以及外出务工且未参加任何社会保险或只参加了"新农保"的老年人，按照年龄及保险等级补交养老保险费，然后转为城镇居民养老保险，提高他们的退休金水平，从而有序引导他们进入城镇居住、生活，颐养天年。

B.13
四川省人口红利变动趋势分析

四川省统计局人口就业处*

摘　要： 人口红利期是指一个国家或地区具有高劳动人口占比和低抚养系数[①]，劳动力资源相对丰富，劳动年龄人口抚养负担较轻，或者因人口年龄结构、地区分布变化，以及劳动力素质、劳动力参与率[②]提高，直接或间接增加劳动力数量，保证了经济增长中的劳动力需求，对经济发展至关重要的"黄金时期"。人口红利可划分为数量型人口红利和结构型人口红利。统计数据表明，传统的数量型人口红利正在消失，到2020年四川数量型人口红利期基本结束，但新的结构型人口红利正在形成，将使四川人口红利在2020年后的一个时期内仍然存在。

关键词： 人口红利　人口结构　抚养比

一　传统的数量型人口红利正在消失

（一）四川人口红利期接近消失

劳动年龄人口和老年人口的计算口径分为国际标准和国内标准两种。国

---

* 执笔人为四川省统计局人口就业处，王芳编。
① 总抚养系数 =（0~14岁人口数 + 65岁以上人口数）/15~64岁劳动年龄人口数。总抚养系数是社会人口红利的表现形式，总抚养比越低，人口红利越高。
② 劳动力参与率 = 经济活动人口/劳动力资源总数。经济活动人口为从业人数与失业人数之和。

际标准为15~64岁和65岁及以上，国内标准为15~59岁和60岁及以上。由于劳动年龄人口和老年人口国际、国内标准不同，所以人口红利期也就不一样。

按照国际标准计算，2010年四川劳动年龄人口5796.5万人，2013年增加到5830.6万人。之后缓慢减少，2016年减少为5775.1万人，比2013年减少55.5万人。总抚养系数2010年为38.73%，2016年上升为43.06%，仍处于人口红利期。根据预测，2020年全省人口总抚养系数将达到50.87%。也就是说按照国际标准计算，四川人口红利期到2020年结束（见图1）。

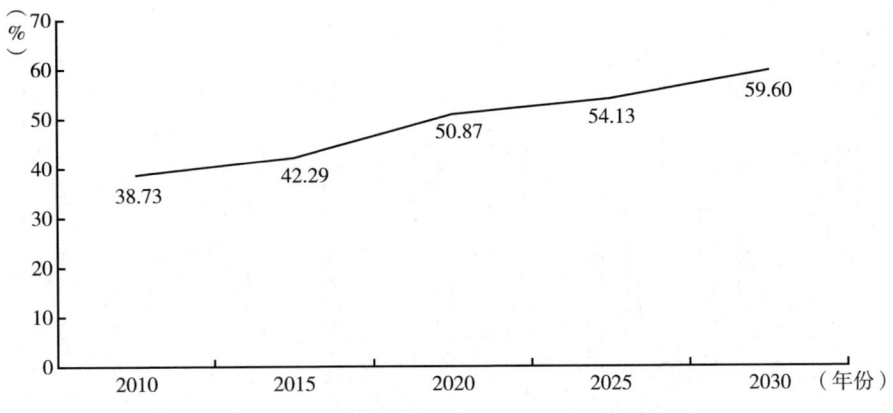

图1 2010年~2030年四川人口总抚养系数

从国内标准看，根据2010年人口普查资料推算，假如劳动年龄人口为15~60岁，老年人口为60岁及以上，则四川人口总抚养系数2013年达到49.02%，2014年人口红利消失；如果劳动年龄人口为15~61岁，老年人口为62岁及以上，则人口总抚养系数2014年达到47.46%，2015年人口红利消失；若劳动年龄人口为15~63岁，老年人口为64岁及以上，则人口总抚养系数2016年达到49.75%，2017年人口红利消失。

（二）地区间人口红利差异较大

分地区看人口红利差异较大。2015年成都市0~14岁少年儿童抚养系数和65岁及以上老年人口抚养系数分别较全省平均水平低8.66和4.30个百分点，总抚养系数只有27.53%，比全省平均水平低14.37个百分点，处于人口年龄的"黄金时期"。除此之外，自贡、凉山、资阳、广安和达州5个市（州）人口总抚养系数高于50%，分别达到52.76%、51.36%、50.31%、50.24%和50.04%，人口红利消失。其余16个市（州）仍处于人口红利期，且抚养系数低于全省平均水平。其中，德阳、广元、雅安、绵阳、阿坝、攀枝花、乐山、甘孜、眉山等9个市（州）人口总抚养系数分别较全省平均水平低8.55、6.14、5.14、4.39、3.81、3.32、3.18、2.12和1.68个百分点（见图2）。

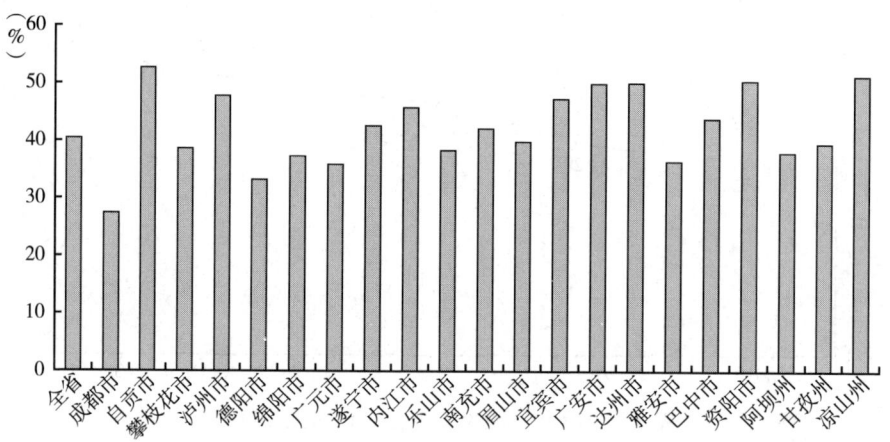

图2 2015年四川省各市、州人口总抚养系数

二 新的结构型人口红利正在形成

（一）劳动力参与率提高，退休年龄推迟，将间接获取数量型人口红利

在两孩政策全面实施的背景下，随着教育制度的逐步完善，劳动参与率的逐步提高，社会就业环境进一步改善以及随平均预期寿命提高而来的退休年龄的延后，人口红利期的消失将进一步推迟。素质提升型人口红利溢出效应

将在深层次得到表现，这将一定程度延长传统意义上的数量型人口红利期。

2010年人口普查结果显示，四川人口平均预期寿命为74.75岁，比全国低0.08岁；2015年增加到76.38岁，比2010年增加1.68岁，比全国平均水平高0.04岁。人口平均预期寿命增加，表明人们的生活质量提高，健康状况进一步改善，能相对增加劳动力资源。

2010年四川城镇劳动年龄人口为2731.5万人，经济活动人口为1501万人，劳动力参与率为54.95%。根据2015年1%人口抽样调查资料推算，2015年全省城镇劳动年龄人口为2833.9万人，经济活动人口为1687.6万人，劳动力参与率为59.55%。2015年与2010年相比，劳动年龄人口增加102.4万人，经济活动人口增加186.6万人，劳动力参与率提高4.6个百分点。劳动力参与率提高，可间接获取人口红利。

2010年全省城镇人口中，男60岁及以上和女55岁及以上人口为1596.9万人，其中仍在就业的人口为28.4万人，占1.78%。2015年男60岁及以上和女55岁及以上人口数为1850.7万人，其中仍在就业的为61.3万人，占3.31%。2015年与2010年相比，男60岁及以上和女55岁及以上人口增加25.38万人，其中仍在就业的人口增加32.9万人，占比提高1.53个百分点。劳动力年龄以上就业人口增加，也相对延长人口红利期。

根据2010年的人口普查资料，按国内标准计算，即少年儿童为0~14岁（以下同），老年人口为60岁及以上，劳动年龄人口为15~59岁，四川2010年总抚养系数为49.86%，2011年为50.07%，人口红利在2011年消失；假如退休年龄延迟1年，即老年人口为61岁及以上，劳动年龄人口为15~60岁，则四川人口总抚养系2013年为49.02%，2014年为50.60%，人口红利在2014年消失；如果退休年龄延迟2年，即老年人口为62岁及以上，劳动年龄人口为15~61岁，则四川人口总抚养系2014年为47.46%，2015年为50.88%，人口红利在2015年消失；若退休年龄延迟3年，即老年人口为63岁及以上，劳动年龄人口为15~62岁，则四川人口总抚养系数2016年为49.75%，2017年为51.81%，人口红利在2017年消失。由此可见，退休年龄每延迟1年，四川人口红利大约可推迟2年消失（见表1）。

表1 四川人口红利

类别	2010年	2011年	2012年	2013年	2014年	2015年	2016年	2017年	2018年
0~14(万人)	1364.71	1326.06	1298.59	1271.49	1270.37	1359.82	1377.76	1422.05	1454.24
老年人口60+(万人)	1310.99	1359.82	1438.33	1511.61	1583.50	1648.42	1681.04	1780.85	1823.71
老年人口61+(万人)	1217.24	1267.72	1317.83	1395.21	1464.79	1529.01	1577.16	1677.69	1730.98
老年人口62+(万人)	1121.29	1174.99	1226.50	1275.61	1349.38	1406.70	1488.36	1560.16	1615.66
老年人口63+(万人)	1039.61	1080.20	1134.66	1185.08	1230.92	1288.08	1366.90	1442.59	1513.52
老年人口64+(万人)	957.66	999.57	1040.86	1094.11	1141.33	1168.19	1249.14	1322.32	1396.96
老年人口65+(万人)	880.55	918.74	961.12	1001.27	1051.38	1078.53	1130.16	1205.75	1277.76
劳动年龄人口15~59(万人)	5366.05	5364.12	5339.28	5323.91	5286.33	5195.76	5203.20	5190.44	5197.41
劳动年龄人口15~60(万人)	5459.80	5456.22	5459.79	5440.30	5405.04	5315.17	5307.08	5293.60	5290.14
劳动年龄人口15~61(万人)	5555.75	5548.95	5551.11	5559.90	5520.45	5437.48	5395.88	5411.13	5405.46
劳动年龄人口15~62(万人)	5637.43	5643.47	5642.95	5650.44	5638.91	5556.10	5517.34	5528.70	5507.61
劳动年龄人口15~63(万人)	5719.38	5724.36	5736.75	5741.40	5728.50	5675.99	5635.10	5648.97	5624.17
劳动年龄人口15~64(万人)	5796.49	5805.20	5816.49	5834.24	5818.45	5765.64	5754.08	5765.54	5743.37
总抚养系数0~14、60+	49.86	50.07	51.26	52.28	53.99	57.90	58.79	61.71	63.07
总抚养系数0~14、61+	47.29	47.54	47.92	49.02	50.60	54.35	55.68	58.56	60.21
总抚养系数0~14、62+	44.75	45.07	45.49	45.81	47.46	50.88	53.12	55.11	56.79
总抚养系数0~14、63+	42.65	42.64	43.12	43.48	44.36	47.66	49.75	51.81	53.88
总抚养系数0~14、64+	40.61	40.63	40.78	41.20	42.10	44.54	46.62	48.58	50.70
总抚养系数0~14、65+	38.73	38.67	38.85	38.96	39.90	42.29	43.59	45.58	47.57

（二）劳动力回流及向非农部门转移，将直接获取就业结构型人口红利

2016年四川常住人口城镇化率为49.21%，比全国平均水平低8.14个百分点。较低的城镇化水平表明未来四川城镇化发展的潜力和空间较大，这会直接增加结构型人口红利。在未来相当长的一段时期内，四川都将处于城镇化进程当中，若城镇人口每年增加1.2个百分点，则城镇人口每年的增加量将在100万人以上。若四川城镇化水平达到70%，则农村劳动力城镇化转移的持续时间将超过20年。可以看出，人口红利将在未来相当长的一段时期内保障四川省充分的劳动力供给，持续推动四川经济的发展。

同时，过去流动人口以长三角、珠三角为主要流向的态势正在发生变化。随着产业布局进一步调整，四川成为发达地区产业转移的主要承接区域之一，这将加快劳动力的回流和其他地区劳动力的流入。2015年1%人口抽样调查资料显示，流出省外半年以上的人口存量比2010年减少23万人，减少0.22%；省外流入四川的人口存量比2010年增加10.54万人，增长9.34%。流出省外存量人口减少与省外流入人口增加都会增加四川常住人口数量。另据四川省人力资源与社会保障厅劳务开发和农民工工作情况统计，2013~2016年四川输出省外劳务人员平均每年大约回流150万人左右，60%以上回流人员在非农产业实现就业。伴随农业劳动力持续从第一产业向第二、第三产业的转移，这一过程必然会形成转移就业人口红利。

（三）人力资本提升，为经济持续增长提供了素质提高型人口红利

21世纪以来，四川全面实现了城乡免费义务教育，职业教育得到加强，高等教育逐步向大众化迈进，农村教育逐步改善，教育公平迈出重要步伐。教育的发展很大程度上提高了四川人口素质。根据2015年1%人口抽样调查显示，四川人口受教育年限为8.45年，比2010年增加0.29年；劳动年龄人口平均受教育年限为9.71年，比2010年增加0.64年。另据2015年四川人才调查资料显示，全省人才资源总量达669.9万人，比2010年增加

190.9万人，增长39.85%。四川在加速扩大人才资源总量的同时，着力加大人力资本投入，正努力实现从人口大省向人才大省的转变，人才素质也快速提升，这必然促成更大的素质提高型人口红利。与此同时，素质提升型人口红利也间接为数量型人口红利以及结构型人口红利提供了转变渠道及释放动力①。

三 人口红利直接或间接地促进投资增长

人口红利或者说年龄结构变化主要在两个方面对经济增长产生影响：生产领域和消费、储蓄领域。

（一）人口红利吸引国际资本投入

人口红利与经济增长之间没有必然关系，但人口红利必然会在经济增长过程中起到有力的助推作用。实践证明，在过去几十年经济快速增长过程中，四川丰富的劳动力资源和较低的劳动力成本不仅吸引了大量的国际国内资本投入，而且推动了出口的快速增长，进而促进了四川经济快速发展。2016年四川非私营单位就业人员平均工资为63926元，比全国平均水平低3643元，低5.39个百分点。除京、津、沪外，比东部的浙江、广东、江苏分别低13.91、13.14和11.32个百分点，甚至低于西部的重庆、贵州、西藏、青海和宁夏。四川较低的劳动力成本在未来较长时期内仍将继续吸引大量国际国内资本投入，推动出口较快增长，促进经济快速发展。

（二）人口红利间接促进国内投资

从人口红利与消费和储蓄之间的关系来看，劳动年龄人口停止增长或者说人口老龄化加重与储蓄率之间存在潜在的正相关关系。人口老龄化初级阶

---

① 唐代盛：《以新型人口红利破解中等收入陷阱》，《中国报道》2013年总第107期。

段可以视作第二次人口红利期,刚刚步入老龄化阶段的人往往具备较高的储蓄倾向和储蓄率,所以只要能够充分发挥好储蓄资金的作用,给资本合理的回报率,则第二次人口红利可能为经济增长做出持续的贡献。

四 对新的结构型人口红利开发的思考和对策建议

(一)在改革开放和创新驱动发展战略框架内寻求新的结构型人口红利开发途径

四川人口红利的演化模式正向多元化、多层次化发展,数量型人口红利逐步消失,进一步倒逼经济发展转型。四川应该将人力资源建设和城乡就业结构调整与挖掘就业结构调整型人口红利和素质提高型人口红利有机结合,注重发展利于增加就业和开发人力资源的产业领域,注重通过开发人力资源和调整城乡就业结构促进经济增长,在延续传统产业优势的情况下进一步创造新的产业优势,将就业持续扩大的进程贯穿于经济持续健康发展的全过程。通过建立健全和深化教育、就业、户籍、社会保障和社会流动制度,扫清人力资本累计和使用的制度障碍,保障顺利产生新的结构型人口红利。

(二)建立促进和引导就业机制

要建立促进和引导高校毕业生就业的调控机制,包括促进企业吸纳就业的利益驱动机制、引导大学生就业的政策激励机制、人力资本投资收益补偿机制、大学生创业鼓励和保护并重机制等。

(三)推动农村剩余劳动力有序合理转移

一方面,拓展农业内部的就业空间,通过鼓励城市工商资本进入农村和农业产业化经营,延伸农业产业链,实现农村剩余劳动力就地就近转移;另一方面,拓展转移农村剩余劳动力的就业空间,消除就业、企业注册登记、子女入学等阻碍劳动者自由流动的制度性障碍,创造一个有利于农民工市民化的制度环境。

(四)挖掘就业渠道,实现劳动力充分就业

改善城市就业、再就业和创业的政策环境,加强对自主择业劳动者的保障,扩大城镇劳动力就业,充分开发利用人口红利。在经济转型过程中注意保留部分劳动密集型企业,吸纳更多的新增就业人员和失业人员。同时,注意引导、扶持中小高新技术企业创业和孵化,创造就业岗位。

(五)加强教育事业发展,不断提高劳动力素质

加大教育投入,将高中纳入义务教育范围,规范教育收费,减轻家庭教育支出,扩大教育覆盖范围,让更多的公民能够享受到公平的受教育权利。完善灵活的成人教育体系,降低门槛,宽进严出,让更多的劳动者能够进入教育学校学习,提升文化水平,提高就业创业能力。同时,鼓励多种教育形式的共同发展,发展社区教育、农村教育,培养全社会的终身学习氛围,通过教育逐步提升劳动力素质,逐步促进劳动年龄人口由数量型向质量型发展,从而进一步有效促进地方经济增长。

B.14
人口老龄化背景下四川省养老模式研究

四川省统计局人口就业处[*]

摘　要： 目前四川人口老龄化水平位居全国第二，未来还将呈现出老龄人口规模大、发展速度快、社会负担重，老年人家庭空巢化、独居化加速等特点。研究发现，四川老年人健康状况与生活来源受年龄、性别、城乡以及区域等因素影响差异较大。老年人有居家养老、护理照料、精神慰藉等养老需求，然而，四川省目前养老模式单一、养老机构发展不足等问题突出，亟待健全养老机制、完善养老模式，促进四川老年人口健康发展。

关键词： 老龄化　养老模式　养老机构　四川省

一　四川老龄化现状

（一）总体特征

1. 四川老龄化程度居全国前列，老龄化日趋严重

四川比全国早4年进入老龄化社会。根据全国人口普查资料测算，1997年四川65岁及以上老年人口[①]占总人口比例超过7%，按国际上划分进入老

---

[*] 执笔人为四川省统计局人口就业处，王芳编。
[①] 为便于与全国及其他省份进行比较分析，本文中所指的老年人口均为65岁及以上老年人口。

龄化社会的标准，四川已率先步入人口老龄化阶段，比全国提前了4年。

四川老龄化程度升至全国第2位。四川老龄化程度由2000年的7.6%升至2016年的13.8%，居全国位次由2000年的第9位升至2016年的第2位，仅低于上海0.9个百分点，高于全国2.97个百分点。

四川老龄化程度上升幅度居全国第1位。2000~2016年，四川老龄化程度上升了6.2个百分点，比全国高2.4个百分点，上升幅度居全国第1位。

2. 四川老年人口数量大、增长快

四川老年人口数量居全国第2位。四川65岁及以上老年人数由2000年的622.9万人增至2016年的1138万人，全国位次由2000年的第4位上升至2005年的第2位，后一直位居第2，仅次于山东。

四川老年人口增长加快。2000~2010年四川老年人口年均增长3.8%，比全国平均水平高1.3个百分点；2010~2016年四川老年人口年均增长3.9%，比全国平均水平高0.6个百分点，比2000~2010年年均增速快0.1个百分点。

3. 老年人口抚养比大幅提高，老人家庭空巢现象突出

老年人口抚养比增长快。四川老年人口抚养比由2000年的10.8%提升至2016年的19.7%，由居全国第8位上升至居全国第1位，2016年四川老年人口抚养比高于全国平均水平4.7个百分点。

空巢老人家庭（一个老人独居或一对老年夫妇独居的家庭）占比提高。调查数据显示，2016年全省有65岁及以上老年人的家庭占全部家庭户数的32.4%，其中空巢老人家庭占有65岁及以上老年人家庭总户数的32.1%。相比于2010年第六次全国人口普查，这两项指标分别提高了6.4个和3.6个百分点。

4. 经济发展水平低于其他老龄化地区，未富先老现象明显

发达国家进入老龄化阶段时，人均GDP普遍在1万美元以上。1997年，四川步入老龄化社会，当时人均GDP仅为4032元，仅相当于全国平均水平的62.2%；2016年，四川人均GDP为39695元，相当于全国平均水平的73.5%，居全国第24位。

（二）结构性特征

1. 高龄老年人口规模持续增长，高龄化趋缓

高龄人口增长放缓。2010~2016年，四川80岁及以上的老年人口从151.3万人增加到195.1万人，年均增速为4.3%，较2000~2010年（增速为5.8%）有所放缓，但仍高于同期全国平均水平（见表1）。

高龄人口比重降低。相较老年人口的快速增长，四川高龄老年人口增速相对放缓，老年人口的大规模增加降低了高龄化老年人口比重。高龄老年人口占65岁及以上人口的比重从2010年的17.2%下降为17.1%。

表1　2000年、2010年和2016年四川老龄人口数和比重

单位：万人，%

年龄组	2000年		2010年		2016年	
	总量	比重	总量	比重	总量	比重
65岁及以上	622.9	7.6	881.0	11.0	1138.0	13.8
80岁及以上	86.1	1.1	151.3	1.9	195.1	2.4

资料来源：第五次、第六次全国人口普查和2016年人口变动抽样调查数据。

2. 老年人口性别比低于人口总体性别比，老龄女性人口多于老龄男性人口

受女性自身特有的生理因素和心理因素共同的作用，形成了女性预期寿命比男性长，老年人口性别比低于人口总体的性别比的现象。65岁及以上和80岁及以上老年人口性别比均低于人口总体的性别比，尤其是80岁及以上高龄人口的性别比极不平衡，这是老年人口相对于其他年龄组人口在性别构成上最为突出的特点（见表2）。

表2　2000年、2010年和2016年四川省人口性别比

单位：%

年龄组	2000年	2010年	2016年
65岁及以上	92.6	97.6	96.7
80岁及以上	60.0	77.9	79.6
总人口	107.0	103.1	101.0

资料来源：第五次、第六次全国人口普查和2016年人口变动抽样调查数据。

3. 乡村人口老龄化程度高于城镇，乡村老龄人口占比呈下降趋势

乡村人口老龄化程度高于城镇。2016年，四川城镇人口老龄化程度为11.5%，乡村人口老龄化程度为16.0%，乡村人口老龄化程度比城镇高4.5个百分点。

乡村老龄人口占比下降。随着城市化进程的推进，城镇人口老龄化进程开始加速。2016年，四川城镇65岁及以上老年人口为467.4万人，占全省老年人口的41.1%，比2000年提高了16.6个百分点。而乡村65岁及以上老年人口为670.6万人，占全省老年人口的58.9%，比2000年下降16.6个百分点（见表3）。

表3 2000年、2010年和2016年四川省老龄人口城乡结构比例

单位：万人，%

年份	城镇老龄人口			乡村老龄人口		
	人口数	占老龄人口比例	老龄化程度	人口数	占老龄人口比例	老龄化程度
2000年	152.4	24.5	6.8	470.5	75.5	7.8
2010年	291.1	33.1	9.0	589.5	67.0	12.3
2016年	467.4	41.1	11.5	670.6	58.9	16.0

资料来源：第五次、第六次全国人口普查和2016年人口变动抽样调查数据。

4. 人口老龄化区域发展不平衡

区域二线城市人口年龄老化严重。自贡、眉山、资阳等区域二线城市长期实行较严格的计划生育政策，在成都的影响下，常年向外输出年轻劳动力，人口年龄结构日趋老化。其中，资阳、眉山、自贡老龄人口比重居全省前三位，分别为17.2%、16.9%、16.0%。少数民族地区人口年龄结构较为年轻。阿坝、甘孜、凉山三州等少数民族自治地区，由于受计划生育政策的影响较小，老龄化并不严重，三州老龄人口比重分别为9.2%、8.2%、9.0%。全省老龄人口比重增长达到或超过3.3%的市（州）有5个，眉山、资阳两市比重提高最多，为3.6个百分点，其次是自贡市、乐山市、广安市（见表4）。

表4 2010年、2016年四川省老龄人口的地区分布

单位：%，个百分点

地 区	65岁及以上人口		
	2010年	2016年	增幅变化
四川省	11.0	13.8	2.8
成都市	9.7	12.3	2.6
自贡市	12.7	16.0	3.3
攀枝花市	9.1	11.6	2.5
泸州市	11.1	14.1	3.0
德阳市	11.7	14.8	3.1
绵阳市	11.7	14.8	3.1
广元市	11.2	14.1	2.9
遂宁市	11.4	14.4	3.0
内江市	11.9	15.0	3.1
乐山市	12.2	15.5	3.3
南充市	12.0	15.2	3.2
眉山市	13.3	16.9	3.6
宜宾市	10.6	13.4	2.8
广安市	12.6	15.9	3.3
达州市	10.9	13.8	2.9
雅安市	10.9	13.8	2.9
巴中市	10.5	13.3	2.8
资阳市	13.6	17.2	3.6
阿坝州	7.3	9.2	1.9
甘孜州	6.5	8.2	1.7
凉山州	7.1	9.0	1.9

注：资料来源为第六次全国人口普查，2016年数据根据2010年普查资料推算。

（三）四川人口老龄化的成因分析

1. 老龄化加速与生育政策的严格执行密切相关

20世纪70年代以来，国家实施了计划生育政策，这一政策的实施为控制人口过快增长做出了巨大贡献的同时，对人口年龄结构变化产生了深远影响。四川是执行计划生育政策最为严格的省份之一，这一政策对全省人口结

构的影响较大，全省独生子女家庭众多，"4-2-1"家庭结构突出，人口老龄化程度高于全国，人口老龄化速度也快于全国。

2. 较低的人口出生率是老龄化加速的重要原因

2000年以来，四川人口出生率波动下降，尽管随着生育政策的调整，人口出生率有所回调，但仍处于较低水平。较低的人口出生率意味着较少的出生人口和较低的人口自然增长率，当老年人口增速快于人口自然增长速度时，老龄化程度必然提高。此外，四川人口出生率和自然增长率一直低于全国，而老龄人口增速快于全国，因此人口老龄化程度高于全国。

3. 人口的净流出是老龄化加剧的主要原因

除了人口自然变动以外，人口机械变动也是影响地区人口老龄化发展的重要原因。人口流动以劳动力为主，对于流入地而言，这有利于缓解地区人口老龄化，而对于流出地而言，则加剧了地区人口老龄化。2016年四川户籍人口中外出半年以上人口为2141万人，比2000年增加780.7万人，年均增长2.9%，占户籍人口的比重由2000年的16.2%提高到23.4%，净流出人口规模由2000年的640.2万人扩大到875.3万人。四川是一个人口流出大省，劳动力的大量外出加剧了全省的人口老龄化进程，提高了人口老龄化程度。

（四）人口老龄化发展趋势

1. 老年人口规模继续壮大，老龄化程度将进一步加深

四川老年人口数量大、增速快，特别是2010年以来，全省老年人口数量加快增长，老龄化程度大幅提高，已经位居全国前列。考虑到20世纪60~70年代，四川人口呈现高增长态势，出现人口增长高峰期，2020年后这一时期出生的人口逐渐步入老年，将继续壮大全省老年人口规模，使得人口老龄化程度进一步提高。

2. 老年人口呈现低龄化特征，高龄人口比例下降

2010年以来，尽管四川老年人口增速加快，但80岁及以上高龄老年人口增速趋缓。加之20世纪60~70年代出生的大批人口即将成为老年人口，

低龄老年人口将出现较快增长。因此，四川老年人口内部结构将进一步调整，低龄老年人口比例继续提高，高龄老年人口比例继续下降。

3. 城乡老年人口数量差距缩小，但老龄化程度差距扩大

尽管四川乡村老年人口规模大于城镇，但2000年以来，城镇老年人口规模增速快于乡村，占全省老年人口的比例逐渐提高，城乡间老年人口规模差距逐渐缩小。随着城镇老年人口的快速增长，城乡间老年人口规模差距将进一步缩小。与此同时，城乡间人口老龄化程度差距逐渐扩大，从2000年的1个百分点提高到2016年的4.5个百分点。随着城市化进程的持续推进和农村劳动力的继续转移，城镇人口老龄化进程明显慢于乡村，城乡人口老龄化程度进一步分化。

4. 地区人口老龄化程度进一步分化

以劳动力为主的人口流动，一方面有利于缓解流入地的人口老龄化，另一方面加剧了流出地人口老龄化。以成都为代表的人口净流入地，由于大量以青壮年为主的外来人口流入，人口年龄结构逐渐趋于年轻化，老龄化程度相对较低；而以资阳为代表的区域二线城市，由于长期常年向外劳务输出，人口年龄结构日趋老化，老龄化程度较高。人口流动在一定程度上加剧了地区人口老龄化程度的差异，流出地与流入地之间的人口老龄化程度将进一步分化，吸引劳动力回流对于减缓地区人口老龄化具有积极作用。

二 四川老年人口生活现状及需求

（一）健康状况

1. 大多数老年人口生活能够自理

2015年，四川60岁及以上老年人口中，健康和基本健康的比重合计为81.1%，比2010年（81.0%）略有提高（见图1）。其中，健康占37.5%，比2010年下降了1.6个百分点；基本健康占43.6%，比2010年提高了1.7

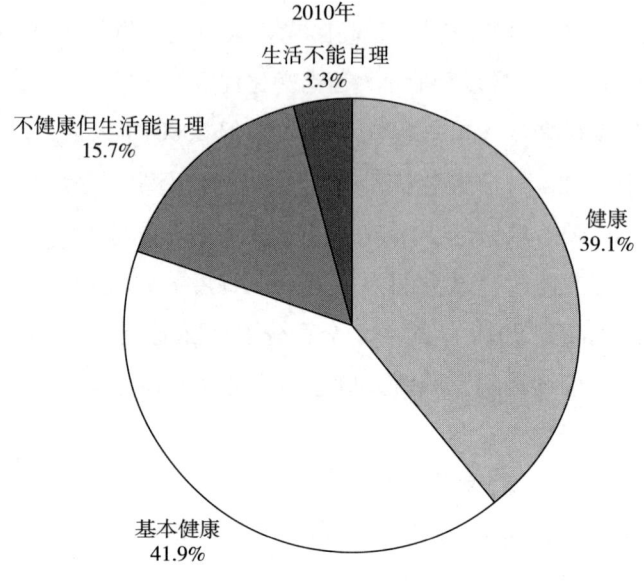

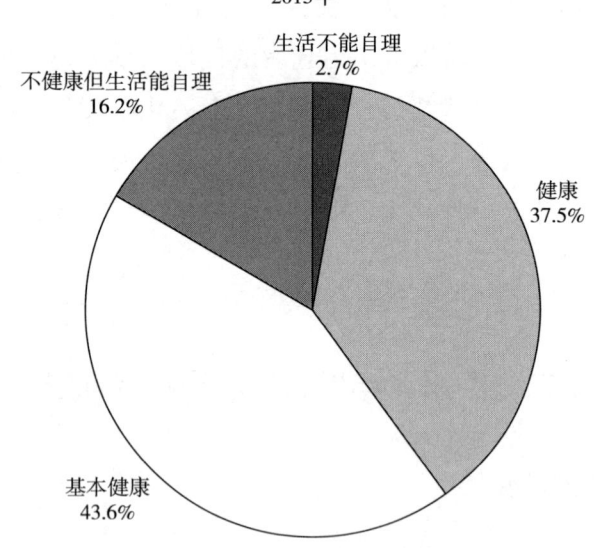

图1 2010年、2015年四川60岁及以上老年人口健康情况对比

资料来源:四川省2010年人口普查资料、四川省2015年1%人口抽样调查数据。

个百分点，健康程度有所下降。此外，不健康但生活能自理的占16.2%，生活不能自理的占2.7%，与2010年相比，前者提高了0.5个百分点，后者下降了0.6个百分点。总体来讲，四川老年人口健康状况更加集中，两端比例减少，绝大多数老年人口健康状况良好，生活能够自理。

2. 老年人口健康状况随着年龄增长而下降

随着年龄的增长，健康老年人口占比不断下降，而基本健康和不健康但生活能自理的老年人口比重先增加后下降，生活不能自理的老年人口比重不断增长。以70岁为分界点，70岁以下老年人口的健康状况相对较好，70岁及以上老年人口的健康状况逐渐恶化，不健康的比重高于老年人口平均水平，特别是75岁及以上老年人口生活不能自理的比重较高（见表5）。

表5 2015年四川分年龄老年人口健康情况

单位：%

年龄	健康	基本健康	不健康但生活能自理	生活不能自理
60~64岁	52.9	39.6	6.8	0.7
65~69岁	40.7	45.3	12.7	1.3
70~74岁	28.9	48.7	19.9	2.5
75~79岁	21.6	46.7	27.7	4.0
80~84岁	16.7	43.0	32.8	7.5
85~89岁	11.6	37.7	37.0	13.7
90~94岁	9.7	32.5	35.9	22.1
95~99岁	8.9	25.9	29.2	36.0
100岁及以上	9.7	41.5	19.5	29.3
全省平均	37.5	43.6	16.2	2.7

资料来源：四川省2015年1%人口抽样调查数据。

3. 男性老年人口的健康状况总体好于女性

2015年，男性老年人口健康的比重为40.9%，比女性高6.7个百分点；基本健康的比重为42.1%，比女性低2.9个百分点；不健康但生活能自理的比重为14.6%，比女性低3.1个百分点；生活不能自理的比重为2.4%，比女性低0.7

个百分点。整体而言,男性老年人口的健康状况好于女性(见表6)。

与此同时,男性老年人口不健康的比例由2010年的16.8%提高到2015年的17.0%,女性老年人口不健康的比例由2010年的21.2%下降到2015年的20.8%,两者之间的差距由2010年的4.4个百分点缩小到2015年的3.8个百分点,老年人口健康状况的性别差异缩小。

表6 2010年、2015年四川分性别老年人口健康情况对比

单位:%

健康状况	2010年		2015年	
	男性	女性	男性	女性
健康	43.1	35.1	40.9	34.2
基本健康	40.1	43.7	42.1	45.0
不健康但生活能自理	14.1	17.3	14.6	17.7
生活不能自理	2.7	3.9	2.4	3.1
合计	100.0	100.0	100.0	100.0

资料来源:四川省2010年人口普查资料、四川省2015年1%人口抽样调查数据。

4. 城乡老年人口健康状况差距拉大

2015年,城镇老年人口中,健康的比重为47.1%,比乡村高15.7个百分点;基本健康、不健康但生活能自理、生活不能自理的比重分别为41.5%、9.2%、2.2%,分别比乡村低3.4个、11.5个、0.8个百分点。比较而言,城镇老年人口的健康状况明显好于乡村(见表7)。

与此同时,城镇老年人口不健康的比重由2010年的11.5%略微下降到2015年的11.4%,乡村老年人口不健康的比重由2010年的22.4%提高到2015年的23.7%,两者的差距由2010年的10.9个百分点扩大到2015年的12.3个百分点,老年人口健康状况的城乡差距逐步扩大,乡村老年人口健康状况明显恶化。

5. 甘孜州老年人口健康状况最差

2015年,四川60岁及以上老年人口健康状况最好的是成都市,过半数身体健康,健康和基本健康的比重达到90.7%,位居全省首位;其次是德

表7 2010年、2015年四川分城乡老年人口健康情况对比

单位：%

健康状况	2010年		2015年	
	城镇	乡村	城镇	乡村
健康	48.2	35.0	47.1	31.4
基本健康	40.3	42.6	41.5	44.9
不健康但生活能自理	9.5	18.5	9.2	20.7
生活不能自理	2.0	3.9	2.2	3.0
合计	100.0	100.0	100.0	100.0

资料来源：四川省2010年人口普查资料、四川省2015年1%人口抽样调查数据。

阳市，健康和基本健康的比重为84.3%。9个市（州）不健康的老年人口比重高于全省平均水平，由高到低依次是甘孜、南充、巴中、广安、达州、阿坝、泸州、内江、资阳。甘孜州不健康的老年人口比重达到38.5%，其中生活不能自理的比重为5.8%（见表8）。

与2010年相比，11个市（州）不健康的老年人口比重有所提高，幅度由高到低依次是甘孜（13.0个百分点）、阿坝（3.2个百分点）、广安（3.2个百分点）、巴中（2.5个百分点）、泸州（2.1个百分点）、凉山（1.6个百分点）、南充（1.4个百分点）、德阳（1.3个百分点）、成都（1.1个百分点）、达州（0.9个百分点）、攀枝花（0.5个百分点），甘孜州老年人口健康状况恶化明显。

表8 2015年四川分地区老年人口健康情况

单位：%

地区	健康	基本健康	不健康但生活能自理	生活不能自理
全省	37.5	43.6	16.2	2.7
成都市	54.7	36.0	7.3	2.0
自贡市	38.9	44.3	14.1	2.7
攀枝花市	34.1	48.3	14.2	3.4
泸州市	33.9	46.1	17.6	2.4
德阳市	41.3	43.0	14.1	1.6
绵阳市	38.1	45.2	14.1	2.6
广元市	37.6	43.7	16.0	2.7

续表

地区	健康	基本健康	不健康但生活能自理	生活不能自理
遂宁市	33.3	48.3	16.0	2.4
内江市	36.4	43.9	17.1	2.6
乐山市	33.0	50.5	13.5	3.0
南充市	26.9	43.5	26.1	3.5
眉山市	35.3	46.9	15.7	2.1
宜宾市	35.2	45.9	15.5	3.4
广安市	27.6	46.8	22.7	2.9
达州市	34.3	42.9	19.7	3.1
雅安市	39.0	43.2	14.9	2.9
巴中市	26.0	46.0	23.4	4.6
资阳市	40.0	40.7	17.0	2.3
阿坝州	30.7	47.2	17.1	5.0
甘孜州	18.0	43.5	32.7	5.8
凉山州	36.8	44.9	15.3	3.0

资料来源：四川省2015年1%人口抽样调查数据。

（二）生活来源

1. 依靠家庭其他成员供养的居多

劳动收入、离退休金和养老金、家庭其他成员供养是四川老年人口的三大主要生活来源。2015年，四川60岁及以上老人依靠家庭其他成员供养的比重最高，为34.6%；其次为离退休金养老金，为28.1%；劳动收入所占比例为27.9%（见表9）。与2010年相比，家庭其他成员供养和劳动收入所占比例有所下降，分别降低了5.2个和8.1个百分点，而离退休金养老金比重提高了10.1个百分点。

2. 随着年龄增长由劳动收入向家庭其他成员供养转变

随着年龄的增长，老年人口以劳动收入为主要生活来源的比重下降，依靠家庭其他成员供养的比重不断提高。以70岁为分界点，老年人口主要收入来源由劳动收入居多向家庭其他成员供养居多转变。70岁及以上老年人口由于健康水平的下降，劳动收入的比例低于平均水平，家庭其他成员供养的比重高于平均水平。

表9 2015年四川分年龄老年人口主要生活来源

单位：%

年龄	劳动收入	离退休金养老金	最低生活保障金	财产性收入	家庭其他成员供养	其他
60~64岁	44.8	27.3	3.1	0.4	20.2	4.2
65~69岁	31.7	29.2	4.4	0.3	30.1	4.3
70~74岁	18.7	28.3	5.7	0.3	42.5	4.5
75~79岁	9.0	29.0	6.4	0.2	50.6	4.8
80~84岁	4.3	28.2	6.5	0.1	56.7	4.2
85~89岁	2.2	24.7	7.8	0.1	61.1	4.1
90~94岁	1.0	23.2	8.5	0.1	64.1	3.1
95~99岁	1.5	24.0	7.7	0.0	60.9	5.9
100岁及以上	0.0	17.1	2.4	0.0	75.6	4.9
全省平均	27.9	28.1	4.7	0.3	34.6	4.4

资料来源：四川省2015年1%人口抽样调查数据。

3.生活来源性别差异明显

2015年，男性老年人口主要生活来源中，劳动收入所占比重最高，为33.1%；其次为离退休金养老金和家庭其他成员供养，比重分别为29.8%和26.8%。而女性老年人口的主要生活来源中，家庭其他成员供养所占比重最高，达42.1%；其次是离退休金养老金和劳动收入，比重分别为26.4%和23.0%（见表10）。

表10 2015年分性别老年人口主要生活来源

单位：%

性别	劳动收入	离退休金养老金	最低生活保障金	财产性收入	家庭其他成员供养	其他
男性	33.1	29.8	5.2	0.3	26.8	4.8
女性	23.0	26.4	4.3	0.3	42.1	3.9
全省平均	27.9	28.1	4.7	0.3	34.6	4.4

资料来源：四川省2015年1%人口抽样调查数据。

4.生活来源城乡差异显著

2015年，城镇老年人口主要生活来源中，离退休金养老金所占比重最高,为58.8%;其次是家庭其他成员供养和劳动收入,比重分别为23.3%和10.6%。而乡村老年人口主要生活来源中,家庭其他成员供养所占比重最高,为41.7%;其次是劳动收入和离退休金养老金,比重分别为38.9%和8.7%(见表11)。

表11 2015年四川分城乡老年人口主要生活来源

单位:%

城乡	劳动收入	离退休金养老金	最低生活保障金	财产性收入	家庭其他成员供养	其他
城镇	10.6	58.8	3.3	0.4	23.3	3.6
乡村	38.9	8.7	5.6	0.3	41.7	4.8
全省平均	27.9	28.1	4.7	0.3	34.6	4.4

资料来源:四川省2015年1%人口抽样调查数据。

5. 生活来源地区差异大

2015年,成都、攀枝花、德阳、乐山四市的老年人口以离退休金养老金为主要生活来源的居多;绵阳、广元、达州三市以劳动收入居多;其他14个市(州)都以家庭其他成员供养居多。9个市(州)最低生活保障金的比重高于全省平均水平,由高到低依次是甘孜、阿坝、南充、达州、凉山、广安、自贡、巴中、眉山(见表12)。

表12 2015年四川分地区老年人口主要生活来源

单位:%

地区	劳动收入	离退休金养老金	最低生活保障金	财产性收入	家庭其他成员供养	其他
全省	27.9	28.1	4.7	0.3	34.6	4.4
成都市	14.2	54.5	2.0	0.5	23.1	5.7
自贡市	26.7	29.4	5.3	0.1	35.5	3.0
攀枝花市	8.2	59.3	1.9	0.1	28.8	1.7
泸州市	28.2	25.0	4.4	0.4	38.6	3.4
德阳市	29.0	34.8	4.2	0.1	24.4	7.5
绵阳市	35.7	28.0	4.4	0.1	28.4	3.4
广元市	36.0	24.7	3.0	0.4	31.1	4.8
遂宁市	32.4	26.8	4.0	0.2	34.0	2.6

续表

地区	劳动收入	离退休金养老金	最低生活保障金	财产性收入	家庭其他成员供养	其他
内江市	26.5	27.1	4.3	0.1	39.4	2.6
乐山市	19.1	45.0	4.3	0.3	28.1	3.2
南充市	31.5	15.2	7.5	0.7	41.4	3.7
眉山市	30.4	20.4	4.8	0.2	40.0	4.2
宜宾市	31.4	23.7	4.7	0.1	35.5	4.6
广安市	31.2	12.5	5.3	0.7	43.5	6.8
达州市	38.5	14.1	6.9	0.2	36.3	4.0
雅安市	23.6	31.4	1.7	0.4	40.1	2.8
巴中市	37.2	9.4	4.9	0.4	43.3	4.8
资阳市	37.2	16.7	4.2	0.1	38.2	3.6
阿坝州	12.7	11.3	15.4	0.4	51.4	8.8
甘孜州	9.9	12.0	23.9	0.4	44.6	9.2
凉山州	24.7	13.4	6.6	0.5	50.6	4.2

资料来源：四川省2015年1%人口抽样调查数据。

（三）居住陪伴

1. 代际分离比重提高

2015年，四川60岁及以上单身老人户占家庭户总数的9.2%，比2010年提高3.5个百分点。与此同时，有60岁及以上老年人口的家庭户中，单身老人户的比重为13.8%，比2010年下降1.9个百分点。可见，86.2%的老年人口家庭至少有1人陪伴，无人陪伴的老年人口规模减小、比重下降。此外，纯老人户比重为30.4%，比2010年提高0.4个百分点；只有老人和未成年亲属户比重为4.2%，比2010年提高0.1个百分点。代际分离家庭比重有所提高，接近35%的老年人口无成年子女陪伴，空巢现象突出（见表13）。

2. 城镇老人陪伴情况好于乡村

2015年，城镇有60岁及以上单身老人户占家庭户总数的6.7%，比乡村低4.7个百分点。与此同时，有60岁及以上老年人口的城镇家庭户中，单身老人户的比重为12.2%，比乡村低2.6个百分点。此外，城镇纯老人

表13 2010年、2015年四川有60岁及以上老年人口的家庭户情况

单位：%

指标		2010年	2015年
有一个60岁及以上老年人的家庭户	单身老人户	15.7	13.8
	一个老年人与未成年的亲属户	1.9	1.7
	其他	45.2	40.4
	小计	62.8	55.9
有二个60岁及以上老年人的家庭户	只有一对老夫妇的家庭户	14.3	16.6
	一对老夫妇与未成年的亲属户	2.2	2.5
	其他	19.8	23.7
	小计	36.3	42.8
有三个60岁及以上老年人的家庭户		0.9	1.3
总计		100.0	100.0

资料来源：四川省2010年人口普查资料、四川省2015年1%人口抽样调查数据。

户比重为30.5%，比乡村高0.2个百分点；城镇只有老人和未成年亲属户比重为3.2%，比乡村低1.7个百分点。总体而言，乡村老年人口无人陪伴以及代际分离现象比城镇突出，空巢现象更为明显（见表14）。

表14 2015年四川分城乡有60岁及以上老年人口的家庭户情况

单位：%

指标		城镇	乡村
有一个60岁及以上老年人的家庭户	单身老人户	12.2	14.8
	一个老年人与未成年的亲属户	1.3	2.0
	其他	40.5	40.3
	小计	54.0	57.1
有二个60岁及以上老年人的家庭户	只有一对老夫妇的家庭户	18.3	15.5
	一对老夫妇与未成年的亲属户	1.9	2.9
	其他	24.5	23.2
	小计	44.7	41.6
有三个60岁及以上老年人的家庭户		1.3	1.3
总计		100.0	100.0

资料来源：四川省2015年1%人口抽样调查数据。

3. 资阳、广安、绵阳三市代际分离现象突出

2015 年，7 个市单身老人户比重高于全省平均水平，由高到低依次是资阳、内江、遂宁、自贡、绵阳、广安、德阳，阿坝、凉山、甘孜三州最低。9 个市纯老人户比重高于全省平均水平，由高到低依次是绵阳、资阳、德阳、遂宁、内江、自贡、广元、乐山、成都，阿坝、凉山、甘孜三州最低。11 个市只有老人与未成年亲属户比重高于全省平均水平，由高到低依次是广安、达州、自贡、资阳、泸州、宜宾、内江、南充、巴中、绵阳、遂宁，雅安、成都、攀枝花三市最低。整体而言，资阳、广安、绵阳三市超过 40% 的老年人口无成年子女陪伴，代际分离现象较为突出，而甘孜、阿坝、凉山三州的老年人口无人陪伴现象较少（见表 15）。

表 15 2015 年四川分地区有 60 岁及以上老年人口的家庭户情况

单位：%

地区	有一个60岁及以上老年人的家庭户				有二个60岁及以上老年人的家庭户				有三个60岁及以上老年人的家庭户
	小计	单身老人户	一个老年人与未成年的亲属户	其他	小计	只有一对老夫妇的家庭户	一对老夫妇与未成年的亲属户	其他	
全 省	55.9	13.8	1.7	40.4	42.8	16.6	2.5	23.7	1.3
成都市	53.8	12.6	0.4	40.8	44.7	17.9	0.9	25.9	1.5
自贡市	56.7	17.2	2.7	36.8	41.7	15.3	3.8	22.6	1.6
攀枝花市	54.3	11.3	0.3	42.7	44.7	18.4	1.0	25.3	1.0
泸州市	58.9	12.1	2.6	44.2	39.4	11.5	3.5	24.4	1.6
德阳市	53.7	14.6	0.7	38.4	44.6	20.4	1.5	22.7	1.7
绵阳市	56.0	17.0	1.8	37.2	42.9	20.6	2.6	19.7	1.1
广元市	56.6	12.2	1.2	43.2	42.4	19.1	1.8	21.5	1.0
遂宁市	59.5	17.2	2.1	40.2	39.2	16.8	2.1	20.3	1.3
内江市	58.8	17.9	2.6	38.3	40.0	15.6	2.9	21.5	1.2
乐山市	55.2	13.4	0.9	40.9	43.4	17.2	1.6	24.6	1.4
南充市	54.6	13.4	2.1	39.1	44.2	16.1	3.3	24.8	1.2
眉山市	54.3	11.8	1.0	41.5	44.0	16.1	1.6	26.3	1.7
宜宾市	60.3	12.8	2.5	45.0	38.5	11.7	3.2	23.6	1.2
广安市	53.9	15.7	3.1	35.1	45.2	19.5	4.4	21.3	1.0
达州市	52.3	11.8	2.6	37.9	46.4	17.2	4.2	25.0	1.3

续表

地区	有一个60岁及以上老年人的家庭户				有二个60岁及以上老年人的家庭户				有三个60岁及以上老年人的家庭户
	小计	单身老人户	一个老年人与未成年的亲属户	其他	小计	只有一对老夫妇的家庭户	一对老夫妇与未成年的亲属户	其他	
雅安市	55.9	9.9	0.3	45.7	42.7	15.8	0.5	26.4	1.4
巴中市	51.5	10.8	2.2	38.5	46.9	17.6	2.7	26.6	1.6
资阳市	57.1	18.8	2.5	35.8	41.5	17.5	3.8	20.2	1.4
阿坝州	65.4	6.4	1.8	57.2	33.4	5.2	1.1	27.1	1.2
甘孜州	68.5	8.9	0.8	58.8	29.5	4.1	0.6	24.8	2.0
凉山州	61.7	8.6	1.0	52.1	37.5	10.3	1.1	26.1	0.8

资料来源：四川省2015年1%人口抽样调查数据。

（四）社会保障

1. 超过10%的老年人口未参加社会养老保险

2015年，四川60岁及以上老年人口中，参加新型农村社会养老保险的居多，占54.6%。此外，参加城镇职工基本养老保险、城镇（乡）居民社会养老保险、机关事业单位养老保险的比重分别为17.9%、13.5%、1.4%，未参加以上四种社会养老保险的比例为12.6%（见表16）。

2. 随着年龄增长未参加社会养老保险的比例提高

不同年龄组的老年人口都以参加新型农村社会养老保险居多，只是随着年龄的增长参加的比重差异性下降，未参加社会养老保险的比重差异性提高。以80岁为分界点，80岁以下老年人口参加社会养老保险的情况相对较好，80岁及以上老年人口未参加社会养老保险的比重高于平均水平，近半数百岁老人未参加社会养老保险。

3. 女性老年人口未参加社会养老保险的比例高于男性

2015年，男性老年人口参加新型农村社会养老保险的比重为53.8%，比女性低1.6个百分点；参加城镇职工基本养老保险的比重为20.0%，比女性高4.1个百分点；男性老年人口参加城镇（乡）居民社会养老保险和机关事业单位养老保险的比重分别为12.5%、1.9%，前者比女性低2.1个百

表 16　2015 年四川分年龄老年人口参加社会养老保险情况

单位：%

年龄	城镇职工基本养老保险	城镇(乡)居民社会养老保险	新型农村社会养老保险	机关事业单位养老保险	未参加以上四种社会养老保险
60~64 岁	17.6	15.0	54.4	1.3	11.7
65~69 岁	18.0	14.4	54.6	1.2	11.8
70~74 岁	17.8	12.9	55.7	1.4	12.2
75~79 岁	18.6	15.0	53.7	1.5	11.2
80~84 岁	19.1	10.6	53.4	1.6	15.3
85~89 岁	16.2	10.1	55.5	1.0	17.2
90~94 岁	14.2	10.8	52.9	1.2	21.0
95~99 岁	12.3	14.4	49.1	1.2	23.0
100 岁及以上	7.5	10.0	35.0	0.0	47.5
全省平均	17.9	13.5	54.6	1.4	12.6

资料来源：四川省 2015 年 1% 人口抽样调查数据。

分点，后者比女性高 1.1 个百分点。此外，男性老年人口未参加以上四种社会养老保险的比重为 11.8%，比女性低 1.5 个百分点。整体而言，男性老年人口社会养老保险的参与率高于女性老年人口，参保情况相对较好（见表 17）。

表 17　2015 年四川分性别老年人口参加社会养老保险情况

单位：%

性别	城镇职工基本养老保险	城镇(乡)居民社会养老保险	新型农村社会养老保险	机关事业单位养老保险	未参加以上四种社会养老保险
男性	20.0	12.5	53.8	1.9	11.8
女性	15.9	14.6	55.4	0.8	13.3
全省平均	17.9	13.5	54.6	1.4	12.6

资料来源：四川省 2015 年 1% 人口抽样调查数据。

4. 巴中市老年人口未参加社会养老保险现象突出

2015 年，除成都、攀枝花两市的老年人口以参加城镇职工基本养老保险居多外，其他市（州）的老年人口都以参加新型农村社会养老保险居多。从未参加社会养老保险情况看，9 个市（州）比重超过全省平均水平，由高到低依次是巴中、成都、自贡、广元、阿坝、广安、内江、泸州、甘孜。巴中市超过20%的老年人口未参加社会养老保险,而最低的德阳市,仅5.1%的老年人口未参加社会养老保险(见表18)。

表18　2015年四川分地区老年人口参加社会养老保险情况

单位:%

地区	城镇职工基本养老保险	城镇(乡)居民社会养老保险	新型农村社会养老保险	机关事业单位养老保险	未参加以上四种社会养老保险
全　省	17.9	13.5	54.6	1.4	12.6
成都市	36.9	21.0	21.8	2.1	18.2
自贡市	22.7	9.7	48.8	0.8	18.0
攀枝花市	47.2	13.2	27.5	1.2	10.9
泸州市	16.3	16.4	52.6	0.7	14.0
德阳市	21.4	14.9	57.0	1.6	5.1
绵阳市	20.3	12.9	54.9	1.4	10.5
广元市	14.2	12.6	53.5	1.9	17.8
遂宁市	14.3	25.7	46.7	1.1	12.2
内江市	15.1	12.4	56.4	1.5	14.6
乐山市	27.1	16.8	42.9	0.9	12.3
南充市	10.1	9.3	70.2	1.3	9.1
眉山市	11.3	10.8	71.4	0.9	5.6
宜宾市	12.7	8.9	67.1	0.9	10.4
广安市	7.1	7.4	69.0	1.0	15.5
达州市	8.5	8.3	75.2	0.9	7.1
雅安市	16.7	15.8	55.4	2.8	9.3
巴中市	5.8	15.0	57.5	0.9	20.8
资阳市	10.0	9.4	69.0	0.8	10.1
阿坝州	2.2	19.7	58.8	2.2	17.1
甘孜州	5.2	7.4	72.5	1.9	13.0
凉山州	8.6	4.5	76.7	2.7	7.5

资料来源:四川省2015年1%人口抽样调查数据。

5. 老年人口医疗保障较好

四川老龄办调查数据显示,四川老年人口医疗保障覆盖率较高,全省98.6%的老年人口享有至少一种医疗保障待遇。其中,新型农村合作医疗保险达52.1%,其次为城镇职工基本医疗保险,占21.9%。

在医疗方面,大部分老年人口选择就近就医。看病、住院开销主要依靠报销,不能报销的部分主要由子女或他人支付;看病或住院所产生费用的报销比重高达50%,老年人在看病过程中需要自己付费的金额较少。

(五)需求意愿

1. 居家养老意愿强

2016年国家卫计委的流出地监测调查数据显示,四川60岁及以上老人的计划养老场所,73.3%为自己家,23.2%为子女家,0.7%为养老院,2.6%不知道在哪里养老。从养老依靠来看,75.1%靠子女/媳婿养老,18.8%靠自己/配偶养老,4.6%靠政府和社会养老。从城乡差异看,城镇老人计划在自己家养老的比重高于乡村,44.9%的城镇老人计划依靠自己/配偶养老;乡村老人计划在子女家养老的比重高于城镇,超过八成的乡村老人计划依靠子女/媳婿养老(见表19)。

表19 四川按城乡分老年人计划养老场所和养老依靠情况

单位:%,人

计划养老场所	城镇	乡村	全省平均
自己家	74.8	72.8	73.3
子女家	20.1	24.1	23.2
本地的子女家	17.1	23.7	22.3
外地的子女家	3.0	0.4	0.9
日间照料中心	0.0	0.1	0.0
养老院	0.6	0.7	0.7
不知道	3.9	2.2	2.6
其他	0.6	0.1	0.2
合计	100.0	100.0	100.0
养老依靠	城镇	乡村	全省平均
靠自己养老	38.1	10.4	15.8
靠配偶养老	6.8	2.2	3.0
靠子女/媳婿养老	47.0	81.8	75.1
靠其他亲属养老	0.3	1.1	0.9
靠政府和社会养老	6.3	4.1	4.6
其他	1.5	0.4	0.6
合计	100.0	100.0	100.0
样本数	335	1382	1717

资料来源:国家卫计委2016年流出地监测调查数据。

四川老年人口的养老计划以居家、子女/媳婿养老为主。但四川劳动力外出规模庞大,造成老人与子女代际分离现象凸显,代际分离削弱了传统的家庭养老功能,传统养老模式面临较大挑战,加之家庭规模小型化、老年人口高龄化,加重了家庭与社会的养老负担,居家养老服务需求明显。

2. 护理照料需求旺

四川老龄办调查数据显示,四川86.0%的老年人口至少患有一种慢性疾病,其中,骨关节病占比最高,为51.3%,其次高血压病占33.2%,胃病占24.2%,心脑血管疾病占22.1%,白内障、青光眼占17.8%,慢性肺部疾病占16.6%,其余各类疾病在10%以下。老年人口健康状况不佳会刺激医疗服务需求。据测算,2015年,四川有60岁及以上不健康老人316万人,其中生活不能自理老人45万人,老年人口医疗保健与日常看护需求旺盛,医养结合机构的建设有待加强。

从地区分布看,生活不能自理的60岁及以上老年人口以成都市和南充市的居多,占比都超过10%;达州、巴中、绵阳、宜宾四市相对较多,占比都超过5%;阿坝、甘孜、攀枝花、雅安四个市(州)的占比较低,都不超过2%。可见,成都、南充、达州、巴中、绵阳、宜宾等地对医护人员以及医养结合机构等的需求相对较大(见图2)。

四川省老龄办调查数据显示,在照料护理服务需求方面,81.4%的老年人口选择在家里,2.8%的老年人口选择白天在社区晚上回家,4.0%的老年人口选择在养老机构。另外,47.1%的老年人口表示不需要任何社区老龄服务项目,而有需要的老年人中,最主要的需求为上门看病,占调查对象的41.7%。

3. 精神慰藉不可缺

流出地监测调查数据显示,超过四成老人有孤独感。四川60岁及以上老人中,6.3%的老人经常感到孤独,34.3%的老人偶尔感到孤独。乡村老人经常和偶尔感到孤独的比例分别为6.7%和36.3%,分别比城镇老人高2.0个和11.0个百分点。因此,老年人口的社会参与以及精神文化生活需求有待进一步满足,特别是乡村老年人口(见图3)。

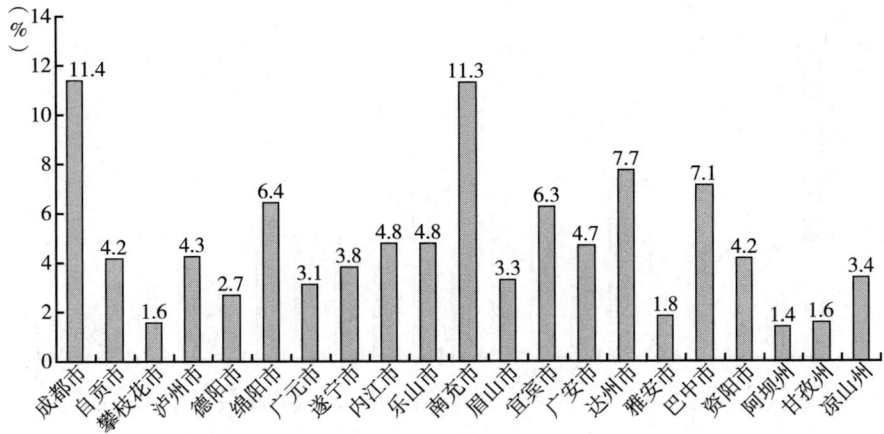

图 2　2015 年四川生活不能自理的 60 岁及以上老年人口地区分布

资料来源：四川省 2015 年 1% 人口抽样调查数据。

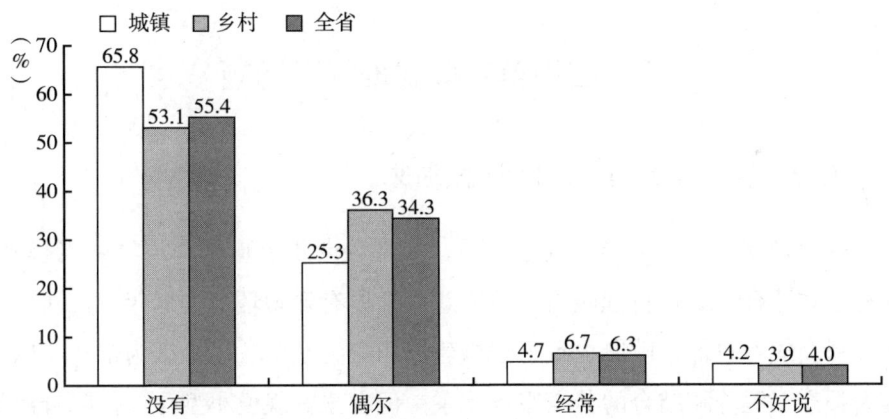

图 3　2015 年四川 60 岁及以上老年人口感到孤独情况

资料来源：国家卫计委 2016 年流出地监测调查数据。

2015 年从地区分布看，60 岁及以上单身老人分布在成都市的居多，占比超过 10%；其后是南充市和绵阳市，占比都超过 8%；阿坝州和甘孜州的占比较低，都不超过 1%。可见，成都、南充、绵阳等地无人陪伴老人相对较多，老人陪护需求相对较大（见图 4）。

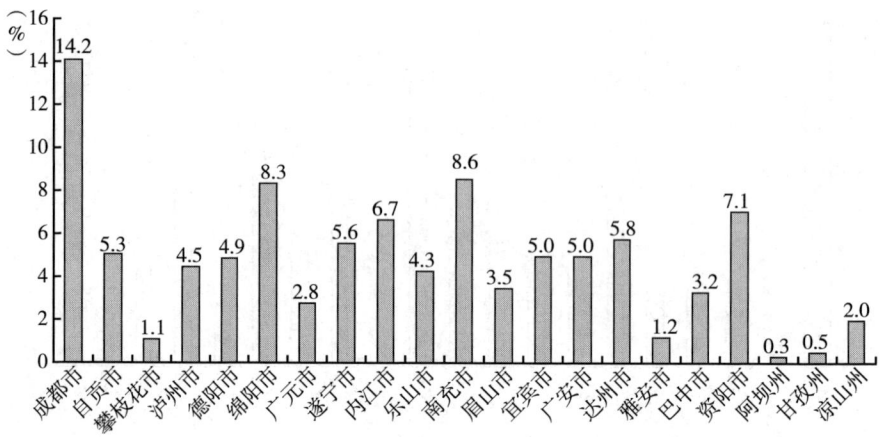

图4　2015年四川60岁及以上单身老人地区分布

资料来源：四川省2015年1%人口抽样调查数据。

三　四川养老模式现状及问题

（一）居家养老为主，但面临挑战

四川老年人口居家养老意愿较强，大部分老年人口选择居家养老模式，这种模式适合有一定自理能力且不愿意离开原有熟悉环境的老年人。居家养老的社会成本较低，政府也致力于构建以居家为基础、以社区为依托、以机构为补充、医养相结合的养老服务体系。但在家庭规模小型化、代际分离等背景下，居家养老模式面临挑战。孤寡、空巢、失独等老年人群由于无子女陪伴，面临较大健康风险，而且居家养老的医疗服务欠缺，健康护理难度较大，居家养老模式面临与其他养老模式融合发展的问题。

（二）社区养老以日间照料居多，但专业性有限

目前，四川社区养老主要以日间照料中心为服务平台，为邻近社区内尚有行动能力、健康状况较好的老年人提供日间照料服务。服务内容包括组织

唱歌、健身、麻将、棋牌等文体娱乐活动以及提供餐饮服务等，服务设施包括文体活动室、理疗室、休息室、餐厅等。社区日间照料中心兼顾居家与养老服务，收费相对低廉，但在建设、运营等方面存在困难，并且服务对象与内容受限。

1. 上级下达的建设目标任务重，落实难

以眉山市东坡区为例，全区有公共社区70个，但2014~2017年，上级下达的日间照料中心建设目标任务数累计达到89个，建设周期短，必须在一年内完成当年任务，无法通过新建完成，只有依靠现有房屋改造，而中心城区各社区没有现成公用场地和房屋可供使用，无法完成当年下达的目标任务数。

2. 验收难以达标，且运营困难

日间照料中心因时间短、资金少、场地缺等困难，加之新消防验收标准的提高，普遍存在面积不够、内设要素不齐全、消防设施设备难满足等问题，即便整改也很难达到日间照料中心建设标准，一些已建成的日间照料中心无法运营。此外，很多日间照料中心由于没有后续运营经费，加之地理位置、设施设备配置、人员等问题，处于半停业或停业状态，没有发挥其本有的功能。

3. 服务对象受限，医疗服务专业性不足

社区日间照料中心服务对象受限，无法满足失能、半失能等特殊老年人的需求，而且管理较为松散，在医疗服务方面的专业性不强，通常依靠志愿者定期/不定期服务，没有配备专业的医护人员，在老年人应急救助等方面存在风险。

（三）机构养老专业性强，但发展不够

2015年，四川有养老床位数30.2万张，占全国总数的8.4%，仅次于江苏和山东，位居全国第三；每千老年人口养老床位数为30.7张，高于全国平均水平（30.3张）。但是与四川庞大的老年人口数量相比，养老床位数仍无法满足需求，随着老年人生活水平的提高，高端养老机构需求日益增长，供需的结构性矛盾日益突出。

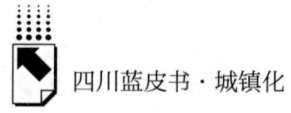

养老机构服务对象较广，既包括一般的老年人，也包括失能、半失能等特殊老年人，管理较为规范，专业服务水平较高，可以为老年人提供综合全面的服务，但开办门槛较高、资金投入较大，收费标准也较高。一般而言，兴建公办养老机构1张床位的平均投入是10万~15万元，单一依靠政府扩大公办养老机构数量与规模，财政无法支撑。政府为鼓励民办养老机构发展，2015年颁发川办函〔2015〕57号文件，对新增民办养老机构床位每张补助由2014年的1万元提高到1.1万元。但部分民办养老机构不以市场需求为目标，仅为争取床位补助资金而新增床位，并且不按照养老机构建设标准建设、护理人员配备不到位、医疗设施不达标、地理位置偏远等，造成已建成的民办养老机构入住率低，极大浪费资源。

四　政策建议

（一）完善老年人口信息

加强信息化建设，建立健全老年人口健康档案，摸清老年人口基本信息、健康状况、慢性病和重大疾病情况以及就医情况等，并在建档基础上，细分人群，发现需求，更好地构建区域养老服务体系与服务内容，提供针对性更强的养老服务。

（二）健全居家养老服务体系

扩大基层医疗卫生服务机构覆盖面，依托基层医疗卫生服务网络，为居家老人提供及时、便利的医疗卫生服务；推广原宅改造服务，建立家庭应急呼叫专线及系统，免费安装应急呼叫设备，提高老年人住宅的可住性；同时提高家庭医生签约率。此外，加强政府购买居家养老服务，搭建居家养老信息服务平台，充分利用互联网、大数据等技术，大力发展智慧居家养老服务，鼓励开发适合老年人的智能穿戴设备，提高老年人智能穿戴设备普及率，满足老年人应急性以及个性化等需求。

（三）提高社区养老专业水平

与居家养老相结合，探索形成以微型养老机构为基础、日间照料中心为配套、老年助餐为补充、上门服务为支撑的社区居家养老服务发展模式；合理配置社区资源，按需建立社区日间照料中心等社区养老服务平台；加强社区养老服务平台与区域内邻近专业医疗机构的对接，提高社区养老服务平台的医疗服务水平；做好老年人应急服务，创新养老服务内容，通过提供增值服务实现养老服务平台的长期运营。

（四）大力发展社会养老机构

借鉴眉山市东坡区金花养老院经验，在全省范围内推行对失能、半失能特困老人集中供养，着力解决特殊困难群体养老问题。鼓励、支持、引导社会养老机构发展，特别是民办社会养老机构发展，主要依靠社会化手段解决一般人群养老问题；构建满足不同需求的多层次的社会养老机构体系，合理制定社会养老机构建设标准，适当降低社会养老机构进入门槛，重点关注社会养老机构服务的专业化问题；加强监管，提高社会养老机构服务有效性，增强社会养老机构抗风险能力。

B.15
建设国家中心城市背景下成都市"小组微生"新农村综合体研究

课题组[*]

摘　要： 作为一种全新发展理念下的农村空间组织形态，新农村综合体是在乡村传承与城市文明、居民公共服务有效供给和农业生产需求之间的平衡点，是都市圈农村发展的主体形态。从2003年开始，成都市用十年左右的时间实现了新农村形态上的升级，建立了一系列规范化和制度化的工作机制，形成了一套科学可行的新农村规划体系，构建了农民主动参与的民主决策程序，打造了一批风格各异、宜居宜业的产业形态，盘活了大量的农村资源，取得了十分突出的成效，所形成的创新性经验具有较强的可操作性和复制性。本报告以建设全新发展理念的国家中心城市为背景，简要回顾了成都"小组微生"新农村综合体建设的主要历程，描述了其主要做法和成效、经验，分析了问题和潜在风险，并提出对策建议。

关键词： 国家中心城市　成都市　"小组微生"　新农村综合体

---

[*] 本文是四川大学"建设国家中心城市背景下成都市'小组微生'新农村综合体优化布局和运行机制研究"的阶段性成果。课题组主要成员为张鸣鸣、刘礼、曾旭晖、高杰、谭明芬、杨理珍。

一 国家中心城市背景下成都新农村综合体的新认识

2016年,经国务院同意,国家发改委和住建部联合印发《成渝城市群发展规划》,增设成都为国家中心城市。这表明,一方面,未来成都的发展上升至国家战略,是整体发展的重要组成部分,在国家实施西部大开发战略和"一带一路"建设中发挥重要的积极作用,需立足宏观视角,从战略高度对成都发展方向、空间布局、体系建设、实施路径等进行科学审视。另一方面,成都在带动和辐射周边区域发展方面将发挥核心作用,肩负着四川乃至西部打造城市群区域合作格局、形成完善城镇体系、重塑新型城乡形态的重任。宏观环境变化对新农村发展产生了一系列深远的影响,以建设国家中心城市为目标,在高度城镇化基础上推进城乡一体化,成都发展的新形势为新农村综合体发展带来了一些新优势和新机遇。

(一)统筹城乡发展示范区延续改革政策优势

过去十多年来,在统筹城乡发展方面上的大胆改革、锐意创新是成都城市版图不断拓展、城市质量快速提升、推动城镇可持续发展的有力支撑和重要保障。深化全国统筹城乡综合配套改革试验区建设,聚焦农业转移人口市民化、农村产权流转交易、新型农业经营体系构建、城乡要素自由流动、城乡统筹规划、农村基层治理创新等方面的体制机制障碍,叠加在原有的政策上,为新农村综合体建设提供了大量的政策新优势。

(二)美丽中国先行区凸显价值优势

作为长江上游生态屏障的重要一环,依托丰富多样的生态要素,成都悠久深厚的历史文化遗存和山重水叠的独特景观,是建设有历史记忆、文化脉络、民族特点、景观风貌的美丽城市的独特优势。在建设美丽中国、绿色四川的时代背景下,建设生产、生活、文化、生态融合发展的新农村综合体意义更加重大。

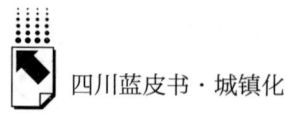

（三）西部综合交通枢纽建设拓展经济空间

通道建设是城市空间拓展的关键，是区内区外两个市场、两种资源互联互通的必要条件。作为国家中心城市，成都建设西部综合交通枢纽必然会为资源、人才、资金、信息等各类要素深度融合、加速集聚提供高效支撑。一方面，拓展经济空间，使成都新型工业和现代服务业发展上新台阶，为新农村综合体建设过程中的资源要素整合带来更多可能；另一方面，过去不具备区位优势的地方，如远郊县镇，在通达性大幅提升后，会因生态本底、资源要素等方面的坚实储备而形成后发优势，从而为这些地方新农村综合体建设提供更有力支撑。

（四）功能完备的城镇体系目标蕴含组合优势

建立健全功能完备、布局合理、大中小城市和小城镇协调发展的城镇体系是国家中心城市建设的题中之意。将成都城市的圈层式布局转变为以成都平原经济区、大都市区、区域中心和功能区、产业园区和特色镇四个城市层级，形成分工合理、层级清晰、有机衔接的大都市城市体系。资源配置方式由过去行政主导转变为功能导向型，为处于基础行政层级的县城、建制镇的经济社会发展注入巨大活力，有利于打开新的发展空间，深刻影响新农村综合体的空间格局，转变建设的动力机制。

（五）提升核心功能带来农村人才红利优势

与前述城镇化发展态势的判断一致，成都市居住在农村的人口规模整体上将呈现持续减少态势。然而值得重视的是，成都在发展农村经济特别是乡村旅游、农产品加工和物流等方面具有显著优势，这与国家中心城市建设在吸引人才、获取人力资本红利上的乘数效应会产生叠加优势，在"大众创业、万众创新"有利形势下，会对职业农民及相关从业人员形成巨大的吸引力。与此同时，随着工业化和现代化进程加快，特别是在成都建设国家中心城市的情况下，农村的生态功能、休闲功能将更加强化，乡村生态环境、田园风光、历史文化和民俗、传统农耕生活方式的价值将越来越高,也将吸引越来越多的城市居民到农村旅游、居住、创业,城乡居民交错居住将成为新的居住形态。

二 成都"小组微生"新农村综合体建设的主要历程

经过多年发展,成都新农村综合体建设中形成了"小规模、组团式、微田园、生态化"模式。该模式以城乡资源要素有序流动为重心,在推动塑造生态富集的乡村景观、改善农民生产生活质量、提高农业生产效益等方面成效显著。这种模式既是对原有"为集中而集中"的新农村建设模式的校正,也是对在高度城镇化基础上实现城乡一体化发展的重要探索和创新。当前,成都新农村综合体在发展理念、布局规模、运行机制等方面具备现实基础,已经进入一个全新的发展阶段。

作为大城市带大郊区的典型代表,21世纪初开始,成都先行先试,启动了具有划时代意义的新农村建设。从2003年"三个集中"时期的"拆院并院"到"四态合一"①时期的"小组微生",成都用十年左右的时间实现了新农村形态的不断升级。

"拆院并院"是村庄整治和城乡建设用地增减挂钩的具体体现,是在工业向集中发展区集中、农民向城镇集中、土地向规模经营集中的发展模式中形成的,其目标是盘活生产要素,其理念的核心是农村城市化——农民市民化和土地城镇化。其间经历了数次实践探索,如"双放弃",即农民自愿放弃土地承包经营权和宅基地使用权的,在城区集中安排居住,并享受与城镇职工同等的社保待遇,农民在城市实现非农就业、在城市拥有自己的住宅、能够享受城市公共服务。"拆院并院"在城乡差距持续扩大的背景下产生,无论是对改善城郊农民生活质量、满足农民市民化需求,还是对城市的工业生产要素和经济集聚,都具有重要的历史意义。但是这暴露出不可持续性。

---

① 四态合一:形态、业态、文态、生态。

一方面,"农民上楼"后带来的长远的负面影响不容忽视,主要表现在生活成本骤升和庭院经济消失后导致的部分农民生计问题,非农就业不能满足农民期待,仍有农地的农民从事农业生产经营条件不足,农民集中居住社区的社会管理成本高、效果不理想等;另一方面,"双放弃"过程中农民积极性高的地方往往区位、资源条件较差,土地特别是耕地的效益不高;而条件好的地方农民意愿不足,交易费用较高。随着经济社会发展以及城乡关系的深刻变化,这种"为集中而集中"的新农村建设方式的弊端更加凸显。

2012年成都开始"小组微生"新农村建设,五年多的实践得到干部群众和社会各界的普遍认同,成为城乡一体化建设的重要载体,被称为"新农村建设的4.0版本"。截至2016年,全市共建成"小组微生"新农村综合体186个,总投资71.08亿元;实现2.63万户、8.4万人入住新居。"小组微生"新农村不仅延续了过去集中居住的农村形态在农地规模化利用、为城镇化提供土地指标、改善农村生产居住环境等方面的贡献,还优化了居住形态和村组布局,满足了农民生产生活需求,同时挖掘了乡村生态潜力、文化潜力,赋予了新农村更多的功能,拓展了更广阔的发展空间,受到农民的一致认可。

相比之前的新农村建设模式,"小组微生"新农村综合体在动力机制、运行机制和管理机制上有了重大改革创新,但其建设有前置条件的约束,如村社资源情况、治理能力、农民家庭状况等,村庄整理节约出建设用地指标越多、村级治理水平越高、农民房屋整体较为破旧或部分农民收入较高等村社在推动"小组微生"建设时阻力相对较小。此外,"小组微生"新农村综合体的发展还面临一些内生需求,包括进一步提升公共产品供给效率、功能从单一向多元转变、城乡社会双向流动提速等。高度城镇化基础上的城乡一体化发展的现实需要和国家中心城市建设等外部环境的重大变化,给"小组微生"新农村提出了新的问题,需要将新农村建设作为新型城镇化发展战略的有机组成部分。"小组微生"新农村综合体无论从规模还是功能上,与城镇体系的联系紧密度仍有较大提升空间,在生态涵养、传统人文承载等方面的作用有待进一步发挥。

三 成都"小组微生"新农村综合体建设的主要做法

(一)建立规范化和制度化的工作机制

成都市在推动"小组微生"新农村综合体建设中,制定出台多种政策措施,对规划、建设、管理进行详细设计,确保工作机制规范化和制度化。在此基础上,各区县进一步明确工作程序、组织方式等,通过多部门联合行动,优化各项政策文件,为新村建设提供了制度保障。例如,邛崃市成立多部门统筹的农村土地综合整治领导小组,制定出台政策措施,对农村土地综合整治、社会资金参与、项目规划和监理招标等具体事项都有明确的工作程序。蒲江县成立全域幸福美丽新村攻坚行动工作领导小组,细化建设目标任务到相关县级部门和乡镇;建立常态化工作机制,定期由县委、县政府主要负责人主持召开工作现场会,检查督促工作开展情况;编制了全域推进新村建设的总体规划和实施方案,形成中等城市、小城市、特色镇和新农村综合体协同发展的城乡规划建设体系;进一步制定了社会化推进新村建设实施办法,编制项目建设规范化操作流程图,完善社会业主资格审查办法,设立项目投资保证金和农民工工资保证金等风险防控的具体措施;开展新村建设培训,指导村(社区)建立民主议决、项目监督、新村管理等制度,审查把关新村规划,提供专业建筑质量监管服务。

(二)以创新理念指导农村新型社区规划

强化规划引领作用,在"小组微生"新农村综合体建设过程中,始终坚持规划先行。由成都市规划管理局编制《成都市农村新型社区"小组微生"规划技术导则(2015)》,就小规模聚居、组团式布局、微田园风光、生态化建设等四个方面做出具体指导,把"小组微生"理念体现在具体的指标和规范中。"小"即为小规模聚居,要保持每个聚居点50户至100户,建设"紧凑型、低楼层、川西式"的特色民居。"组"即为组团式布局,要求各聚居组团间距在50~500米，方便农民生产生活。"微"即为微田园风光，要做到房前屋后种植花卉苗木和蔬菜瓜果，建设"小菜园""小花园""小果园"，方便生活、美化环境。"生"即为生态化建设，要注重林盘、水系、田园等生态资源的保护与利用，保护和传承川西民俗文化，打造"林院相依、院田相连、田水相映"的川西生态田园风光。

在规划选点上，由市规划、国土、建设、交通、水务、防震减灾、乡镇政府等部门共同现场踏勘核实，综合考虑防灾避险与安全第一、节约集约用地与少占耕地、宜聚则聚和宜散则散、生态优先和保护文化本底等多方面要素。在编制规划过程中，各区县普遍采取农民全程参与和专业机构规划设计相结合的方式，体现"多规合一"的村庄规划和"四态融合"的新居设计。规划设计单位结合点位区位条件，在统筹考虑基础设施建设、公共服务建设、绿地景观建设、产业发展情况等基础上，按照"小组微生"规划要求，同步规划建设功能集成配套的基础设施、标准化的社区公共服务和社会管理设施，构建"10分钟生产生活圈"，提高农民现代生活品质。

（三）确保农民参与新村建设和管理全过程

新村建设注重发挥农民群众的主体作用，让农民全程参与新农村建设，从是否参与到户型设计、施工队伍选择、质量安全、收益分配、社区管理等都由农民民主商议、自主决定，政府做好规划建设的指导和服务，既让农民成为新农村建设的"决策者"和"参与者"，又让农民成为建成后的社区管理主人，真正实现"还权赋能"。

首先，在建设初期，由农民自己来算账、来设计。培育村集体资产管理主体，将新农村建设资金怎么来、怎么用、怎么还等核心问题交给群众自主讨论，从而在机制上确保农民真正参与。同时，将新村点位布局、户型设计、风貌形态等规划方案交给群众商议，专业设计机构再根据农民的意愿和诉求进行修改完善，最后由农民自主选择。村集体资产管理主体有多种形式，如邛崃市在项目区成立"土地整理项目议事会"和"土地整理项目监事会"，在安置点成立"建房议事会"和"建房监事会"，组成人员均由参与项目的农户投票选举产生；郫都区则通过组建集体资产管理公司参与村庄土地整理。

其次，建设过程由农民群众做主、把关。建筑施工单位采取参与农户代表现场投票、唱票的公开比选招标方式确定。新居建设过程中，各个组团均有群众代表组成的工程质量监督小组，对施工过程进行全程监督，确保建设质量。例如，蒲江县实行以村民为主的"统规代建"的新村建设模式，工程质量由群众监督和政府职能部门专业监督双重把关，项目验收由政府与村民联合开展，重点验收"小组微生"规划是否走样、"1+21"公共服务配套是否到位、建筑质量是否符合要求等，发现问题及时整改，从而提升新村建设质量满意度。

最后，在小区后续管理方面，按照农民自我教育、自我管理、自我服务、自我监督的原则，实现从村落管理到院落管理的转变。例如，郫都区在各安置点成立相对独立的小区管委会（业委会），主任由村支部书记兼任，成员分别由新村建房议事会和村民议事会选举产生，并分组团选举产生院落委员会。同时，向农户发放新型社区生活手册和管理导则等资料，从现代生活技能、文明习惯养成、社区物业自治管理等方面对农民进行培训，逐步引导农民的生产生活习惯向城市居民转变，实现社区的自我管理、自我服务。都江堰棋盘社区是灾后重建发展形成的，社区集中安置的农户多，体量大，一度出现小区管理困难，特别是集中居住后，在传统宴请风俗中出现不断攀比的现象。为此，社区在党小组和业委会的协同工作下，制定了"社区群宴管理制度"，受到小区住户的普遍认可（见专栏1）。

专栏1　向峨乡棋盘社区群宴管理制度

一、农村群宴的举办者以及承办农村群宴食品加工的厨师是农村群宴食品安全的第一责任人，对其举办或者承办的农村群宴食品安全负直接责任，各自承担农村群宴食物中毒及食源性传染病事件的相关法律责任。

二、农村群宴的举办者以及承办农村群宴食品加工的厨师对食品原料应进货验收，符合食品安全要求，方可使用。

三、农村群宴的举办者以及承办农村群宴食品加工的厨师应自觉遵守《四川省农村自办群体性宴席食品安全管理办法》和《向峨乡人民政府关于贯彻落实〈四川省农村自办群体性宴席食品安全管理办法〉进一步加强农村群宴管理工作实施方案》的各项规定，自觉接受乡人民政府、社区村委会、乡卫生院（社区卫生服务中心）的现场监督和技术指导，依法承担食品安全责任。

四、弘扬中华民族勤俭节约的美德，杜绝攀比浪费。农宴每桌餐标不超过300元。参加农宴人员送礼不超过100元。

五、爱护公物，宴席后将社区提供的农宴餐具完璧归还。一旦损坏，照价赔偿。

六、爱护公共环境，宴席后必须打扫清洁卫生，社区按照农宴每桌15～20元收取卫生、水、电费用。

七、丧事宴席做两顿（大夜和中午），喜事宴席只做一顿（中午）。

八、农村群宴的举办者以及承办农村群宴食品加工的厨师承担农宴期间用火、用电、用气安全责任。

向峨乡棋盘社区群宴管理服务队

（四）同步打造产村相融的产业形态

成都"小组微生"新农村综合体建设更加注重产业发展，强调产村协同规划，引导乡村建设与产业的良性互动。成都市各区县把新村建设与提升第一产业和培育第三产业结合起来。

第一，在新村周边因地制宜规划建设农业生产基地、产业园区，发展适度规模的农业种植业、养殖业。重点培育发展家庭农场、专业合作社，推进土地适度规模经营，促进农业生产经营方式转变。例如，郫都区安龙村凸出有机蔬菜、微型盆景特色产业，组建了"安龙蔬菜"和"小微盆景"合作社，启动了有机蔬菜基地和精品盆景展示园项目建设；青杠树村组建了粮经专业合作社，启动了800亩的优质粮油和有机蔬菜基地建设。邛崃市临济镇郑湾安置点结合郑湾传统的支柱型产业,引进嘉林生态农场,大力发展"黑猪""黑茶""黑鸡""脆红李"等"三黑一红"产业,带动500余农户实现增收。都江堰棋盘社区主动创新基层组织管理机制,由社区党总支(原村两委)统领,分为物业管理与服务党支部和专业合作社党支部,下设细化功能,以适应社区与产业的协调发展(见图1)。

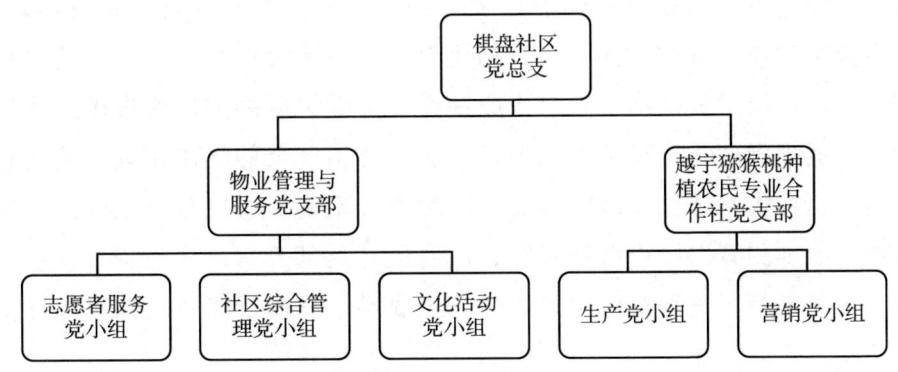

图1 都江堰棋盘社区组织管理结构

第二,结合乡村旅游发展,挖掘农村旅游资源要素,促进道路沿线新农村综合体和乡村旅游融合发展,推动一三产业联动发展。依托优美的生态环境和设施完备的农民新居,引导农民发展以赏田园风光、品农家美食、住农民新居、体农事生活为主题的乡村旅游;鼓励和支持农民采取自主开发、作价入股等方式,利用节余的集体建设用地发展一三互动产业项目,带动集体经济发展和促进农民就业增收。例如,邛崃夹关镇周河扁成立乡村主题酒店联盟,将富余的部分安置房转化为经营性物业推向乡村旅游市场,联盟采取"企业投资、农户投资、共同投资"三种投资方式,并就服务标准和流程、营销推广、销售价格、客户接待等方面实行统一标准。郫都区青杠树村把体现川西民居特色与改造周边湿地环境结合起来,充分挖掘旅游产业潜力,按照国家AAAA级旅游景区标准进行整体打造,利用整理节约出的集体建设用地启动了天府水乡国际乡村俱乐部等高端休闲项目和香草湖生态湿地建

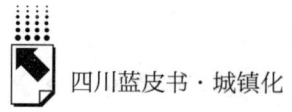

设；安龙村利用预留的集体建设用地，与投资企业合作启动了安龙书院、成都院子等高端休闲项目建设。

（五）盘活资源以实现多渠道筹集建设资金

在现行的政策和法律框架下，引导农民运用农村产权制度改革成果，探索切实可行的融资机制和项目整合机制，推动项目运作。

首先，通过组建村集体资产管理公司，采取产权融资、农民自筹、社会资金参与等方式，探索以市场化手段实现建设项目资金平衡的路径和办法。产权融资是利用农户入股并经变更登记后的集体建设用地使用权，向成都农商银行直接抵押融资，然后使用节余的集体建设用地流转收益或指标收益来偿还融资本息，实现资金平衡。农民自筹是根据土地资源、成本测算以及户型选择等，由农民补足部分房屋建设资金。社会资金参与是利用整理集体建设用地预期收益，采取投资企业预付保证金方式筹集建设资金。

其次，明确政府财政补助的界限，细化建设投入分担机制。以新型社区规划红线为依据，红线以内的基础设施配套建设纳入土地综合整治成本，由集体资产管理公司投资实施；红线外的基础设施"大配套"建设由县财政以补助形式解决，从挂钩指标落地后的土地出让收益或集体建设用地初次流转收取的基础设施和公益设施配套费中实现平衡。社区公共服务建设投入由财政性资金补助解决，设施设备配置投入由县、镇、村分担的方式解决，同时引进社会资金建设农资和日用品营销点。

最后，强化政策支持，将涉农资金整合投放在示范区域，加大县级专项财政投入力度。例如，郫都区统筹农林、住建、水务、交通、环保、文旅等相关部门，积极向上争取林盘院落改造、基础设施建设、产业发展等方面相关政策和涉农资金，尽可能向"小组微生"建设区域倾斜，在符合要求的前提下打捆使用，形成推进合力。统筹实施"小组微生"综合体交通路网、供水排水、能源电力、广播电视、光纤宽带、安全防范等基础设施的建设。

四 成都"小组微生"新农村综合体建设的主要成效

（一）呈现了国家中心城市背景下的城乡新形态

成都市正处于城市化发展升级的关键时期，在从中西部中心城市向国家中心城市迈进。成都市的一个重要特点是大城区带大农村，城市化的升级离不开城乡形态的升级。成都市的城市发展理念强调业态、形态、文态、生态"四态合一"，"小组微生"新农村建设正是在这一城市发展理念下对城乡新形态的重要探索。一方面，"小组微生"从农村的形态来定义农村，要呈现田园风貌，要记得住乡愁，而不是简单地把城市小区移植到农村，修建脱离乡土生产和生活的聚居楼盘；另一方面，"小组微生"能够使农民在不离土、不离乡、不上楼的前提下，充分地享受到城市文明所能提供的公共服务和生活，传统农村相对落后的面貌正在发生质的转变。

（二）打造了一批体现"小组微生"理念特色村落

经过几年的试点和推广，各区县培育了一批特色村落，把"小组微生"理念实实在在地呈现了出来，并探索形成了不同的模式。一是以郫都区青杠树村为代表。青杠树村发掘旅游资源，做大做强，把新建村落打造成为都市市民休闲度假、体验乡村风情的旅游热点。青杠树村已通过 AAAA 级旅游景区验收，2016 年前 11 个月共接待游客 12 万余人次。二是以邛崃周河扁新村综合体为代表。周河扁新村依托灾后重建项目，引入第三方对新村综合体的建筑形态和风格进行重点打造，极大地提升了川西民居的创意空间，成为"小组微生"民居设计的标杆；同时，引进社会资本，与农户签约成立乡村主题酒店联盟，并带动周边农户发展旅游住宿，形成多元多态的集群效应。三是以蒲江明月村为代表。明月村发掘农耕文化和非物质遗产，构建开放式和开创性的村落形态；依托自然环境和邛窑历史文化资源，发展乡村文创产业，着力打造文化新村、产业新村、创业新村；引进文创院落项目，发展家庭旅舍,吸引各类文化艺术家为"新村民"。四是以都江堰向峨乡棋盘社区为代表。棋盘社区构建了以基层党组织为核心的院落治理和生产管理的创新机制,社区居民的生活幸福感显著提高。

(三)探索了推进农村公共服务有效供给的途径

"小组微生"新农村综合体建设在避免农民大规模集中"上楼"的情况下,探索了推进农村公共服务的有效途径。在新村建设中同步配套完善基础设施和公共服务设施,确保入住农民用上自来水、天然气、光纤和宽带,享受标准化幼儿园、便民服务站、金融服务网点等服务,享受到与城市居民同等的基础设施和公共服务,提升农民生活品质。各区县都在探索因地制宜的配套标准,有"1+26"配置标准、"1+8+N"公共服务和社会管理标准化设施配套标准、"1+23+N"公共服务标准等。小区内设游步道、座椅、文体器材,极大地方便了当地群众的生产与生活,使他们能切实共享城乡社会建设的文明成果。不少新村综合体不断创新公共服务的配套方式,引进社会资本投资,配置生态停车场和便民设施,达到满足当地群众的公共服务需求和乡村旅游接待需求的目标。

(四)优化了新农村社会治理机制

新农村建设既是居住方式的改变,也是农村社会关系和社会形态的转变,需要优化和完善社会治理机制,适应新的变化。"小组微生"项目的试点村中,农村社会治理呈现出良好的局面。

一是构建了"村两委+村两会+合作社"的新型农村治理机制,实行决策、执行、监督三分离的管理模式。广大群众享有项目建设的决策权、参与权、建议权、监督权和受益权,新型社区管理成为群众实现自我约束、自我管理、自我发展的大宅院,最大限度地激活了幸福美丽新农村建设的内生源动力。

二是构建了一套行之有效院落治理机制。通过民主选举"幢长""单元长",采取评选奖励、"比学赶超"等措施,营造了良好社区氛围,培育了村民的自我服务能力。同时,引入物业管理机制,通过村民自筹、经营活动收取、村公资金补贴"三条渠道"筹集物业管理资金，提高了社区在公共事务方面的管理能力。

三是打造了一支基层党建队伍。充分调动和发挥社区党员的能动性和代表性，在日常工作中体现先锋模范作用，带领群众共同建设好自己的家园。

（五）构建了促进城乡要素双向流动的机制

"小组微生"新农村综合体建设进一步促进了城乡要素的双向流动，构建了土地、资本、人口等要素流动的优化机制。一是土地资源的流动呈现出多样性。"小组微生"推动了农村宅基地整理，优化了村落布局，实现了建设用地的高效利用。整理节约出的集体建设用地既可以以指标的形式在交易所挂牌，换取新村建设资金；也可以留给集体经济组织开发利用，发展产业，壮大集体经济，做强新农村综合体的产业支撑；还可以满足本地城镇规划的需要，推动城镇发展。二是资本流动呈现出多样性，建立了农民自筹、社会资本投入、银行融资、政府出资等不同的融资渠道。三是人口流动呈现出多样性，不再是劳动力由农村向城市单向输出，而是出现人口、人才、人力资本双向流动的趋势。很多居住在新村的农民不再是长年外出的农民工，而是合理分配的家庭劳动力，他们既有不错的务农收入，也有就近非农就业的收入。同时，美丽新村在养老、休闲、农旅、文化等方面也吸引了越来越多的城市居民来不定期居住。

五 成都"小组微生"新农村综合体建设的主要经验

（一）村庄科学规划是关键

"小组微生"新农村综合体建设之所以在短短几年就收到立竿见影的效果，在于抓住了规划的牛鼻子。一是通过规划技术导则切切实实地呈现"小组微生"的理念，从总体上为新村建设定下基调。二是科学选点。确保安置点遵循生态重建的要求，将居住与发展有效结合起来；在选点上避开良田，避开地质灾害点，尽量利用坡地和林盘及原宅基地。三是规划设计中注重功能配套，留出发展空间。例如配套水电气视信等生活设施和生态停车场等，这也为乡村旅游发展预留空间。

（二）农民主体是根本保证

农民是新村建设的直接利益者，新村建设必须体现农民的主体地位。"小组微生"项目在执行过程中，充分尊重农民意愿，是否参与由农民自主决定，不搞行政强迫命令，从而破解了农民被动参与、积极性不高的问题。以前的新农村建设是政府帮农民算账，即使农民不出一分钱但也总觉得有"猫腻"、自己吃亏了；现在让农民自己算成本账、收益账，即使要自筹部分资金也心甘情愿。在制度设计上尊重农民的首创精神，建立了农民全程参与的民主操作机制。户型设计、施工队伍选择、质量安全、收益分配、社区管理等都由农民民主商议、自主决定，政府只需做好规划、用地管控和指导服务。探索出项目资金多方共管、工程质量全程监管、社区管理自主自治等监督管理新机制，真正实现了"还权赋能"，做到了"新村怎么建，农民说了算"。

（三）产权制度改革是基础

"小组微生"建设积极引导农民运用产改成果，多渠道筹集资金，着力破解新村建设资金瓶颈和产业发展困境。一是鼓励自愿参与农户以确权的集体建设用地（宅基地）使用权入股或委托经营，规范组建村集体资产管理公司，以此作为新村建设的实施主体和融资主体。二是盘活农村各类产权资源，发展农村产业。各区县实践中开展了多种形式的农用地产权交易，例如引进企业，以土地经营权大证折价入股，建设现代农业园区；由集体经济组织将农户手中的承包土地、宅基地以及林地等统一进行规模化预流转，再通过成都市农村产权交易所挂牌引进企业投资。

（四）基层党建是治理核心

"小组微生"新村综合体把原来散居的农户集中在一个社区或院落居

住，会有不同村民小组、自然村甚至行政村的农户参与进来，他们的生活和生产方式又发生了巨大的变化，因此日常管理中存在利益矛盾不可避免。成都市各区县以基层党建为抓手，强化社区党总支的引领功能和核心作用，形成议事会决策、监事会监督、社会组织参与的多元治理机制。同时，把基层党建延伸到社区生产领域，在农民专业合作社中成立党支部，充分发挥党组织成员在产业发展方面的引领作用，做到产业发展功能与居住生活功能相协调。

（五）文化更新是重要保障

"小组微生"理念是对农村传统文化和习俗的扬弃，既移风易俗，又不忘传承文化。一方面，要引入城市文明，移风易俗，转变原来不科学或者不能适应公共社会的生活方式和生活习惯。另一方面，新农村建设不是把城市小区简单地照搬到农村来，不是建立一个山寨版的城市院落，而是要体现乡土风情、田园意境，要保护和传承农村好的风俗。例如农村的社会关系比城市更为亲密，更加注重人情往来，这是乡土社会的优势。但是进入新村后，凡事都办宴席，形成攀比风气，成为干部群众生活的负担。例如集中居住后，农户的人情开支大幅增加，既有邻里居住空间拉近的原因，也有受攀比风气影响的原因，成为干部群众生活的负担，甚至出现有的农户不堪重负而外出居住的现象。向峨乡棋盘社区的经验是积极引导，成立群宴管理服务队，制订相关群宴管理公约和规定，在保留宴席社交功能的情况下，形成良好的风气，得到村民拥护。

六　成都"小组微生"新农村综合体存在的问题和潜在风险

（一）存在问题

"小组微生"新农村综合体建设工作受特定条件下时间紧、任务重的影响，在规划布局、建设和后期管理等方面存在一些问题。

（1）缺乏城镇与农村的整体规划设计。"小组微生"新农村综合体与城镇发展之间的有机联系尚未建立，主要表现在规划布局与国家中心城市建设的衔接不足。选点主要由各区县自行上报，各区县再把任务分解到乡镇一级，实际工作往往是根据现有条件自行设定的，成熟一个推一个。在总体规划布局中，缺乏基于国家中心城市建设目标的考量，也缺乏可依据的指标体系，对交通区位、产业带、城镇化布局的综合性考虑不够。此外，这种方式还容易导致项目点重复建设，导致发展目标不明确，产业形态初步呈现出单一化同质化倾向，比如几乎所有"小组微生"聚居点都要搞绿道、建乡村酒店。

（2）规划形态受到原有土地利用规划的约束。由于"小组微生"的模式注重保留原有自然机理，讲究自然融合，需要充分利用原有的林盘、农田、水系等资源，容易出现建设的聚居组团与原有土地利用规划存在一定错位的情况。在具体项目实施过程中，往往需要进行土地利用规划调整。但是土地利用规划由国土部门统一制定，国土部门不仅规定了土地整理的总体规模，也确定了该区域的用地范围线，且国土部门土地利用规划调整周期为3年。因此，这种规划与实际用地不一致的情况严重制约了项目实施。

（3）资金压力较大。对农户而言，"小组微生"新农村综合体建设的一次性投资较大，已建成"小组微生"新农村综合体186个，实现2.63万户、8.4万人入住新居，总投资71.08亿元，平均每个新农村综合体投资3822万元，户均27.03万元。如果加上农户装修房屋、购买家具等为搬迁而做的投入，这一金额还将扩大。对地方政府而言，存在三个方面的问题。一是财政资金整合受到现行制度约束，集中使用的操作难度较大。由于财政项目资金普遍采用申报制，一旦申请下来，必须按照原设计执行，缺乏一定的灵活性，不利于把相关财政支持项目集中到"小组微生"点位上实施。二是受宅基地整理复垦的验收程序复杂、项目"落地"时间较长等影响，建设中的融资成本和财务成本普遍存在不同程度的增长。有的"小组微生"项目2012年启动，2013年农民新居建成、农户全部入住，但是复垦验收滞后，仍有部分节余指标到2016年未能"落地"，导致贷款资金尚未结清，贷款利息负担较重。三是土地整治成本增加。"小组微生"项目采用院落组团式建设，与集中安置相比具有人均占地面积较大、基地设施配套建设费较高、项目设计建设周期较长等特点，提高了土地整理的总体成本。

（4）"小组微生"新农村综合体的后期管理面临新情况和新问题。首先，不同于城市小区，新村建设还没有建立维修基金提取机制，目前已有建成的新村出现维修需求，如何筹集维修金是一个不可回避的问题。其次，部分新村社区的物业费用收不上来，物业管理开支往往需要从村公资金里出。由于大多数社区不完全等同于行政村，这笔开支并不符合村公资金管理规定。最后，部分新村社区存在多村合并的情况，村两委和业委会之间存在管理职能不清的问题。

（二）潜在风险

随着"小组微生"新农村建设的全面推进，一些在试点过程中隐藏的问题可能会暴露出来，我们必须有充分的认识，并对此高度重视。

（1）农村建设用地指标异地挂钩，本地可整理节约出来的集体建设用地明显减少，如果没有预留出足够的用地指标，未来经济发展可能受到制约。对于实现"小组微生"全域发展的区县，尤其需要关注这个问题。

（2）新村建设点的产业发展存在不同程度的趋同或定位不明确问题，农民长远利益和生计受到影响。尽管在项目实施过程中，规定5%的村集体土地预留指标用于发展集体经济，但是由于产业发展目标不明确，这个预留指标很难发挥预期的作用。通常情况下，宅基地整理后实行一次性补偿分配，福利保障少，缺乏长远的利益共享机制。

（3）"小组微生"新农村综合体建设缺乏可持续的动力机制。相对于原来大集中聚居点建设的模式，"小组微生"采取院落组团式建设，建设起点高、标准高，人均占地面积较大，建设成本也高。已建和正在建设的项目点由于基础条件较好，项目进展较为顺利。但是，剩下的点位往往存在建设用地节余率低、土地整治成本高、农民不愿意承担较高自筹费用的情况。

（4）由于农村产权交易仍有诸多限制，农民大量投入的新居可能成为财产固化，制约了资本要素在农村和城镇之间的流动，从而提高了农业转移人口城镇化的成本。随着城市和农村人口双向流动的加速，必然会出现新村房屋如何处置的问题。但是，目前关于宅基地退出和农村房屋产权交易的相应政策尚处于探索期，宅基地和宅基地上房屋的权属和交易规则还不明确，农户新居的退出和处置问题缺乏政策指引。虽然"小组微生"为农民规划好了田园式村落，但是农民一旦有向城镇迁移的意愿，必然会有处置宅基地和农房的需求。处理不好这个问题，不利于农民实现应有的财产权，进而提高城镇化成本，制约城乡人口的双向流动。

七 思考和建议

（一）重塑新农村发展理念

2016年4月习近平总书记在安徽凤阳县小岗村调研时发表重要讲话："中国要强农业必须强，中国要美农村必须美，中国要富农民必须富。"在以城市为主体的发展阶段，不能单纯地把乡村视为经济社会发展的短板，过度关注空心化和衰败等问题，甚至将其简单地视为生产要素供给者，掠夺乡村土地、生态、资金等资源，而是应重新审视并强化乡村在新型城市层级序列中所承载的经济多元、社会稳定、文化传承以及生态环境多样发展等方面的功能，将其作为现代城市体系的重要形态和有机组成，探索、挖掘和发展新农村的潜在能力，激励新农村自身的创新精神。

（二）制定新农村发展整体方略

核心问题是继续坚持和深化以人为本的发展理念，把真正了解、适应和满足农民现阶段和长远发展需求作为价值取向，集聚多部门以及专业人才团队，充分融入现代规划、信息数据分析等技术，制定"小组微生"新农村综合体建设和发展的整体方略。加强新农村综合体规划与城市总体规划、产业规划等之间的衔接，避免城市和产业在空间上和功能上的冲突；制定具有前瞻性和可行性的新农村综合体建设立项标准，摒弃单一的标准（如节地率或村干部动员力），更要避免非客观条件导致的重复建设、整体搬迁、全覆盖。

（三）建设动态研究体系

建成"小组微生"新农村综合体大数据库，整合现有各项规划、资源空间地理信息、农村住宅和用地信息、农业产业布局和模式、专家人才等重点领域数据，成立成都"小组微生"新农村综合体大数据创新研究实验室，以市场化方式运作，开展具有国际影响力和国内一流的新农村动态研究以及交流合作，如不同建设模式和治理形式对居民健康的影响、新农村建设和发展对国家中心城市碳排放的效应等。

（四）加强组织和资金保障

建立"小组微生"新农村综合体主动融入国家中心城市建设联席会议制度，由市政府分管领导统领，以市级相关部门为主要成员，加强对新农村综合体布局和运行的指导和管理，不定期召开工作推进会，督促检查工作实施和进展。建立"小组微生"新农村综合体建设专项奖补资金，对规划科学、推进得力、效果显著的项目给予较大力度的奖补，促进规划、建设、管理、发展各项工作。推出"难题清单制度"，搜集整理在人才体系、产业体系、技术信息、行政监管等领域阻碍新农村综合体发展的重点难题和制约因素，加强信息共享，提高联席会议成员单位的资源整合和工作协同水平。对经济、社会、文化、生态等效益突出的"小组微生"新农村综合体项目可采取"一事一议"制度，优先支持。

B.16
成都卫星城经济发展分析

四川省统计局核算处*

摘　要： "独立成市"既是一种新的规划理念，也是推动城市转型发展新的战略，这意味着卫星城功能完整、职住平衡、配套完善，与特大中心城市密切联系又相对独立，是成都市卫星城发展的新的指导思想。本文对2010年以来成都卫星城的经济发展进行分析，得出了近五年来卫星城经济发展的巨大成效：经济总量增加明显；产业结构得到优化；投资消费协调拉动经济；人民生活水平提升；民营经济发展势头强劲；资源优势凸显，经济外向型发展态势良好；基础设施和配套逐步完善，人民生活环境得到改善。成都卫星城经过五年发展形成的这些良好条件都为"十三五"更进一步的发展奠定了基础。

关键词： "独立成市"　新型卫星城　城市转型　成都

2015年11月，随着《成都市新型城镇化规划（2015~2020年）》①的正式发布，包括龙泉驿、新（都）青（白江）、温江、双流、郫都、新津和都江堰在内的七大卫星城的最新定位也随之出炉。这标志着成都城市建设"摊大饼"的时代已经远去，未来五年，成都卫星城的崛起让人期待。为更

---

* 执笔人为四川省统计局核算处，王芳、杨理珍编。
① 根据《成都市新型城镇化规划（2015~2020年）》，七大卫星城包括龙泉驿、新（都）青（白江）、温江、双流、郫都、新津和都江堰。鉴于数据的可获得性和可比较性，本文中的双流包括双流区和天府新区成都直管区，下同。

好地分析卫星城对成都经济的引领拉动作用，我们分析了2010年以来卫星城的经济社会发展情况，惊喜地发现：近五年来卫星城经济总量上升、结构优化，经济不断向全面、协调、可持续发展方向迈进；积极践行"独立成市"理念，产城融合、职住平衡、区域协调的功能得到了充分的发挥。

一　国民经济快速增长，经济实力显著增强

（一）经济总量持续增加

2010年，成都卫星城GDP总量达到2072.27亿元，2012年突破3000亿大关，2013年超过3500亿，2015年再上新台阶，达到4113.87亿元，是2010年的2倍（见图1）。2015年，卫星城GDP占成都的比重为38.1%，比2010年的37.3%提升了0.8个百分点。

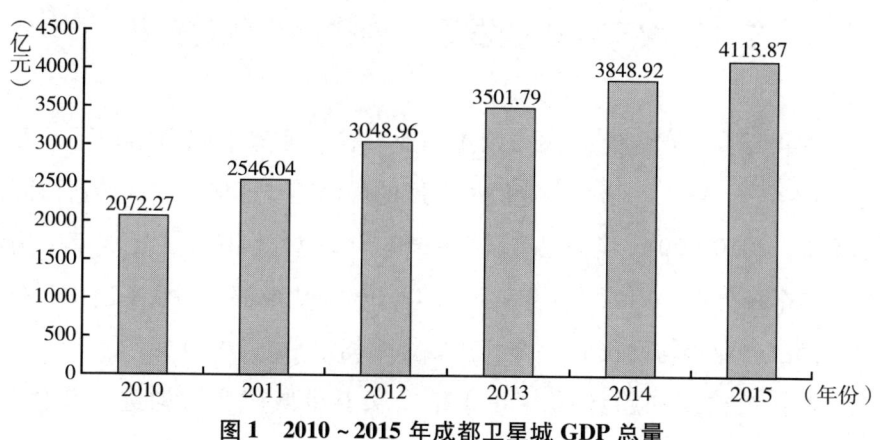

图1　2010~2015年成都卫星城GDP总量

（二）增速步入中高速新常态

2010~2015年，成都卫星城GDP年均增长11.9%，比成都市平均水平高出0.9个百分点。2010年卫星城GDP增长17.8%，为五年最高；2010年后逐年下降，2011年增长16.8%，2012年增长14.0%，2013年增长

11.7%。2014年卫星城GDP增速"破十",进入个位数增长时代,2015年增长7.6%,步入中高速增长的经济新常态(见图2)。

图2　2010~2015年卫星城GDP增速

二　三次产业协调发展,结构逐步优化升级

在四川省委、省政府"大力调整产业结构"政策的强力推动下,五年来卫星城第一、第二、第三产业协调发展的局面逐步形成,三次产业协同性逐步增加。2010~2015年,卫星城第一产业年均增长3.0%,比成都平均水平低0.7个百分点;第二产业年均增长13.0%,比成都平均水平高0.2个百分点;第三产业年均增长11.3%,比成都平均水平高1.3个百分点。

从产业结构变动趋势看,2010年以来卫星城产业结构进一步优化,第一产业比重下降,第二、三产业比重上升。2015年,卫星城三次产业比重为4.3∶60.6∶35.1,与2010年6.9∶59.5∶33.6的产业结构相比,第一产业比重下降2.6个百分点,第二产业比重提高1.1个百分点,第三产业比重增加1.5个百分点。可以看出,经济发展水平和收入水平的提高与卫星城劳动力和资本在非农产业的聚集之间存在因果关系,这种关系既符合经济发展的长期规律,也能够体现三次产业总量对比关系(见图3)。

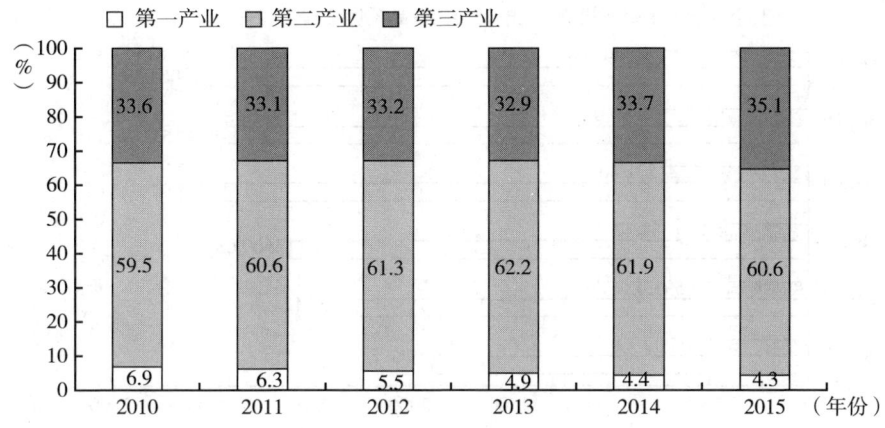

图3　2010~2015年卫星城三次产业比重

三　投资消费齐头并进，投资拉动作用明显

投资需求是卫星城经济持续稳定增长的主要动力。卫星城经济持续稳定增长的主要原因之一就是投资的快速增长，卫星城的经济增长与投资之间具有密切联系。2015年，卫星城完成全社会固定资产投资总额3065.59亿元，占成都市的比重为43.8%。2010~2015年年均增长10.2%，投资成为推动卫星城经济快速增长的主要动力（见图4）。

消费需求成为拉动卫星城经济快速增长的持续动力。2010年以来，在国家刺激消费、扩大内需政策的引导下，卫星城消费品市场繁荣活跃，消费水平大幅提升，消费结构加速转型。2010~2015年，卫星城社会消费品零售总额年均增长12.1%。2015年，卫星城实现社会消费品零售额894.08亿元，是2010年的1.8倍，占成都市的比重为18.1%（见图4）。近年来，随着搞活流通、扩大消费等一系列政策开始产生作用，卫星城消费市场逐步显示出新的特点，绿色消费逐步兴起，消费不断升级，居民消费支出逐渐从以衣食为主的生存型消费向以汽车、住房、教育、旅游等为主要内容的享受型消费转变。

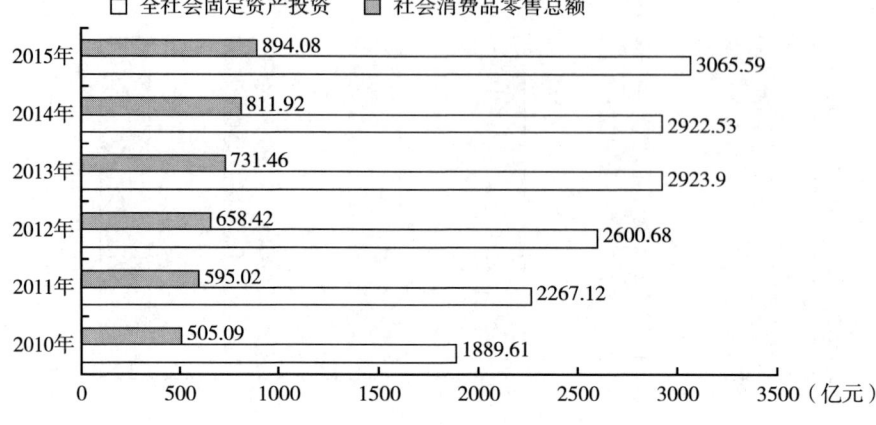

图4　2010~2015年卫星城投资和消费情况

四　收入水平稳步增长，人民生活不断改善

近年来，在四川省委、省政府一系列富民惠农政策措施的推动下，卫星城经济快速增长，城乡居民收入逐年提升，人民生活质量不断提高。2015年，龙泉驿、青白江、新都、温江、双流、郫都、新津和都江堰全体居民人均可支配收入分别为28897元、24858元、28700元、30081元、31993元、29353元、23292元和21904元，分别比上年增长8.9%、8.3%、8.2%、9.1%、8.6%、8.7%、9.5%和9.5%。城乡居民收入的增加，一方面显示出经济增长带给人民更多的实惠和幸福感；另一方面也大大提高了居民的消费能力，进而推动卫星城镇经济快速发展（见表1）。

表1　2015年卫星城城乡居民收入情况

地区	全体居民人均可支配收入		城镇居民人均可支配收入		农村居民人均可支配收入	
	数值(元)	同比增幅(%)	数值(元)	同比增幅(%)	数值(元)	同比增幅(%)
龙泉驿区	28897	8.9	33196	8.4	21640	9.1
青白江区	24858	8.3	31759	7.9	17812	9.0
新都区	28700	8.2	34358	7.8	19349	9.2
温江区	30081	9.1	33983	8.3	21508	9.3

续表

地　区	全体居民人均可支配收入		城镇居民人均可支配收入		农村居民人均可支配收入	
	数值(元)	同比增幅(%)	数值(元)	同比增幅(%)	数值(元)	同比增幅(%)
双流县	31993	8.6	35125	8.2	20869	9.1
郫都区	29353	8.7	34280	8.2	20401	9.0
新津县	23292	9.5	29078	8.7	16856	10.2
都江堰市	21904	9.5	26307	9.1	16506	10.2

同时，财政收入持续增长，财力不断壮大。2015年卫星城实现地方财政一般公共预算收入338.23亿元，是2010年的2.3倍；占成都的比重为29.3%，比2010年提高1.2个百分点。2015年卫星城实现地方财政一般预算支出469.91亿元，是2010年的2.1倍；占成都的比重为31.8%，比2010年28.9%的比重提高了2.9个百分点。财政实力的不断增强，为经济社会发展提供了有力的资金保障。

五　多种经济竞相发展，民营占据半壁江山

2010年以来，卫星城认真贯彻落实促进非公经济发展的政策和措施，积极营造非公经济和谐宽松的发展环境，进一步鼓励和引导民间投资，激发非公经济增长的内生动力，非公经济规模不断壮大，所占比重大幅提高，逐渐成为社会主义市场经济的重要组成部分和经济发展的重要支柱。2015年，卫星城民营经济增加值达到了2431.57亿元，是2010年的2.1倍；占成都市民营经济增加值的比重为37.8%，比2010年提高0.4个百分点。民营经济占GDP的比重为59.1%，比2010年的55.6%提高3.5个百分点。民营经济年均增长率为13.6%，高于同期GDP增长率1.7个百分点。民营经济的不断壮大，一方面可以在推动就业、完善市场经济体制、增强市场经济活力和创造力等方面起到重要作用，另一方面也能在解决以国有经济为主体的公有经济存在的经营管理体制灵活性差、市场适应能力不足、经营活力不够等问题上发挥重要作用（见图5）。

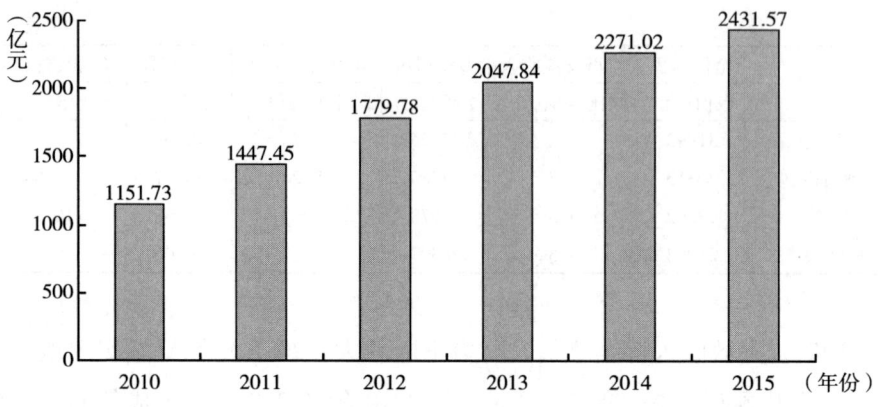

图 5 2010~2015年卫星城民营经济增加值总量

六 资源优势作用凸出，经济外向度提高

卫星城资源丰富、各有侧重、优势凸出。龙泉驿区是以汽车产业为主导的高端制造业功能区，新都区为重要的商贸集聚区及高端装备制造业基地，青白江区是主要的物流基地，温江区以现代服务业为主导，双流县是国际航空枢纽，郫都区教育资源丰富，新津县是战略新兴产业功能区，都江堰市是以旅游休闲为主导的国家历史文化名城。在资源优势作用凸出的同时，卫星城与外界联系紧密，经济外向度（进出口总额占GDP的比重）逐步提高。2014年卫星城实现进出口总额102.73亿美元，经济外向度为17.1%。其中进口总额42.11亿美元，出口总额60.62亿美元，实际利用外资金额16.84亿美元，占成都市的比重分别为62.2%、52.7%和21.8%。

七 基础设施不断加强，生产生活条件明显改善

近年来，在国家和全省政策的引领下，卫星城加大了邮路到县、通电到乡、广播电视到村等民生工程的建设力度，基础设施建设不断加强，人民生产生活条件明显改善，经济可持续发展能力进一步增强。2014年，卫星城

公路总里程数达到 10700.50 公里，占成都市的比重为 48.1%，比 2010 年提高 1.0 个百分点。实现公路客运周转量 157.90 亿人/公里，公路货运周转量 139.63 亿吨/公里，分别是 2010 年的 2.1 倍和 2.9 倍。实现邮电主营业务收入 40.65 亿元，是 2010 年的 1.5 倍。2014 年末本地固定电话用户 132.72 万户，移动电话用户 675.32 万户，互联网宽带接入用户 126.44 万户。

同时，基础教育逐年提高，医疗卫生社会事业蓬勃发展。2014 年末，卫星城小学、普通中学、中等职业教育在校学生人数共达 63.87 万人。拥有医疗卫生机构 2537 个，是 2010 年的 10.9 倍；床位数 34434 张，是 2010 年的 1.9 倍；医院、卫生院技术人员 36368 人，是 2010 年的 1.7 倍。

Abstract

The book includes three parts.

The first part is the general report, which is divided into two parts: the measure and the prospect of urbanization development. The report reviewed the overall situation and basic characteristics of urbanization in Sichuan Province in 2016. Then it analyzed the urbanization rate in 21 cities in sichuan province, pointing out that most obvious factors in promoting the urbanization level. The results indicate that The rate of urbanization in sichuan is still below the national urbanization rate; urbanization rate in Chengdu is higher than other cites in Sichuan, and has reached a high levels; Chengdu, Panzhihua, Mianyang achieve good grades in the comprehensive evaluation in 2016, meanwhile three autonomous prefectures still fall behind relatively. In recent years, new urbanization of Sichuan adhere to the new development concept as a guide, made a series of new achievements: New urbanization work pattern established, the characteristics of the Sichuan urban system is set up, modern urban comprehensive carrying capacity improved significantly, new urbanization developed healthy, urban and rural lifestyle changed accelerately the pace of production synchronization. The new urbanization of Sichuan is standing on the new starting point with the national strategy and the provincial decision making deployment have been implemented in Sichuan. At the same time, the construction of new urbanization Sichuan is still facing new challenges, the shanty towns, villages and rural ramshackle task is very heavy, the nearest town employment pressure, the development of minority areas is lagging behind and complex , and the financial difficulty, and so on. The new urbanization of Sichuan has entered a new era, the connotation of new urbanization deepened, pay more attention to quality improvement, the integration of urban and rural areas, and more focus on innovation and open cooperation.

The second part is the theme report, It is a series of reports on the theme of urban open cooperation. It includes 4 reports: *Open & cooperation improve the quality of urban economy*, *Open & cooperation promote the integration of urban social.* *Open & cooperation coordinate the construction of urban ecology*, and *Open & cooperation coordinate help the development of chengyu urban zone*. It focus on the landing and promoting of two open cooperation strategy of "The Belt and Road" and the Yangtze River Economic Zone in the western region. The reports describe and analyze the status of the sustainable development of Sichuan city from the economic quality, social integration, environmental coordination and regional economy and other important areas, evaluate the position and competitive ability of different cities and urban groups. Describes the development situation of the dual core city and five development zone that along the Yangtze River, Chengmianle, Chengneiyu, Chengnansuiyu and Yuguangda since 2010. On this basis, it puts forward some specific and operational policy suggestions.

The third part is the special investigation, which is to describe and analyze the policy focus and social hotpots in the process of urbanization in Sichuan Province. *Evaluation of Sustainable Development Level of Sichuan City*, based on the new understanding of the relationship between man and nature, human and society in the process of urban development, designs sustainable development index system on account of the characteristics of the development of Sichuan Cities. It evaluates 87 cities of the 11 provinces in Western China. *Evaluation of regional coordinated development in Sichuan under the development strategy of multi point and multi pole support* made an evaluation and analysis on Sichuan's regional coordinated development from four dimensions including fundamental capacity, primate city, regional balance and backland supporting. Thus, the paper thought that driven by the strategy, the whole province's coordinated development had improved dramatically. *Report on the Status of Sichuan Migrant Workers' Returning Hometown and Startup* described the basic situation of Sichuan migrant workers' returning and startup, Summed up the main practices and experiences to promoting the migrant workers to return hometown and start up their business, and put forward the problems and the reasons and the suggestions. *Analysis on the role of the development of the county town of millions of people to the development of the new urbanization in Sichuan* summarized the development of the county town of a million people in

Sichuan. Considered that the development and construction of the large population county had a demonstration effect on the development of the new urbanization. Distinctive features and existing problems and difficulties of characteristic towns in Sichuan Province have been generalized in *Development Situation of Characteristic Towns in Sichuan* and it has put forward suggestions from four aspects which are the consolidation of infrastructure, construction and improvement of assessment mechanisms, market-driven orientation and optimization of development environment. *Report on Sichuan Urban Infrastructure Construction under the Open Background* summarizes the measures, achievements and problems in the process of promoting infrastructure construction of the city in Sichuan. And put forward the pertinent suggestions. *Research on coordinated development of southern Sichuan Economic Zone* reviewed the present situation of the development of the southern Sichuan Economic Zone. Put forward four countermeasures and suggestions. *The Effect of Floating Population on Sichuan Urbanization* considered that, the trend of migration is decreasing with Chengdu as the center, which is similar to the distribution pattern of Sichuan's economic development level and population density. *Analysis of the trend of Demographic dividend changes in Sichuan Province* considered that the traditional quantitative demographic dividend of Sichuan is disappearing, but the new structural demographic dividend is coming into being. *Research on the old-age mode in Sichuan under the background of population aging* Investigated and Analyzed on the trend of population aging in Sichuan and the elderly demand for the aged. It is found that the existing old-age mode is single and the development of the pension institution is insufficient in Sichuan province. It is urgent to improve the old-age mechanism and enrich the old-age mode. *Study on the new rural complex of "small group" in Chengdu under the background of building the National Central City* briefly reviewed the main course of Chengdu's "group Microbiology" new rural complex construction based on the background of building a new national development center. Described its main practices, achievements and experiences, analyzed the problems and potential risks, and put forward countermeasures and suggestions. *Practice "independent city" to build a new satellite city* concluded the achievement of economic development of satellite cities in recent five years through deep analysis of the economic development of Chengdu satellite cities since 2010.

Contents

I General Report

B. 1 The Development Prospect of Urbanization
in Sichuan in the New Era　　　　　　　　*Project Group* / 001

Abstract: This report focus on analysis of the urbanization rate in 31 provinces in 2016. Analyzes the urbanization rate in 21 cities in sichuan province. The comprehensive evaluation on the development level of urbanization in 21 cities of Sichuan province by using the index system in 2016, pointing out that most obvious factors in promoting the urbanization level. The results indicate that The rate of urbanization in sichuan is still below the national urbanization rate; urbanization rate in Chengdu is higher than other cites in Sichuan, and has reached a high levels; Chengdu, Panzhihua, Mianyang achieve good grades in the comprehensive evaluation in 2016, meanwhile three autonomous prefectures still fall behind relatively. In recent years, new urbanization of Sichuan adhere to the new development concept as a guide, made a series of new achievements: New urbanization work pattern established, the characteristics of the Sichuan urban system is set up, modern urban comprehensive carrying capacity improved significantly, new urbanization developed healthy, urban and rural lifestyle changed accelerately the pace of production synchronization. The new urbanization of Sichuan is standing on the new starting point with the national strategy and the provincial decision making deployment have been implemented in Sichuan. At the same time, the construction of new urbanization Sichuan is still facing new challenges, the shanty towns, villages and rural ramshackle task is very heavy, the nearest town employment pressure, the development of minority areas is lagging behind and complex, and the financial difficulty, and so on. The new urbanization of Sichuan has entered a new era, the connotation of new urbanization deepened, pay more attention to quality improvement, the integration of urban and rural areas, and more focus on innovation and open cooperation.

Keywords: New Urbanization; Urbanization Assessment; The New Development; The New Age; Sichuan

Ⅱ Theme Reports

B. 2   Open & Cooperation Improve the Quality of Urban Economy   *Ran Min* / 042

Abstract: This paper tries to explore and analyze the effect of open & cooperation on improving the economic quality of Sichuan city. First, the paper summarizes how open cooperation can promote the leap-forward development of Sichuan's urban economy from 2010 to 2016. It mainly analyzes the scale structure, efficiency and sustainable development. Then, the paper analyzes the influence of foreign investment and foreign trade on the main indexes of Sichuan's urban economic development by using the grey relational degree method. Third, the paper uses the intensity and intensity structure of urban flow to analyze the open cooperation relationship between Sichuan cities. Finally, the paper provides suggestions for further opening up and improving the quality of Sichuan.

Keywords: Open & cooperation; Urban economy; Urban flow

B. 3   Open & Cooperation Promote the Integration of Urban Social   *Zeng Xuhui* / 064

Abstract: Open integration is an inevitable requirement for the sustainable development of urban society, in the aspects of not only economic development but also urban identity and urban culture. An open and integrated urban society promotes population aggregation. The key point is to promote the citizenization of rural-to-urban migrants. The open urban boundary is embodied in the integration of urban and rural development, breaking the obstacle of the seperation of urban and rural instituions. The diversity and inclusion of urban culture pays more attention to the construction of the humanistic city. To realize these purpose, we need to allocate urban basic public services according to the distribution of permanent residents, introduce high-level talents with emphasis on innovation and entrepreneurship, promote free flow and equal exchange of urban and rural elements, and cultivate urban humanistic characteristics.

Keywords: Open Integration; Urban-rural Integration; Urbanization

B. 4 Open & Cooperation Coordinate the Construction of Urban Ecology　　　　　　　　　　　　　*Wang Qian* / 082

Abstract: The cities at all levels in Sichuan put "ecological priority, green development" concept and experience system into a new round of opening-up and cooperation, strongly promote the environmental field of open cooperation in depth and the sustainable development of urban environment. In terms of resource utilization, Sichuan Cities are moving towards joint-construction and sharing through opening-up and internal cooperation. In the aspect of ecological improvement, Sichuan cities actively build carbon trading market through Joint Meeting system, strategic cooperation Agreement and cooperation in project development, and promote the construction of regional ecological civilization together. The urban green competition aspect, each city makes its focal points of environment sustainable more clear, the characteristic more obvious, and the division of division further deepening. We propose to promote green opening-up and cooperation comprehensively, strengthen the synergy between "The Belt and Road" and the new urbanization, strengthen the construction of green infrastructure, promote the development of green investment, green trade and green financial system, realize the rise of the city green value chain in the opening, and perfect the system construction in the fields of green Government, enterprise environmental responsibility, Public participation, promote the development of urban sharing economy and the sharing cities.

Keywords: Opening-up and Cooperation; Resources Development; Ecological Improvement; Green Competition

B.5 Open & Cooperation Coordinate Help the Development of Chengyu Urban Zone *Zhang Mingming* / 096

Abstract: This paper descriptively analyzes the status of the development of Chengdu Chongqing Economic Zone and the basic characteristics of the economic and social development based on the statistical data of the end of 2016. Describes the development situation of the dual core city and five development zone that along the Yangtze River, Chengmianle, Chengneiyu, Chengnansuiyu and Yuguangda since 2010. Analyzes the urban and economic development of the main cities.

Keywords: Chengyu Economic Zone; Urban Development; Regional Economies

III Special Survey

B.6 Evaluation of the Competitiveness of Urban Sustainable Development in Sichuan *Wu Zhenming* / 110

Abstract: In the western regions, the score and the ranking gap of Sichuan urban sustainable competitiveness are large. Chengdu, with a total score of 0.614 points, ranks first in the western region. The disparity of matching coefficient of urban society competitiveness and the matching coefficient of environment competitiveness are small in the western region. Urban competitiveness (economic competitiveness) is the main factor influencing the total score of urban sustainable competitiveness. In Sichuan province, the scores of urban economic scale and innovation ability are higher, but the score of urban economic structure and infrastructure are lower. Urban social sustainability of Sichuan are ranking in the front. The score of basic public service and social structure is high, and the standard of living standard of urban residents is relatively low. Urban environmental sustainability is not high in general, and urban ecological construction is lagging behind.

Keywords: Sichuan; Competitiveness of Sustainable Development; Evaluate

B.7 Evaluation of Sichuan Regional Coordinated Development Under Multi Point and Multi Pole Support Development Strategy *Gao Jie, Wu Yechun* / 140

Abstract: Since 2013, Sichuan Province has implemented the multi-point and multi-pole supporting development strategy, which has effectively promoted regional coordinated development. Based on this strategy, the paper made an evaluation and analysis on Sichuan's regional coordinated development from four dimensions including fundamental capacity, primate city, regional balance and backland supporting. Thus, the paper thought that driven by the strategy, the whole province's coordinated development had improved dramatically. So, to deepen and expand the multi-point and multi-pole supporting development strategy, the key is to transform the primate city from siphon effect to overflow effect, cultivate new growth points in secondary regions, improve the scale effect of counties, townships (towns), and promote urban and rural integrative development.

Keywords: Multi-point and Multi-pole Supporting Development Strategy; Regional Coordinated Development; Evaluation and Analysis; Sichuan

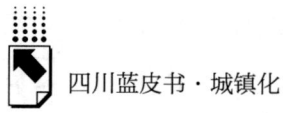

四川蓝皮书·城镇化

B.8　Report on the Status of Sichuan Migrant Workers' Returning Hometown and Startup

Office for Migrant Workers / 154

Abstract: On the basis of Grand Survey on Sichuan Migrant Workers' Returning Hometown and Startup and the Database, this report described the basic situation of Sichuan migrant workers' returning and startup. The major characters were found: the people of returning and startup were primarily male, young and middle-aged, better-educated; major business was planting and breeding. The main practices and experiences to promoting the migrant workers to return hometown and start up their business were summed up. The problems and the reasons were analyzed and the suggestions were put forward.

Keywords: Migrant Workers; Returning Hometown and Startup; Sichuan; Innovative Undertaking

B.9　Analysis on the Role of the Development of the County Town of Millions of People to the Development of the New Urbanization in Sichuan

Sichuan Provincial Department of Demography / 171

Abstract: There are 7 counties with more than one million living people in the counties with a population of more than one million people. This report focuses on the analysis of the characteristics of the development of the latter and its impact on the new urbanization. It found that, the economic development is better, the level of population aggregation is stable, the process of urbanization is faster, the infrastructure level is higher, and the public service capacity is increasing in the millions of large counties. The development of the mega population of millions of people has a remarkable demonstration and driving effect on the development of new urbanization in Sichuan Province. We should speed up the construction of county towns, improve the functions of County cities, expand the development space of counties, improve the living environment of old cities, and enhance the attractiveness, concentration and radiative power of counties.

Keywords: The Mega Population of Millions of People; Main Features; New Urbanization

B. 10 Development Status of Characteristic Towns in Sichuan Province *Yang Lizhen* / 182

Abstract: Since the start of "100 towns construction" in Sichuan Province, it has attained evident achievements. Based on the data of characteristic towns in Sichuan Province from 2015 to 2016, this paper describes and analyzes the distinctive characteristics of characteristic towns in Sichuan Province: rich and varied types of development; prominent characteristics of leading industries ; Strong population agglomeration; strongly brand awareness; driving rural development. However, with the gradual advancement of the construction of characteristic towns, Sichuan also faces some important issues and difficulties such as the need to further upgrade its infrastructure and public services, and the more serious shortage of factors. In order to promote the further construction of characteristic towns in Sichuan Province, this report considers that measures should be taken in four aspects: compaction of infrastructure facilities and improvement of supporting facilities, establishment and improvement of assessment mechanisms, market-oriented development and attracting talent and funds in a favorable environment for development.

Keywords: Characteristic Town; Development Status; Urbanization; Sichuan

四川蓝皮书·城镇化

B.11 Report on Sichuan Urban Infrastructure Construction

Xiao Huatang / 199

Abstract: The year of 2016, which is the second year of "*Annual Action for Urban Infrastructure Construction*" in Sichuan province. In this year, urban infrastructure construction focused on leading urban facilities planning; accelerating urban infrastructure construction of major cities' important areas, sponge city pilot construction, construction of underground comprehensive pipe corridor, and multiple planning integration of counties; establishing appointment system of violate law and discipline, etc.. And urban infrastructure construction is continually being fit in with strategies of "*The Belt and Road*" and "*Yangtze River economic zone*". On the while, innovative cities are gradually cultivated as a platform for open-up cooperation to the outside world, city functions are constantly improved, the soft and hard environment of open to the outside world are obviously better than before. Otherwise, an open new urbanization construction is being advanced quickly. According to the above measures which provide important support for Sichuan opening and development of the city to the outside, urban infrastructure construction of major cities in Sichuan province has been clearly promoted, the rate of resident population and urbanization has kept growing, city activity and comprehensive competitiveness has been enhanced.

Keywords: Underground Comprehensive Pipe Corridor; Sponge City; Multiple Planning Integration; Urban Infrastructure

B.12 The Effect of Floating Population on Sichuan Urbanization

Zeng Xuhui Sichuan Provincial Bureau of Statistics / 212

Abstract: With the rapid development of industrialization and urbanization in Sichuan province, a large number of rural population have moved to cities and developed areas. The population mobility is increasingly active, and the changes are more complex and the scale is increasing. However, the level of urbanization in Sichuan is low and the attractiveness to the population outside the province is still relatively weak. The trend of migration is decreasing with Chengdu as the center, which is similar to the distribution pattern of Sichuan's economic development level and population density. In order to promote the development of urbanization, we need to develop industries, attracting local rural migrants, guide the migrant workers return home based on policy services, promote the industrial development in small town to enhance the ability to absorb the floating population, and attract rural elderly to live in city with the development of aging related businesses.

Keywords: Population Mobility; Outflow other Provinces; Urbanization

B.13 Analysis of the Trend of Demographic Dividend Changes in Sichuan Province

Sichuan Provincial Bureau of Statistics / 220

Abstract: The so-called "demographic dividend", refers to a country or area of the working age population proportion of the total population is large, low dependency rate, relatively abundant labor resources, the working age population dependency burden lighter (total dependency ratio [total dependency ratio = (0 - 14 year old population +65 years old /15 -64 years old working age population) the number of population. The total dependency ratio is the manifestation of the social demographic dividend, the lower the total rearing ratio, the higher the demographic dividend. Below 50%), or because of the age structure of population, the change of regional distribution, and the labor force quality and labor force participation rate [labor force participation rate = the total number of economic activity population / labor resources. The population of economic activity is the sum of the number of employees and the number of unemployed.] to increase the number of labor force directly or indirectly, to ensure the demand for labor in economic growth and the "golden period" which is very favorable to economic development. The demographic dividend can be divided into quantitative demographic dividend and structural demographic dividend. Statistics show that the traditional quantitative demographic dividend is disappearing. By the end of 2020, the demographic dividend of Sichuan has basically ended. However, the new structural demographic dividend is taking shape, which will make Sichuan demographic dividend still exist in a period after 2020.

Keywords: Demographic Dividend; Quantitative Demographic Dividend; Dependency Ratio

B.14 Research on the Old-age Mode in Sichuan Under the Background of Population Aging

Sichuan Provincial Department of Demography / 229

Abstract: At present, the ageing of the population in Sichuan ranks second of the whole nation. It will show the characteristics of large scale, fast speed, heavy social burden, empty nest of the old family and accelerated solitude of the aging development of the population. The study found that the health status and life source of the elderly in Sichuan were significantly different from the factors of age, sex, urban and rural areas as well as regional and other factors. The elderly have the old-age demand for home care, nursing care, spiritual comfort and so on. However, the current pension system in Sichuan is single and the development of the pension institutions is insufficient. Therefore, it is urgent to improve the pension mechanism and improve the pension mode, so as to promote the healthy development of the elderly in Sichuan.

Keywords: Aging; Pension System; Pension Institutions; Sichuan

B. 15　Study on the New Rural Complex of "Small Group" in Chengdu Under the Background of Building the National Central City　　　　　　　　　　*Project Group / 256*

Abstract: As a new concept of rural spatial organization form, the new rural complex is the balance between the rural heritage and urban civilization, the effective supply of public services and the demand for agricultural production. It is the main form of rural development in the metropolitan area. It has realized the upgrading of the new rural form in Chengdu for ten years since the beginning of 2003, established a working mechanism, a series of standardized and institutionalized and formed a set of scientific and feasible new rural planning system, constructed the democratic decision-making process, the active participation of farmers to build a number of different styles of livable the industry form, revitalized a large number of rural resources, has made outstanding achievements, experience and innovation which has strong operability and reproduction. This study briefly reviewed the main course of Chengdu's "group Microbiology" new rural complex construction based on the background of building a new national development center. Described its main practices, achievements and experiences, analyzed the problems and potential risks, and put forward countermeasures and suggestions.

Keywords: National Central City; Chengdu City; "Small group"; New rural complex

B. 16　Practice "Independent City" to Build a New Satellite City
　　　　　　　　　　Sichuan Provincial Bureau of Statistics / 276

Abstract: "Being a city independently" is not only a new concept of planning, but also a new strategy for promoting urban transformation and development. This means that the satellite city and mega-centers have close link, complete functional support but mutual independent relationship. And it is the new guiding philosophy of the development of satellite cities in Chengdu. In this paper, through deep analysis of the economic development of Chengdu satellite cities since 2010, the conclusions have been drawn that the economic development of satellite cities has achieved tremendous results in recent five years: the total economic growth has been obviously increased; the industrial structure has been optimized; the investment and consumption coordinated to stimulate the economy; the people's living standards have been upgraded; the private economy has enjoyed a strong momentum of development; the advantages of resources have been highlighted; the export-oriented economy has enjoyed a good momentum of development; the infrastructure and facilities have been gradually improved and the living environment of the people has been improved. These good conditions are the basis for further development of Satellite City during the period of 13th Five-Year Plan.

Keywords: Being an City Independently; New Satellite City; Economic Development; Chengdu

社会科学文献出版社　　皮书系列

❖ 皮书起源 ❖

"皮书"起源于十七、十八世纪的英国,主要指官方或社会组织正式发表的重要文件或报告,多以"白皮书"命名。在中国,"皮书"这一概念被社会广泛接受,并被成功运作、发展成为一种全新的出版形态,则源于中国社会科学院社会科学文献出版社。

❖ 皮书定义 ❖

皮书是对中国与世界发展状况和热点问题进行年度监测,以专业的角度、专家的视野和实证研究方法,针对某一领域或区域现状与发展态势展开分析和预测,具备原创性、实证性、专业性、连续性、前沿性、时效性等特点的公开出版物,由一系列权威研究报告组成。

❖ 皮书作者 ❖

皮书系列的作者以中国社会科学院、著名高校、地方社会科学院的研究人员为主,多为国内一流研究机构的权威专家学者,他们的看法和观点代表了学界对中国与世界的现实和未来最高水平的解读与分析。

❖ 皮书荣誉 ❖

皮书系列已成为社会科学文献出版社的著名图书品牌和中国社会科学院的知名学术品牌。2016年,皮书系列正式列入"十三五"国家重点出版规划项目;2013~2018年,重点皮书列入中国社会科学院承担的国家哲学社会科学创新工程项目;2018年,59种院外皮书使用"中国社会科学院创新工程学术出版项目"标识。

权威报告·一手数据·特色资源

皮书数据库
ANNUAL REPORT(YEARBOOK) DATABASE

当代中国经济与社会发展高端智库平台

所获荣誉

- 2016年，入选"'十三五'国家重点电子出版物出版规划骨干工程"
- 2015年，荣获"搜索中国正能量 点赞2015""创新中国科技创新奖"
- 2013年，荣获"中国出版政府奖·网络出版物奖"提名奖
- 连续多年荣获中国数字出版博览会"数字出版·优秀品牌"奖

成为会员

通过网址www.pishu.com.cn访问皮书数据库网站或下载皮书数据库APP，进行手机号码验证或邮箱验证即可成为皮书数据库会员。

会员福利

- 使用手机号码首次注册的会员，账号自动充值100元体验金，可直接购买和查看数据库内容（仅限PC端）。
- 已注册用户购书后可免费获赠100元皮书数据库充值卡。刮开充值卡涂层获取充值密码，登录并进入"会员中心"—"在线充值"—"充值卡充值"，充值成功后即可购买和查看数据库内容（仅限PC端）。
- 会员福利最终解释权归社会科学文献出版社所有。

卡号：192915366354
密码：

数据库服务热线：400-008-6695
数据库服务QQ：2475522410
数据库服务邮箱：database@ssap.cn
图书销售热线：010-59367070/7028
图书服务QQ：1265056568
图书服务邮箱：duzhe@ssap.cn

S 基本子库
SUB DATABASE

中国社会发展数据库（下设12个子库）

全面整合国内外中国社会发展研究成果，汇聚独家统计数据、深度分析报告，涉及社会、人口、政治、教育、法律等12个领域，为了解中国社会发展动态、跟踪社会核心热点、分析社会发展趋势提供一站式资源搜索和数据分析与挖掘服务。

中国经济发展数据库（下设12个子库）

基于"皮书系列"中涉及中国经济发展的研究资料构建，内容涵盖宏观经济、农业经济、工业经济、产业经济等12个重点经济领域，为实时掌控经济运行态势、把握经济发展规律、洞察经济形势、进行经济决策提供参考和依据。

中国行业发展数据库（下设17个子库）

以中国国民经济行业分类为依据，覆盖金融业、旅游、医疗卫生、交通运输、能源矿产等100多个行业，跟踪分析国民经济相关行业市场运行状况和政策导向，汇集行业发展前沿资讯，为投资、从业及各种经济决策提供理论基础和实践指导。

中国区域发展数据库（下设6个子库）

对中国特定区域内的经济、社会、文化等领域现状与发展情况进行深度分析和预测，研究层级至县及县以下行政区，涉及地区、区域经济体、城市、农村等不同维度。为地方经济社会宏观态势研究、发展经验研究、案例分析提供数据服务。

中国文化传媒数据库（下设18个子库）

汇聚文化传媒领域专家观点、热点资讯，梳理国内外中国文化发展相关学术研究成果、一手统计数据，涵盖文化产业、新闻传播、电影娱乐、文学艺术、群众文化等18个重点研究领域。为文化传媒研究提供相关数据、研究报告和综合分析服务。

世界经济与国际关系数据库（下设6个子库）

立足"皮书系列"世界经济、国际关系相关学术资源，整合世界经济、国际政治、世界文化与科技、全球性问题、国际组织与国际法、区域研究6大领域研究成果，为世界经济与国际关系研究提供全方位数据分析，为决策和形势研判提供参考。

法律声明

"皮书系列"(含蓝皮书、绿皮书、黄皮书)之品牌由社会科学文献出版社最早使用并持续至今,现已被中国图书市场所熟知。"皮书系列"的相关商标已在中华人民共和国国家工商行政管理总局商标局注册,如LOGO( )、皮书、Pishu、经济蓝皮书、社会蓝皮书等。"皮书系列"图书的注册商标专用权及封面设计、版式设计的著作权均为社会科学文献出版社所有。未经社会科学文献出版社书面授权许可,任何使用与"皮书系列"图书注册商标、封面设计、版式设计相同或者近似的文字、图形或其组合的行为均系侵权行为。

经作者授权,本书的专有出版权及信息网络传播权等为社会科学文献出版社享有。未经社会科学文献出版社书面授权许可,任何就本书内容的复制、发行或以数字形式进行网络传播的行为均系侵权行为。

社会科学文献出版社将通过法律途径追究上述侵权行为的法律责任,维护自身合法权益。

欢迎社会各界人士对侵犯社会科学文献出版社上述权利的侵权行为进行举报。电话:010-59367121,电子邮箱:fawubu@ssap.cn。

社会科学文献出版社

更多信息请登录

皮书数据库
http://www.pishu.com.cn

中国皮书网
http://www.pishu.cn

皮书微博
http://weibo.com/pishu

皮书微信"皮书说"

请到当当、亚马逊、京东或各地书店购买,也可办理邮购

咨询/邮购电话:010-59367028　59367070
邮　　箱:duzhe@ssap.cn
邮购地址:北京市西城区北三环中路甲29号院3号楼
　　　　 华龙大厦13层读者服务中心
邮　　编:100029
银行户名:社会科学文献出版社
开户银行:中国工商银行北京北太平庄支行
账　　号:0200010019200365434

权威报告·一手数据·特色资源

皮书数据库
ANNUAL REPORT(YEARBOOK) DATABASE

当代中国经济与社会发展高端智库平台

所获荣誉

- 2016年,入选"'十三五'国家重点电子出版物出版规划骨干工程"
- 2015年,荣获"搜索中国正能量 点赞2015""创新中国科技创新奖"
- 2013年,荣获"中国出版政府奖·网络出版物奖"提名奖
- 连续多年荣获中国数字出版博览会"数字出版·优秀品牌"奖

成为会员

通过网址www.pishu.com.cn或使用手机扫描二维码进入皮书数据库网站,进行手机号码验证或邮箱验证即可成为皮书数据库会员(建议通过手机号码快速验证注册)。

会员福利

- 使用手机号码首次注册的会员,账号自动充值100元体验金,可直接购买和查看数据库内容(仅限使用手机号码快速注册)。
- 已注册用户购书后可免费获赠100元皮书数据库充值卡。刮开充值卡涂层获取充值密码,登录并进入"会员中心"—"在线充值"—"充值卡充值",充值成功后即可购买和查看数据库内容。

数据库服务热线:400-008-6695　　　图书销售热线:010-59367070/7028
数据库服务QQ:2475522410　　　　　图书服务QQ:1265056568
数据库服务邮箱:database@ssap.cn　　图书服务邮箱:duzhe@ssap.cn

中国皮书网

（网址：www.pishu.cn）

发布皮书研创资讯，传播皮书精彩内容
引领皮书出版潮流，打造皮书服务平台

栏目设置

关于皮书：何谓皮书、皮书分类、皮书大事记、皮书荣誉、
皮书出版第一人、皮书编辑部

最新资讯：通知公告、新闻动态、媒体聚焦、网站专题、视频直播、下载专区

皮书研创：皮书规范、皮书选题、皮书出版、皮书研究、研创团队

皮书评奖评价：指标体系、皮书评价、皮书评奖

互动专区：皮书说、社科数托邦、皮书微博、留言板

所获荣誉

2008年、2011年，中国皮书网均在全国新闻出版业网站荣誉评选中获得"最具商业价值网站"称号；

2012年,获得"出版业网站百强"称号。

网库合一

2014年，中国皮书网与皮书数据库端口合一，实现资源共享。

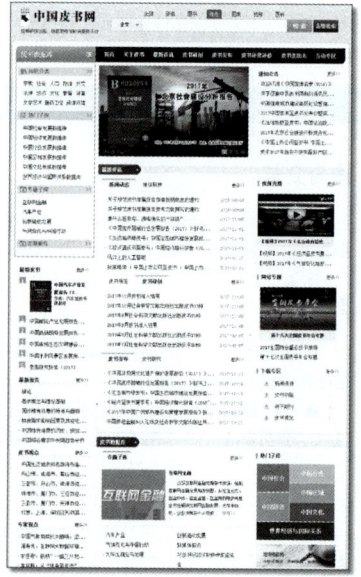

社会科学文献出版社　　　　　　　　　　　**皮书系列**

❖ 皮书起源 ❖

"皮书"起源于十七、十八世纪的英国，主要指官方或社会组织正式发表的重要文件或报告，多以"白皮书"命名。在中国，"皮书"这一概念被社会广泛接受，并被成功运作、发展成为一种全新的出版形态，则源于中国社会科学院社会科学文献出版社。

❖ 皮书定义 ❖

皮书是对中国与世界发展状况和热点问题进行年度监测，以专业的角度、专家的视野和实证研究方法，针对某一领域或区域现状与发展态势展开分析和预测，具备原创性、实证性、专业性、连续性、前沿性、时效性等特点的公开出版物，由一系列权威研究报告组成。

❖ 皮书作者 ❖

皮书系列的作者以中国社会科学院、著名高校、地方社会科学院的研究人员为主，多为国内一流研究机构的权威专家学者，他们的看法和观点代表了学界对中国与世界的现实和未来最高水平的解读与分析。

❖ 皮书荣誉 ❖

皮书系列已成为社会科学文献出版社的著名图书品牌和中国社会科学院的知名学术品牌。2016年，皮书系列正式列入"十三五"国家重点出版规划项目；2013~2018年，重点皮书列入中国社会科学院承担的国家哲学社会科学创新工程项目；2018年，59种院外皮书使用"中国社会科学院创新工程学术出版项目"标识。

地方发展类-文化

河南蓝皮书
河南文化发展报告(2018)
著(编)者：卫绍生　2018年7月出版 / 估价：99.00元
PSN B-2008-106-2/9

湖北文化产业蓝皮书
湖北省文化产业发展报告(2018)
著(编)者：黄晓华　2018年9月出版 / 估价：99.00元
PSN B-2017-656-1/1

湖北文化蓝皮书
湖北文化发展报告(2017~2018)
著(编)者：湖北大学高等人文研究院
　　　　　中华文化发展湖北省协同创新中心
2018年10月出版 / 估价：99.00元
PSN B-2016-566-1/1

江苏蓝皮书
2018年江苏文化发展分析与展望
著(编)者：王庆五　樊和平　2018年9月出版 / 估价：128.00元
PSN B-2017-637-3/3

江西文化蓝皮书
江西非物质文化遗产发展报告(2018)
著(编)者：张圣才　傅安平　2018年12月出版 / 估价：128.00元
PSN B-2015-499-1/1

洛阳蓝皮书
洛阳文化发展报告(2018)
著(编)者：刘福兴　陈启明　2018年7月出版 / 估价：99.00元
PSN B-2015-476-1/1

南京蓝皮书
南京文化发展报告(2018)
著(编)者：中共南京市委宣传部
2018年12月出版 / 估价：99.00元
PSN B-2014-439-1/1

宁波文化蓝皮书
宁波"一人一艺"全民艺术普及发展报告(2017)
著(编)者：张爱琴　2018年11月出版 / 估价：128.00元
PSN B-2017-668-1/1

山东蓝皮书
山东文化发展报告(2018)
著(编)者：涂可国　2018年5月出版 / 估价：99.00元
PSN B-2014-406-3/5

陕西蓝皮书
陕西文化发展报告(2018)
著(编)者：任宗哲　白宽犁　王长寿
2018年1月出版 / 定价：89.00元
PSN B-2009-137-3/6

上海蓝皮书
上海传媒发展报告(2018)
著(编)者：强荧　焦雨虹　2018年2月出版 / 定价：89.00元
PSN B-2012-295-5/7

上海蓝皮书
上海文学发展报告(2018)
著(编)者：陈圣来　2018年6月出版 / 估价：99.00元
PSN B-2012-297-7/7

上海蓝皮书
上海文化发展报告(2018)
著(编)者：荣跃明　2018年6月出版 / 估价：99.00元
PSN B-2006-059-3/7

深圳蓝皮书
深圳文化发展报告(2018)
著(编)者：张骁儒　2018年7月出版 / 估价：99.00元
PSN B-2016-554-7/7

四川蓝皮书
四川文化产业发展报告(2018)
著(编)者：向宝云　张立伟　2018年6月出版 / 估价：99.00元
PSN B-2006-074-1/7

郑州蓝皮书
2018年郑州文化发展报告
著(编)者：王哲　2018年9月出版 / 估价：99.00元
PSN B-2008-107-1/1

社会建设蓝皮书
2018年北京社会建设分析报告
著(编)者：宋贵伦 冯虹　2018年9月出版 / 估价：99.00元
PSN B-2010-173-1/1

深圳蓝皮书
深圳法治发展报告（2018）
著(编)者：张骁儒　2018年6月出版 / 估价：99.00元
PSN B-2015-470-6/7

深圳蓝皮书
深圳劳动关系发展报告（2018）
著(编)者：汤庭芬　2018年8月出版 / 估价：99.00元
PSN B-2007-097-2/7

深圳蓝皮书
深圳社会治理与发展报告（2018）
著(编)者：张骁儒　2018年6月出版 / 估价：99.00元
PSN B-2008-113-4/7

生态安全绿皮书
甘肃国家生态安全屏障建设发展报告（2018）
著(编)者：刘举科 喜文华
2018年10月出版 / 估价：99.00元
PSN G-2017-659-1/1

顺义社会建设蓝皮书
北京市顺义区社会建设发展报告（2018）
著(编)者：王学武　2018年9月出版 / 估价：99.00元
PSN B-2017-658-1/1

四川蓝皮书
四川法治发展报告（2018）
著(编)者：郑泰安　2018年6月出版 / 估价：99.00元
PSN B-2015-441-5/7

四川蓝皮书
四川社会发展报告（2018）
著(编)者：李羚　2018年6月出版 / 估价：99.00元
PSN B-2008-127-3/7

四川社会工作与管理蓝皮书
四川省社会工作人力资源发展报告（2017）
著(编)者：边慧敏　2017年12月出版 / 定价：89.00元
PSN B-2017-683-1/1

云南社会治理蓝皮书
云南社会治理年度报告（2017）
著(编)者：晏雄 韩全芳
2018年5月出版 / 估价：99.00元
PSN B-2017-667-1/1

地方发展类-文化

北京传媒蓝皮书
北京新闻出版广电发展报告（2017~2018）
著(编)者：王志　2018年11月出版 / 估价：99.00元
PSN B-2016-588-1/1

北京蓝皮书
北京文化发展报告（2017~2018）
著(编)者：李建盛　2018年5月出版 / 估价：99.00元
PSN B-2007-082-4/8

创意城市蓝皮书
北京文化创意产业发展报告（2018）
著(编)者：郭万超 张京成　2018年12月出版 / 估价：99.00元
PSN B-2012-263-1/7

创意城市蓝皮书
天津文化创意产业发展报告（2017~2018）
著(编)者：谢思全　2018年6月出版 / 估价：99.00元
PSN B-2016-536-7/7

创意城市蓝皮书
武汉文化创意产业发展报告（2018）
著(编)者：黄永林 陈汉桥　2018年12月出版 / 估价：99.00元
PSN B-2013-354-4/7

创意上海蓝皮书
上海文化创意产业发展报告（2017~2018）
著(编)者：王慧敏 王兴全　2018年8月出版 / 估价：99.00元
PSN B-2016-561-1/1

非物质文化遗产蓝皮书
广州市非物质文化遗产保护发展报告（2018）
著(编)者：宋俊华　2018年12月出版 / 估价：99.00元
PSN B-2016-589-1/1

甘肃蓝皮书
甘肃文化发展分析与预测（2018）
著(编)者：马廷旭 戚晓萍　2018年1月出版 / 定价：99.00元
PSN B-2013-314-3/6

甘肃蓝皮书
甘肃舆情分析与预测（2018）
著(编)者：王俊莲 张谦元　2018年1月出版 / 定价：99.00元
PSN B-2013-315-4/6

广州蓝皮书
中国广州文化发展报告（2018）
著(编)者：屈哨兵 陆志强　2018年6月出版 / 估价：99.00元
PSN B-2009-134-7/14

广州蓝皮书
广州文化创意产业发展报告（2018）
著(编)者：徐咏虹　2018年7月出版 / 估价：99.00元
PSN B-2008-111-6/14

海淀蓝皮书
海淀区文化和科技融合发展报告（2018）
著(编)者：陈名杰 孟景伟　2018年5月出版 / 估价：99.00元
PSN B-2013-329-1/1

地方发展类-社会

皮书系列
2018全品种

河北蓝皮书
河北法治发展报告（2018）
著(编)者：康振海　2018年6月出版／估价：99.00元
PSN B-2017-622-3/3

河北食品药品安全蓝皮书
河北食品药品安全研究报告（2018）
著(编)者：丁锦霞
2018年10月出版／估价：99.00元
PSN B-2015-473-1/1

河南蓝皮书
河南法治发展报告（2018）
著(编)者：张林海　2018年7月出版／估价：99.00元
PSN B-2014-376-6/9

河南蓝皮书
2018年河南社会形势分析与预测
著(编)者：牛苏林　2018年5月出版／估价：99.00元
PSN B-2005-043-1/9

河南民办教育蓝皮书
河南民办教育发展报告（2018）
著(编)者：胡大白　2018年9月出版／估价：99.00元
PSN B-2017-642-1/1

黑龙江蓝皮书
黑龙江社会发展报告（2018）
著(编)者：王爱丽　2018年1月出版／定价：89.00元
PSN B-2011-189-1/2

湖南蓝皮书
2018年湖南两型社会与生态文明建设报告
著(编)者：卞鹰　2018年5月出版／估价：128.00元
PSN B-2011-208-3/8

湖南蓝皮书
2018年湖南社会发展报告
著(编)者：卞鹰　2018年5月出版／估价：128.00元
PSN B-2014-393-5/8

健康城市蓝皮书
北京健康城市建设研究报告（2018）
著(编)者：王鸿春　盛继洪
2018年9月出版／估价：99.00元
PSN B-2015-460-1/2

江苏法治蓝皮书
江苏法治发展报告No.6（2017）
著(编)者：蔡道通　龚廷泰
2018年8月出版／估价：99.00元
PSN B-2012-290-1/1

江苏蓝皮书
2018年江苏社会发展分析与展望
著(编)者：王庆五　刘旺洪
2018年8月出版／估价：128.00元
PSN B-2017-636-2/3

民族教育蓝皮书
中国民族教育发展报告（2017·内蒙古卷）
著(编)者：陈中永
2017年12月出版／定价：198.00元
PSN B-2017-669-1/1

南宁蓝皮书
南宁法治发展报告（2018）
著(编)者：杨维超　2018年12月出版／估价：99.00元
PSN B-2015-509-1/3

南宁蓝皮书
南宁社会发展报告（2018）
著(编)者：胡建华　2018年10月出版／估价：99.00元
PSN B-2016-570-3/3

内蒙古蓝皮书
内蒙古反腐倡廉建设报告No.2
著(编)者：张志华　2018年6月出版／估价：99.00元
PSN B-2013-365-1/1

青海蓝皮书
2018年青海人才发展报告
著(编)者：王宇燕　2018年9月出版／估价：99.00元
PSN B-2017-650-2/2

青海生态文明建设蓝皮书
青海生态文明建设报告（2018）
著(编)者：张西明　高华　2018年12月出版／估价：99.00元
PSN B-2016-595-1/1

人口与健康蓝皮书
深圳人口与健康发展报告（2018）
著(编)者：陆杰华　傅崇辉
2018年11月出版／估价：99.00元
PSN B-2011-228-1/1

山东蓝皮书
山东社会形势分析与预测（2018）
著(编)者：李善峰　2018年6月出版／估价：99.00元
PSN B-2014-405-2/5

陕西蓝皮书
陕西社会发展报告（2018）
著(编)者：任宗哲　白宽犁　牛昉
2018年1月出版／定价：89.00元
PSN B-2009-136-2/6

上海蓝皮书
上海法治发展报告（2018）
著(编)者：叶必丰　2018年9月出版／估价：99.00元
PSN B-2012-296-6/7

上海蓝皮书
上海社会发展报告（2018）
著(编)者：杨雄　周海旺
2018年2月出版／定价：89.00元
PSN B-2006-058-2/7

皮书系列
2018全品种

地方发展类-社会

地方发展类-社会

安徽蓝皮书
安徽社会发展报告（2018）
著（编）者：程桦　　2018年6月出版／估价：99.00元
PSN B-2013-325-1/1

安徽社会建设蓝皮书
安徽社会建设分析报告（2017~2018）
著（编）者：黄家海　蔡宪
2018年11月出版／估价：99.00元
PSN B-2013-322-1/1

北京蓝皮书
北京公共服务发展报告（2017~2018）
著（编）者：施昌奎　　2018年6月出版／估价：99.00元
PSN B-2008-103-7/8

北京蓝皮书
北京社会发展报告（2017~2018）
著（编）者：李伟东
2018年7月出版／估价：99.00元
PSN B-2006-055-3/8

北京蓝皮书
北京社会治理发展报告（2017~2018）
著（编）者：殷星辰　　2018年7月出版／估价：99.00元
PSN B-2014-391-8/8

北京律师蓝皮书
北京律师发展报告No.4（2018）
著（编）者：王隽　　2018年12月出版／估价：99.00元
PSN B-2011-217-1/1

北京人才蓝皮书
北京人才发展报告（2018）
著（编）者：敏华　　2018年12月出版／估价：128.00元
PSN B-2011-201-1/1

北京社会心态蓝皮书
北京社会心态分析报告（2017~2018）
北京市社会心理服务促进中心
2018年10月出版／估价：99.00元
PSN B-2014-422-1/1

北京社会组织管理蓝皮书
北京社会组织发展与管理（2018）
著（编）者：黄江松
2018年6月出版／估价：99.00元
PSN B-2015-446-1/1

北京养老产业蓝皮书
北京居家养老发展报告（2018）
著（编）者：陆杰华　周明明
2018年8月出版／估价：99.00元
PSN B-2015-465-1/1

法治蓝皮书
四川依法治省年度报告No.4（2018）
著（编）者：李林　杨天宗　田禾
2018年3月出版／定价：118.00元
PSN B-2015-447-2/3

福建妇女发展蓝皮书
福建省妇女发展报告（2018）
著（编）者：刘群英　　2018年11月出版／估价：99.00元
PSN B-2011-220-1/1

甘肃蓝皮书
甘肃社会发展分析与预测（2018）
著（编）者：安文华　谢增虎　包晓霞
2018年1月出版／估价：99.00元
PSN B-2013-313-2/6

广东蓝皮书
广东全面深化改革研究报告（2018）
著（编）者：周林生　涂成林
2018年12月出版／估价：99.00元
PSN B-2015-504-3/3

广东蓝皮书
广东社会工作发展报告（2018）
著（编）者：罗观翠　　2018年6月出版／估价：99.00元
PSN B-2014-402-2/3

广州蓝皮书
广州青年发展报告（2018）
著（编）者：徐柳　张强
2018年8月出版／估价：99.00元
PSN B-2013-352-13/14

广州蓝皮书
广州社会保障发展报告（2018）
著（编）者：张跃国　　2018年8月出版／估价：99.00元
PSN B-2014-425-14/14

广州蓝皮书
2018年中国广州社会形势分析与预测
著（编）者：张强　郭志勇　何镜清
2018年6月出版／估价：99.00元
PSN B-2008-110-5/14

贵州蓝皮书
贵州法治发展报告（2018）
著（编）者：吴大华　　2018年5月出版／估价：99.00元
PSN B-2012-254-2/10

贵州蓝皮书
贵州人才发展报告（2017）
著（编）者：于杰　吴大华
2018年9月出版／估价：99.00元
PSN B-2014-382-3/10

贵州蓝皮书
贵州社会发展报告（2018）
著（编）者：王兴骥　　2018年6月出版／估价：99.00元
PSN B-2010-166-1/10

杭州蓝皮书
杭州妇女发展报告（2018）
著（编）者：魏颖
2018年10月出版／估价：99.00元
PSN B-2014-403-1/1

地方发展类–经济

皮书系列
2018全品种

山西蓝皮书
山西资源型经济转型发展报告（2018）
著（编）者：李志强　　2018年7月出版 / 估价：99.00元
PSN B-2011-197-1/1

陕西蓝皮书
陕西经济发展报告（2018）
著（编）者：任宗哲 白宽犁 裴成荣
2018年1月出版 / 定价：89.00元
PSN B-2009-135-1/6

陕西蓝皮书
陕西精准脱贫研究报告（2018）
著（编）者：任宗哲 白宽犁 王建康
2018年4月出版 / 定价：89.00元
PSN B-2017-623-6/6

上海蓝皮书
上海经济发展报告（2018）
著（编）者：沈开艳　　2018年2月出版 / 定价：89.00元
PSN B-2006-057-1/7

上海蓝皮书
上海资源环境发展报告（2018）
著（编）者：周冯琦 胡静　　2018年2月出版 / 定价：89.00元
PSN B-2006-060-4/7

上海蓝皮书
上海奉贤经济发展分析与研判（2017~2018）
著（编）者：张兆安 朱平芳　　2018年3月出版 / 定价：99.00元
PSN B-2018-698-8/8

上饶蓝皮书
上饶发展报告（2016~2017）
著（编）者：廖其志　　2018年6月出版 / 估价：128.00元
PSN B-2014-377-1/1

深圳蓝皮书
深圳经济发展报告（2018）
著（编）者：张骁儒　　2018年6月出版 / 定价：99.00元
PSN B-2008-112-3/7

四川蓝皮书
四川城镇化发展报告（2018）
著（编）者：侯水平 陈炜　　2018年6月出版 / 定价：99.00元
PSN B-2015-456-7/7

四川蓝皮书
2018年四川经济形势分析与预测
著（编）者：杨钢　　2018年1月出版 / 定价：158.00元
PSN B-2007-098-2/7

四川蓝皮书
四川企业社会责任研究报告（2017~2018）
著（编）者：侯水平 盛毅　　2018年5月出版 / 定价：99.00元
PSN B-2014-386-4/7

四川蓝皮书
四川生态建设报告（2018）
著（编）者：李晟之　　2018年5月出版 / 定价：99.00元
PSN B-2015-455-6/7

四川蓝皮书
四川特色小镇发展报告（2017）
著（编）者：吴志强　　2017年11月出版 / 定价：89.00元
PSN B-2017-670-8/8

体育蓝皮书
上海体育产业发展报告（2017~2018）
著（编）者：张林 黄海燕
2018年10月出版 / 定价：99.00元
PSN B-2015-454-4/5

体育蓝皮书
长三角地区体育产业发展报（2017~2018）
著（编）者：张林　　2018年6月出版 / 估价：99.00元
PSN B-2015-453-3/5

天津金融蓝皮书
天津金融发展报告（2018）
著（编）者：王爱俭 孔德昌
2018年5月出版 / 估价：99.00元
PSN B-2014-418-1/1

图们江区域合作蓝皮书
图们江区域合作发展报告（2018）
著（编）者：李铁　　2018年6月出版 / 估价：99.00元
PSN B-2015-464-1/1

温州蓝皮书
2018年温州经济社会形势分析与预测
著（编）者：蒋儒标 王春光 金浩
2018年6月出版 / 估价：99.00元
PSN B-2008-105-1/1

西咸新区蓝皮书
西咸新区发展报告（2018）
著（编）者：李扬 王军
2018年6月出版 / 估价：99.00元
PSN B-2016-534-1/1

修武蓝皮书
修武经济社会发展报告（2018）
著（编）者：张占仓 袁凯声
2018年10月出版 / 估价：99.00元
PSN B-2017-651-1/1

偃师蓝皮书
偃师经济社会发展报告（2018）
著（编）者：张占仓 袁凯声 何卫周
2018年7月出版 / 估价：99.00元
PSN B-2017-627-1/1

扬州蓝皮书
扬州经济社会发展报告（2018）
著（编）者：陈扬
2018年12月出版 / 估价：108.00元
PSN B-2011-191-1/1

长垣蓝皮书
长垣经济社会发展报告（2018）
著（编）者：张占仓 袁凯声 秦保建
2018年10月出版 / 估价：99.00元
PSN B-2017-654-1/1

遵义蓝皮书
遵义发展报告（2018）
著（编）者：邓彦 曾征 龚永育
2018年9月出版 / 估价：99.00元
PSN B-2014-433-1/1

皮书系列 2018全品种 — 地方发展类-经济

湖南城市蓝皮书
区域城市群整合
著(编)者：童中贤 韩未名　2018年12月出版 / 估价：99.00元
PSN B-2006-064-1/1

湖南蓝皮书
湖南城乡一体化发展报告（2018）
著(编)者：陈文胜 王文强 陆福兴
2018年8月出版 / 估价：99.00元
PSN B-2015-477-8/8

湖南蓝皮书
2018年湖南电子政务发展报告
著(编)者：梁志峰　2018年5月出版 / 估价：128.00元
PSN B-2014-394-6/7

湖南蓝皮书
2018年湖南经济发展报告
著(编)者：卞鹰　2018年5月出版 / 估价：128.00元
PSN B-2011-207-2/8

湖南蓝皮书
2016年湖南经济展望
著(编)者：梁志峰　2018年5月出版 / 估价：128.00元
PSN B-2011-206-1/8

湖南蓝皮书
2018年湖南县域经济社会发展报告
著(编)者：梁志峰　2018年5月出版 / 估价：128.00元
PSN B-2014-395-7/8

湖南县域绿皮书
湖南县域发展报告（No.5）
著(编)者：袁准 周小毛 黎仁寅
2018年6月出版 / 估价：99.00元
PSN G-2012-274-1/1

沪港蓝皮书
沪港发展报告（2018）
著(编)者：尤安山　2018年9月出版 / 估价：99.00元
PSN B-2013-362-1/1

吉林蓝皮书
2018年吉林经济社会形势分析与预测
著(编)者：邵汉明　2017年12月出版 / 定价：89.00元
PSN B-2013-319-1/1

吉林省城市竞争力蓝皮书
吉林省城市竞争力报告（2017~2018）
著(编)者：崔岳春 张磊
2018年3月出版 / 定价：89.00元
PSN B-2016-513-1/1

济源蓝皮书
济源经济社会发展报告（2018）
著(编)者：喻新安　2018年6月出版 / 估价：99.00元
PSN B-2014-387-1/1

江苏蓝皮书
2018年江苏经济发展分析与展望
著(编)者：王庆五 吴先满
2018年7月出版 / 估价：128.00元
PSN B-2017-635-1/3

江西蓝皮书
江西经济社会发展报告（2018）
著(编)者：陈石俊 龚建文　2018年10月出版 / 估价：128.00元
PSN B-2015-484-1/2

江西蓝皮书
江西设区市发展报告（2018）
著(编)者：姜玮 梁勇
2018年10月出版 / 估价：99.00元
PSN B-2016-517-2/2

经济特区蓝皮书
中国经济特区发展报告（2017）
著(编)者：陶一桃　2018年1月出版 / 估价：99.00元
PSN B-2009-139-1/1

辽宁蓝皮书
2018年辽宁经济社会形势分析与预测
著(编)者：梁启东 魏红江　2018年6月出版 / 估价：99.00元
PSN B-2006-053-1/1

民族经济蓝皮书
中国民族地区经济发展报告（2018）
著(编)者：李曦辉　2018年7月出版 / 估价：99.00元
PSN B-2017-630-1/1

南宁蓝皮书
南宁经济发展报告（2018）
著(编)者：胡建华　2018年9月出版 / 估价：99.00元
PSN B-2016-569-2/3

内蒙古蓝皮书
内蒙古精准扶贫研究报告（2018）
著(编)者：张志华　2018年1月出版 / 定价：89.00元
PSN B-2017-681-2/2

浦东新区蓝皮书
上海浦东经济发展报告（2018）
著(编)者：周小平 徐美芳
2018年1月出版 / 定价：89.00元
PSN B-2011-225-1/1

青海蓝皮书
2018年青海经济社会形势分析与预测
著(编)者：陈玮　2018年1月出版 / 定价：98.00元
PSN B-2012-275-1/2

青海科技绿皮书
青海科技发展报告（2017）
著(编)者：青海省科学技术信息研究所
2018年3月出版 / 定价：98.00元
PSN G-2018-701-1/1

山东蓝皮书
山东经济形势分析与预测（2018）
著(编)者：李广杰　2018年7月出版 / 估价：99.00元
PSN B-2014-404-1/5

山东蓝皮书
山东省普惠金融发展报告（2018）
著(编)者：齐鲁财富网
2018年9月出版 / 估价：99.00元
PSN B2017-676-5/5

皮书系列 2018全品种

地方发展类-经济

贵阳蓝皮书
贵阳城市创新发展报告No.3（乌当篇）
著(编)者：连玉明　　2018年5月出版 / 估价：99.00元
PSN B-2015-495-7/10

贵阳蓝皮书
贵阳城市创新发展报告No.3（息烽篇）
著(编)者：连玉明　　2018年5月出版 / 估价：99.00元
PSN B-2015-493-5/10

贵阳蓝皮书
贵阳城市创新发展报告No.3（修文篇）
著(编)者：连玉明　　2018年5月出版 / 估价：99.00元
PSN B-2015-494-6/10

贵阳蓝皮书
贵阳城市创新发展报告No.3（云岩篇）
著(编)者：连玉明　　2018年5月出版 / 估价：99.00元
PSN B-2015-498-10/10

贵州房地产蓝皮书
贵州房地产发展报告No.5（2018）
著(编)者：武廷方　　2018年7月出版 / 估价：99.00元
PSN B-2014-426-1/1

贵州蓝皮书
贵州册亨经济社会发展报告（2018）
著(编)者：黄德林　　2018年6月出版 / 估价：99.00元
PSN B-2016-525-8/9

贵州蓝皮书
贵州地理标志产业发展报告（2018）
著(编)者：李发耀　黄其松　2018年8月出版 / 估价：99.00元
PSN B-2017-646-10/10

贵州蓝皮书
贵安新区发展报告（2017~2018）
著(编)者：马长青　吴大华　2018年6月出版 / 估价：99.00元
PSN B-2015-459-4/10

贵州蓝皮书
贵州国家级开放创新平台发展报告（2017~2018）
著(编)者：申晓庆　吴大华　李泓
2018年11月出版 / 估价：99.00元
PSN B-2016-518-7/10

贵州蓝皮书
贵州国有企业社会责任发展报告（2017~2018）
著(编)者：郭丽　　2018年12月出版 / 估价：99.00元
PSN B-2015-511-6/10

贵州蓝皮书
贵州民航业发展报告（2017）
著(编)者：申振东　吴大华　2018年6月出版 / 估价：99.00元
PSN B-2015-471-5/10

贵州蓝皮书
贵州民营经济发展报告（2017）
著(编)者：杨静　吴大华　2018年6月出版 / 估价：99.00元
PSN B-2016-530-9/9

杭州都市圈蓝皮书
杭州都市圈发展报告（2018）
著(编)者：洪庆华　沈翔　2018年4月出版 / 定价：98.00元
PSN B-2012-302-1/1

河北经济蓝皮书
河北省经济发展报告（2018）
著(编)者：马树强　金浩　张贵　2018年6月出版 / 估价：99.00元
PSN B-2014-380-1/1

河北蓝皮书
河北经济社会发展报告（2018）
著(编)者：康振海　2018年1月出版 / 定价：99.00元
PSN B-2014-372-1/3

河北蓝皮书
京津冀协同发展报告（2018）
著(编)者：陈璐　2017年12月出版 / 定价：79.00元
PSN B-2017-601-2/3

河南经济蓝皮书
2018年河南经济形势分析与预测
著(编)者：王世炎　2018年3月出版 / 定价：89.00元
PSN B-2007-086-1/1

河南蓝皮书
河南城市发展报告（2018）
著(编)者：张占仓　王建国　2018年5月出版 / 估价：99.00元
PSN B-2009-131-3/9

河南蓝皮书
河南工业发展报告（2018）
著(编)者：张占仓　2018年5月出版 / 估价：99.00元
PSN B-2013-317-5/9

河南蓝皮书
河南金融发展报告（2018）
著(编)者：喻新安　谷建全
2018年6月出版 / 估价：99.00元
PSN B-2014-390-7/9

河南蓝皮书
河南经济发展报告（2018）
著(编)者：张占仓　完世伟
2018年6月出版 / 估价：99.00元
PSN B-2010-157-4/9

河南蓝皮书
河南能源发展报告（2018）
著(编)者：国网河南省电力公司经济技术研究院
　　　　　河南省社会科学院
2018年6月出版 / 估价：99.00元
PSN B-2017-607-9/9

河南商务蓝皮书
河南商务发展报告（2018）
著(编)者：焦锦淼　穆荣国　2018年5月出版 / 估价：99.00元
PSN B-2014-399-1/1

河南双创蓝皮书
河南创新创业发展报告（2018）
著(编)者：喻新安　杨雪梅
2018年8月出版 / 估价：99.00元
PSN B-2017-641-1/1

黑龙江蓝皮书
黑龙江经济发展报告（2018）
著(编)者：朱宇　2018年1月出版 / 定价：89.00元
PSN B-2011-190-2/2

皮书系列 2018全品种 — 地方发展类-经济

福建旅游蓝皮书
福建省旅游产业发展现状研究（2017~2018）
著（编）者：陈敏华 黄远水　2018年12月出版 / 估价：128.00元
PSN B-2016-591-1/1

福建自贸区蓝皮书
中国（福建）自由贸易试验区发展报告（2017~2018）
著（编）者：黄茂兴　2018年6月出版 / 估价：118.00元
PSN B-2016-531-1/1

甘肃蓝皮书
甘肃经济发展分析与预测（2018）
著（编）者：安文华 罗哲　2018年1月出版 / 定价：99.00元
PSN B-2013-312-1/6

甘肃蓝皮书
甘肃商贸流通发展报告（2018）
著（编）者：张应华 王福生 王晓芳
2018年1月出版 / 定价：99.00元
PSN B-2016-522-6/6

甘肃蓝皮书
甘肃县域和农村发展报告（2018）
著（编）者：包东红 朱智文 王建兵
2018年1月出版 / 定价：99.00元
PSN B-2013-316-5/6

甘肃农业科技绿皮书
甘肃农业科技发展研究报告（2018）
著（编）者：魏胜文 乔德华 张东伟
2018年12月出版 / 估价：198.00元
PSN B-2016-592-1/1

甘肃气象保障蓝皮书
甘肃农业对气候变化的适应与风险评估报告（No.1）
著（编）者：鲍文中 周广胜
2017年12月出版 / 定价：108.00元
PSN B-2017-677-1/1

巩义蓝皮书
巩义经济社会发展报告（2018）
著（编）者：丁同民 朱军　2018年6月出版 / 估价：99.00元
PSN B-2016-532-1/1

广东外经贸蓝皮书
广东对外经济贸易发展研究报告（2017~2018）
著（编）者：陈万灵　2018年6月出版 / 估价：99.00元
PSN B-2012-286-1/1

广西北部湾经济区蓝皮书
广西北部湾经济区开放开发报告（2017~2018）
著（编）者：广西壮族自治区北部湾经济区和东盟开放合作办公室
　　　　　广西社会科学院
　　　　　广西北部湾发展研究院
2018年5月出版 / 估价：99.00元
PSN B-2010-181-1/1

广州蓝皮书
广州城市国际化发展报告（2018）
著（编）者：张跃国　2018年8月出版 / 估价：99.00元
PSN B-2012-246-11/14

广州蓝皮书
中国广州城市建设与管理发展报告（2018）
著（编）者：张其年 陈小钢 王宏伟　2018年8月出版 / 估价：99.00元
PSN B-2007-087-4/14

广州蓝皮书
广州创新型城市发展报告（2018）
著（编）者：尹涛　2018年6月出版 / 估价：99.00元
PSN B-2012-247-12/14

广州蓝皮书
广州经济发展报告（2018）
著（编）者：张跃国 尹涛　2018年7月出版 / 估价：99.00元
PSN B-2005-040-1/14

广州蓝皮书
2018年中国广州经济形势分析与预测
著（编）者：魏明海 谢博能 李华
2018年6月出版 / 估价：99.00元
PSN B-2011-185-9/14

广州蓝皮书
中国广州科技创新发展报告（2018）
著（编）者：于欣伟 陈爽 邓佑满　2018年8月出版 / 估价：99.00元
PSN B-2006-065-2/14

广州蓝皮书
广州农村发展报告（2018）
著（编）者：朱名宏　2018年7月出版 / 估价：99.00元
PSN B-2010-167-8/14

广州蓝皮书
广州汽车产业发展报告（2018）
著（编）者：杨再高 冯兴亚　2018年7月出版 / 估价：99.00元
PSN B-2006-066-3/14

广州蓝皮书
广州商贸业发展报告（2018）
著（编）者：张跃国 陈杰 荀振英
2018年7月出版 / 估价：99.00元
PSN B-2012-245-10/14

贵阳蓝皮书
贵阳城市创新发展报告No.3（白云篇）
著（编）者：连玉明　2018年5月出版 / 估价：99.00元
PSN B-2015-491-3/10

贵阳蓝皮书
贵阳城市创新发展报告No.3（观山湖篇）
著（编）者：连玉明　2018年5月出版 / 估价：99.00元
PSN B-2015-497-9/10

贵阳蓝皮书
贵阳城市创新发展报告No.3（花溪篇）
著（编）者：连玉明　2018年5月出版 / 估价：99.00元
PSN B-2015-490-2/10

贵阳蓝皮书
贵阳城市创新发展报告No.3（开阳篇）
著（编）者：连玉明　2018年5月出版 / 估价：99.00元
PSN B-2015-492-4/10

贵阳蓝皮书
贵阳城市创新发展报告No.3（南明篇）
著（编）者：连玉明　2018年5月出版 / 估价：99.00元
PSN B-2015-496-8/10

贵阳蓝皮书
贵阳城市创新发展报告No.3（清镇篇）
著（编）者：连玉明　2018年5月出版 / 估价：99.00元
PSN B-2015-489-1/10

文化传媒类 · 地方发展类-经济

皮书系列 2018全品种

文化蓝皮书
中国文化消费需求景气评价报告（2018）
著(编)者：王亚南　2018年3月出版 / 定价：99.00元
PSN B-2011-236-4/10

文化蓝皮书
中国公共文化投入增长测评报告（2018）
著(编)者：王亚南　2018年3月出版 / 定价：99.00元
PSN B-2014-435-10/10

文化品牌蓝皮书
中国文化品牌发展报告（2018）
著(编)者：欧阳友权　2018年5月出版 / 估价：99.00元
PSN B-2012-277-1/1

文化遗产蓝皮书
中国文化遗产事业发展报告（2017~2018）
著(编)者：苏杨　张颖岚　卓杰　白海峰　陈晨　陈叙图
2018年8月出版 / 估价：99.00元
PSN B-2008-119-1/1

文学蓝皮书
中国文情报告（2017~2018）
著(编)者：白烨　2018年5月出版 / 估价：99.00元
PSN B-2011-221-1/1

新媒体蓝皮书
中国新媒体发展报告No.9（2018）
著(编)者：唐绪军　2018年7月出版 / 估价：99.00元
PSN B-2010-169-1/1

新媒体社会责任蓝皮书
中国新媒体社会责任研究报告（2018）
著(编)者：钟瑛　2018年12月出版 / 估价：99.00元
PSN B-2014-423-1/1

移动互联网蓝皮书
中国移动互联网发展报告（2018）
著(编)者：余清楚　2018年6月出版 / 估价：99.00元
PSN B-2012-282-1/1

影视蓝皮书
中国影视产业发展报告（2018）
著(编)者：司若　陈鹏　陈锐
2018年6月出版 / 估价：99.00元
PSN B-2016-529-1/1

舆情蓝皮书
中国社会舆情与危机管理报告（2018）
著(编)者：谢耘耕
2018年9月出版 / 估价：138.00元
PSN B-2011-235-1/1

中国大运河蓝皮书
中国大运河发展报告（2018）
著(编)者：吴欣　2018年2月出版 / 估价：128.00元
PSN B-2018-691-1/1

地方发展类-经济

澳门蓝皮书
澳门经济社会发展报告（2017~2018）
著(编)者：吴志良　郝雨凡
2018年7月出版 / 估价：99.00元
PSN B-2009-138-1/1

澳门绿皮书
澳门旅游休闲发展报告（2017~2018）
著(编)者：郝雨凡　林广志
2018年5月出版 / 估价：99.00元
PSN G-2017-617-1/1

北京蓝皮书
北京经济发展报告（2017~2018）
著(编)者：杨松　2018年6月出版 / 估价：99.00元
PSN B-2006-054-2/8

北京旅游绿皮书
北京旅游发展报告（2018）
著(编)者：北京旅游学会
2018年7月出版 / 估价：99.00元
PSN G-2012-301-1/1

北京体育蓝皮书
北京体育产业发展报告（2017~2018）
著(编)者：钟秉枢　陈杰　杨铁黎
2018年9月出版 / 估价：99.00元
PSN B-2015-475-1/1

滨海金融蓝皮书
滨海新区金融发展报告（2017）
著(编)者：王爱俭　李向前　2018年4月出版 / 估价：99.00元
PSN B-2014-424-1/1

城乡一体化蓝皮书
北京城乡一体化发展报告（2017~2018）
著(编)者：吴宝新　张宝秀　黄序
2018年5月出版 / 估价：99.00元
PSN B-2012-258-2/2

非公有制企业社会责任蓝皮书
北京非公有制企业社会责任报告（2018）
著(编)者：宋贵伦　冯培
2018年6月出版 / 估价：99.00元
PSN B-2017-613-1/1

29

皮书系列 2018全品种 — 文化传媒类

非物质文化遗产蓝皮书
中国非物质文化遗产发展报告（2018）
著(编)者：陈平　2018年6月出版／估价：128.00元
PSN B-2015-469-1/2

非物质文化遗产蓝皮书
中国非物质文化遗产保护发展报告（2018）
著(编)者：宋俊华　2018年10月出版／估价：128.00元
PSN B-2016-586-2/2

广电蓝皮书
中国广播电影电视发展报告（2018）
著(编)者：国家新闻出版广电总局发展研究中心
2018年7月出版／估价：99.00元
PSN B-2006-072-1/1

广告主蓝皮书
中国广告主营销传播趋势报告No.9
著(编)者：黄升民　杜国清　邵华冬 等
2018年10月出版／估价：158.00元
PSN B-2005-041-1/1

国际传播蓝皮书
中国国际传播发展报告（2018）
著(编)者：胡正荣　李继东　姬德强
2018年12月出版／估价：99.00元
PSN B-2014-408-1/1

国家形象蓝皮书
中国国家形象传播报告（2017）
著(编)者：张昆　2018年6月出版／估价：128.00元
PSN B-2017-605-1/1

互联网治理蓝皮书
中国网络社会治理研究报告（2018）
著(编)者：罗昕　支庭荣
2018年9月出版／估价：118.00元
PSN B-2017-653-1/1

纪录片蓝皮书
中国纪录片发展报告（2018）
著(编)者：何苏六　2018年10月出版／估价：99.00元
PSN B-2011-222-1/1

科学传播蓝皮书
中国科学传播报告（2016~2017）
著(编)者：詹正茂　2018年6月出版／估价：99.00元
PSN B-2008-120-1/1

两岸创意经济蓝皮书
两岸创意经济研究报告（2018）
著(编)者：罗昌智　董泽平
2018年10月出版／估价：99.00元
PSN B-2014-437-1/1

媒介与女性蓝皮书
中国媒介与女性发展报告（2017~2018）
著(编)者：刘利群　2018年5月出版／估价：99.00元
PSN B-2013-345-1/1

媒体融合蓝皮书
中国媒体融合发展报告（2017~2018）
著(编)者：梅宁华　支庭荣
2017年12月出版／定价：98.00元
PSN B-2015-479-1/1

全球传媒蓝皮书
全球传媒发展报告（2017~2018）
著(编)者：胡正荣　李继东　2018年6月出版／估价：99.00元
PSN B-2012-237-1/1

少数民族非遗蓝皮书
中国少数民族非物质文化遗产发展报告（2018）
著(编)者：肖远平（彝）　柴立（满）
2018年10月出版／估价：118.00元
PSN B-2015-467-1/1

视听新媒体蓝皮书
中国视听新媒体发展报告（2018）
著(编)者：国家新闻出版广电总局发展研究中心
2018年7月出版／估价：118.00元
PSN B-2011-184-1/1

数字娱乐产业蓝皮书
中国动画产业发展报告（2018）
著(编)者：孙立军　孙平　牛兴侦
2018年10月出版／估价：99.00元
PSN B-2011-198-1/2

数字娱乐产业蓝皮书
中国游戏产业发展报告（2018）
著(编)者：孙立军　刘跃军　2018年10月出版／估价：99.00元
PSN B-2017-662-2/2

网络视听蓝皮书
中国互联网视听行业发展报告（2018）
著(编)者：陈鹏　2018年2月出版／定价：148.00元
PSN B-2018-688-1/1

文化创新蓝皮书
中国文化创新报告（2017·No.8）
著(编)者：傅才武　2018年6月出版／估价：99.00元
PSN B-2009-143-1/1

文化建设蓝皮书
中国文化发展报告（2018）
著(编)者：江畅　孙伟平　戴茂堂
2018年5月出版／估价：99.00元
PSN B-2014-392-1/1

文化科技蓝皮书
文化科技创新发展报告（2018）
著(编)者：于平　李凤亮　2018年10月出版／估价：99.00元
PSN B-2013-342-1/1

文化蓝皮书
中国公共文化服务发展报告（2017~2018）
著(编)者：刘新成　张永新　张旭
2018年12月出版／估价：99.00元
PSN B-2007-093-2/10

文化蓝皮书
中国少数民族文化发展报告（2017~2018）
著(编)者：武翠英　张晓明　任乌晶
2018年9月出版／估价：99.00元
PSN B-2013-369-9/10

文化蓝皮书
中国文化产业供需协调检测报告（2018）
著(编)者：王亚南　2018年3月出版／估价：99.00元
PSN B-2013-323-8/10

国别类·文化传媒类

皮书系列
2018全品种

国别类

澳大利亚蓝皮书
澳大利亚发展报告（2017-2018）
著（编）者：孙有中 韩锋　2018年12月出版／估价：99.00元
PSN B-2016-587-1/1

巴西黄皮书
巴西发展报告（2017）
著（编）者：刘国枝　2018年5月出版／估价：99.00元
PSN Y-2017-614-1/1

德国蓝皮书
德国发展报告（2018）
著（编）者：郑春荣　2018年6月出版／估价：99.00元
PSN B-2012-278-1/1

俄罗斯黄皮书
俄罗斯发展报告（2018）
著（编）者：李永全　2018年6月出版／估价：99.00元
PSN Y-2006-061-1/1

韩国蓝皮书
韩国发展报告（2017）
著（编）者：牛林杰 刘宝全　2018年6月出版／估价：99.00元
PSN B-2010-155-1/1

加拿大蓝皮书
加拿大发展报告（2018）
著（编）者：唐小松　2018年9月出版／估价：99.00元
PSN B-2014-389-1/1

美国蓝皮书
美国研究报告（2018）
著（编）者：郑秉文 黄平　2018年5月出版／估价：99.00元
PSN B-2011-210-1/1

缅甸蓝皮书
缅甸国情报告（2017）
著（编）者：祝湘辉
2017年11月出版／定价：98.00元
PSN B-2013-343-1/1

日本蓝皮书
日本研究报告（2018）
著（编）者：杨伯江　2018年4月出版／定价：99.00元
PSN B-2002-020-1/1

土耳其蓝皮书
土耳其发展报告（2018）
著（编）者：郭长刚 刘义　2018年9月出版／估价：99.00元
PSN B-2014-412-1/1

伊朗蓝皮书
伊朗发展报告（2017~2018）
著（编）者：冀开运　2018年10月／估价：99.00元
PSN B-2016-574-1/1

以色列蓝皮书
以色列发展报告（2018）
著（编）者：张倩红　2018年8月出版／估价：99.00元
PSN B-2015-483-1/1

印度蓝皮书
印度国情报告（2017）
著（编）者：吕昭义　2018年6月出版／估价：99.00元
PSN B-2012-241-1/1

英国蓝皮书
英国发展报告（2017~2018）
著（编）者：王展鹏　2018年12月出版／估价：99.00元
PSN B-2015-486-1/1

越南蓝皮书
越南国情报告（2018）
著（编）者：谢林城　2018年11月出版／估价：99.00元
PSN B-2006-056-1/1

泰国蓝皮书
泰国研究报告（2018）
著（编）者：庄国土 张禹东 刘文正
2018年10月出版／估价：99.00元
PSN B-2016-556-1/1

文化传媒类

"三农"舆情蓝皮书
中国"三农"网络舆情报告（2017~2018）
著（编）者：农业部信息中心
2018年6月出版／估价：99.00元
PSN B-2017-640-1/1

传媒竞争力蓝皮书
中国传媒国际竞争力研究报告（2018）
著（编）者：李本乾 刘强 王大可
2018年8月出版／估价：99.00元
PSN B-2013-356-1/1

传媒蓝皮书
中国传媒产业发展报告（2018）
著（编）者：崔保国
2018年5月出版／估价：99.00元
PSN B-2005-035-1/1

传媒投资蓝皮书
中国传媒投资发展报告（2018）
著（编）者：张向东 谭云明
2018年6月出版／估价：148.00元
PSN B-2015-474-1/1

皮书系列 2018全品种
国际问题与全球治理类

欧洲蓝皮书
欧洲发展报告（2017~2018）
著(编)者：黄平 周弘 程卫东
2018年6月出版 / 估价：99.00元
PSN B-1999-009-1/1

葡语国家蓝皮书
葡语国家发展报告（2016~2017）
著(编)者：王成安 张敏 刘金兰
2018年6月出版 / 估价：99.00元
PSN B-2015-503-1/2

葡语国家蓝皮书
中国与葡语国家关系发展报告·巴西（2016）
著(编)者：张曙光
2018年8月出版 / 估价：99.00元
PSN B-2016-563-2/2

气候变化绿皮书
应对气候变化报告（2018）
著(编)者：王伟光 郑国光
2018年11月出版 / 估价：99.00元
PSN G-2009-144-1/1

全球环境竞争力绿皮书
全球环境竞争力报告（2018）
著(编)者：李建平 李闽榕 王金南
2018年12月出版 / 估价：198.00元
PSN G-2013-363-1/1

全球信息社会蓝皮书
全球信息社会发展报告（2018）
著(编)者：丁波涛 唐涛 2018年10月出版 / 估价：99.00元
PSN B-2017-665-1/1

日本经济蓝皮书
日本经济与中日经贸关系研究报告（2018）
著(编)者：张季风 2018年6月出版 / 估价：99.00元
PSN B-2008-102-1/1

上海合作组织黄皮书
上海合作组织发展报告（2018）
著(编)者：李进峰 2018年6月出版 / 估价：99.00元
PSN Y-2009-130-1/1

世界创新竞争力黄皮书
世界创新竞争力发展报告（2017）
著(编)者：李建平 李闽榕 赵新力
2018年6月出版 / 估价：168.00元
PSN Y-2013-318-1/1

世界经济黄皮书
2018年世界经济形势分析与预测
著(编)者：张宇燕 2018年1月出版 / 定价：99.00元
PSN Y-1999-006-1/1

世界能源互联互通蓝皮书
世界能源清洁发展与互联互通评估报告（2017）：欧洲篇
著(编)者：国网能源研究院
2018年1月出版 / 定价：128.00元
PSN B-2018-695-1/1

丝绸之路蓝皮书
丝绸之路经济带发展报告（2018）
著(编)者：任宗哲 白宽犁 谷孟宾
2018年1月出版 / 定价：89.00元
PSN B-2014-410-1/1

新兴经济体蓝皮书
金砖国家发展报告（2018）
著(编)者：林跃勤 周文
2018年8月出版 / 估价：99.00元
PSN B-2011-195-1/1

亚太蓝皮书
亚太地区发展报告（2018）
著(编)者：李向阳 2018年5月出版 / 估价：99.00元
PSN B-2001-015-1/1

印度洋地区蓝皮书
印度洋地区发展报告（2018）
著(编)者：汪戎 2018年6月出版 / 估价：99.00元
PSN B-2013-334-1/1

印度尼西亚经济蓝皮书
印度尼西亚经济发展报告（2017）：增长与机会
著(编)者：左志刚 2017年11月出版 / 定价：89.00元
PSN B-2017-675-1/1

渝新欧蓝皮书
渝新欧沿线国家发展报告（2018）
著(编)者：杨柏 黄森
2018年6月出版 / 估价：99.00元
PSN B-2017-626-1/1

中阿蓝皮书
中国-阿拉伯国家经贸发展报告（2018）
著(编)者：张廉 段庆林 王林聪 杨巧红
2018年12月出版 / 估价：99.00元
PSN B-2016-598-1/1

中东黄皮书
中东发展报告No.20（2017~2018）
著(编)者：杨光 2018年10月出版 / 估价：99.00元
PSN Y-1998-004-1/1

中亚黄皮书
中亚国家发展报告（2018）
著(编)者：孙力
2018年3月出版 / 定价：98.00元
PSN Y-2012-238-1/1

国际问题与全球治理类

"一带一路"跨境通道蓝皮书
"一带一路"跨境通道建设研究报（2017~2018）
著(编)者：余鑫 张秋生　2018年1月出版／定价：89.00元
PSN B-2016-557-1/1

"一带一路"蓝皮书
"一带一路"建设发展报告（2018）
著(编)者：李永全　2018年3月出版／定价：98.00元
PSN B-2016-552-1/1

"一带一路"投资安全蓝皮书
中国"一带一路"投资与安全研究报告（2018）
著(编)者：邹统钎 梁昊光　2018年4月出版／定价：98.00元
PSN B-2017-612-1/1

"一带一路"文化交流蓝皮书
中阿文化交流发展报告（2017）
著(编)者：王辉　2017年12月出版／定价：89.00元
PSN B-2017-655-1/1

G20国家创新竞争力黄皮书
二十国集团（G20）国家创新竞争力发展报告（2017~2018）
著(编)者：李建平 李闽榕 赵新力 周天勇
2018年7月出版／估价：168.00元
PSN Y-2011-229-1/1

阿拉伯黄皮书
阿拉伯发展报告（2016~2017）
著(编)者：罗林　2018年6月出版／估价：99.00元
PSN Y-2014-381-1/1

北部湾蓝皮书
泛北部湾合作发展报告（2017~2018）
著(编)者：吕余生　2018年12月出版／估价：99.00元
PSN B-2008-114-1/1

北极蓝皮书
北极地区发展报告（2017）
著(编)者：刘惠荣　2018年7月出版／估价：99.00元
PSN B-2017-634-1/1

大洋洲蓝皮书
大洋洲发展报告（2017~2018）
著(编)者：喻常森　2018年10月出版／估价：99.00元
PSN B-2013-341-1/1

东北亚区域合作蓝皮书
2017年"一带一路"倡议与东北亚区域合作
著(编)者：刘亚政 金美花
2018年5月出版／估价：99.00元
PSN B-2017-631-1/1

东盟黄皮书
东盟发展报告（2017）
著(编)者：杨晓强 庄国土　2018年6月出版／估价：99.00元
PSN Y-2012-303-1/1

东南亚蓝皮书
东南亚地区发展报告（2017~2018）
著(编)者：王勤　2018年12月出版／估价：99.00元
PSN B-2012-240-1/1

非洲黄皮书
非洲发展报告No.20（2017~2018）
著(编)者：张宏明　2018年7月出版／估价：99.00元
PSN Y-2012-239-1/1

非传统安全蓝皮书
中国非传统安全研究报告（2017~2018）
著(编)者：潇枫 罗中枢　2018年8月出版／估价：99.00元
PSN B-2012-273-1/1

国际安全蓝皮书
中国国际安全研究报告（2018）
著(编)者：刘慧　2018年7月出版／估价：99.00元
PSN B-2016-521-1/1

国际城市蓝皮书
国际城市发展报告（2018）
著(编)者：屠启宇　2018年2月出版／定价：89.00元
PSN B-2012-260-1/1

国际形势黄皮书
全球政治与安全报告（2018）
著(编)者：张宇燕　2018年1月出版／定价：99.00元
PSN Y-2001-016-1/1

公共外交蓝皮书
中国公共外交发展报告（2018）
著(编)者：赵启正 雷蔚真　2018年6月出版／估价：99.00元
PSN B-2015-457-1/1

海丝蓝皮书
21世纪海上丝绸之路研究报告（2017）
著(编)者：华侨大学海上丝绸之路研究院
2017年12月出版／定价：89.00元
PSN B-2017-684-1/1

金砖国家黄皮书
金砖国家综合创新竞争力发展报告（2018）
著(编)者：赵新力 李闽榕 黄茂兴
2018年8月出版／估价：128.00元
PSN Y-2017-643-1/1

拉美黄皮书
拉丁美洲和加勒比发展报告（2017~2018）
著(编)者：袁东振　2018年6月出版／估价：99.00元
PSN Y-1999-007-1/1

澜湄合作蓝皮书
澜沧江-湄公河合作发展报告（2018）
著(编)者：刘稚　2018年9月出版／估价：99.00元
PSN B-2011-196-1/1

皮书系列 2018全品种 — 行业及其他类

休闲绿皮书
2017~2018年中国休闲发展报告
著(编)者：宋瑞　2018年7月出版 / 估价：99.00元
PSN G-2010-158-1/1

休闲体育蓝皮书
中国休闲体育发展报告（2017~2018）
著(编)者：李相如　钟秉枢
2018年10月出版 / 估价：99.00元
PSN B-2016-516-1/1

养老金融蓝皮书
中国养老金融发展报告（2018）
著(编)者：董克用　姚余栋
2018年9月出版 / 估价：99.00元
PSN B-2016-583-1/1

遥感监测绿皮书
中国可持续发展遥感监测报告（2017）
著(编)者：顾行发　汪克强　潘教峰　李闽榕　徐东华　王琦安
2018年6月出版 / 估价：298.00元
PSN B-2017-629-1/1

药品流通蓝皮书
中国药品流通行业发展报告（2018）
著(编)者：佘鲁林　温再兴
2018年7月出版 / 估价：198.00元
PSN B-2014-429-1/1

医疗器械蓝皮书
中国医疗器械行业发展报告（2018）
著(编)者：王宝亭　耿鸿武
2018年10月出版 / 估价：99.00元
PSN B-2017-661-1/1

医院蓝皮书
中国医院竞争力报告（2017~2018）
著(编)者：庄一强　2018年3月出版 / 定价：108.00元
PSN B-2016-528-1/1

瑜伽蓝皮书
中国瑜伽业发展报告（2017~2018）
著(编)者：张永建　徐华锋　朱泰余
2018年6月出版 / 估价：198.00元
PSN B-2017-625-1/1

债券市场蓝皮书
中国债券市场发展报告（2017~2018）
著(编)者：杨农　2018年10月出版 / 估价：99.00元
PSN B-2016-572-1/1

志愿服务蓝皮书
中国志愿服务发展报告（2018）
著(编)者：中国志愿服务联合会
2018年11月出版 / 估价：99.00元
PSN B-2017-664-1/1

中国上市公司蓝皮书
中国上市公司发展报告（2018）
著(编)者：张鹏　张平　黄胤英
2018年9月出版 / 估价：99.00元
PSN B-2014-414-1/1

中国新三板蓝皮书
中国新三板创新与发展报告（2018）
著(编)者：刘平安　闻召林
2018年8月出版 / 估价：158.00元
PSN B-2017-638-1/1

中国汽车品牌蓝皮书
中国乘用车品牌发展报告（2017）
著(编)者：《中国汽车报》社有限公司
　　　　　博世（中国）投资有限公司
　　　　　中国汽车技术研究中心数据资源中心
2018年1月出版 / 定价：89.00元
PSN B-2017-679-1/1

中医文化蓝皮书
北京中医药文化传播发展报告（2018）
著(编)者：毛嘉陵　2018年6月出版 / 估价：99.00元
PSN B-2015-468-1/2

中医文化蓝皮书
中国中医药文化传播发展报告（2018）
著(编)者：毛嘉陵　2018年7月出版 / 估价：99.00元
PSN B-2016-584-2/2

中医药蓝皮书
北京中医药知识产权发展报告No.2
著(编)者：汪洪　屠志涛　2018年6月出版 / 估价：168.00元
PSN B-2017-602-1/1

资本市场蓝皮书
中国场外交易市场发展报告（2016~2017）
著(编)者：高峦　2018年6月出版 / 估价：99.00元
PSN B-2009-153-1/1

资产管理蓝皮书
中国资产管理行业发展报告（2018）
著(编)者：郑智　2018年7月出版 / 估价：99.00元
PSN B-2014-407-2/2

资产证券化蓝皮书
中国资产证券化发展报告（2018）
著(编)者：沈炳熙　曹彤　李哲平
2018年4月出版 / 定价：98.00元
PSN B-2017-660-1/1

自贸区蓝皮书
中国自贸区发展报告（2018）
著(编)者：王力　黄育华
2018年6月出版 / 估价：99.00元
PSN B-2016-558-1/1

行业及其他类

皮书系列 2018全品种

商会蓝皮书
中国商会发展报告No.5（2017）
著（编）者：王钦敏 2018年7月出版 / 估价：99.00元
PSN B-2008-125-1/1

商务中心区蓝皮书
中国商务中心区发展报告No.4（2017～2018）
著（编）者：李国红 单菁菁 2018年9月出版 / 估价：99.00元
PSN B-2015-444-1/1

设计产业蓝皮书
中国创新设计发展报告（2018）
著（编）者：王晓红 张立群 于炜
2018年11月出版 / 估价：99.00元
PSN B-2016-581-2/2

社会责任管理蓝皮书
中国上市公司社会责任能力成熟度报告No.4（2018）
著（编）者：肖红军 王晓光 李伟阳
2018年12月出版 / 估价：99.00元
PSN B-2015-507-2/2

社会责任管理蓝皮书
中国企业公众透明度报告No.4（2017～2018）
著（编）者：黄速建 熊梦 王晓光 肖红军
2018年6月出版 / 估价：99.00元
PSN B-2015-440-1/2

食品药品蓝皮书
食品药品安全与监管政策研究报告（2016～2017）
著（编）者：唐民皓 2018年6月出版 / 估价：99.00元
PSN B-2009-129-1/1

输血服务蓝皮书
中国输血行业发展报告（2018）
著（编）者：孙俊 2018年12月出版 / 估价：99.00元
PSN B-2016-582-1/1

水利风景区蓝皮书
中国水利风景区发展报告（2018）
著（编）者：董建文 兰思仁
2018年10月出版 / 估价：99.00元
PSN B-2015-480-1/1

数字经济蓝皮书
全球数字经济竞争力发展报告（2017）
著（编）者：王振 2017年12月出版 / 定价：79.00元
PSN B-2017-673-1/1

私募市场蓝皮书
中国私募股权市场发展报告（2017～2018）
著（编）者：曹和平 2018年12月出版 / 估价：99.00元
PSN B-2010-162-1/1

碳排放权交易蓝皮书
中国碳排放权交易报告（2018）
著（编）者：孙永平 2018年11月出版 / 估价：99.00元
PSN B-2017-652-1/1

碳市场蓝皮书
中国碳市场报告（2018）
著（编）者：定金彪 2018年11月出版 / 估价：99.00元
PSN B-2014-430-1/1

体育蓝皮书
中国公共体育服务发展报告（2018）
著（编）者：戴健 2018年12月出版 / 估价：99.00元
PSN B-2013-367-2/5

土地市场蓝皮书
中国农村土地市场发展报告（2017～2018）
著（编）者：李光荣 2018年6月出版 / 估价：99.00元
PSN B-2016-526-1/1

土地整治蓝皮书
中国土地整治发展研究报告（No.5）
著（编）者：国土资源部土地整治中心
2018年7月出版 / 估价：99.00元
PSN B-2014-401-1/1

土地政策蓝皮书
中国土地政策研究报告（2018）
著（编）者：高延利 张建平 吴次芳
2018年1月出版 / 定价：98.00元
PSN B-2015-506-1/1

网络空间安全蓝皮书
中国网络空间安全发展报告（2018）
著（编）者：惠志斌 覃庆玲
2018年11月出版 / 估价：99.00元
PSN B-2015-466-1/1

文化志愿服务蓝皮书
中国文化志愿服务发展报告（2018）
著（编）者：张永新 良警宇 2018年11月出版 / 估价：128.00元
PSN B-2016-596-1/1

西部金融蓝皮书
中国西部金融发展报告（2017～2018）
著（编）者：李忠民 2018年8月出版 / 估价：99.00元
PSN B-2010-160-1/1

协会商会蓝皮书
中国行业协会商会发展报告（2017）
著（编）者：景朝阳 李勇 2018年6月出版 / 估价：99.00元
PSN B-2015-461-1/1

新三板蓝皮书
中国新三板市场发展报告（2018）
著（编）者：王力 2018年8月出版 / 估价：99.00元
PSN B-2016-533-1/1

信托市场蓝皮书
中国信托业市场报告（2017～2018）
著（编）者：用益金融信托研究院
2018年6月出版 / 估价：198.00元
PSN B-2014-371-1/1

信息化蓝皮书
中国信息化形势分析与预测（2017～2018）
著（编）者：周宏仁 2018年8月出版 / 估价：99.00元
PSN B-2010-168-1/1

信用蓝皮书
中国信用发展报告（2017～2018）
著（编）者：章政 田侃 2018年6月出版 / 估价：99.00元
PSN B-2013-328-1/1

皮书系列 2018全品种 — 行业及其他类

旅游安全蓝皮书
中国旅游安全报告（2018）
著(编)者：郑向敏 谢朝武　2018年5月出版 / 估价：158.00元
PSN B-2012-280-1/1

旅游绿皮书
2017~2018年中国旅游发展分析与预测
著(编)者：宋瑞　2018年1月出版 / 定价：99.00元
PSN G-2002-018-1/1

煤炭蓝皮书
中国煤炭工业发展报告（2018）
著(编)者：岳福斌　2018年12月出版 / 估价：99.00元
PSN B-2008-123-1/1

民营企业社会责任蓝皮书
中国民营企业社会责任报告（2018）
著(编)者：中华全国工商业联合会
2018年12月出版 / 估价：99.00元
PSN B-2015-510-1/1

民营医院蓝皮书
中国民营医院发展报告（2017）
著(编)者：薛晓林　2017年12月出版 / 定价：89.00元
PSN B-2012-299-1/1

闽商蓝皮书
闽商发展报告（2018）
著(编)者：李闽榕 王日根 林琛
2018年12月出版 / 估价：99.00元
PSN B-2012-298-1/1

农业应对气候变化蓝皮书
中国农业气象灾害及其灾损评估报告（No.4）
著(编)者：矫梅燕　2018年6月出版 / 估价：118.00元
PSN B-2014-413-1/1

品牌蓝皮书
中国品牌战略发展报告（2018）
著(编)者：汪同三　2018年10月出版 / 估价：99.00元
PSN B-2016-580-1/1

企业扶贫蓝皮书
中国企业扶贫研究报告（2018）
著(编)者：钟宏武　2018年12月出版 / 估价：99.00元
PSN B-2016-593-1/1

企业公益蓝皮书
中国企业公益研究报告（2018）
著(编)者：钟宏武 汪杰 黄晓娟
2018年12月出版 / 估价：99.00元
PSN B-2015-501-1/1

企业国际化蓝皮书
中国企业全球化报告（2018）
著(编)者：王辉耀 苗绿　2018年11月出版 / 估价：99.00元
PSN B-2014-427-1/1

企业蓝皮书
中国企业绿色发展报告No.2（2018）
著(编)者：李红玉 朱光辉
2018年8月出版 / 估价：99.00元
PSN B-2015-481-2/2

企业社会责任蓝皮书
中资企业海外社会责任研究报告（2017~2018）
著(编)者：钟宏武 叶柳红 张蒽
2018年6月出版 / 估价：99.00元
PSN B-2017-603-2/2

企业社会责任蓝皮书
中国企业社会责任研究报告（2018）
著(编)者：黄群慧 钟宏武 张蒽 汪杰
2018年11月出版 / 估价：99.00元
PSN B-2009-149-1/2

汽车安全蓝皮书
中国汽车安全发展报告（2018）
著(编)者：中国汽车技术研究中心
2018年8月出版 / 估价：99.00元
PSN B-2014-385-1/1

汽车电子商务蓝皮书
中国汽车电子商务发展报告（2018）
著(编)者：中华全国工商业联合会汽车经销商商会
　　　　　北方工业大学
　　　　　北京易观智库网络科技有限公司
2018年10月出版 / 估价：158.00元
PSN B-2015-485-1/1

汽车知识产权蓝皮书
中国汽车产业知识产权发展报告（2018）
著(编)者：中国汽车工程研究院股份有限公司
　　　　　中国汽车工程学会
　　　　　重庆长安汽车股份有限公司
2018年12月出版 / 估价：99.00元
PSN B-2016-594-1/1

青少年体育蓝皮书
中国青少年体育发展报告（2017）
著(编)者：刘扶民 杨桦　2018年6月出版 / 估价：99.00元
PSN B-2015-482-1/1

区块链蓝皮书
中国区块链发展报告（2018）
著(编)者：李伟　2018年9月出版 / 估价：99.00元
PSN B-2017-649-1/1

群众体育蓝皮书
中国群众体育发展报告（2017）
著(编)者：刘国永 戴健　2018年5月出版 / 估价：99.00元
PSN B-2014-411-1/3

群众体育蓝皮书
中国社会体育指导员发展报告（2018）
著(编)者：刘国永 王欢　2018年6月出版 / 估价：99.00元
PSN B-2016-520-3/3

人力资源蓝皮书
中国人力资源发展报告（2018）
著(编)者：余兴安　2018年11月出版 / 估价：99.00元
PSN B-2012-287-1/1

融资租赁蓝皮书
中国融资租赁业发展报告（2017~2018）
著(编)者：李光荣 王力　2018年8月出版 / 估价：99.00元
PSN B-2015-443-1/1

行业及其他类

皮书系列 2018全品种

公共关系蓝皮书
中国公共关系发展报告（2018）
著(编)者：柳斌杰　2018年11月出版／估价：99.00元
PSN B-2016-579-1/1

管理蓝皮书
中国管理发展报告（2018）
著(编)者：张晓东　2018年10月出版／估价：99.00元
PSN B-2014-416-1/1

轨道交通蓝皮书
中国轨道交通行业发展报告（2017）
著(编)者：仲建华　李闻榕
2017年12月出版／定价：98.00元
PSN B-2017-674-1/1

海关发展蓝皮书
中国海关发展前沿报告（2018）
著(编)者：干春晖　2018年6月出版／估价：99.00元
PSN B-2017-616-1/1

互联网医疗蓝皮书
中国互联网健康医疗发展报告（2018）
著(编)者：芮晓武　2018年6月出版／估价：99.00元
PSN B-2016-567-1/1

黄金市场蓝皮书
中国商业银行黄金业务发展报告（2017~2018）
著(编)者：平安银行　2018年6月出版／估价：99.00元
PSN B-2016-524-1/1

会展蓝皮书
中外会展业动态评估研究报告（2018）
著(编)者：张敏　任中峰　聂鑫焱　牛盼强
2018年12月出版／估价：99.00元
PSN B-2013-327-1/1

基金会蓝皮书
中国基金会发展报告（2017~2018）
著(编)者：中国基金会发展报告课题组
2018年6月出版／估价：99.00元
PSN B-2013-368-1/1

基金会绿皮书
中国基金会发展独立研究报告（2018）
著(编)者：基金会中心网　中央民族大学基金会研究中心
2018年6月出版／估价：99.00元
PSN G-2011-213-1/1

基金会透明度蓝皮书
中国基金会透明度发展研究报告（2018）
著(编)者：基金会中心网
　　　　　清华大学廉政与治理研究中心
2018年9月出版／估价：99.00元
PSN B-2013-339-1/1

建筑装饰蓝皮书
中国建筑装饰行业发展报告（2018）
著(编)者：葛道顺　刘晓一
2018年10月出版／估价：198.00元
PSN B-2016-553-1/1

金融监管蓝皮书
中国金融监管报告（2018）
著(编)者：胡滨　2018年3月出版／定价：98.00元
PSN B-2012-281-1/1

金融蓝皮书
中国互联网金融行业分析与评估（2018~2019）
著(编)者：黄国平　伍旭川　2018年12月出版／估价：99.00元
PSN B-2016-585-7/7

金融科技蓝皮书
中国金融科技发展报告（2018）
著(编)者：李扬　孙国峰　2018年10月出版／估价：99.00元
PSN B-2014-374-1/1

金融信息服务蓝皮书
中国金融信息服务发展报告（2018）
著(编)者：李平　2018年5月出版／估价：99.00元
PSN B-2017-621-1/1

金蜜蜂企业社会责任蓝皮书
金蜜蜂中国企业社会责任报告研究（2017）
著(编)者：殷格非　于志宏　管竹笋
2018年1月出版／定价：99.00元
PSN B-2018-693-1/1

京津冀金融蓝皮书
京津冀金融发展报告（2018）
著(编)者：王爱俭　王璟怡　2018年10月出版／估价：99.00元
PSN B-2016-527-1/1

科普蓝皮书
国家科普能力发展报告（2018）
著(编)者：王康友　2018年5月出版／估价：138.00元
PSN B-2017-632-4/4

科普蓝皮书
中国基层科普发展报告（2017~2018）
著(编)者：赵立新　陈玲　2018年9月出版／估价：99.00元
PSN B-2016-568-3/4

科普蓝皮书
中国科普基础设施发展报告（2017~2018）
著(编)者：任福君　2018年6月出版／估价：99.00元
PSN B-2010-174-1/3

科普蓝皮书
中国科普人才发展报告（2017~2018）
著(编)者：郑念　任嵘嵘　2018年7月出版／估价：99.00元
PSN B-2016-512-2/4

科普能力蓝皮书
中国科普能力评价报告（2018~2019）
著(编)者：李富强　李群　2018年8月出版／估价：99.00元
PSN B-2016-555-1/1

临空经济蓝皮书
中国临空经济发展报告（2018）
著(编)者：连玉明　2018年9月出版／估价：99.00元
PSN B-2014-421-1/1

皮书系列 2018全品种
产业经济类·行业及其他类

中国陶瓷产业蓝皮书
中国陶瓷产业发展报告（2018）
著（编）者：左和平 黄速建
2018年10月出版 / 估价：99.00元
PSN B-2016-573-1/1

装备制造业蓝皮书
中国装备制造业发展报告（2018）
著（编）者：徐东华
2018年12月出版 / 估价：118.00元
PSN B-2015-505-1/1

行业及其他类

"三农"互联网金融蓝皮书
中国"三农"互联网金融发展报告（2018）
著（编）者：李勇坚 王弢
2018年8月出版 / 估价：99.00元
PSN B-2016-560-1/1

SUV蓝皮书
中国SUV市场发展报告（2017~2018）
著（编）者：靳军　2018年9月出版 / 估价：99.00元
PSN B-2016-571-1/1

冰雪蓝皮书
中国冬季奥运会发展报告（2018）
著（编）者：孙承华 伍斌 魏庆华 张鸿俊
2018年9月出版 / 估价：99.00元
PSN B-2017-647-2/3

彩票蓝皮书
中国彩票发展报告（2018）
著（编）者：益彩基金　2018年6月出版 / 估价：99.00元
PSN B-2015-462-1/1

测绘地理信息蓝皮书
测绘地理信息供给侧结构性改革研究报告（2018）
著（编）者：库热西·买合苏提
2018年12月出版 / 估价：168.00元
PSN B-2009-145-1/1

产权市场蓝皮书
中国产权市场发展报告（2017）
著（编）者：曹和平
2018年5月出版 / 估价：99.00元
PSN B-2009-147-1/1

城投蓝皮书
中国城投行业发展报告（2018）
著（编）者：华景斌
2018年11月出版 / 估价：300.00元
PSN B-2016-514-1/1

城市轨道交通蓝皮书
中国城市轨道交通运营发展报告（2017~2018）
著（编）者：崔学忠 贾文峥
2018年3月出版 / 定价：89.00元
PSN B-2018-694-1/1

大数据蓝皮书
中国大数据发展报告（No.2）
著（编）者：连玉明　2018年5月出版 / 估价：99.00元
PSN B-2017-620-1/1

大数据应用蓝皮书
中国大数据应用发展报告No.2（2018）
著（编）者：陈军君　2018年8月出版 / 估价：99.00元
PSN B-2017-644-1/1

对外投资与风险蓝皮书
中国对外直接投资与国家风险报告（2018）
著（编）者：中债资信评估有限责任公司
　　　　　中国社会科学院世界经济与政治研究所
2018年6月出版 / 估价：189.00元
PSN B-2017-606-1/1

工业和信息化蓝皮书
人工智能发展报告（2017~2018）
著（编）者：尹丽波　2018年6月出版 / 估价：99.00元
PSN B-2015-448-1/6

工业和信息化蓝皮书
世界智慧城市发展报告（2017~2018）
著（编）者：尹丽波　2018年6月出版 / 估价：99.00元
PSN B-2017-624-6/6

工业和信息化蓝皮书
世界网络安全发展报告（2017~2018）
著（编）者：尹丽波　2018年6月出版 / 估价：99.00元
PSN B-2015-452-5/6

工业和信息化蓝皮书
世界信息化发展报告（2017~2018）
著（编）者：尹丽波　2018年6月出版 / 估价：99.00元
PSN B-2015-451-4/6

工业设计蓝皮书
中国工业设计发展报告（2018）
著（编）者：王晓红 于炜 张立群　2018年9月出版 / 估价：168.00元
PSN B-2014-420-1/1

公共关系蓝皮书
中国公共关系发展报告（2017）
著（编）者：柳斌杰　2018年1月出版 / 定价：89.00元
PSN B-2016-579-1/1

产业经济类 — 皮书系列 2018全品种

工业和信息化蓝皮书
世界信息技术产业发展报告（2017~2018）
著(编)者：尹丽波　2018年6月出版 / 估价：99.00元
PSN B-2015-449-2/6

工业和信息化蓝皮书
战略性新兴产业发展报告（2017~2018）
著(编)者：尹丽波　2018年6月出版 / 估价：99.00元
PSN B-2015-450-3/6

海洋经济蓝皮书
中国海洋经济发展报告（2015~2018）
著(编)者：殷克东　高金田　方胜民
2018年3月出版 / 定价：128.00元
PSN B-2018-697-1/1

康养蓝皮书
中国康养产业发展报告（2017）
著(编)者：何莽　2017年12月出版 / 定价：88.00元
PSN B-2017-685-1/1

客车蓝皮书
中国客车产业发展报告（2017~2018）
著(编)者：姚蔚　2018年10月出版 / 估价：99.00元
PSN B-2013-361-1/1

流通蓝皮书
中国商业发展报告（2018~2019）
著(编)者：王雪峰　林诗慧
2018年7月出版 / 估价：99.00元
PSN B-2009-152-1/2

能源蓝皮书
中国能源发展报告（2018）
著(编)者：崔民选　王军生　陈义和
2018年12月出版 / 估价：99.00元
PSN B-2006-049-1/1

农产品流通蓝皮书
中国农产品流通产业发展报告（2017）
著(编)者：贾敬敦　张东科　张玉玺　张鹏毅　周伟
2018年6月出版 / 估价：99.00元
PSN B-2012-288-1/1

汽车工业蓝皮书
中国汽车工业发展年度报告（2018）
著(编)者：中国汽车工业协会
　　　　　中国汽车技术研究中心
　　　　　丰田汽车公司
2018年5月出版 / 估价：168.00元
PSN B-2015-463-1/2

汽车工业蓝皮书
中国汽车零部件产业发展报告（2017~2018）
著(编)者：中国汽车工业协会
　　　　　中国汽车工程研究院深圳沃特玛电池有限公司
2018年9月出版 / 估价：99.00元
PSN B-2016-515-2/2

汽车蓝皮书
中国汽车产业发展报告（2018）
著(编)者：中国汽车工程学会
　　　　　大众汽车集团（中国）
2018年11月出版 / 估价：99.00元
PSN B-2008-124-1/1

世界茶业蓝皮书
世界茶业发展报告（2018）
著(编)者：李闽榕　冯廷佺
2018年5月出版 / 估价：168.00元
PSN B-2017-619-1/1

世界能源蓝皮书
世界能源发展报告（2018）
著(编)者：黄晓勇　2018年6月出版 / 估价：168.00元
PSN B-2013-349-1/1

石油蓝皮书
中国石油产业发展报告（2018）
著(编)者：中国石油化工集团公司经济技术研究院
　　　　　中国国际石油化工联合有限责任公司
　　　　　中国社会科学院数量经济与技术经济研究所
2018年2月出版 / 估价：98.00元
PSN B-2018-690-1/1

体育蓝皮书
国家体育产业基地发展报告（2016~2017）
著(编)者：李颖川　2018年6月出版 / 估价：168.00元
PSN B-2017-609-5/5

体育蓝皮书
中国体育产业发展报告（2018）
著(编)者：阮伟　钟秉枢
2018年12月出版 / 估价：99.00元
PSN B-2010-179-1/5

文化金融蓝皮书
中国文化金融发展报告（2018）
著(编)者：杨涛　金巍
2018年6月出版 / 估价：99.00元
PSN B-2017-610-1/1

新能源汽车蓝皮书
中国新能源汽车产业发展报告（2018）
著(编)者：中国汽车技术研究中心
　　　　　日产（中国）投资有限公司
　　　　　东风汽车有限公司
2018年8月出版 / 估价：99.00元
PSN B-2013-347-1/1

薏仁米产业蓝皮书
中国薏仁米产业发展报告No.2（2018）
著(编)者：李发耀　石明　秦礼康
2018年8月出版 / 估价：99.00元
PSN B-2017-645-1/1

邮轮绿皮书
中国邮轮产业发展报告（2018）
著(编)者：汪泓　2018年10月出版 / 估价：99.00元
PSN G-2014-419-1/1

智能养老蓝皮书
中国智能养老产业发展报告（2018）
著(编)者：朱勇　2018年10月出版 / 估价：99.00元
PSN B-2015-488-1/1

中国节能汽车蓝皮书
中国节能汽车发展报告（2017~2018）
著(编)者：中国汽车工程研究院股份有限公司
2018年9月出版 / 估价：99.00元
PSN B-2016-565-1/1

皮书系列 2018全品种 — 社会政法类·产业经济类

中国农村妇女发展蓝皮书
农村流动女性城市生活发展报告（2018）
著(编)者：谢丽华　2018年12月出版／估价：99.00元
PSN B-2014-434-1/1

宗教蓝皮书
中国宗教报告（2017）
著(编)者：邱永辉　2018年8月出版／估价：99.00元
PSN B-2008-117-1/1

产业经济类

保健蓝皮书
中国保健服务产业发展报告No.2
著(编)者：中国保健协会　中共中央党校
2018年7月出版／估价：198.00元
PSN B-2012-272-3/3

保健蓝皮书
中国保健食品产业发展报告No.2
著(编)者：中国保健协会
中国社会科学院食品药品产业发展与监管研究中心
2018年8月出版／估价：198.00元
PSN B-2012-271-2/3

保健蓝皮书
中国保健用品产业发展报告No.2
著(编)者：中国保健协会
国务院国有资产监督管理委员会研究中心
2018年6月出版／估价：198.00元
PSN B-2012-270-1/3

保险蓝皮书
中国保险业竞争力报告（2018）
著(编)者：保监会　2018年12月出版／估价：99.00元
PSN B-2013-311-1/1

冰雪蓝皮书
中国冰上运动产业发展报告（2018）
著(编)者：孙承华　杨占武　刘戈　张鸿俊
2018年9月出版／估价：99.00元
PSN B-2017-648-3/3

冰雪蓝皮书
中国滑雪产业发展报告（2018）
著(编)者：孙承华　伍斌　魏庆华　张鸿俊
2018年9月出版／估价：99.00元
PSN B-2016-559-1/3

餐饮产业蓝皮书
中国餐饮产业发展报告（2018）
著(编)者：邢颖
2018年6月出版／估价：99.00元
PSN B-2009-151-1/1

茶业蓝皮书
中国茶产业发展报告（2018）
著(编)者：杨江帆　李闽榕
2018年10月出版／估价：99.00元
PSN B-2010-164-1/1

产业安全蓝皮书
中国文化产业安全报告（2018）
著(编)者：北京印刷学院文化产业安全研究院
2018年12月出版／估价：99.00元
PSN B-2014-378-12/14

产业安全蓝皮书
中国新媒体产业安全报告（2016~2017）
著(编)者：肖丽　2018年6月出版／估价：99.00元
PSN B-2015-500-14/14

产业安全蓝皮书
中国出版传媒产业安全报告（2017~2018）
著(编)者：北京印刷学院文化产业安全研究院
2018年6月出版／估价：99.00元
PSN B-2014-384-13/14

产业蓝皮书
中国产业竞争力报告（2018）No.8
著(编)者：张其仔　2018年12月出版／估价：168.00元
PSN B-2010-175-1/1

动力电池蓝皮书
中国新能源汽车动力电池产业发展报告（2018）
著(编)者：中国汽车技术研究中心
2018年8月出版／估价：99.00元
PSN B-2017-639-1/1

杜仲产业绿皮书
中国杜仲橡胶资源与产业发展报告（2017~2018）
著(编)者：杜红岩　胡文臻　俞锐
2018年6月出版／估价：99.00元
PSN G-2013-350-1/1

房地产蓝皮书
中国房地产发展报告No.15（2018）
著(编)者：李春华　王业强
2018年5月出版／估价：99.00元
PSN B-2004-028-1/1

服务外包蓝皮书
中国服务外包产业发展报告（2017~2018）
著(编)者：王晓红　李德军
2018年6月出版／估价：99.00元
PSN B-2013-331-2/2

服务外包蓝皮书
中国服务外包竞争力报告（2017~2018）
著(编)者：刘春生　王力　黄育华
2018年12月出版／估价：99.00元
PSN B-2011-216-1/2

社会政法类 — 皮书系列 2018全品种

汽车社会蓝皮书
中国汽车社会发展报告（2017~2018）
著(编)者：王俊秀　2018年6月出版／估价：99.00元
PSN B-2011-224-1/1

青年蓝皮书
中国青年发展报告（2018）No.3
著(编)者：廉思　2018年6月出版／估价：99.00元
PSN B-2013-333-1/1

青少年蓝皮书
中国未成年人互联网运用报告（2017~2018）
著(编)者：季为民　李文革　沈杰
2018年11月出版／估价：99.00元
PSN B-2010-156-1/1

人权蓝皮书
中国人权事业发展报告No.8（2018）
著(编)者：李君如　2018年9月出版／估价：99.00元
PSN B-2011-215-1/1

社会保障绿皮书
中国社会保障发展报告No.9（2018）
著(编)者：王延中　2018年6月出版／估价：99.00元
PSN G-2001-014-1/1

社会风险评估蓝皮书
风险评估与危机预警报告（2017~2018）
著(编)者：唐钧　2018年8月出版／估价：99.00元
PSN B-2012-293-1/1

社会工作蓝皮书
中国社会工作发展报告（2016~2017）
著(编)者：民政部社会工作研究中心
2018年8月出版／估价：99.00元
PSN B-2009-141-1/1

社会管理蓝皮书
中国社会管理创新报告No.6
著(编)者：连玉明　2018年11月出版／估价：99.00元
PSN B-2012-300-1/1

社会蓝皮书
2018年中国社会形势分析与预测
著(编)者：李培林　陈光金　张翼
2017年12月出版／定价：89.00元
PSN B-1998-002-1/1

社会体制蓝皮书
中国社会体制改革报告No.6（2018）
著(编)者：龚维斌　2018年3月出版／定价：98.00元
PSN B-2013-330-1/1

社会心态蓝皮书
中国社会心态研究报告（2018）
著(编)者：王俊秀　2018年12月出版／估价：99.00元
PSN B-2011-199-1/1

社会组织蓝皮书
中国社会组织报告（2017-2018）
著(编)者：黄晓勇　2018年6月出版／估价：99.00元
PSN B-2008-118-1/2

社会组织蓝皮书
中国社会组织评估发展报告（2018）
著(编)者：徐家良　2018年12月出版／估价：99.00元
PSN B-2013-366-2/2

生态城市绿皮书
中国生态城市建设发展报告（2018）
著(编)者：刘举科　孙伟平　胡文臻
2018年9月出版／估价：158.00元
PSN G-2012-269-1/1

生态文明绿皮书
中国省域生态文明建设评价报告（ECI 2018）
著(编)者：严耕　2018年12月出版／估价：99.00元
PSN G-2010-170-1/1

退休生活蓝皮书
中国城市居民退休生活质量指数报告（2017）
著(编)者：杨一帆　2018年6月出版／估价：99.00元
PSN B-2017-618-1/1

危机管理蓝皮书
中国危机管理报告（2018）
著(编)者：文学国　范正青
2018年8月出版／估价：99.00元
PSN B-2010-171-1/1

学会蓝皮书
2018年中国学会发展报告
著(编)者：麦可思研究院　2018年12月出版／估价：99.00元
PSN B-2016-597-1/1

医改蓝皮书
中国医药卫生体制改革报告（2017~2018）
著(编)者：文学国　房志武
2018年11月出版／估价：99.00元
PSN B-2014-432-1/1

应急管理蓝皮书
中国应急管理报告（2018）
著(编)者：宋英华　2018年9月出版／估价：99.00元
PSN B-2016-562-1/1

政府绩效评估蓝皮书
中国地方政府绩效评估报告 No.2
著(编)者：贠杰　2018年12月出版／估价：99.00元
PSN B-2017-672-1/1

政治参与蓝皮书
中国政治参与报告（2018）
著(编)者：房宁　2018年8月出版／估价：128.00元
PSN B-2011-200-1/1

政治文化蓝皮书
中国政治文化报告（2018）
著(编)者：邢元敏　魏大鹏　龚克
2018年8月出版／估价：128.00元
PSN B-2017-615-1/1

中国传统村落蓝皮书
中国传统村落保护现状报告（2018）
著(编)者：胡彬彬　李向军　王晓波
2018年12月出版／估价：99.00元
PSN B-2017-663-1/1

皮书系列 2018全品种 — 社会政法类

华侨华人蓝皮书
华侨华人研究报告（2017）
著(编)者：张禹东 庄国土　　2017年12月出版 / 定价：148.00元
PSN B-2011-204-1/1

互联网与国家治理蓝皮书
互联网与国家治理发展报告（2017）
著(编)者：张志安　　2018年1月出版 / 定价：98.00元
PSN B-2017-671-1/1

环境管理蓝皮书
中国环境管理发展报告（2017）
著(编)者：李金惠　　2017年12月出版 / 定价：98.00元
PSN B-2017-678-1/1

环境竞争力绿皮书
中国省域环境竞争力发展报告（2018）
著(编)者：李建平 李闽榕 王金南
2018年11月出版 / 估价：198.00元
PSN G-2010-165-1/1

环境绿皮书
中国环境发展报告（2017~2018）
著(编)者：李波　　2018年6月出版 / 估价：99.00元
PSN G-2006-048-1/1

家庭蓝皮书
中国"创建幸福家庭活动"评估报告（2018）
著(编)者：国务院发展研究中心"创建幸福家庭活动评估"课题组
2018年12月出版 / 估价：99.00元
PSN B-2015-508-1/1

健康城市蓝皮书
中国健康城市建设研究报告（2018）
著(编)者：王鸿春 盛继洪　　2018年12月出版 / 估价：99.00元
PSN B-2016-564-2/2

健康中国蓝皮书
社区首诊与健康中国分析报告（2018）
著(编)者：高和荣 杨叔禹 姜杰
2018年6月出版 / 估价：99.00元
PSN B-2017-611-1/1

教师蓝皮书
中国中小学教师发展报告（2017）
著(编)者：曾晓东 鱼霞
2018年6月出版 / 估价：99.00元
PSN B-2012-289-1/1

教育扶贫蓝皮书
中国教育扶贫报告（2018）
著(编)者：司树杰 王文静 李兴洲
2018年12月出版 / 估价：99.00元
PSN B-2016-590-1/1

教育蓝皮书
中国教育发展报告（2018）
著(编)者：杨东平　　2018年3月出版 / 定价：89.00元
PSN B-2006-047-1/1

金融法治建设蓝皮书
中国金融法治建设年度报告（2015~2016）
著(编)者：朱小黄　　2018年6月出版 / 估价：99.00元
PSN B-2017-633-1/1

京津冀教育蓝皮书
京津冀教育发展研究报告（2017~2018）
著(编)者：方中雄　　2018年6月出版 / 估价：99.00元
PSN B-2017-608-1/1

就业蓝皮书
2018年中国本科生就业报告
著(编)者：麦可思研究院　　2018年6月出版 / 估价：99.00元
PSN B-2009-146-1/2

就业蓝皮书
2018年中国高职高专生就业报告
著(编)者：麦可思研究院　　2018年6月出版 / 估价：99.00元
PSN B-2015-472-2/2

科学教育蓝皮书
中国科学教育发展报告（2018）
著(编)者：王康友　　2018年10月出版 / 估价：99.00元
PSN B-2015-487-1/1

劳动保障蓝皮书
中国劳动保障发展报告（2018）
著(编)者：刘燕斌　　2018年9月出版 / 估价：158.00元
PSN B-2014-415-1/1

老龄蓝皮书
中国老年宜居环境发展报告（2017）
著(编)者：党俊武 周燕珉　　2018年6月出版 / 估价：99.00元
PSN B-2013-320-1/1

连片特困区蓝皮书
中国连片特困区发展报告（2017~2018）
著(编)者：游俊 冷志明 丁建军
2018年6月出版 / 估价：99.00元
PSN B-2013-321-1/1

流动儿童蓝皮书
中国流动儿童教育发展报告（2017）
著(编)者：杨东平　　2018年6月出版 / 估价：99.00元
PSN B-2017-600-1/1

民调蓝皮书
中国民生调查报告（2018）
著(编)者：谢耘耕　　2018年12月出版 / 估价：99.00元
PSN B-2014-398-1/1

民族发展蓝皮书
中国民族发展报告（2018）
著(编)者：王延中　　2018年10月出版 / 估价：188.00元
PSN B-2006-070-1/1

女性生活蓝皮书
中国女性生活状况报告No.12（2018）
著(编)者：韩湘景　　2018年7月出版 / 估价：99.00元
PSN B-2006-071-1/1

社会政法类 皮书系列 2018全品种

城市政府能力蓝皮书
中国城市政府公共服务能力评估报告（2018）
著（编）者：何艳玲　　2018年5月出版／估价：99.00元
PSN B-2013-338-1/1

创业蓝皮书
中国创业发展研究报告（2017~2018）
著（编）者：黄群慧　赵卫星　钟宏武
2018年11月出版／估价：99.00元
PSN B-2016-577-1/1

慈善蓝皮书
中国慈善发展报告（2018）
著（编）者：杨团　　2018年6月出版／估价：99.00元
PSN B-2009-142-1/1

党建蓝皮书
党的建设研究报告No.2（2018）
著（编）者：崔建民　陈东平　　2018年6月出版／估价：99.00元
PSN B-2016-523-1/1

地方法治蓝皮书
中国地方法治发展报告No.3（2018）
著（编）者：李林　田禾　　2018年6月出版／估价：118.00元
PSN B-2015-442-1/1

电子政务蓝皮书
中国电子政务发展报告（2018）
著（编）者：李季　　2018年8月出版／估价：99.00元
PSN B-2003-022-1/1

儿童蓝皮书
中国儿童参与状况报告（2017）
著（编）者：苑立新　　2017年12月出版／定价：89.00元
PSN B-2017-682-1/1

法治蓝皮书
中国法治发展报告No.16（2018）
著（编）者：李林　田禾　　2018年3月出版／估价：128.00元
PSN B-2004-027-1/3

法治蓝皮书
中国法院信息化发展报告No.2（2018）
著（编）者：李林　田禾　　2018年2月出版／估价：118.00元
PSN B-2017-604-3/3

法治政府蓝皮书
中国法治政府发展报告（2017）
著（编）者：中国政法大学法治政府研究院
2018年3月出版／定价：158.00元
PSN B-2015-502-1/2

法治政府蓝皮书
中国法治政府评估报告（2018）
著（编）者：中国政法大学法治政府研究院
2018年9月出版／估价：168.00元
PSN B-2016-576-2/2

反腐倡廉蓝皮书
中国反腐倡廉建设报告No.8
著（编）者：张英伟　　2018年12月出版／估价：99.00元
PSN B-2012-259-1/1

扶贫蓝皮书
中国扶贫开发报告（2018）
著（编）者：李培林　魏后凯　　2018年12月出版／估价：128.00元
PSN B-2016-599-1/1

妇女发展蓝皮书
中国妇女发展报告No.6
著（编）者：王金玲　　2018年9月出版／估价：158.00元
PSN B-2006-069-1/1

妇女教育蓝皮书
中国妇女教育发展报告No.3
著（编）者：张李玺　　2018年10月出版／估价：99.00元
PSN B-2008-121-1/1

妇女绿皮书
2018年：中国性别平等与妇女发展报告
著（编）者：谭琳　　2018年12月出版／估价：99.00元
PSN G-2006-073-1/1

公共安全蓝皮书
中国城市公共安全发展报告（2017~2018）
著（编）者：黄育华　杨文明　赵建辉
2018年6月出版／估价：99.00元
PSN B-2017-628-1/1

公共服务蓝皮书
中国城市基本公共服务力评价（2018）
著（编）者：钟君　刘志昌　吴正乒
2018年12月出版／估价：99.00元
PSN B-2011-214-1/1

公民科学素质蓝皮书
中国公民科学素质报告（2017~2018）
著（编）者：李群　陈雄　马宗文
2017年12月出版／定价：89.00元
PSN B-2014-379-1/1

公益蓝皮书
中国公益慈善发展报告（2016）
著（编）者：朱健刚　胡小军　　2018年6月出版／估价：99.00元
PSN B-2012-283-1/1

国际人才蓝皮书
中国国际移民报告（2018）
著（编）者：王辉耀　　2018年6月出版／估价：99.00元
PSN B-2012-304-3/4

国际人才蓝皮书
中国留学发展报告（2018）No.7
著（编）者：王辉耀　苗绿　　2018年12月出版／估价：99.00元
PSN B-2012-244-2/4

海洋社会蓝皮书
中国海洋社会发展报告（2017）
著（编）者：崔凤　宋宁而　　2018年3月出版／定价：99.00元
PSN B-2015-478-1/1

行政改革蓝皮书
中国行政体制改革报告No.7（2018）
著（编）者：魏礼群　　2018年6月出版／估价：99.00元
PSN B-2011-231-1/1

皮书系列 2018全品种 | 区域经济类 · 社会政法类

区域经济类

东北蓝皮书
中国东北地区发展报告（2018）
著（编）者：姜晓秋　2018年11月出版　估价：99.00元
PSN B-2006-067-1/1

金融蓝皮书
中国金融中心发展报告（2017～2018）
著（编）者：王力 黄育华　2018年11月出版 / 估价：99.00元
PSN B-2011-186-6/7

京津冀蓝皮书
京津冀发展报告（2018）
著（编）者：祝合良 叶堂林 张贵祥
2018年6月出版 / 估价：99.00元
PSN B-2012-262-1/1

西北蓝皮书
中国西北发展报告（2018）
著（编）者：王福生 马廷旭 董秋生
2018年1月出版 / 定价：99.00元
PSN B-2012-261-1/1

西部蓝皮书
中国西部发展报告（2018）
著（编）者：漳勇 任保平　2018年8月出版 / 估价：99.00元
PSN B-2005-039-1/1

长江经济带产业蓝皮书
长江经济带产业发展报告（2018）
著（编）者：吴传清　2018年11月出版 / 估价：128.00元
PSN B-2017-666-1/1

长江经济带蓝皮书
长江经济带发展报告（2017～2018）
著（编）者：王振　2018年11月出版 / 估价：99.00元
PSN B-2016-575-1/1

长江中游城市群蓝皮书
长江中游城市群新型城镇化与产业协同发展报告（2018）
著（编）者：杨刚强　2018年11月出版 / 估价：99.00元
PSN B-2016-578-1/1

长三角蓝皮书
2017年创新融合发展的长三角
著（编）者：刘飞跃　2018年5月出版 / 估价：99.00元
PSN B-2005-038-1/1

长株潭城市群蓝皮书
长株潭城市群发展报告（2017）
著（编）者：张萍 朱有志　2018年6月出版 / 估价：99.00元
PSN B-2008-109-1/1

特色小镇蓝皮书
特色小镇智慧运营报告（2018）：顶层设计与智慧架构标
著（编）者：陈劲　2018年1月出版 / 定价：79.00元
PSN B-2018-692-1/1

中部竞争力蓝皮书
中国中部经济社会竞争力报告（2018）
著（编）者：教育部人文社会科学重点研究基地南昌大学中国中部经济社会发展研究中心
2018年12月出版 / 估价：99.00元
PSN B-2012-276-1/1

中部蓝皮书
中国中部地区发展报告（2018）
著（编）者：宋亚平　2018年12月出版 / 估价：99.00元
PSN B-2012-089-1/1

区域蓝皮书
中国区域经济发展报告（2017～2018）
著（编）者：赵弘　2018年5月出版 / 估价：99.00元
PSN B-2004-034-1/1

中三角蓝皮书
长江中游城市群发展报告（2018）
著（编）者：秦尊文　2018年9月出版 / 估价：99.00元
PSN B-2014-417-1/1

中原蓝皮书
中原经济区发展报告（2018）
著（编）者：李英杰　2018年6月出版 / 估价：99.00元
PSN B-2011-192-1/1

珠三角流通蓝皮书
珠三角商圈发展研究报告（2018）
著（编）者：王先庆 林至颖　2018年7月出版 / 估价：99.00元
PSN B-2012-292-1/1

社会政法类

北京蓝皮书
中国社区发展报告（2017～2018）
著（编）者：于燕燕　2018年9月出版 / 估价：99.00元
PSN B-2007-083-5/8

殡葬绿皮书
中国殡葬事业发展报告（2017～2018）
著（编）者：李伯森　2018年6月出版 / 估价：158.00元
PSN G-2010-180-1/1

城市管理蓝皮书
中国城市管理报告（2017-2018）
著（编）者：刘林 刘承水　2018年5月出版 / 估价：158.00元
PSN B-2013-336-1/1

城市生活质量蓝皮书
中国城市生活质量报告（2017）
著（编）者：张连城 张平 杨春学 郎丽华
2017年12月出版 / 定价：89.00元
PSN B-2013-326-1/1

宏观经济类

城市蓝皮书
中国城市发展报告（No.11）
著(编)者：潘家华 单菁菁
2018年9月出版 / 估价：99.00元
PSN B-2007-091-1/1

城乡一体化蓝皮书
中国城乡一体化发展报告（2018）
著(编)者：付崇兰
2018年9月出版 / 估价：99.00元
PSN B-2011-226-1/2

城镇化蓝皮书
中国新型城镇化健康发展报告（2018）
著(编)者：张占斌
2018年8月出版 / 估价：99.00元
PSN B-2014-396-1/1

创新蓝皮书
创新型国家建设报告（2018~2019）
著(编)者：詹正茂
2018年12月出版 / 估价：99.00元
PSN B-2009-140-1/1

低碳发展蓝皮书
中国低碳发展报告（2018）
著(编)者：张希良 齐晔
2018年6月出版 / 估价：99.00元
PSN B-2011-223-1/1

低碳经济蓝皮书
中国低碳经济发展报告（2018）
著(编)者：薛进军 赵忠秀
2018年11月出版 / 估价：99.00元
PSN B-2011-194-1/1

发展和改革蓝皮书
中国经济发展和体制改革报告No.9
著(编)者：邹东涛 王再文
2018年1月出版 / 估价：99.00元
PSN B-2008-122-1/1

国家创新蓝皮书
中国创新发展报告（2017）
著(编)者：陈劲 2018年5月出版 / 估价：99.00元
PSN B-2014-370-1/1

金融蓝皮书
中国金融发展报告（2018）
著(编)者：王国刚
2018年6月出版 / 估价：99.00元
PSN B-2004-031-1/7

经济蓝皮书
2018年中国经济形势分析与预测
著(编)者：李平 2017年12月出版 / 定价：89.00元
PSN B-1996-001-1/1

经济蓝皮书春季号
2018年中国经济前景分析
著(编)者：李扬 2018年5月出版 / 估价：99.00元
PSN B-1999-008-1/1

经济蓝皮书夏季号
中国经济增长报告（2017~2018）
著(编)者：李扬 2018年9月出版 / 估价：99.00元
PSN B-2010-176-1/1

农村绿皮书
中国农村经济形势分析与预测（2017~2018）
著(编)者：魏后凯 黄秉信
2018年4月出版 / 定价：99.00元
PSN G-1998-003-1/1

人口与劳动绿皮书
中国人口与劳动问题报告No.19
著(编)者：张车伟 2018年11月出版 / 估价：99.00元
PSN G-2000-012-1/1

新型城镇化蓝皮书
新型城镇化发展报告（2017）
著(编)者：李伟 宋敏
2018年3月出版 / 定价：98.00元
PSN B-2005-038-1/1

中国省域竞争力蓝皮书
中国省域经济综合竞争力发展报告（2016~2017）
著(编)者：李建平 李闽榕
2018年2月出版 / 定价：198.00元
PSN B-2007-088-1/1

中小城市绿皮书
中国中小城市发展报告（2018）
著(编)者：中国城市经济学会中小城市经济发展委员会
　　　　　中国城镇化促进会中小城市发展委员会
　　　　　《中国中小城市发展报告》编纂委员会
　　　　　中小城市发展战略研究院
2018年11月出版 / 估价：128.00元
PSN G-2010-161-1/1

地方发展类

北京蓝皮书

北京经济发展报告（2017～2018）

杨松 / 主编　2018年6月出版　估价：99.00元

◆ 本书对2017年北京市经济发展的整体形势进行了系统性的分析与回顾，并对2018年经济形势走势进行了预测与研判，聚焦北京市经济社会发展中的全局性、战略性和关键领域的重点问题，运用定量和定性分析相结合的方法，对北京市经济社会发展的现状、问题、成因进行了深入分析，提出了可操作性的对策建议。

温州蓝皮书

2018年温州经济社会形势分析与预测

蒋儒标　王春光　金浩 / 主编　2018年6月出版　估价：99.00元

◆ 本书是中共温州市委党校和中国社会科学院社会学研究所合作推出的第十一本温州蓝皮书，由来自党校、政府部门、科研机构、高校的专家、学者共同撰写的2017年温州区域发展形势的最新研究成果。

黑龙江蓝皮书

黑龙江社会发展报告（2018）

王爱丽 / 主编　2018年1月出版　定价：89.00元

◆ 本书以千份随机抽样问卷调查和专题研究为依据，运用社会学理论框架和分析方法，从专家和学者的独特视角，对2017年黑龙江省关系民生的问题进行广泛的调研与分析，并对2017年黑龙江省诸多社会热点和焦点问题进行了有益的探索。这些研究不仅可以为政府部门更加全面深入了解省情、科学制定决策提供智力支持，同时也可以为广大读者认识、了解、关注黑龙江社会发展提供理性思考。

 文化传媒类 皮书系列 重点推荐

文 化 传 媒 类

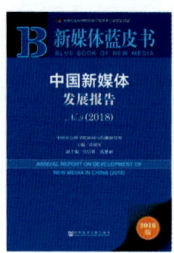

新媒体蓝皮书
中国新媒体发展报告No.9（2018）

唐绪军 / 主编　2018年6月出版　估价：99.00元

◆ 本书是由中国社会科学院新闻与传播研究所组织编写的关于新媒体发展的最新年度报告，旨在全面分析中国新媒体的发展现状，解读新媒体的发展趋势，探析新媒体的深刻影响。

移动互联网蓝皮书
中国移动互联网发展报告（2018）

余清楚 / 主编　2018年6月出版　估价：99.00元

◆ 本书着眼于对2017年度中国移动互联网的发展情况做深入解析，对未来发展趋势进行预测，力求从不同视角、不同层面全面剖析中国移动互联网发展的现状、年度突破及热点趋势等。

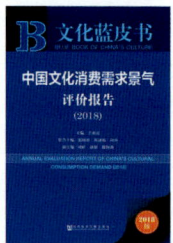

文化蓝皮书
中国文化消费需求景气评价报告（2018）

王亚南 / 主编　2018年3月出版　定价：99.00元

◆ 本书首创全国文化发展量化检测评价体系，也是至今全国唯一的文化民生量化检测评价体系，对于检验全国及各地"以人民为中心"的文化发展具有首创意义。

皮书系列
重点推荐　国别类

国别类

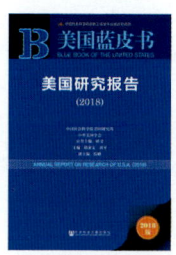

美国蓝皮书
美国研究报告（2018）

郑秉文　黄平 / 主编　2018年5月出版　估价：99.00元

◆ 本书是由中国社会科学院美国研究所主持完成的研究成果，它回顾了美国2017年的经济、政治形势与外交战略，对美国内政外交发生的重大事件及重要政策进行了较为全面的回顾和梳理。

德国蓝皮书
德国发展报告（2018）

郑春荣 / 主编　2018年6月出版　估价：99.00元

◆ 本报告由同济大学德国研究所组织编撰，由该领域的专家学者对德国的政治、经济、社会文化、外交等方面的形势发展情况，进行全面的阐述与分析。

俄罗斯黄皮书
俄罗斯发展报告（2018）

李永全 / 编著　2018年6月出版　估价：99.00元

◆ 本书系统介绍了2017年俄罗斯经济政治情况，并对2016年该地区发生的焦点、热点问题进行了分析与回顾；在此基础上，对该地区2018年的发展前景进行了预测。

 国际问题与全球治理类

国际问题与全球治理类

世界经济黄皮书
2018年世界经济形势分析与预测

张宇燕/主编　2018年1月出版　定价：99.00元

◆ 本书由中国社会科学院世界经济与政治研究所的研究团队撰写，分总论、国别与地区、专题、热点、世界经济统计与预测等五个部分，对2018年世界经济形势进行了分析。

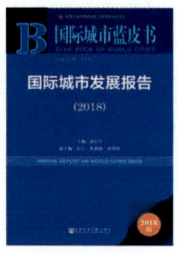

国际城市蓝皮书
国际城市发展报告（2018）

屠启宇/主编　2018年2月出版　定价：89.00元

◆ 本书作者以上海社会科学院从事国际城市研究的学者团队为核心，汇集同济大学、华东师范大学、复旦大学、上海交通大学、南京大学、浙江大学相关城市研究专业学者。立足动态跟踪介绍国际城市发展时间中，最新出现的重大战略、重大理念、重大项目、重大报告和最佳案例。

非洲黄皮书
非洲发展报告No.20（2017～2018）

张宏明/主编　2018年7月出版　估价：99.00元

◆ 本书是由中国社会科学院西亚非洲研究所组织编撰的非洲形势年度报告，比较全面、系统地分析了2017年非洲政治形势和热点问题，探讨了非洲经济形势和市场走向，剖析了大国对非洲关系的新动向；此外，还介绍了国内非洲研究的新成果。

行业及其他类

民营医院蓝皮书
中国民营医院发展报告（2018）

薛晓林 / 主编　2018 年 11 月出版　估价：99.00 元

◆ 本书在梳理国家对社会办医的各种利好政策的前提下，对我国民营医疗发展现状、我国民营医院竞争力进行了分析，并结合我国医疗体制改革对民营医院的发展趋势、发展策略、战略规划等方面进行了预估。

会展蓝皮书
中外会展业动态评估研究报告（2018）

张敏 / 主编　2018 年 12 月出版　估价：99.00 元

◆ 本书回顾了 2017 年的会展业发展动态，结合"供给侧改革"、"互联网+"、"绿色经济"的新形势分析了我国展会的行业现状，并介绍了国外的发展经验，有助于行业和社会了解最新的展会业动态。

中国上市公司蓝皮书
中国上市公司发展报告（2018）

张平　王宏淼 / 主编　2018 年 9 月出版　估价：99.00 元

◆ 本书由中国社会科学院上市公司研究中心组织编写的，着力于全面、真实、客观反映当前中国上市公司财务状况和价值评估的综合性年度报告。本书详尽分析了 2017 年中国上市公司情况，特别是现实中暴露出的制度性、基础性问题，并对资本市场改革进行了探讨。

工业和信息化蓝皮书
人工智能发展报告（2017～2018）

尹丽波 / 主编　2018 年 6 月出版　估价：99.00 元

◆ 本书国家工业信息安全发展研究中心在对 2017 年全球人工智能技术和产业进行全面跟踪研究基础上形成的研究报告。该报告内容翔实、视角独特，具有较强的产业发展前瞻性和预测性，可为相关主管部门、行业协会、企业等全面了解人工智能发展形势以及进行科学决策提供参考。

 产业经济类 · 行业及其他类 　皮书系列
重点推荐

产业经济类

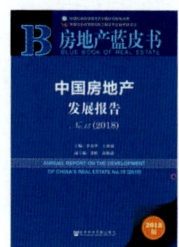

房地产蓝皮书
中国房地产发展报告 No.15（2018）

李春华　王业强 / 主编　2018 年 5 月出版　估价：99.00 元

◆ 2018 年《房地产蓝皮书》持续追踪中国房地产市场最新动态，深度剖析市场热点，展望 2018 年发展趋势，积极谋划应对策略。对 2017 年房地产市场的发展态势进行全面、综合的分析。

新能源汽车蓝皮书
中国新能源汽车产业发展报告（2018）

中国汽车技术研究中心　日产（中国）投资有限公司
东风汽车有限公司 / 编著　2018 年 8 月出版　估价：99.00 元

◆ 本书对中国 2017 年新能源汽车产业发展进行了全面系统的分析，并介绍了国外的发展经验。有助于相关机构、行业和社会公众等了解中国新能源汽车产业发展的最新动态，为政府部门出台新能源汽车产业相关政策法规、企业制定相关战略规划，提供必要的借鉴和参考。

行业及其他类

旅游绿皮书
2017~2018 年中国旅游发展分析与预测

中国社会科学院旅游研究中心 / 编　2018 年 1 月出版　定价：99.00 元

◆ 本书从政策、产业、市场、社会等多个角度勾画出 2017 年中国旅游发展全貌，剖析了其中的热点和核心问题，并就未来发展作出预测。

7

皮书系列重点推荐　社会政法类

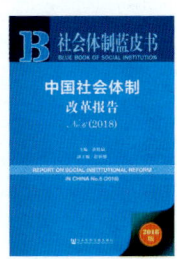

社会体制蓝皮书

中国社会体制改革报告 No.6（2018）

龚维斌 / 主编　2018 年 3 月出版　定价：98.00 元

◆ 本书由国家行政学院社会治理研究中心和北京师范大学中国社会管理研究院共同组织编写，主要对 2017 年社会体制改革情况进行回顾和总结，对 2018 年的改革走向进行分析，提出相关政策建议。

社会心态蓝皮书

中国社会心态研究报告（2018）

王俊秀　杨宜音 / 主编　2018 年 12 月出版　估价：99.00 元

◆ 本书是中国社会科学院社会学研究所社会心理研究中心"社会心态蓝皮书课题组"的年度研究成果，运用社会心理学、社会学、经济学、传播学等多种学科的方法进行了调查和研究，对于目前中国社会心态状况有较广泛和深入的揭示。

华侨华人蓝皮书

华侨华人研究报告（2018）

贾益民 / 主编　2017 年 12 月出版　估价：139.00 元

◆ 本书关注华侨华人生产与生活的方方面面。华侨华人是中国建设 21 世纪海上丝绸之路的重要中介者、推动者和参与者。本书旨在全面调研华侨华人，提供最新涉侨动态、理论研究成果和政策建议。

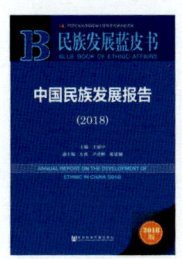

民族发展蓝皮书

中国民族发展报告（2018）

王延中 / 主编　2018 年 10 月出版　估价：188.00 元

◆ 本书从民族学人类学视角，研究近年来少数民族和民族地区的发展情况，展示民族地区经济、政治、文化、社会和生态文明"五位一体"建设取得的辉煌成就和面临的困难挑战，为深刻理解中央民族工作会议精神、加快民族地区全面建成小康社会进程提供了实证材料。

 社会政法类

社会政法类

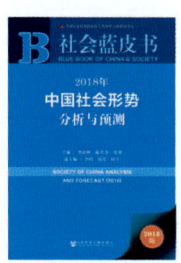

社会蓝皮书
2018年中国社会形势分析与预测

李培林　陈光金　张翼 / 主编　2017年12月出版　定价：89.00元

◆ 本书由中国社会科学院社会学研究所组织研究机构专家、高校学者和政府研究人员撰写，聚焦当下社会热点，对2017年中国社会发展的各个方面内容进行了权威解读，同时对2018年社会形势发展趋势进行了预测。

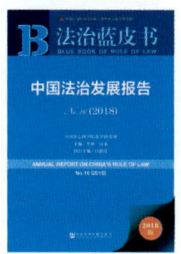

法治蓝皮书
中国法治发展报告 No.16（2018）

李林　田禾 / 主编　2018年3月出版　定价：128.00元

◆ 本年度法治蓝皮书回顾总结了2017年度中国法治发展取得的成就和存在的不足，对中国政府、司法、检务透明度进行了跟踪调研，并对2018年中国法治发展形势进行了预测和展望。

教育蓝皮书
中国教育发展报告（2018）

杨东平 / 主编　2018年3月出版　定价：89.00元

◆ 本书重点关注了2017年教育领域的热点，资料翔实，分析有据，既有专题研究，又有实践案例，从多角度对2017年教育改革和实践进行了分析和研究。

宏观经济类 · 区域经济类

中国省域竞争力蓝皮书
中国省域经济综合竞争力发展报告（2017～2018）

李建平　李闽榕　高燕京/主编　2018年5月出版　估价：198.00元

◆ 本书融多学科的理论为一体，深入追踪研究了省域经济发展与中国国家竞争力的内在关系，为提升中国省域经济综合竞争力提供有价值的决策依据。

金融蓝皮书
中国金融发展报告（2018）

王国刚/主编　2018年6月出版　估价：99.00元

◆ 本书由中国社会科学院金融研究所组织编写，概括和分析了2017年中国金融发展和运行中的各方面情况，研讨和评论了2017年发生的主要金融事件，有利于读者了解掌握2017年中国的金融状况，把握2018年中国金融的走势。

区域经济类

京津冀蓝皮书
京津冀发展报告（2018）

祝合良　叶堂林　张贵祥/等著　2018年6月出版　估价：99.00元

◆ 本书遵循问题导向与目标导向相结合、统计数据分析与大数据分析相结合、纵向分析和长期监测与结构分析和综合监测相结合等原则，对京津冀协同发展新形势与新进展进行测度与评价。

 宏观经济类

宏观经济类

经济蓝皮书
2018年中国经济形势分析与预测

李平 / 主编　2017年12月出版　定价：89.00元

◆ 本书为总理基金项目，由著名经济学家李扬领衔，联合中国社会科学院等数十家科研机构、国家部委和高等院校的专家共同撰写，系统分析了2017年的中国经济形势并预测2018年中国经济运行情况。

城市蓝皮书
中国城市发展报告No.11

潘家华　单菁菁 / 主编　2018年9月出版　估价：99.00元

◆ 本书是由中国社会科学院城市发展与环境研究中心编著的，多角度、全方位地立体展示了中国城市的发展状况，并对中国城市的未来发展提出了许多建议。该书有强烈的时代感，对中国城市发展实践有重要的参考价值。

人口与劳动绿皮书
中国人口与劳动问题报告No.19

张车伟 / 主编　2018年10月出版　估价：99.00元

◆ 本书为中国社会科学院人口与劳动经济研究所主编的年度报告，对当前中国人口与劳动形势做了比较全面和系统的深入讨论，为研究中国人口与劳动问题提供了一个专业性的视角。

社会科学文献出版社简介

社会科学文献出版社（以下简称"社科文献出版社"）成立于1985年，是直属于中国社会科学院的人文社会科学学术出版机构。成立至今，社科文献出版社始终依托中国社会科学院和国内外人文社会科学界丰厚的学术出版和专家学者资源，坚持"创社科经典，出传世文献"的出版理念、"权威、前沿、原创"的产品定位以及学术成果和智库成果出版的专业化、数字化、国际化、市场化的经营道路。

社科文献出版社是中国新闻出版业转型与文化体制改革的先行者。积极探索文化体制改革的先进方向和现代企业经营决策机制，社科文献出版社先后荣获"全国文化体制改革工作先进单位"、中国出版政府奖·先进出版单位奖、中国社会科学院先进集体、全国科普工作先进集体等荣誉称号。多人次荣获"第十届韬奋出版奖""全国新闻出版行业领军人才""数字出版先进人物""北京市新闻出版广电行业领军人才"等称号。

社科文献出版社是中国人文社会科学学术出版的大社名社，也是以皮书为代表的智库成果出版的专业强社。年出版图书2000余种，其中皮书400余种，出版新书字数5.5亿字，承印与发行中国社科院院属期刊72种，先后创立了皮书系列、列国志、中国史话、社科文献学术译库、社科文献学术文库、甲骨文书系等一大批既有学术影响又有市场价值的品牌，确立了在社会学、近代史、苏东问题研究等专业学科及领域出版的领先地位。图书多次荣获中国出版政府奖、"三个一百"原创图书出版工程、"五个'一'工程奖"、"大众喜爱的50种图书"等奖项，在中央国家机关"强素质·做表率"读书活动中，入选图书品种数位居各大出版社之首。

社科文献出版社是中国学术出版规范与标准的倡议者与制定者，代表全国50多家出版社发起实施学术著作出版规范的倡议，承担学术著作规范国家标准的起草工作，率先编撰完成《皮书手册》对皮书品牌进行规范化管理，并在此基础上推出中国版芝加哥手册——《社科文献出版社学术出版手册》。

社科文献出版社是中国数字出版的引领者，拥有皮书数据库、列国志数据库、"一带一路"数据库、减贫数据库、集刊数据库等4大产品线11个数据库产品，机构用户达1300余家，海外用户百余家，荣获"数字出版转型示范单位""新闻出版标准化先进单位""专业数字内容资源知识服务模式试点企业标准化示范单位"等称号。

社科文献出版社是中国学术出版走出去的践行者。社科文献出版社海外图书出版与学术合作业务遍及全球40余个国家和地区，并于2016年成立俄罗斯分社，累计输出图书500余种，涉及近20个语种，累计获得国家社科基金中华学术外译项目资助76种、"丝路书香工程"项目资助60种、中国图书对外推广计划项目资助71种以及经典中国国际出版工程资助28种，被五部委联合认定为"2015-2016年度国家文化出口重点企业"。

如今，社科文献出版社完全靠自身积累拥有固定资产3.6亿元，年收入3亿元，设置了七大出版分社、六大专业部门，成立了皮书研究院和博士后科研工作站，培养了一支近400人的高素质与高效率的编辑、出版、营销和国际推广队伍，为未来成为学术出版的大社、名社、强社，成为文化体制改革与文化企业转型发展的排头兵奠定了坚实的基础。

社长致辞

蓦然回首，皮书的专业化历程已经走过了二十年。20年来从一个出版社的学术产品名称到媒体热词再到智库成果研创及传播平台，皮书以专业化为主线，进行了系列化、市场化、品牌化、数字化、国际化、平台化的运作，实现了跨越式的发展。特别是在党的十八大以后，以习近平总书记为核心的党中央高度重视新型智库建设，皮书也迎来了长足的发展，总品种达到600余种，经过专业评审机制、淘汰机制遴选，目前，每年稳定出版近400个品种。"皮书"已经成为中国新型智库建设的抓手，成为国际国内社会各界快速、便捷地了解真实中国的最佳窗口。

20年孜孜以求，"皮书"始终将自己的研究视野与经济社会发展中的前沿热点问题紧密相连。600个研究领域，3万多位分布于800余个研究机构的专家学者参与了研创写作。皮书数据库中共收录了15万篇专业报告，50余万张数据图表，合计30亿字，每年报告下载量近80万次。皮书为中国学术与社会发展实践的结合提供了一个激荡智力、传播思想的入口，皮书作者们用学术的话语、客观翔实的数据谱写出了中国故事壮丽的篇章。

20年跬步千里，"皮书"始终将自己的发展与时代赋予的使命与责任紧紧相连。每年百余场新闻发布会，10万余次中外媒体报道，中、英、俄、日、韩等12个语种共同出版。皮书所具有的凝聚力正在形成一种无形的力量，吸引着社会各界关注中国的发展，参与中国的发展，它是我们向世界传递中国声音、总结中国经验、争取中国国际话语权最主要的平台。

皮书这一系列成就的取得，得益于中国改革开放的伟大时代，离不开来自中国社会科学院、新闻出版广电总局、全国哲学社会科学规划办公室等主管部门的大力支持和帮助，也离不开皮书研创者和出版者的共同努力。他们与皮书的故事创造了皮书的历史，他们对皮书的拳拳之心将继续谱写皮书的未来！

现在，"皮书"品牌已经进入了快速成长的青壮年时期。全方位进行规范化管理，树立中国的学术出版标准；不断提升皮书的内容质量和影响力，搭建起中国智库产品和智库建设的交流服务平台和国际传播平台；发布各类皮书指数，并使之成为中国指数，让中国智库的声音响彻世界舞台，为人类的发展做出中国的贡献——这是皮书未来发展的图景。作为"皮书"这个概念的提出者，"皮书"从一般图书到系列图书和品牌图书，最终成为智库研究和社会科学应用对策研究的知识服务和成果推广平台这整个过程的操盘者，我相信，这也是每一位皮书人执着追求的目标。

"当代中国正经历着我国历史上最为广泛而深刻的社会变革，也正在进行着人类历史上最为宏大而独特的实践创新。这种前无古人的伟大实践，必将给理论创造、学术繁荣提供强大动力和广阔空间。"

在这个需要思想而且一定能够产生思想的时代，皮书的研创出版一定能创造出新的更大的辉煌！

社会科学文献出版社社长
中国社会学会秘书长

2017年11月

皮书系列

2018年

智库成果出版与传播平台

社会科学文献出版社
SOCIAL SCIENCES ACADEMIC PRESS (CHINA)